Christine Fehér
Dann mach ich eben Schluss

DIE AUTORIN

Christine Fehér wurde 1965 in Berlin geboren. Neben ihrer Arbeit als Lehrerin schreibt sie seit Jahren erfolgreich Kinder- und Jugendbücher und hat sich einen Namen als Autorin besonders authentischer Themenbücher gemacht. Für ihr aktuelles Jugendbuch »Dann mach ich eben Schluss« wurde sie 2014 mit dem Buxtehuder Bullen ausgezeichnet. Christine Fehér lebt mit ihrer Familie am Stadtrand von Berlin.

Von der Autorin sind außerdem bei cbt erschienen:

Ausgeloggt (30740)
Vincent, 17, Vater (30658)
Elfte Woche (30390)
Straßenblues (30401)
Dann bin ich eben weg (30170)

Schwarze Stunde (16081)
Dornenliebe (16038)

Weihnachtsflirt und Winterliebe (cbj, 40105)

Christine Fehér

Dann mach ich eben Schluss

Roman

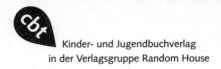
Kinder- und Jugendbuchverlag
in der Verlagsgruppe Random House

Verlagsgruppe Random House FSC® N001967
Das für dieses Buch verwendete FSC®-zertifizierte
Papier *Pamo House* liefert
Arctic Paper Mochenwangen GmbH.

1. Auflage
Erstmals als cbt Taschenbuch Oktober 2014
© 2013 by cbt Verlag
in der Verlagsgruppe Random House GmbH,
München
Alle Rechte vorbehalten
Umschlaggestaltung: init | Kommunikationsdesign,
Bad Oeynhausen
MI · Herstellung: KW
Satz: KompetenzCenter, Mönchengladbach
Druck und Bindung: GGP Media GmbH, Pößneck
ISBN: 978-3-570-30951-3
Printed in Germany

www.cbt-buecher.de

14. Juni, 01:37 Uhr.
Irgendwo auf einer Landstraße

»Da vorne, da ganz vorne rechts an der alten Eiche. Da steht einer und winkt, das muss der Mann sein, der uns angerufen hat. Fahr mal langsamer. Ja, gut so, halt an, schnell, egal wie. Warnblinker an, Dreieck hinstellen, Kegel aufstellen und raus. Blaulicht bleibt an.«

»Scheiße, das sieht nicht gut aus. Vorne auf der Fahrerseite ist alles Matsch. Wenn da mal überhaupt einer überlebt hat...«

»Beeilen wir uns. Ich glaube, auf dem Rücksitz bewegt sich einer. Den zuerst und den Insassen daneben, wenn es einen gibt.«

»Hiiieeer, hierher, haaaaallooooo!«

»Haben Sie Erste Hilfe geleistet?«

»So gut ich konnte. Aber ich muss zugeben, meine Auffrischung des Kurses... rausziehen konnte ich die nicht. Alles verbogen, Türen und so.«

»Dann treten Sie beiseite, verdammt. Immer dasselbe.«

»Hallo, können Sie mich hören? Wir helfen Ihnen, bleiben Sie ganz ruhig. Ich versuche jetzt, die Tür zu öffnen.«

***

»Die Vitalfunktionen sind bei Ihnen beiden so weit in Ordnung. Ihre Namen?«

»Paul Fischer.«

»Annika Pietz.«

»Danke. Wir stabilisieren jetzt Ihre Halswirbelsäule mit

einer Halskrause, dann fahren wir Sie beide zur Untersuchung ins Sankt-Joseph-Krankenhaus. Spüren Sie irgendwo Schmerzen?«

»In der Hüfte, ich konnte kaum noch sitzen, bis Sie endlich gekommen sind. Kann mich aber auch beim Sport verrenkt haben. Und ins Krankenhaus kann ich nicht, ich habe meinem Vater versprochen, morgen den Rasen zu mähen.«

»Schon gut. Sie stehen unter Schock, ich kenne das, da geht einem alles Mögliche durch den Kopf, eine ganz natürliche Reaktion. Und die junge Frau? Tut Ihnen etwas weh?«

»Ich krieg keine Luft. Das war alles nur ein Missverständnis, Paul und ich haben gar nicht ... ich krieg keine Luft.«

»Ruf die Feuerwehr, Mark, wegen der beiden vorne. Die Tür scheint zu klemmen, dann müssen sie das Dach abschneiden und eine Ganzkörperstabilisierung vornehmen. Die Beifahrerin reagiert nicht. – Können Sie mir die Namen von Fahrer und Beifahrerin nennen, Frau Pietz?«

»Max Rothe. Maximilian. Und Natalie Rothe, seine Schwester. Ich weiß gar nicht, ob sie ihre Tasche aus dem Club mitgenommen hat, sonst könnte ich sie ihr morgen vorbeibringen. Ohne Schlüssel kommt sie ja zu Hause nicht rein, mitten in der Nacht. Es war alles ein Missverständnis, Max hat da was völlig in den falschen Hals gekriegt. Sie können Natalie fragen, sie hat ja gesehen, dass da nichts war. Sonst hätte sie uns bestimmt angemotzt, die nimmt kein Blatt vor den Mund. Aber sie hat nichts gesagt, also war da auch nichts. Und dann ist Max losgefahren.«

»Alles klar. Herr Fischer, wir heben Sie jetzt auf die Trage. Falls Ihnen dabei etwas wehtut, machen Sie sich keine Gedanken, es passiert nichts Schlimmes. Hast du die Beine, Christian? Ich nehm ihn an den Schultern.«

»Hab ich. Eins, zwei, drei!«

***

»Mein Kopf tut weh. Wo fahren wir hin?«

»Ins Sankt-Joseph-Krankenhaus. Machen Sie sich keine Sorgen, junge Frau. Ihre Eltern werden von dort aus verständigt. Ihr Freund Paul ist ebenfalls in besten Händen.«

»Und Max?«

»Die Feuerwehr ist jetzt vor Ort. Sie sollten nicht so viel grübeln.«

»Was ist mit Max? Ich habe Natalie stöhnen hören, aber was ist mit Max?«

»Es kümmern sich die richtigen Leute um ihn, wir sind ja mit zwei Wagen gekommen. – So, wir sind gleich da. Wir bringen sie in die Notaufnahme, dann verabschieden wir uns. Mein Kollege hat soeben einen Anruf für den nächsten Einsatz erhalten.«

»Sie sagen mir nicht die Wahrheit, oder? Was mit Max ist. Diese Rechtskurve, der Baum. Er war ganz still, als Sie gekommen sind. Hat sich nicht mal bewegt. Müssen Sie nicht Bewusstlose zuerst retten?«

»Im Gegenteil. – Wir sind da«, verkündet der Sanitäter. »Im Krankenhaus kann man Ihnen Genaueres sagen, sobald es Ergebnisse gibt. Denken Sie erst mal nur daran, selbst wieder gesund zu werden.«

Da stimmt was nicht, denkt Annika. Schwarze Sterne tanzen vor ihren Augen. Dann weiß sie nichts mehr.

**Natalie Rothe, 16 Jahre,
Maximilians Schwester**

1.

Es ist eng zu dritt in Maximilians Zimmer, zu eng. Natalie ist froh, als es an der Tür klingelt und ihre Mutter sie bittet, hinzugehen, während sie selbst sich auf Max' Bett setzt und mit der Hand über die Stirn reibt. Es ist so schwer, für alle, so schwer und wird nicht leichter, egal wie viel Zeit vergeht. Erst ein paar Wochen sind seit Max' Tod vergangen. Der Vater hat eine leere Umzugskiste in die Mitte des Raumes gestellt und öffnet Max' Kleiderschrank, irgendwann müssen sie anfangen, es hilft nichts, weiter so zu tun, als käme der Sohn jeden Moment zur Tür herein. Seine Frau hatte gesagt, es sei ihr noch zu früh.

Natalie geht durch den Flur zur Wohnungstür, drückt auf den Summer und lauscht, ob von unten jemand die Treppe hoch kommt oder nur Reklame in die Briefkästen im Eingangsbereich verteilt wird.

Es kommt jemand, junge Schritte, die glatt von Max stammen könnten. Aber Max kommt nicht, Max kommt nie mehr nach oben, nie mehr nach Hause, und bei diesem Gedanken schießen sofort wieder Tränen in Natalies Augen wie seit seinem Tod immer wieder. Ihr Blick fällt in den Spiegel an der Flurgarderobe, ich sehe aus wie ausgespuckt, denkt sie, die Augen erloschen; meine und Mamas sind mit denen von Max gleich mit erloschen. Es ist so schlimm, so schlimm. Es gibt keine Worte dafür und keine Gedanken, nur Fetzen davon, die immer wieder von selbst in einem zähen Brei kreisen, den sie kaum umrühren kann, sie kommt nicht weiter, es kommen immer nur Tränen. Aber jetzt nähern sich die Schritte auf der Treppe, sind auf der Etage angekommen, Max' bester Freund Paul kann es auch nicht sein, der liegt noch im Krankenhaus. Natalie linst durch den Türspion, wer ist denn das, sie kennt den Typen nicht, es ist keiner aus der Schule, sie tupft sich mit ihrem zerknüllten Papiertaschentuch über die Augen, seit Max' Tod hat sie immer eines in der Hosentasche, ihre Lider fühlen sich entzündet an, sie kann es nicht ändern. Der Fremde zieht den Messingring hoch, der die Klingel an der Wohnungstür auslöst, Natalie öffnet, sieht ihn fragend an, spricht keinen Gruß aus. Erst mal soll er sich erklären.

»Hi«, beginnt er, Natalie sieht, dass ein entschlossener Ausdruck in seinem Gesicht einem erschrockenen, verlegenen weicht, unwillkürlich tritt er einen halben Schritt zurück. »Ich wollte eigentlich meine Sachen abholen, die ich ersteigert habe. Vielleicht passt es gerade nicht, aber so langsam will ich die jetzt mal haben. Bezahlt habe ich sie schließlich gleich. Vor über drei Wochen.«

»Was für Sachen?« Natalie verzieht das Gesicht. »Ich hab dich noch nie gesehen, und bei uns versteigert auch niemand was. Klingel mal bei den Nachbarn, vielleicht wissen die mehr.« Schon will sie die Tür schließen und ihn stehen lassen, doch der junge Mann reagiert schnell und setzt seinen Fuß auf die Schwelle.

»Ich bin hier richtig«, beteuert er und zieht ein zusammengefaltetes Blatt Papier aus seiner Jackentasche, faltet es auseinander und zeigt es ihr. »Das hier ist der Ausdruck von der Auktion. Mal- und Zeichenutensilien wegen Hobbyaufgabe zu versteigern, ich war Höchstbietender mit 37,36 Euro. Das Geld habe ich sofort online überwiesen; wenn du willst, zeige ich dir auch den Kontoauszug.«

Natalie reißt ihm den Ausdruck aus der Hand, starrt darauf. Starrt auf das Foto, sieht Maximilians Ölkreidestifte, seine

Acryl- und Aquarellfarben, die Radiergummis und Bleistifte, seine Blöcke in verschiedenen Größen, zwei kleinere Leinwände auf Keilrahmen. Alle Sachen liegen unverkennbar auf seinem Schreibtisch, und ganz unten steht es auch: Verkäufer Maximilian Rothe, Bamberger Straße 10.

»Max hat seine Malsachen verkauft?«, fragt sie trotzdem, mehr sich selbst als ihn. »Sorry, das wusste ich nicht.« Sie schüttelt den Kopf, starrt noch einmal auf das Blatt, dann geht ein Ruck durch ihren Körper, sie blickt wieder auf und gibt es ihm zurück.

»Und es geht auch gar nicht«, sagt sie. »Tut mir echt leid, aber ... du kannst die Sachen nicht haben.«

»Wieso nicht?« Der Käufer hat noch immer seinen Fuß in der Tür. »Sie gehören mir, und da dieser Maximilian weder das Paket losgeschickt noch auf E-Mails reagiert, geschweige denn mir das Geld zurücküberwiesen hat, wollte ich die Sachen jetzt abholen. Er kann froh sein, dass ich den Fall nicht im Portal gemeldet habe. Noch nicht.«

»Trotzdem rücke ich sie nicht einfach raus. Geh doch in einen Laden für Künstlerbedarf und hol dir was Neues, wenn du so dringend was brauchst. Max ist tot, er kann dir die Sachen nicht geben.«

»Tot?« Der junge Mann reißt die Augen auf. »Ach so, deshalb ... das konnte ich nicht ahnen, das tut mir leid, also ... dann ist es klar, dass er nicht antworten kann, wenn er ... nein, das klingt zu makaber. Entschuldige, dagegen ist diese blöde Auktion natürlich völlig unwichtig, auch das mit dem Geld, also Schwamm drüber, so viel war es ja nicht, du hast jetzt ganz andere Sorgen, aber das wusste ich nicht, ehrlich, ich geh dann mal jetzt.«

Natalie nickt.

»Wer ist denn da an der Tür?«, ruft ihre Mutter aus Max' Zimmer, und Natalie denkt, dass sie jetzt bloß nicht herkommen soll und noch weniger ihr Vater, keiner von beiden, sie würden den jungen Mann sofort wegschicken, der Vater mit harten, unfreundlichen Worten, die Mutter überfordert, und Natalie will auch nicht mehr zu ihnen in Max' Zimmer, das eilt doch alles nicht, sie erträgt die Enge darin nicht und auch nicht, wie Stück für Stück von Max' Sachen abgebaut werden, in Kartons verpackt, in Säcke für die Altkleidersammlung gelegt, oder willst du damit mal zum Flohmarkt gehen, Natalie, du kaufst doch selber manchmal da, auch wenn du das weiß Gott nicht nötig hättest. Nein, will sie nicht.

»Ist für mich«, ruft sie in die Wohnung und hofft, dass ihre Mutter es damit gut sein lässt, nicht weiter drängt und dass auch ihr Vater nicht auf irgendwelchen Prinzipien beharrt, von wegen es sei Trauer im Haus und jeglicher Besuch von Natalies jungen Leuten unangemessen.

Der junge Mann begreift, nimmt seinen Fuß von der Schwelle, bleibt aber stehen. Natalie betrachtet ihn, weiß plötzlich nicht mehr, was sie sagen soll, aber eigentlich wirkt er nicht unsympathisch, er muss nicht sofort gehen, so war das nicht gemeint. Sie stellt fest, dass er einen offenen, freundlichen Blick hat mit seinen hellen Augen, die blau sind oder grau, seine langen Haare hat er in der Mitte gescheitelt, nicht mit dem Kamm sondern nur irgendwie, auch nicht besonders gründlich gebürstet, hinten hat er sie zu einem Zopf gebunden. Seine Lederjacke, die irgendwann vielleicht mal cognacbraun gewesen ist, stammt sicher auch vom Flohmarkt, dazu trägt er eine rostrote Baumwollhose und beigefarbene Sneakers, ein verwaschenes Shirt. Kein übler Typ, wirklich nicht. Kein gelackter Affe wie Paul.

»Bist du Max' Freundin?«, fragt er leise, und auf einmal begreift Natalie, dass er zu einer neuen Zeit in ihrem Leben gehört, der Zeit nach Max' Tod, er kennt ihn nicht und wird ihn nie kennenlernen, er ist erst danach aufgetaucht, steht plötzlich hier vor der Tür und hat keine Ahnung, keine Ahnung von Max und was Natalie gerade durchmacht.

»Seine Schwester«, erläutert sie knapp und deutet auf die Halskrause, die sie seit dem Unfall tragen muss. »Ich hab überlebt, sogar nur leicht verletzt, aber er...« Sie spürt wieder die aufsteigenden Tränen, nicht jetzt, nicht jetzt. Sie atmet tief durch. Vielleicht ist es gut, mit ihm zu reden, rauszugehen und einfach diesem Fremden alles zu erzählen. Die kreisenden Fragen, den zähen Brei, der aber allein durch den Grund seines Kommens schon ein wenig flüssiger geworden ist. Dann war es doch Selbstmord. Wenn Max vorher seine Malsachen ins Netz gestellt hat, war es Selbstmord. Sonst hätte er das nie gemacht, nie.

»Wenn du jetzt lieber allein sein willst...«, sagt er und wendet sich schon zum Gehen, aber Natalie hält ihn am Jackenärmel fest.

»Nein«, flüstert sie, räuspert sich und strafft ihren Körper, versucht sich zu fangen. »Vielleicht gebe ich dir die Sachen doch mit. Aber erst will ich wissen, zum wem sie kommen. Ob Max das gewollt hätte, dass sie bei dir landen. Wenn ich kein gutes Gefühl habe, kannst du es vergessen, das sag ich dir gleich. Wir können ein bisschen rausgehen, wenn du noch Zeit hast.« Sie langt hinter sich an die Garderobe und tastet nach ihrer Jacke, aus Leder wie seine, nur schwarz statt hellbraun, schwarz wie alles, was sie trägt, immer schon, die Trauer um Max macht da keinen Unterschied. Dann will sie nach draußen treten und die Tür hinter sich zu ziehen, doch jetzt ist er es, der sie aufhält.

»Sag deinen Eltern Bescheid, dass du weggehst.«

Natalie blickt ihn verwundert an, tut aber, was er sagt. Ihre Eltern nicken nur, müde und willenlos, keiner von beiden hat inzwischen irgendetwas in die Kisten gepackt.

Rausgehen. Zum ersten Mal reden. Draußen sein mit jemandem, den es bisher noch nicht gab. Natalie riecht die warme Erde und spürt die Julisonne auf ihrer Stirn und ihren Wangen, als sie auf die Straße tritt. Man kann sich nicht ewig einigeln, sie ist sowieso nicht der Typ dafür. Es muss ja weitergehen, Max würde sich klammern an den Gedanken, dass wenigstens sie weitermacht. Sich jetzt nicht fallen lässt.

Wie von selbst und in stummer Übereinstimmung steuern sie den Weg zum Park an. Irgendwo dahinter beginnt der Friedhof.

»Ich bin übrigens Jonathan«, sagt er. »Erzähl einfach mal. Falls du die Malsachen doch noch rausrückst ... dann weiß ich wenigstens, wer das war, dem sie gehört haben.«

2.

Max' Beisetzung ist erst wenige Tage her, aber im Hochsommer verdirbt alles schnell. Die Kränze sind abgeräumt, die Gestecke verschwunden, leuchtende Mohnblumen und blauer Männertreu, geschickt arrangiert im Wechsel mit gelben Stiefmütterchen und rosa Rosen, verleihen seinem Grab eine sommerliche, fröhliche Ausstrahlung.

»Sieht toll aus«, bemerkt Jonathan. »Machst du das oder deine Eltern?«

»Meine Mutter kann noch nicht herkommen«, antwortet Natalie. »Das packt sie noch nicht, die Beerdigung war schon eine einzige Katastrophe. Und mein Ding ist dieser Blumenkram überhaupt nicht. Nein, das ist ... das macht jemand anders. Von einer Gärtnerei hier in der Nähe.«

Jonathan nickt. »Es wirkt eher wie ein liebevoll gestaltetes Beet in einem Garten als wie eine letzte Ruhestätte.«

»Übertreib nicht.« Natalie wendet sich ab, will weitergehen. »Ich weiß, es sieht perfekt aus. Nach außen war alles perfekt in Max' Leben. Trotzdem hat er es getan.«

»Getan? Was hat er getan?« Jonathans Stimme klingt sanft, geduldig, normalerweise regt Natalie so ein Gesäusel auf. Heute nicht. Er kennt sie nicht, weiß nichts. Dann kann er auch nichts beurteilen, nicht *ver*urteilen. Sie kann einfach erzählen, egal wie lange es dauert, und wenn er ihr dämlich kommt, wird sie ihm sein Geld zurückgeben und ihn zum Mond schicken.

»Dein Kopf.« Er deutet auf ihre Narbe an der Schläfe, die noch immer gerötet und leicht geschwollen ist. »Was ist passiert?«

»Wenn ich das wüsste.« Natalies Blick ist düster, in die Ferne gerichtet. »Ich weiß nur noch, wie mies er drauf war am letzten Abend. Irgendwas war mit der Schule, das ging schon länger, mein Vater hat ihn immerzu drangsaliert, er sollte noch mehr und noch mehr lernen, dabei hatte er schon kaum noch Zeit für was anderes. Monatelang ging das so. Irgendwas war dann mit seinem Lehrer … und seiner Tussi … sorry, Jonathan, ich hab da echt 'nen Filmriss. Muss durch den Aufprall kommen; ich hoffe, ich laufe jetzt nicht für den Rest meines Lebens mit Alzheimer rum. Ist sowieso ein Wunder, dass ich nicht mit draufgegangen bin. Ich habe nichts weiter als diese Narbe – und den Filmriss eben. Max hat das so gemacht …« Natalies Stimme bricht, sie schüttelt den Kopf, legt ihre Hand auf die Lippen, bleibt stehen. »Wir hätten alle draufgehen können, alle, die mit im Auto saßen. Wenn einer mit dem Auto gegen einen Baum rast, bleibt normalerweise nicht viel übrig, weder vom Wagen noch von den Insassen.«

»Kommt auf die Geschwindigkeit an und darauf, ob er frontal dagegen kracht oder noch versucht hat auszuweichen.«

»Draufgegangen ist jedenfalls nur Max. Wir anderen leben alle, auch wenn es seinen Kumpel Paul und seine Freundin Annika ganz schön erwischt hat. Paul liegt immer noch im Krankenhaus. Dabei saßen sie hinten und ich war die Beifahrerin.«

»Annika? Meinst du damit, sie war die Freundin von diesem Paul oder von deinem Bruder?«

»Sie war Max' Freundin. Er war mit dieser Annika zusammen, obwohl sie nicht zu ihm gepasst hat. Ich hab das nie verstanden. Annika ist so eine Hübsche, Beliebte, die jeden Jungen haben kann, aber sie ist oberflächlich. Er war nicht glücklich mit ihr.«

Natalie reibt sich wieder die Stirn, der Kopf tut ihr weh, das passiert seit dem Crash oft, wenn sie grübelt.

»Du musst dich nicht bemühen«, versucht Jonathan sie zu beruhigen. »Wenn die Erinnerungen weg sind, kann das auch psychische Gründe haben, das ist ja der Hammer, was du gerade durchmachst. Wir können hier weggehen, wenn du willst. Möchtest du nach Hause?«

»Bloß nicht«, gibt Natalie zurück. »Nein, lass uns weitergehen, irgendwohin, aber nicht nach Hause. Da erschlägt mich alles, seit ich aus dem Krankenhaus entlassen bin.«

Sie schlendern auf die Straße zurück. Der Feierabendverkehr ist durch, nur noch vereinzelt passieren Autos in gemäßigtem Tempo die Nebenstraßen. Neben einem Springbrunnen halten sie an, blicken um sich und setzen sich schließlich auf eine Bank. Eine Weile lauschen sie stumm dem Plätschern der Wasserfontänen, Natalie vergewissert sich, dass es ihre Kopfschmerzen nicht verstärkt, stellt aber fest, dass es geht.

»Eine oberflächliche Schickse passt nicht zu deinem Bruder, wenn er Künstler ist«, äußert Jonathan schließlich. Es tut Natalie gut, wie er von Max in der Gegenwart spricht, anders als ihre Mutter, die das auch tut und dann nach jedem zweiten Satz in sich zusammensackt und weint, weil die Erkenntnis, dass er nicht mehr da ist, sie immer noch übermannt. Bei Jonathan zieht es sie nicht runter.

»Das habe ich ihm auch gesagt, und ich wollte ihm immer Mut machen, sich von ihr zu trennen. Ich hab gehofft, er schafft es von allein... Mir war so vieles nicht klar, ich hatte mit mir selber zu tun. Ich hätte mehr für ihn da sein sollen.«

»Bist du nicht die Jüngere von euch beiden?«

»Eben. Aber Max war ein ganz anderer Typ als ich. Ich lasse mir so leicht nichts sagen, nicht mal von meinem Vater, der immer meint, er muss uns herumkommandieren wie seine Angestellten. Deshalb musste ich oft für Max kämpfen.«

Jonathan grinst und lässt seinen Blick über Natalies Kleidung gleiten. »Dann eckst du bestimmt oft bei deinem Dad an.«

Natalie zuckt mit den Achseln. »Selbst wenn ich mir einen Hühnerknochen durch die Nase jagen wollte, wär das meine Sache, aber so weit gehe ich gar nicht. Ich trage halt meine schwarze Lederjacke und schnippel hier und da ein bisschen an meinen Shirts rum, hab eben meistens was Schwarzes an und bemale mein Gesicht entsprechend. Aber ich spiele Saxofon in einer Rockband, da läuft man nun mal nicht rum wie Kaiserin Sissi.«

»Saxofon in 'ner Rockband.« Jonathans Augen weiten sich. »Respekt, Respekt. Dann ist es ja klar, dass du dich nicht nur um deinen Bruder kümmern kannst.«

»Aber das ist genau das Problem. Max war so still, so unauffällig, der ist immer irgendwie dabei gewesen, ohne groß aufzufallen. Er rutschte überall so mit durch, kämpfte nicht, legte sich mit niemandem an.«

»Dann ging es ihm vielleicht schon länger beschissen, nicht nur an dem Abend, bevor er gegen den Baum gerast ist«, vermutet Jonathan.

»Aber ich habe es nicht bemerkt; jedenfalls nicht, wie krass es wirklich war. Er hat mich ja manchmal genervt, weil er immer so unentschlossen und zögerlich war.«

»Das ist verständlich. Immerhin ist er der Ältere, eigentlich hätte er für dich da sein müssen, als großer Bruder.«

»Zwischen uns lagen nur zwei Jahre und zwei Monate. Darum geht es auch nicht, ich bin kein Baby mehr, ich beiße mich schon selber durch. Aber beim letzten Mal hätte ich ihn nicht abwimmeln sollen.«

»Was war da los?«

Natalie schweigt. Max' Gesicht taucht wie ein Blitzlicht vor ihr auf, seine Hand, die sich fest um den Türrahmen krallt, es war der Eingang zum Musiksaal, seine Augen angsterfüllt, er hatte eine Nachricht bekommen, musste dringend nach Hause, wollte sie bei einem Gespräch mit dem Vater dabeihaben. Natalie hatte abgelehnt, war mitten in einer Probe mit dem Schulorchester, es ging einfach nicht. Es hätte gehen müssen.

»Ich kann nicht darüber reden«, sagt sie schließlich. »Alles kommt wieder hoch. Wenn ich für Max da gewesen wäre, könnte er noch leben.«

»Es lag nicht nur an dir«, erwidert Jonathan. »Wenn sich einer was antut, gibt es nie nur einen einzigen Grund dafür. Du sagst, Max war still und unauffällig – da übersieht man leichter etwas als bei einem Menschen, der sein Herz auf der Zunge trägt. Mach dir keine Vorwürfe.«

»Trotzdem. Er ist tot, verstehst du? Niemand hat gewusst, wie es in ihm aussah, und das in der eigenen Familie, im Freundeskreis. Das ist doch arm.«

»Es kann nun mal nicht jeder Gedanken lesen. Wenn ihr so ein gutes Verhältnis hattet, hätte Max sich auch äußern können.«

»Hat er.« Natalie kämpft gegen einen Kloß im Hals an. »Hat er ja. Ich wusste genau, wie er gelitten hat, zumindest unter unserem Vater. Aber ich habe ihn abgewimmelt.«

Jonathan blickt sie von der Seite an. »Du konntest nicht wissen, dass es um Leben und Tod ging«, meint er. »Viele Jugendliche haben Stress mit den Eltern. Gib dir nicht die Schuld daran, dass er kein dickeres Fell hatte.«

»Aber ich habe es nicht mal richtig ernst genommen, wenn er mir davon erzählte. Ein paar übliche Floskeln, er soll sich nicht alles gefallen lassen, das war's. Ich hab so oft gedacht: Mann, Max, wach mal auf, du bist volljährig, Daddy kann dir gar nichts. Oft hätte ich ihn schütteln können. Aber ich hab's nicht getan. Vielleicht wäre sonst alles ganz anders gekommen.«

»Das glaube ich nicht«, zweifelt Jonathan. »Wenn sich jemand wirklich umbringen will, dann tut er es auch. Niemand hätte das verhindern können, weil niemand ganz genau wissen konnte, wie groß seine Not war. Gegen Selbstmord spricht bei deinem Bruder nur, dass er riskiert hat, andere mit in den Tod zu reißen. Menschen, denen er nahestand, das ist der Wahnsinn, dazu müsste schon viel passiert sein. Vielleicht ist es doch im Affekt geschehen.«

»Es *ist* viel passiert. Warte mal.« Natalie legt ihre Hand auf seinen Unterarm, ihre Augen weiten sich. »Da war was, eben hatte ich einen Erinnerungsfetzen... Max saß schon mit Annika und Paul im Auto, als ich eingestiegen bin. Irgendwas war da los, es muss Streit gegeben haben, bevor ich kam. Dann sind wir losgefahren... mehr weiß ich nicht, verdammt. Ab da ist wieder ein schwarzes Loch in meinem Hirn.«

»Vielleicht war Alkohol im Spiel«, vermutet Jonathan. »So was passiert immer wieder.«

»Nicht bei Max«, unterbricht ihn Natalie. »Wenn du so über ihn denkst, kannst du gleich den Abflug machen. Max hat fast nie getrunken, und wenn er fahren wollte sowieso nicht.«

»Schon gut«, beschwichtigt Jonathan schnell. »Es war nur ein Beispiel, gar nichts denke ich über Max. Ich will dir nur helfen, dass deine Erinnerung vielleicht zurückkehrt, und wenn es nur stückweise ist.«

»Ich hab Angst davor«, gesteht sie.

»Dann erzähl mir was anderes über ihn«, schlägt Jonathan vor. »Was Max so gemalt hat, zum Beispiel. Hat er auch Graffiti gesprüht?«

Natalie schüttelt den Kopf. »Wenn er malen wollte, hat er sich zurückgezogen. Du kannst nachher mit raufkommen, dann suche ich ein paar Bilder raus. Irgendwo in seinem Zimmer müssen ja welche sein. Aber noch nicht jetzt. Ich will noch nicht gehen.«

Wieso macht er das; denkt sie. Was bringt diesen Jungen dazu, seine Zeit mit mir zu verbringen und sich das alles anzuhören, wo es doch so traurig ist? Ein neuer Mensch in meinem Leben. Ich will gar nicht, dass er wieder verschwindet, wenn er erst die Malsachen von Max hat.

»Ich würde gern meine Füße in den Springbrunnen halten«, sagt sie. »Kommst du mit?«

3.

Seit Maximilians Tod und ihrer eigenen Entlassung aus dem Krankenhaus hat Natalie sich wieder in eine Art Schutzuniform gehüllt, die gleichen Sachen, die sie trug, bevor es passiert war, nur noch extremer; Destroyed Jeans, Shirts und Pullis im Heavy-Used-Look und ihre Nietenlederjacke, dunkles Augen-Make-up und schwarze Lippen, vor allem aber ihre derben schwarzen Lederboots. Es war eine Art Weigerung gewesen zu akzeptieren, dass das Leben weitergeht, ein Festhalten an dem letzten Frühjahr mit Max, und sie hat auch jetzt, an diesen glühenden ersten Julitagen, daran festgehalten. Sie setzt sich auf den Brunnenrand und löst ihre Schuhbänder, zerrt ungeduldig an den Stiefeln, erst jetzt spürt sie, wie ihre Füße brennen, auch die Socken reißt sie herunter und wirft sie achtlos zu Boden, ehe sie ihre Hosenbeine aufkrempelt und beide Füße gleichzeitig ins Wasser taucht. Ein Lächeln huscht über ihr Gesicht, kaltes Wasser, es ist so erfrischend, sie fühlt, wie es den Kreislauf ankurbelt und das Leben in ihr weckt. Ein leerer weißer Plastikbecher, eine durchtränkte Zigarettenkippe und ein hölzernes Eisstäbchen schwimmen an ihr vorüber, sie fischt alles heraus, ehe sie auch ihre Jacke abstreift, die Ärmel ihres Shirts aufkrempelt und mit den Armen bis zu den Ellbogen eintaucht, ihren Nacken mit Wasser benetzt, die Stirn anfeuchtet. Es ist fast wie beim Baden gehen früher, Baden gehen mit Max, vor vielen Jahren, als sie noch Kinder waren. Sommerferien an der Ostsee oder ein Nachmittag im Freibad, das Gefühl jetzt ist wieder das gleiche, die Erfrischung und die plötzlich aufkeimende Lust, unbeschwert herumzutoben, sich in die Unendlichkeit der Fluten fallen zu lassen.

Auch Jonathan lässt seine Füße ins Wasser hängen, lächelt sie an, er schaufelt etwas Wasser mit seiner Hand und spritzt Natalies Gesicht nass; große, breite Hände hat er. Natalie spritzt nicht zurück, so weit erholt ist sie noch nicht, und er spürt es, fühlt sich ein, bedrängt sie nicht, in Albereien zu verfallen, weiß ganz genau, wie unpassend es jetzt noch wäre. Aber auch er sieht, dass Natalie mit der Lederkleidung ein Stück ihrer Schale, ihres Panzers abgelegt hat. Eine Weile sitzen sie nur nebeneinander und sehen dem immer gleichen Kreislauf des Wassers in diesem Springbrunnen zu, für Natalie hat das gleichförmige Rauschen und Plätschern etwas Beruhigendes, Einlullendes.

»Dieses Unauffällige, Stille«, nimmt Jonathan irgendwann den Faden wieder auf. »Hatte dein Bruder das auch früher schon? Als ihr Kinder wart, meine ich?«

Natalie nickt. »Er war ein Einzelgänger«, erzählt sie. »Vor fremden Leuten hatte er Angst, sogar Kindern gegenüber war er sehr scheu. Bevor er eingeschult wurde, spielte er am liebsten mit mir – daran erinnere ich mich aber nicht mehr. Meine Mutter hat es mir erzählt. Manchmal wollten andere Jungs aus der Nachbarschaft ihn abholen, aber er ging nur, wenn ich auch mitkam. Sonst blieb er am liebsten im Zimmer und malte.«

»Musstest du dann auch neben ihm sitzen?«

»Quatsch.« Natalie zieht die Augenbrauen zusammen.

»Wenn du mich jetzt veräppeln willst, dann verschwinde. An so einen Vollpfosten wie dich rücke ich Max' Malsachen sowieso nicht raus. Deine paar Kröten kannst du zurückhaben, die wiegen den Wert sowieso nicht auf.«

»Entschuldige«, beeilt sich Jonathan zu sagen. »Es war ein blöder Spruch von mir, tut mir leid. Aber hast du dich nicht wahnsinnig eingeengt gefühlt, wenn er nichts ohne dich machen konnte?«

»Klar«, räumt Natalie ein. »Ich hatte ja Freundinnen und Freunde, schon im Kindergarten. Mit denen wollte ich auch spielen. Malen fand ich damals langweilig, höchstens mit Straßenkreide kritzelte ich draußen manchmal herum, mit den anderen eben. Max machte da selten mit, er war ein richtiger Stubenhocker.«

»Dabei hätte er auch draußen mit Kreide malen können. Hast du schon mal diese Straßenkünstler gesehen, die in der Innenstadt auf dem Pflaster malen? Da sind so tolle Bilder drunter. Neulich war auf dem Marktplatz einer, der malte einen Abgrund direkt an das Geländer zum U-Bahneingang, total irre. Der sah so dreidimensional aus, dass die Leute unwillkürlich einen großen Bogen um das Bild gemacht haben, obwohl sie wussten, dass es nur eine Zeichnung war.«

»Finde ich auch super«, stimmt Natalie zu. »Aber dazu war Max viel zu introvertiert. So ein Bild erregt Aufsehen. Ich wette, er hätte allein bei der Vorstellung schon nachts Albträume bekommen. Wie die Passanten stehen bleiben und ihm zusehen, wie er mitten auf dem Marktplatz hockt und malt.«

»Schade«, meint Jonathan. »Der Erfolg hätte ihm Auftrieb geben können.«

Natalie schweigt. Max *hatte* Erfolg, ganz zum Schluss. Der Wunsch, mehr aus seinem Talent zu machen, war unaufhaltsam in ihm gewachsen, er hatte ihn nur nicht entschlossen genug verteidigt. Er hätte Hilfe dabei gebraucht, Ermutigung, nicht nur von einem Menschen.

»Und du?«, forscht Jonathan weiter. »Wie warst du als Kind?«

»Ich weiß nicht.« Natalie zögert, blickt durch die Wasserfontänen hindurch in die Ferne. »Ganz normal eigentlich, fand ich jedenfalls. Aber wo Max zu brav war, bin ich zu unruhig gewesen. In der Schule zum Beispiel. Wenn mir was nicht gepasst hat, im Unterricht oder wenn die Lehrer jemanden ungerecht behandelt haben, dann habe ich das auch gesagt. Und zwar, wann es mir gepasst hat oder wenn ich fand, dass es genau in dem Moment sein musste. Da habe ich mich nicht erst ewig gemeldet und gewartet, bis die Lehrerin sich mal herablässt, mich dranzunehmen.«

»Kann ich mir vorstellen. Du bist ja jetzt noch eine kleine Rebellin.« Jonathan zwinkert ihr zu.

»Manchmal riefen die Lehrer nachmittags bei uns an, um sich zu beschweren. Vor allem meinem Vater war das furchtbar unangenehm, aber das hat er den Lehrern nicht gezeigt.«

»Sondern?«

»Er hat mich verteidigt. Das Gute war ja, ich habe nie schlechte Noten nach Hause gebracht, und dagegen konnten die Lehrer nichts sagen. Sonst hätte ich vielleicht richtig Stress haben können.«

»Du bist also immer genau das, was dein Bruder nicht ist«, schlussfolgert Jonathan.

»Meine Eltern fingen irgendwann an, mir Max als Vorbild hinzustellen. Warum bist du nicht wie er, Max hat noch bessere Noten und macht nie Ärger, sei nicht immer so renitent. Ich musste mich abgrenzen, sonst hätte ich das Gefühl gehabt, wir verschwinden beide.«

»Was meinst du damit?«

»Max hat immer versucht, unseren Eltern alles recht zu machen. Wenn sie sonntags mit uns einen Ausflug machen wollten, stieg er ins Auto und fuhr mit, obwohl ihm jedes Mal so schlecht wurde, dass er am Ziel noch auf dem Parkplatz kotzte. Mit mir hätten sie das nicht machen können. Ich habe so lange gemosert, bis ich zu Hause bleiben und mit meinen Freunden spielen durfte – oder einen von ihnen mitnehmen, um nicht vor Langeweile zu sterben. Genug Platz im Auto hatten wir ja.«

»Max hat sich übergeben, und trotzdem musste er immer wieder mit?«

»Meine Mutter fand irgendwann ein homöopathisches Mittelchen, damit wurde es etwas besser. Also fuhr er weiter mit.«

»Oft genug hätte er bestimmt lieber gemalt.«

»So ist es. Aber er wollte nicht, dass sie sauer auf ihn sind. Also dachten sie, es sei alles wieder in Ordnung. Und so war es immer. Max war der gute Junge, hatte überall Einsen, lernte Klavier, ging in den Ruderverein und zum Tennis, alles vorzeigbar. Er half hier und da mal im Haushalt mit oder wenn mein Vater das Auto von innen sauber machte ... wer sollte da auf die Idee kommen, dass es ihm nicht gut ging? Beklagt hat er sich nie.«

Plötzlich sieht sie Jonathan an, muss sich räuspern.

»Was ist?«, fragt Jonathan.

»Hast du wirklich so viel Zeit, dir das alles anzuhören? Ich komme mir gerade so komisch vor ... wir haben uns noch nie gesehen, und jetzt sitzen wir hier am Springbrunnen und ich labere dich mit meinem Zeug voll. Warum machst du das?«

»Wenn es dir unangenehm ist, musst du nicht weiterreden.«

»Ist es nicht.« Sie schüttelt heftig den Kopf. »Aber du machst das alles, nur damit ich die Sachen rausrücke, die sowieso dir gehören ... ich geb sie dir schon. Nur im ersten Moment war ich geschockt, weil ich nicht wusste, dass Max sie versteigert hat.«

»Im Augenblick kann ich mir noch nicht vorstellen, sie zu benutzen. Es beginnt gerade, sich so anzufühlen, als hätte ich ihn gekannt. Außerdem mag ich es nicht, nur Small Talk zu reden. Und du bist mir sympathisch, Zeit hab ich auch... passt schon.«

»Mir kommt es auch so vor, als ob wir uns länger kennen als erst ein paar Stunden.«

»Aber sag Bescheid, wenn du nach Hause musst.«

»Du weißt nicht, wie ungern ich zurzeit dort bin. Was willst du hören?«

»Mehr über dich.«

»Ich bin nicht geheimnisvoll«, weicht sie aus. »Ich sage immer, was ich denke, Geheimnisse habe ich kaum. Typen wie Max sind interessanter. Aber die werden kaum beachtet.«

»Für mich bist du interessant.« Jonathan sieht sie an, sein Blick ist so intensiv, so voller Wärme, dass ihr einen Moment lang schwindlig wird. »Du hast eine Tiefe, die ich kaum von anderen Mädchen kenne, du ziehst dich außergewöhnlich an, und du spielst ein Instrument, das auch nicht alltäglich für Mädchen ist.«

»Das Saxofon?« Natalie lacht, hört selbst, dass es ein wenig bitterer klingt als beabsichtigt. »Eigentlich wollte ich Schlagzeug lernen. Aber da war mit meinem Vater nicht zu reden.«

»Als überarbeiteter Top-Manager will er vielleicht keine Schießbude im Haus, auf die du jeden Tag stundenlang eindrischst.«

»Das hätte ich ja noch verstanden, aber es war nicht der Grund. Schlagzeug ist kein Instrument für ein Mädchen, das ist seine Meinung, und ich hatte mich danach zu richten. Das Gleiche gilt für den E-Bass.«

»Es gibt viele Bands mit einer Drummerin oder Bassistin.«

»Ich weiß, aber über die rümpft er auch die Nase. Über das Saxofon, das meine dritte Wahl gewesen ist, eigentlich auch, aber da hat meine Mutter eingegriffen und ihm klargemacht, dass er seinen Kindern nicht im Weg stehen darf, indem er nur nach *seinen* Interessen geht. Da hat er nachgegeben. Ihr Hauptargument war dabei aber, dass Klavier und Sax gut miteinander harmonieren. Max spielte Klavier und mein Vater steht auf Ragtime und Jazz. Da konnte er nichts mehr einwenden.«

»Spielst du denn gerne?«

Natalie nickt. »Inzwischen könnte ich mir nichts Passenderes mehr vorstellen. Ich kann damit unheimlich gut ausdrücken, was ich gerade fühle. Nur aus dem Zusammenspiel mit Max wurde nicht viel. Nach der ersten Begeisterung als Kind spielte er nur noch unseren Eltern zuliebe, außer wenn er sich unbeobachtet fühlte und einfach so herumklimpern konnte.«

»Habt ihr an Wettbewerben teilgenommen?«

»Max nicht. Da hat er sich immerhin doch mal durchgesetzt. Er ging zum Unterricht bei irgendeiner alten Schreckschraube, aber zu Wettbewerben ließ er sich nie hinreißen. Er wäre auf der Bühne wahrscheinlich zusammengebrochen vor Aufregung.«

»Und du?«

Natalie öffnet die Lippen um zu antworten, doch im selben Moment nimmt sie aus dem Augenwinkel eine Bewegung wahr und schreckt auf. Eine Gruppe Fußballfans mit Schals und Trikots in den Farben ihres Lieblingsvereins wandert grölend auf den Platz zu und verteilt sich auf die freien Bänke um den Springbrunnen.

»Komm hier weg«, sagt Natalie, hebt ihre Füße aus dem Wasser und klaubt ihre Jacke, Schuhe und Strümpfe auf. »Das halte ich jetzt nicht aus. Gehen wir irgendwo was Trinken?«

4.

Noch ehe Jonathan antworten kann, klingelt Natalies Handy.
»Meine Mutter«, erklärt sie ihm nach einem Blick auf das Display. »Ich geh kurz ran.«

Sie entfernen sich vom Springbrunnen, erst nach der Straßenecke kann Natalie die Hand von ihrer Ohrmuschel nehmen, mit der sie versucht hat, die Stimmen der Fußballfans abzuschirmen.

»Wo bleibst du nur so lange?«, hört sie ihre Mutter mit gedämpfter Stimme fragen. »Hast du nicht gesagt, du würdest nur kurz mit dem jungen Mann rausgehen, der am Nachmittag an der Tür war? Jetzt ist schon Abendbrotzeit und du meldest dich nicht.«

»Entschuldige«, antwortet sie. »Wir haben uns ein bisschen verquatscht. Ich war so lange nicht mehr einfach so draußen.«

»Aber so viel ich mitbekommen habe, kennst du den jungen Mann doch kaum, Natalie. Nicht, dass dir auch noch was passiert.«

Im Hintergrund hört sie die Stimme ihres Vaters.

»Ihr müsst euch keine Sorgen machen. Jonathan ist total in Ordnung. Darf ich nicht noch ein bisschen bleiben?«

»Wo bist du denn überhaupt? Doch nicht etwa bei ihm zu Hause?«

Natalie verdreht die Augen. »Wir gehen einfach nur spazieren und reden«, berichtet sie. »Es ist tolles Wetter und er tut mir gut.« Mehr kann sie nicht sagen, in sich spürt sie den Impuls, aufzubrausen und sich zu wehren gegen die Sorge ihrer Mutter, die sie auch jetzt als übertrieben empfindet; am Tonfall des Vaters hört sie heraus, wie er verlangt, sie solle auf dem schnellsten Wege nach Hause kommen, es sei keinesfalls zu viel verlangt, wenn die Tochter sich gerade jetzt ein wenig an die Regeln des Familienlebens halte.

Familienleben. Eine Familie ohne Max ist eine andere Familie als die, die es vorher gegeben hatte.

»Ich komme nach Hause«, verspricht sie ihrer Mutter. »Nur eine Stunde noch, oder zwei. Es geht mir gut, wirklich. Ihr könnt auch schon schlafen gehen.«

Minutenlang starrt sie vor sich hin, nachdem sie aufgelegt hat. Schlafen gehen. Was für ein absurder Vorschlag, wo sie doch weiß, dass die Mutter seit dem Tod ihres Sohnes nur noch mit starken Beruhigungsmitteln überhaupt in ein paar kurze Stunden unruhigen Schlummers fällt. Den Vater hört sie nachts oft durch die Wohnung tigern, über das Parkett im Wohnzimmer, jeden Schritt hört sie, wenn sie selbst nicht einschlafen kann. Sie will noch nicht, nicht wieder diese Schritte hören, jetzt noch nicht. Noch nicht zurück. Noch nicht fort von Jonathan, nicht von dem Beginn einer vorsichtig aufschimmernden neuen Zeit.

Sie streifen weiter durch die Stadt, der Abend ist mild, Natalie lässt ihre Jacke offen. In der Fußgängerzone bleiben sie bei einem Straßenmusiker stehen, einer One-Man-Band, der mit Gitarre, Bluesharp und einer Trommel auf dem Rücken die Passanten unterhält; einige werfen Geldstücke in seinen Gitarrenkoffer. Natalie spürt, wie die Musik in ihr Inneres vordringt, gerade das Wimmern und Schluchzen der Mundharmonika ruft ein Ziehen in ihrer Brust hervor, das sie kaum aushält. Aber sie bleibt stehen, zerrt nicht Jonathan am Arm fort, sondern lässt es zu, dass ihr die Tränen kommen, weil die Trauer sie bei den melancholischen Klängen übermannt, sie lässt sie über ihre Wangen rinnen und wischt sie nicht fort; bricht nicht zusammen, aber lässt ihren Gefühlen freien Lauf, hier mit Jonathan an ihrer Seite muss sie keine Stärke beweisen wie zu Hause neben den Eltern, wo sie oft den Eindruck hat, neben der nach außen hin unerschütterlichen Haltung des Vaters die Einzige zu sein, die alles noch aufrecht hält. Erst als sie sich schnäuzen muss, bemerkt Jonathan, was mit ihr los ist, aber auch er versucht nicht, sie weiterzuziehen, sondern legt nur schweigend den Arm um ihre Schultern und Natalie lehnt sich an ihn, er nutzt es nicht aus, dass ihre trotzige, raue Schale, hinter der sie sich anfangs noch verborgen hat, Risse zeigt, versucht nicht, sie zu küssen oder seine Hand unter ihr Shirt zu schieben. Sie stehen noch lange und hören dem Musiker zu. Erst als er eine Pause ankündigt, wischt Natalie ihre Tränen fort und sie ziehen weiter. Immer wieder spürt Natalie Jonathans Blicke auf sich ruhen, er scheint abzuwarten, bis sie sich beruhigt hat, ehe er mit ihr irgendwo einkehren will. Natalie versucht es, zwingt sich zu einer gleichmäßigen Atmung, blickt sich um, bemüht, das Treiben dieses Sommerabends aufzunehmen und sich davon ablenken zu lassen, es gelingt ihr nur schwer. Menschen spazieren eng umschlungen und lachend an ihr vorbei, Stimmengewirr dringt aus Bars, Restaurants und Clubs, und immer wieder Musik, überall Musik. Das alles wird Max nie mehr sehen, denkt sie; verdammt, er wird es nie mehr sehen und hören! Kann das wahr sein, dass er für immer unter der Erde liegt, die Augen geschlossen und nichts mehr von diesem Sommer mitbekommt, nicht von dem im nächsten Jahr, nie mehr? Kann es wahr sein, dass ich ihm später zu Hause nicht von dem Abend mit Jonathan erzählen kann, heimlich, ohne dass unsere Eltern zuhören, heute nicht und an keinem anderen Tag, und auch sonst nie mehr mit ihm sprechen, solange ich lebe? Es kann nicht sein, denkt sie und stöhnt leise auf, fühlt Jonathans Arm fester um ihre Schulter. Wir hätten viel öfter miteinander reden sollen. Es gibt so vieles, was ich nicht von ihm weiß.

Vor der Kirche hat ein Porträtzeichner seine Bilder ausgebreitet, Bleistift- und Kohlezeichnungen von Schauspielern, Politikern und Stars der aktuellen Rock- und Popszene. Eine kleine Menschentraube hat sich um ihn gebildet, die den Künstler teilweise verdeckt. Natalie zieht Jonathan trotzdem schnell weiter.

»Tut mir leid«, sagt dieser schnell. »Ich wusste nicht, dass der hier malt, sonst wär ich mit dir woanders langgegangen.«

»Er malt beschissen«, zischt Natalie. »Pinselt bloß das ab, was er sieht; das Bild von Angela Merkel hat überhaupt keine Ähnlichkeit mit ihr.«

Ein paar Umstehende drehen sich um, irgendjemand wirft ihr einen zornigen Blick zu und legt den Finger auf die Lippen, eine ältere Dame schüttelt den Kopf.

»Nicht, dass er das noch hört«, warnt sie Natalie. »Die Zeichnung ist doch gut gelungen.«

»Habe ich mit Ihnen geredet?«, gibt Natalie zurück. »Der Typ denkt, bloß weil er ihr ein paar dicke Striche von der Nase bis zu den Mundwinkeln hinklatscht, hätte er sie getroffen.« Sie wendet sich wieder an Jonathan. »Max konnte so was viel besser.«

»Hat er Angie auch gezeichnet?« Jonathan unterdrückt ein leises Lachen.

»Nicht dass ich wüsste. Aber wenn er Porträts zeichnete, dann mit Gefühl. Er hat die Leute so gemalt, wie sie wirklich sind, oder zumindest wie er sie wahrgenommen hat. Seine Gesichter sind so treffend, fast wie bei einem Karikaturisten, aber ohne diese typischen Verzerrungen und Übertreibungen. Er hatte es einfach drauf.«

»Wenn er dich gezeichnet hat, würde ich das Bild gern mal sehen«, bemerkt Jonathan. »Natürlich nur, wenn es dir recht ist.«

»Ich weiß nicht, ob es ein Porträt von mir gibt«, erwidert Natalie. »Gezeigt hat er mir keines, jedenfalls nicht in letzter Zeit. Eines hat er mir mal geschenkt, als ich dreizehn war und er fünfzehn. Da hatte ich gerade ziemlich kurze, bunt gefärbte Haare, die fand er lustig. Klar kannst du das Bild irgendwann sehen.«

Sie biegen in eine Seitenstraße ein und entdecken ein kleines italienisches Restaurant, vor dem nur drei Tische stehen; einer wird gerade frei. Jonathan nimmt Natalies Hand und beeilt sich, den Tisch zu ergattern. Als der Kellner die Speisekarte bringt und Natalie einen Blick darauf wirft, zuckt sie zusammen; hier war Max mit Annika, schießt es ihr durch den Kopf, vor ein paar Wochen erst, hinterher wirkte er unruhig und durcheinander, als ob er etwas klären wollte, aber nicht zum Zuge kam. Sie hält sich den Kopf.

Jonathan bestellt eine Portion Bruschetta zum Teilen und zwei Cola. Nach einer richtigen Mahlzeit ist beiden nicht zumute.

»Wenn Max so gut zeichnen konnte«, beginnt Jonathan vorsichtig von Neuem, sobald die Gläser vor ihnen stehen und der Kellner sich wieder entfernt hat, »wollte er das nicht später auch beruflich machen? Es gibt ja viele Möglichkeiten in dem Bereich.«

Natalie spürt, wie erneut die Wut in ihr hochkocht, obwohl sie weiß, dass Jonathan nichts dafür kann. Obwohl er so behutsam, fast unnatürlich sensibel mit ihr umgeht, obwohl er weder sie noch Max jemals vorher gesehen hat. Er ist auch nicht anders als alle Leute, denkt sie; immer dieses Gerede über Max' Begabung, ooh, so fantastische Bilder, aber als er jemanden gebraucht hat, der ihn wirklich ermutigt, mehr daraus zu machen, war niemand da und jetzt ist es zu spät. Sie stößt einen verächtlichen Laut aus.

»So wie du, oder wie?«

Jonathan blickt verdutzt. »Wie ich? Was meinst du damit? Ich studiere Kunst, ja klar. Ist doch normal, dass man sich das aussucht, was einem am meisten liegt, oder?«

»Normal.« Natalie beugt sich vor, starrt auf die Tischplatte und dreht ihr Glas hin und her. »Sicher ist das normal. Für jemanden wie dich vielleicht. Wie du da schon sitzt mit deinem langen Zopf und den alternativen Klamotten, gehören die überhaupt dir oder hast du sie ganz spontan von jemandem aus deiner WG geliehen, weil du so schön unangepasst und außergewöhnlich bist?«

»Was soll das denn jetzt?« In Jonathans Stimme schwingt Ärger mit, aber auch Verblüffung. Er blickt an sich herunter und schüttelt den Kopf. »Natürlich sind das meine, und was die WG betrifft: Ich wohne alleine, seit meine Freundin vor drei Wochen ausgezogen ist. Du bist nicht die Einzige, der es mies geht.«

Natalie atmet tief durch und winkt ab. »Schon gut«, lenkt sie ein. »Das wusste ich nicht. Es tut mir leid. Vielleicht sollte ich besser nach Hause gehen, bevor ich den Abend ganz verderbe.«

Aber im selben Moment kommt der Kellner und bringt den kleinen Imbiss. Sobald der Duft nach geröstetem Brot, Tomaten und Knoblauch zu ihr aufsteigt, spürt sie Appetit und nimmt sich eine der Scheiben.

»Wir müssen nicht weiter darüber reden«, sagt Jonathan, und sie hört, dass er noch verwirrt und verletzt ist. So soll dieser Abend nicht enden, denkt sie, aber sie spürt jetzt auch die Anstrengung des langen Spazierganges, es ist das erste Mal seit dem Unfall, dass sie so lange zu Fuß unterwegs war, zur Schule geht sie noch nicht wieder, da die Sommerferien vor Kurzem begonnen haben. Die Kopfschmerzen drohen unerträglich zu werden, sie sehnt sich jetzt doch danach, sich auf ihrem Bett auszustrecken und den Nacken nicht mehr aufrecht halten zu müssen, es war eindeutig zu viel heute, aber vielleicht kann sie besser schlafen, so müde, wie sie jetzt ist. Durchschlafen, erfrischt aufwachen. Dieses Gefühl kennt sie schon gar nicht mehr. Vielleicht würde es ihr etwas Zuversicht verleihen, wenigstens für ein paar Minuten.

Auch Jonathan nimmt sich eine Bruschetta und beißt hinein; er hat schöne Hände, denkt Natalie. Leicht gebräunt und mit hervorschimmernden Sehnen, die Nägel gepflegt, es würde ihr guttun, wenn er über den Tisch nach ihrer Hand greifen würde und sie halten, sachte über ihre Finger streichen. Aber er tut es nicht, berührt nur sein Stück Brot und danach wieder sein Colaglas, meidet es zuerst noch, sie anzusehen, streift schließlich doch ihr Gesicht mit einem flüchtigen Blick, ein Lächeln huscht über seine Lippen.

»Also«, versucht sie, den Faden wieder aufzunehmen. »Ich hab's nicht so gemeint, sorry noch mal. Klar wollte Max am liebsten was mit Kunst machen, nach dem Abi. Irgendwas in dem Bereich studieren. Er hat sich sogar heimlich an einer Fachoberschule für Gestaltung beworben – ich weiß nicht, wie sie hieß. Aber es hat nicht geklappt.«

»Vielleicht hat ihm das den Boden unter den Füßen weggezogen. Wenn jemand sensibel ist und nicht angenommen wird ...«

Natalie zuckt zusammen, sie fühlt das Blut aus ihrem Gesicht weichen. »Max *wurde* angenommen«, korrigiert sie. »Es kam eben was dazwischen, das soll vorkommen, oder?« Sie streckt ihre Hand aus, um nach einer zweiten Scheibe Bruschetta zu langen, zieht sie jedoch wieder zurück. »Ich kann nicht mehr«, stößt sie hervor und legt die Hand auf ihren Bauch, als hätte sie eine halbe Gans mit Klößen und Rotkohl verdrückt. »Können wir gehen?«

Jonathan nickt, winkt den Kellner heran und legt seine Geldbörse auf den Tisch.

»Ich bringe dich nach Hause«, verspricht er.

5.

Als Natalie die Wohnungstür aufsperrt, hört sie die Stimmen ihrer Eltern aus dem Wohnzimmer, dann die Schritte ihrer Mutter, die durch den Korridor auf sie zueilt.

»Gott sei Dank, da bist du«, seufzt sie und nimmt Natalie in den Arm. »Ich weiß, ich sollte nicht so überbesorgt sein, aber seit Max ... es ist so still in der Wohnung, wenn du nicht da bist.«

»Ich *bin* da.« Natalie hängt ihre Lederjacke an den Haken und zieht ihre Schuhe aus; es kommt ihr vor, als wäre sie ewig weg gewesen. Still in der Wohnung, das ist es wirklich, denkt sie; dabei war es mit Max keineswegs lauter, es sei denn, er drehte seine Stereoanlage voll auf, aber das kam selten vor. Als sie ins Wohnzimmer tritt, fällt ihr Blick auf den Flügel. Die Tastatur ist abgedeckt, kein Notenheft steht auf der Halterung, Max müht sich hier nicht mehr ab, das Stück für die nächste Klavierstunde durchzuackern, immer nervös, weil er mitten im Geschehen sitzt und der Vater jeden Anschlag registriert, jeden falschen Ton, jedes verkehrt bediente Pedal. Sein Klavierspiel hat mehr zu den Abenden gehört als Natalies Üben mit dem Saxofon, das immer nur höchstens eine Stunde lang geduldet war; wenn sie versehentlich länger geübt hatte, schlug die Nachbarin unter ihnen mit einem metallenen Gegenstand gegen die Heizung. Jetzt ist alles still, die Mutter steht noch ein wenig unschlüssig im Flur, der Vater sitzt auf dem Sofa, müde und grau im Gesicht, Natalie hat ihn noch nicht oft mit Bartstoppeln gesehen, doch seit Max' Tod lässt er sie mitunter sprießen, zumindest am Wochenende. Er nickt ihr zu, dann blättert er weiter in der Fernsehzeitschrift, überfliegt einen der belanglosen Artikel darin, nimmt einen Kugelschreiber vom Couchtisch und beginnt ein Kreuzworträtsel; beim ersten Begriff, den er nicht weiß, legt er beides wieder weg. Natalie strebt auf ihn zu und beugt sich herab, um ihm einen Kuss auf die Wange zu hauchen, dann murmelt sie etwas von Müdigkeit und Kopfschmerzen. Als sie erneut an ihrer Mutter vorbeigeht, sieht diese sie fragend an.

»Morgen holt er mich wieder ab«, berichtet Natalie. »Ich mag ihn. Versuch also nicht, es mir auszureden.«

Auf dem Weg in ihr Zimmer muss sie an dem von Max vorbei. Die Tür ist angelehnt, es brennt kein Licht, Natalie blickt schnell in die andere Richtung. Er müsste da sein, der Schein seiner Schreibtischlampe müsste in den dunklen Flur fallen, und sie würde ihren Kopf durch seine Tür stecken, um zu schauen, was er macht. Max würde auf seinem Bett sitzen, den Zeichenblock auf den Knien, oder am Schreibtisch gebannt auf irgendetwas am Bildschirm starren, vielleicht für die Schule lernen, nein, doch nicht, das hat er meist im Wohnzimmer getan, weiß der Kuckuck, warum. Sie selbst wäre nie auf die Idee gekommen.

Natalie geht ins Bad, wäscht ihr Gesicht, putzt sich die Zähne. Lächelt bei dem Gedanken an Jonathan und sie mit den Füßen im Springbrunnen, doch im nächsten Augenblick steigt wieder diese Angst in ihr auf, die Angst, die sie seit... seit jenem Abend jede Nacht zu Bett bringt, die Angst vor der langen, schweigenden Dunkelheit hinter ihrer angelehnten Tür, durch die sie manchmal das Rascheln der Bettdecken ihrer Eltern hört, weil auch sie nicht einschlafen können, nicht durchschlafen, es ist alles so falsch, so sollte es nicht sein, ihr Familienleben war nicht so geplant, dass Max verschwindet, allem ein Ende setzt. Der Familie, so wie sie war. Max hat sich in ihr nicht so wohlgefühlt, dass er sie erhalten wollte. Die Familie erhalten, das tun normalerweise Eltern.

In ihrem Zimmer schaltet Natalie das Deckenlicht ein, es ist ihr zu hell und sticht ihr in die Augen, verstärkt das grelle Hämmern in ihren Schläfen, aber sie will noch nicht ins Bett, will nicht, dass es dunkel ist, die Dunkelheit lässt sie immerzu daran denken, dass auch Max kein Licht mehr sieht, nicht hier auf der Erde, vielleicht irgendwo, wo immer er jetzt ist, aber nicht hier, nicht das künstliche Licht im Zimmer, nicht die Sonne oder den Mond. Nicht dasselbe Licht, das sie sehen kann.

Anders als früher legt sie ihre Sachen glatt auf den Stuhl neben ihrem Bett, schiebt Stifte und Papier auf ihrem Schreibtisch hin und her, lässt die Rollos herab, löscht schließlich doch das Licht, die Müdigkeit ist nicht mehr zu ertragen. Das Fenster bewegt sie in Kippstellung, um ein wenig Kontakt zur Außenwelt zu behalten, der leichte Hauch, der nun hereinweht erinnert Natalie daran, dass sie selbst eben noch draußen war und jederzeit wieder gehen kann. Ein bisschen vom Leben zurückerobern.

Doch als sie endlich liegt und nur noch die Nacht um sie herum ist, sind die Bilder wieder da. Natalie muss sich zwingen, nicht an die ausgeschaltete Deckenlampe zu starren, die aus weißen Milchglaskugeln besteht, jedes Mal im Dunkeln stellt sie sich Max' Schädel bei diesem Anblick vor, also kneift sie die Augen zu wie ein Kind nach einem Albtraum, aber das ist es ja auch, ein Albtraum, aus dem sie nie wieder erwachen wird, genau wie Max, der ebenfalls nie mehr aufwacht, nie mehr »Guten Morgen« zu ihr sagen wird.

Ich hätte ihn damals nicht abwimmeln sollen, denkt sie wieder und wieder, wie in jeder Nacht, seit sie wieder so weit bei Bewusstsein ist, dass die Erinnerungen sie heimsuchen, die Wochen und Tage vor Max' Selbstmord und das, was sie als ihre Schuld daran empfindet. Sie hat Jonathan nicht alles erzählt, noch nicht, konnte nicht. Es würde ihre Schuldgefühle nicht auslöschen, und die Tatsache, dass sie sie mit ihm teilen könnte, würde ihr keine Erleichterung verschaffen. Sie kann es nicht mehr rückgängig machen. Ich habe meinen Bruder weggeschickt und allein gelassen, als er mich am meisten brauchte, und jetzt kommt er nie mehr zurück, denkt sie.

Es stimmt nicht, dass sie einen Filmriss hat. Natalie weiß alles noch ganz genau, jede Einzelheit dieser wenigen Minuten, die zu seinem Tod geführt haben mussten. Sobald sie aus dem künstlichen Koma, in das man sie im Krankenhaus versetzt hatte, wieder erwacht und bei halbwegs klarem Verstand gewesen war, kam alles zurück und verfolgt sie seitdem in jeder Nacht und auch tagsüber, egal was sie tut, auch an diesem Nachmittag und Abend, während sie mit Jonathan unterwegs gewesen war. Max' Augen, als er zum Musiksaal gekommen war, um sie zu bitten, mit ihm nach Hause zu kommen. Das eindringliche Flehen in seiner Stimme. Er hatte solche Angst vor dem Vater gehabt, weil er sich heimlich an jener Kunstschule angemeldet hatte, die sie Jonathan gegenüber heute Abend erwähnt hat, es war klar gewesen, dass der Vater durchdrehen würde, aber Max hatte es trotzdem getan, hatte es einfach gemacht, das allein war für ihn schon viel gewesen. Ich hätte mitgehen sollen, kreist es wieder in ihrem Kopf; wenn ich nur mitgegangen wäre. Meine Argumente zählen bei Papa auch nicht, aber Max hätte jemanden an seiner Seite gehabt, sich nicht so verlassen gefühlt. Sie war nicht gegangen, weil sie mit dem Schulorchester geprobt hatte, wie wichtig war ihr das erschienen, wichtig, wichtig. Es war nicht wichtiger als Max, sie hatte seine Not doch gesehen, sie hätte mitgehen sollen, was ist schon eine Orchesterprobe gegen das Leben ihres Bruders, gar nichts ist sie dagegen. Sie hätte mitgehen und dem Vater mit drei kraftvollen Sätzen klarmachen sollen, dass weder Maximilian noch sie die Marionetten ihrer Eltern seien, und dann hätte Max seinen Traum vielleicht weiterverfolgt, der Vater hätte nicht ewig in seinem selbstgerechten Zorn verharren können.

Ich habe seine Angst nicht ernst genug genommen, brütet sie weiter. Aber alle aus ihrem Orchester hatten mit den Augen gerollt und gestöhnt, auch der Lehrer hatte seinen Unmut bekundet, als sie ihr Instrument abgelegt hatte und zu Max gegangen war. Hatte genervt reagiert und gedacht, wieso kann er nicht einmal etwas alleine schaffen, ich bin nicht seine Nanny, Max muss endlich mal Biss zeigen. Hatte über die Blässe seines Gesichts hinweggesehen, die weißen Lippen ignoriert, ihn fortgeschickt. Aber den Rest der Probe hatte sie schlecht gespielt, war unkonzentriert gewesen, das Gefühl für die Musik war ihr abhanden gekommen. Die Probe schien kein Ende zu nehmen, gerade weil Natalie so oft von vorn beginnen musste; hinterher flog sie geradezu nach Hause, sie weiß noch genau, wie das Gewicht des Saxofons in der Tragetasche auf ihre Schultern drückte und ihr beim Rennen der Schweiß ausbrach. Doch als sie endlich ankam und die Wohnungstür aufstieß, hatte Max längst in seinem Zimmer gesessen, äußerlich ruhig, was auch sie beruhigt hatte, auf den Knien seinen Laptop. Natalie war erleichtert gewesen, auch darüber, dass Max in der folgenden Zeit ausgeglichener gewirkt hatte, nicht fröhlich, aber ruhiger, als hätte er sich abgefunden, Frieden geschlossen. Abgeschlossen mit allem. Sie hätte es wissen müssen, es ihm anmerken, die Zeichen waren doch da. Abgeschlossen mit dem Leben. Ein Leben ohne seine Kunst konnte es für Max nicht geben.

Natalie kriecht tiefer unter ihre Decke wie ein Kind, denk an was Schönes, hatte ihre Mutter früher immer gesagt, wenn sie schlecht geträumt oder vor etwas Angst hatte. Es gibt nichts Schönes mehr. Versuch, an Jonathan zu denken. Jonathan, beschwört sie sich im Stillen; Jonathan, Jonathan, sei wenigstens du ein winziges Licht in dieser endlosen schwarzen Traurigkeit, die sich anfühlt wie flüssiger Teer, noch nicht abgekühlt, noch nicht zur Straße geworden, auf der man längst wieder fährt oder geht, egal was vorher gewesen ist. Jonathan kommt morgen wieder. Diese Nacht muss Natalie überstehen, vielleicht schafft sie es. Einmal ohne Kopfschmerzen aufwachen; bisher hat sie es abgelehnt, die verschriebenen Schmerzmittel zu nehmen, aber jetzt tut sie es doch, die Begegnung mit Jonathan hat sie aufgewühlt, dieses leise Gefühl von Freude passt noch nicht, aber die Abwesenheit von Schmerz wäre schon etwas wert. Morgen werden sie hier bleiben, egal was die Eltern sagen. Jonathan hat angeboten beim Ausräumen zu helfen, ein Junge in Max' Zimmer. Eigentlich ist es zu früh. Natalie schläft nicht ein.

6.

Es dämmert bereits gegen vier Uhr früh und Natalie hat noch immer nicht geschlafen. Das anbrechende Tageslicht verschafft ihr nur geringe Erleichterung, sie wartet darauf, endlich aufstehen zu können, tagsüber kann sie sich ablenken, auch wenn die Gedanken weiter kreisen, die Schuldgefühle sie in jeder Minute begleiten. Wenn sie sich mehr um Max gekümmert hätte, wäre sie sicher auch konsequenter gewesen, als sie Max an seinem letzten Abend so aufgebracht gesehen hatte. Sie hatte doch dieses ungute Gefühl gehabt, mehr als deutlich, als er sich hinters Steuer gesetzt hatte, und wahrscheinlich war es Paul und Annika nicht anders gegangen. Natalie hätte ihren Bruder bitten sollen, nicht zu fahren, eindringlich, hätte ihm den Schlüssel wegnehmen sollen und den Vater anrufen, ihn bitten, sie alle abzuholen. Max war der Einzige von ihnen gewesen, der keinen Alkohol getrunken hatte, und dennoch. Er hätte nicht fahren sollen, irgendwas war vorgefallen, sonst wäre Max nicht durchgedreht, Max war nicht der Typ, eigentlich blieb er immer ruhig, zumindest äußerlich. Vielleicht hatten sie sich gestritten und Paul hatte Annika nach dem Mund geredet, statt seinem Freund beizustehen. Paul, dieser Wichtigtuer, irgendwann in den nächsten Wochen muss er Geburtstag haben, achtzehn Jahre alt wird er, volljährig, sie ist gespannt, ob er zu diesem Anlass genauso den dicken Macker heraushängen lassen wird, wie er es vorhatte, selbst jetzt, wo Max ums Leben gekommen ist. Sie wird nicht hingehen.

Max' Blick in jenem Moment, ehe er den Zündschlüssel drehte; im Halbschlaf taucht das Bild wieder vor ihr auf. Sie hätte ihn davon abbringen müssen zu fahren, ihr Bauchgefühl hat Natalie noch nie getäuscht. Er war so voller Zorn, voller blinder, ohnmächtiger Wut, Verzweiflung und Resignation. Warum hat sie sich nur neben ihn gesetzt statt draußen stehen zu bleiben, sie hätte sich weigern müssen einzusteigen, dann hätte er den Wagen nicht gestartet. Erst klären was los ist, ihn beruhigen, jedes Kind weiß, dass man mitten in einem ungeklärten Streit nicht fahren soll, schon gar nicht im Dunkeln, und sie war die Einzige, die es hätte verhindern können. Mit Max um den Block gehen, die anderen hätten eben warten müssen. In Ruhe mit ihm reden. Die Eltern anrufen, ein Taxi holen, irgendwas. So wütend hatte sie Max noch nie gesehen, so konnte er nicht fahren, verdammt. Aber dann ging alles ganz schnell, Max hatte den Eindruck erweckt, er wolle sofort los, als wäre alles zu spät, also war sie neben ihn in den Sitz geglitten und schon waren sie auf der Straße, schnell hatte Natalie gemerkt, dass Max zu schnell fuhr, hochtourig, er schaltete hektisch, im Auto hatte eine angespannte Atmosphäre geherrscht, keiner von ihnen hatte ein Wort gesprochen. Das ungute Gefühl in Natalies Magen, ihrer Brust war angewachsen wie ein Geschwür, ins Unerträgliche gewuchert, sie weiß noch, dass sie wie gelähmt war, sich nicht einmal in ihren Sitz gekrallt hat, es war so unwirklich, wie sie plötzlich diese unabwendbare Gewissheit gespürt hatte, dass gleich etwas Grauenvolles passiert, hatte es wie einen Film wahrgenommen oder einen Traum, dass Max auch vor dieser Rechtskurve nicht abbremste, sondern darauf zuschoss oder sie vielleicht nicht sah, zu spät sah, das Steuer muss er noch herumgerissen haben, sonst wäre er frontal gegen den Baum gekracht. Aber nur seine Seite hatte es voll erwischt. Das weiß sie nicht mehr, war bewusstlos gewesen. Will es nicht wissen. Sie weiß es nur zu genau. Und für immer, für immer wird sie jenen Abend mit sich herumschleppen.

Draußen wird es jetzt rasch heller. Natalie steht auf und geht zum Fenster, um es zu öffnen. Sie will nicht nur darauf warten, dass es wieder dunkel wird.

Als Jonathan kommt, ist er ihr erst einmal wieder fremd. Am Abend zuvor war ihr alles leichter erschienen; mit ihm zu reden, ihn anzusehen, neben ihm zu gehen. Das sommerabendliche Flirren in der Innenstadt hatte ihrer Trauer zwar keine Erleichterung verschaffen können, doch sie konnte sich zumindest mit anderen Gefühlen vermischen, ihr etwas Ablenkung verschaffen. Jetzt steht Jonathan wieder vor ihr, steht in ihrem Zimmer, der Blick scheu, kann ihrem noch nicht wieder standhalten. Er trägt andere Klamotten als gestern, die Baumwollhose kittfarben, das T-Shirt und die Leinenschuhe schwarz, nur der Zopf ist geblieben. Eine Weile stehen sie unschlüssig herum, jeder von ihnen weiß, dass noch immer die Frage nach Max' Malsachen im Raum steht, die irgendwo sein müssen.

»Ich will gar nicht darauf bestehen«, sagt er, nachdem Natalie ihn kurz allein gelassen hat, um jedem von ihnen einen Latte macchiato zu bereiten. »Nur weil ich die Sachen ersteigert habe ... du musst mir auch kein Geld zurückgeben. Das sind ja alles Erinnerungen für euch, die wichtig sind, behaltet sie doch ruhig. Ich wollte halt was Günstiges haben und gebrauchte Stifte, Pinsel und so kosten nur einen Bruchteil von neuen. Ich kann mich wieder im Internet umsehen.«

»Ist schon okay«, sagt Natalie leise. »Von mir aus kannst du sie haben, glaub ich. Wir suchen nachher gleich mal.«

»Aber deine Eltern«, wendet Jonathan ein. »Wenn die das nicht möchten, lassen wir es.«

Als hätten sie sie gerufen, steht Natalies Mutter plötzlich im Zimmer, ihre Handtasche noch über die Schulter gehängt, sie war einkaufen. Als sie Jonathan erblickt, stutzt sie.

»Schon wieder Besuch?«, fragt sie und blickt zwischen ihm und Natalie hin und her. Natalie nickt und nennt ihr Jonathans Namen, zögert kurz, doch dann gibt sie sich einen Ruck und erzählt ihr den Grund für ihre Bekanntschaft miteinander.

»Seine Malsachen?«, wiederholt die Mutter und legt ihre Stirn in Falten. »Max wollte seine Malsachen nicht mehr haben? Das kann nicht sein. Das hört sich an, als ob er ...«

»Auf diese Frage werden wir keine Antwort bekommen, Mama«, unterbricht Natalie sie. »Fest steht, dass er sie loswerden wollte, und es ist ja auch kein Wunder. Dürfen wir also in seinem Zimmer danach suchen?«

»Ich weiß nicht.« Die Mutter lehnt sich gegen den Türrahmen. »Eigentlich müsste ich erst mal deinen Vater fragen, meinst du nicht?«

»Papa.« Natalie sieht ihre Mutter an, als hätte sie vorgeschlagen, ihren Vater bei einem Bauchtanzkurs anzumelden. »Papa wird nichts lieber wollen, als dass Max' Zeichenkram so schnell wie möglich verschwindet. Er konnte es doch nie leiden, wenn Max gemalt hat, für ihn gibt es ja immer nur Lernen.«

»So darfst du das nicht sehen«, widerspricht ihre Mutter; Natalie hört an ihrer Stimme und sieht an ihren Augen, dass ihr das Thema unangenehm ist, vor dem fremden Gast, aber auch Max wegen. Sie selbst hingegen spürt etwas wie eine winzige Erleichterung, ich bin nicht allein schuld, denkt sie; wäre Papa nicht Max gegenüber so hart gewesen, was das Malen betrifft, könnte er noch leben. Niemand macht aus einem einzigen Grund allein Schluss.

»Trotzdem«, beharrt sie. »Nach den Sachen fragen wird er auch nicht. Jonathan ist Kunststudent und kann das alles gut gebrauchen. Also?«

Ihre Mutter nickt nur leicht, dann dreht sie sich um und geht, Natalie ahnt, dass sie wieder gegen ihre Tränen ankämpfen muss. Auch sie fürchtet sich davor, wirklich mit Jonathan in Max' Zimmer zu gehen und seine Schränke und Regale zu durchsuchen. Gemeinsam mit den Eltern ist sie dabei noch nicht weit gekommen, es kostete zu viel Kraft. Jetzt ist Jonathan da, und es gibt einen konkreten Grund, anzufangen. Gleich. Noch nicht jetzt. Sie bemerkt, dass Jonathans Blick auf ihr Saxofon fällt.

»Würdest du mir was vorspielen?«, fragt er. »Natürlich nur, wenn es deine Mutter nicht stört.«

Das Saxofon. Sie hätte Max nicht abwimmeln sollen. Seitdem erinnert das Saxofon sie jedes Mal nur daran, nur daran. Sie war schon kurz davor, es einfach aus dem Fenster zu werfen.

Jonathan will sie spielen hören. Um Zeit zu gewinnen, noch nicht in Max' Zimmer gehen zu müssen. Auf Max' Beerdigung hat Natalie nicht gespielt. Noch etwas unschlüssig steht sie auf und geht zu ihrem CD-Regal, sucht ein paar Playbacks heraus und legt eines ein.

»Kennst du bestimmt«, sagt sie, und tatsächlich wippt Jonathan gleich bei den ersten Takten des Intros mit dem Fuß, noch ehe Natalie mit dem Saxofon einsetzt. *Careless Whisper* von George Michael passt jetzt, es passt nicht nur zur Trennung zweier Liebender, nicht nur zum Betrug, zum Seitensprung. Es passt auch jetzt, *guilty feet have got no rhythm*, am Anfang verspielt sie sich noch mehrmals hintereinander, aber dann vergisst Natalie, dass sie überhaupt spielt, sie ist selbst dieses Lied, dieses Solo, spielt auch die Gesangsmelodie durch, spielt ihre Trauer, ihre Schuld und ihre Verzweiflung, alles legt sie in dieses Saxofonsolo, sieht ihr Zimmer nicht mehr und nicht Jonathan, ihr Saxofon weint mit ihr um Max, um alles, was sie mit ihm verpasst hat und darum, dass er nicht wiederkommt, dass es jetzt ein *nie mehr* gibt, *time can never mend*. Manche Wunden können nicht durch die Zeit geheilt werden. Aber wodurch sonst?

Als sie das Lied beendet hat, verursacht die plötzliche Stille im Raum Herzklopfen bei Natalie. Behutsam legt sie ihr Instrument auf den Schreibtisch, muss erst wieder zu sich kommen. Verlegen sieht sie Jonathan an, wartet auf seine Reaktion, wartet nicht. Sie hat nicht für Jonathan gespielt, sondern für sich selbst und für Max. Nein, für Jonathan auch.

»Das war toll«, flüstert er, Natalie stellt überrascht fest, dass etwas in seinen Augen glitzert wie schmelzende Eiszapfen in der Sonne. Tränen.

»Ach, das spiele ich schon ewig«, winkt sie ab. »Gehen wir jetzt rüber?«

In Max' Zimmer verfällt Natalie in hektische Betriebsamkeit, vermeidet es, stillzustehen und sich umzusehen. Man kann kaum treten, es sieht aus wie mitten in einem Umzug, den niemand fortsetzt. Ihre Eltern haben in den letzten Tagen immer wieder begonnen, Max' Sachen auszuräumen, ihre Mutter will alles an wohltätige Einrichtungen spenden, aber sie hat jedes Mal nach kurzer Zeit aufhören müssen, weil der Schmerz sie lähmte. Halb befüllte Pappkartons stehen auf dem Parkettboden, Max' Kleiderschrank steht offen, zum Teil hängen leere Bügel trostlos darin, auf anderen hängen noch seine Hemden, alle noch wie neu, weil er fast nie Hemden getragen hat. Dafür lehnen zwei Plastiksäcke für die Altkleidersammlung am Schrank, einer sorgfältig verschlossen, mit Paketband zugeklebt, der andere noch offen, darin müssen seine T-Shirts und Sweater liegen. Natalie ist versucht, darin zu wühlen, irgendein getragenes Kleidungsstück herauszuzerren und ihr Gesicht darin zu vergraben, ihn noch einmal zu riechen, ihren Bruder; solange die Sachen noch nicht gewaschen sind, ist sein Duft noch nicht verflogen. Sie tut es nicht, weil Jonathan hinter ihr steht, außerdem würde ihre Mutter nie etwas in die Kleidersammlung geben, was nicht vorher in der Waschmaschine war. Natalie schließt die Schranktüren, stopft Socken zurück, die aus den Schubladen der Kommode schauen, schiebt Papiere und Stifte auf Max' Schreibtisch hin und her, schreibt mit dem Zeigefinger seinen Namen in den Staub auf dem zugeklappten Deckel seines Laptops. Das Fenster in der Erkerwand steht auf Kippstellung, Natalie schließt es, Max' Geruch soll noch nicht verfliegen, er verfliegt viel zu schnell, sie weiß, dass sie ihn nicht halten kann und sie weiß, dass es keinen Sinn hat, sein Zimmer zu bewahren wie den Raum eines Museums. Als sie den Vorhang, der sich an der Schreibtischkante gestaucht hat, zurechtrücken will, fällt ihr Blick in den breiten Spalt zwischen Tisch und Wand. Natalie stutzt. Ihr Herz beginnt heftig zu schlagen, das ist doch Max' Zeichenblock, denkt sie; wieso liegt der hier in der Ecke statt auf dem Schreibtisch oder wenigstens in einem Schrank oder Karton. Der Block liegt da, als wäre er vom Tisch gerutscht, das muss Max doch bemerkt haben, gerade seine Bilder hätte er niemals achtlos am Boden liegen lassen, schon gar nicht in irgendeiner Ecke, selbst wenn er nicht mehr malen wollte. Der Block liegt gebogen und ist nicht einmal zugeklappt, sondern das Deckblatt noch nach hinten geschlagen, in einer Ecke hat sich ein überdimensionales »Eselsohr« gebildet, das alle Blätter dahinter in Mitleidenschaft gezogen hat wie durch einen Stoß. Natalie steht wie erstarrt.

»Was hast du?«, fragt Jonathan, der noch immer ein wenig ratlos im Zimmer steht, offenbar nicht wagt, sich hinzusetzen. Jetzt tritt er näher, Natalie spürt seine Gegenwart im Rücken, die sie ein wenig beruhigt. Sie spürt, dass sie gleich eine Entdeckung machen wird, die vieles neu aufwühlt. Etwas, das neue Seiten von Max zeigen und ein anderes Licht auf die Ereignisse der letzten Monate werfen wird, für alle.

»Sein Skizzenblock«, bringt sie mühsam hervor, ihre Stimme klingt heiser, sie räuspert sich. »Irgendwas stimmt da nicht.«

Jonathan blickt von hinten über Natalies Schulter, seine Hand hat er ganz leicht um ihre Taille gelegt.

»Sieht aus, als ob er ihn durchs ganze Zimmer geschleudert hat«, stellt er fest. »Und hier ist er gelandet. Soll ich ihn für dich holen?«

Natalie nickt, und Jonathan schiebt sie sanft zur Seite, ehe er sich bückt und den Block aufhebt.

»Komm«, sagt er. »Gehen wir zurück in dein Zimmer. Du solltest sitzen, während du das siehst..«

7.

Sie sitzen wieder auf Natalies Bett, die Tür haben sie hinter sich geschlossen. Zum Glück ist nur die Mutter zu Hause, sie wird nicht hereinkommen, irgendwann heute früh hat sie zugegeben, sie freue sich, wenn Natalie sich ein wenig ablenke. Sie hat sich so dicht neben Jonathan gesetzt, dass ihre Knie einander berühren. Ihr gefällt es, seine Wärme zu spüren, sein knochiges Bein an ihrem, sie starrt auf den ausgewaschenen Stoff seiner Hose. Er hält den Skizzenblock auf seinen Knien, die Rückseite nach oben.

»Schaffst du es?«, fragt er und sieht sie an, Natalie spürt, dass er keine Beteuerungen gelten lassen wird, die er nicht glaubt. Er will ihr nichts zumuten, was sie nicht erträgt. Sie zittert ein wenig, warum hat Max das getan, was ist passiert, dass er sogar seinen Skizzenblock durchs Zimmer gepfeffert hat? Das ist doch nicht Max, der eigentlich immer ruhig geblieben ist, unauffällig, keinen Ärger wollte, immer ein schlechtes Gewissen hatte, wenn er nur versehentlich etwas gesagt hat, was einem anderen aufstieß. So richtig wütend hat sie ihn nie erlebt, im Gegenteil; oft genug hat Natalie versucht, ihren Bruder darin zu bestärken, auch mal aufzubrausen. Offenbar war er aufgebraust und niemand hatte es mitbekommen. Nicht rechtzeitig. Genau wie beim letzten Mal.

»Guck du zuerst«, bittet sie Jonathan und kneift die Augen zu. Hört, wie er zögernd den Block umdreht und die erste Seite aufschlägt. Vernimmt die Stille, als er die Zeichnung darauf betrachtet, es erscheint ihr endlos, bis er weiterblättert. Lauscht seinem Atem, der meist ruhig und gleichmäßig geht, aber manchmal stockt; dann betrachtet er wieder ein neues

Bild. Schlägt Bögen zurück, wieder nach vorn. Klappt den Block schließlich ganz zu. Natalie blinzelt durch ihre Wimpern, sieht Jonathans Hand sich bewegen, bemerkt aus dem Augenwinkel, wie sich seine Brust strafft.

»Was ist drin?«, fragt sie schließlich. »Auf den Bildern, meine ich? Ist es was Schlimmes?«

Jonathan zögert.

»Lauter Personen sind drauf«, antwortet er nach einigen Atemzügen. »Tolle Bilder. Du würdest bestimmt erkennen, wer sie jeweils sind.«

Natalies Herz klopft schneller. »Bin ich auch dabei?«

»Soweit ich es erkennen kann, ja.« Er lacht sogar leise. »Dich hat Max wie eine Art Manga-Figur gezeichnet. Willst du sie sehen?«

Natalie öffnet die Augen, und sofort fällt ihr Blick auf die Zeichnung, die jetzt auf Jonathans Knien liegt. Sie erkennt sich selbst sofort, auch wenn der Manga-Stil alles verfremdet, ihre Augen größer erscheinen lässt, die Figur noch graziler. Trotzdem erkennt sie sich. Max hat sie mit ihrem Saxofon gemalt, auf dem Bild hält sie es in der Hand, die Augen mit erstauntem Blick auf den Betrachter gerichtet. Er hat an alles gedacht, jedes Detail in seine Zeichnung aufgenommen, das typisch für sie ist. Die Nietenlederjacke mit den Fransen am Ärmel vom Wind leicht aufwärts bewegt, ebenso ihr dunkles Haar, das sie auf dem Bild offen trägt. Die abgeranzte Jeans, ihre robusten Boots und mehrere übereinander gehängte Ketten wirken an der zierlichen Gestalt wie ein Schutzschild, genau wie sie sich selbst darin fühlt, wann immer sie diese Kleider trägt, und Max hat es erkannt, hat Natalie so dargestellt wie er sie wahrgenommen hat und wie sie sich auch selbst wahrnimmt. Dazu das Saxofon, das längst zu ihrer Stimme geworden ist, zumindest in dem Bereich, für den es sonst keine Stimme in ihr gibt, den zarten, empfindsamen Bereich. Die gezeichnete Natalie hält das Instrument auf halber Höhe, als ob sie spielen will, aber doch Zweifel hegt oder auf etwas wartet, unschlüssig ist. Wann hat Max das nur gezeichnet, überlegt sie; an dem Nachmittag, als er den Brief von der Fachoberschule bekommen hat? Oder als er mich gefragt hat, ob ich mit *Keep Out* auf Pauls Geburtstagsfeier spielen würde?

»Ihr müsst ein tolles Verhältnis zueinander gehabt haben«, bemerkt Jonathan.

Natalie wiegt den Kopf hin und her. »Wie alle Geschwister, schätze ich. Was mich genervt hat, habe ich dir erzählt, und ihn hat bestimmt auch eine Menge gestört. Man denkt nicht darüber nach. Wenn ich die Zeit zurückdrehen könnte, würde ich ...« Natalie spürt einen Kloß in ihrem Hals aufsteigen, nicht schon wieder, das muss doch mal aufhören, denkt sie. Sie spricht nicht weiter, nur so kann sie verhindern, dass sie wieder weinen muss.

»Kannst du nicht«, beschwört Jonathan sie leise. »Was passiert ist, ist passiert, so furchtbar es auch ist. Aber dieses Bild, was dein Bruder von dir gezeichnet hat, erzählt davon, wie gern er dich hatte. Denk immer daran. Das kann dir keiner mehr nehmen. Willst du, dass ich es für dich heraustrenne, damit du es einrahmen und an die Wand hängen kannst?«

Natalie schüttelt den Kopf.

»Erst die anderen Bilder«, entscheidet sie. »Ich will wissen, wen er noch alles gezeichnet hat.«

»Deine Eltern sind drauf, die habe ich erkannt.« Jonathan schlägt Natalies Bild zurück und gibt so den Blick auf die nächste Seite frei.

»Das ist Paul«, erklärt Natalie düster. »Max' bester Freund, wie er leibt und lebt. Ich habe nie verstanden, warum er immer noch mit ihm abgehangen hat. In meinen Augen ist er ein blasierter Lackaffe. Zeig schnell das nächste Bild.«

»Nein, warte.« Jonathan hält das Blatt fest. »Es ist fantastisch gezeichnet, findest du nicht? Ich kann mir Paul genau vorstellen, und so wie Max ihn sieht, passt er auch zu deiner Beschreibung, aber auch wieder nicht. Man sieht, dass Max ihn gut leiden kann und bewundert.«

Nur widerwillig wirft Natalie erneut einen Blick auf die Zeichnung. Jonathan hat recht, denkt sie. Max hat Pauls immer eine Spur zu strahlendes und dadurch leicht aufgesetzt wirkendes Lächeln genau eingefangen und wiedergegeben, seinen Kurzhaarschnitt mit den lässig in die Stirn fallenden Strähnen, die begeisterten hellen Augen. Er hat ihn aus einer ganz verhaltenen Froschperspektive gezeichnet, sodass der Betrachter gerade noch die Unterseite von Pauls Kinn wahrnimmt, die gesamte Mimik zeigt Pauls Souveränität und seine Heiterkeit, die durch fast nichts zu erschüttern ist.

»Ich würde mich nicht wundern, wenn er auch jetzt noch so grinst«, meint sie dennoch düster. »Max gegenüber hat er immer den Großkotz raushängen lassen und so getan, als wäre er der Tollste und Max kriegt nichts auf die Reihe. Wirklich, ich kann ihn nicht sehen. Blätter weiter.«

»Ich bin sicher, dass auch dein Bruder was von dieser Freundschaft hatte«, widerspricht Jonathan und hält das Bild weiter aufgeschlagen. »Sonst hätte er nicht so viele Jahre an ihm festgehalten.« Danach tut er Natalie den Gefallen und blättert weiter, ein blondes Mädchen erscheint.

»Annika«, entfährt es Natalie und starrt fassungslos darauf. »Auch nicht besser.«

Dieses Mal schweigt Jonathan. Natalie kann nicht aufhören, die Zeichnung anzustarren, so genial ist sie. Annikas schmales, ebenmäßiges Gesicht ist unverkennbar, das lange, dunkelblonde, mit hellen Strähnen aufgepeppte Haar, der etwas abwesende Blick. Abwesend, abweisend.

»Was hat die Kleidung zu bedeuten?«, fragt Jonathan, denn Max hat seine Freundin in einer Art Rüstung gezeichnet, einem Roboter ähnlich, silbern und mit verschraubten, metallenen Gelenken.

»Mir fällt dazu ein Song von Tokio Hotel ein – von denen war ich früher mal ein glühender Fan«, gesteht Natalie mit einem verlegenen Lachen. »Da war ich noch ziemlich klein. Der Song heißt *Automatisch*, und jedes Mal, wenn ich Annika sehe, fällt er mir wieder ein. Offenbar ist es Max genauso gegangen, denn die CD lief vor ein paar Jahren jeden Tag in meinem Zimmer rauf und runter.«

»Singst du mir dieses *Automatisch* einmal vor?«

»Das kannst du nicht wollen. Aber den Text kriege ich noch zusammen:

So automatisch
Du bist wie 'ne Maschine
Dein Herz schlägt nicht für mich
So automatisch
Berühren mich
Deine Hände
Spür alles, nur nicht dich
So automatisch
Deine Stimme – elektrisch
Wo bist du, wenn sie spricht?
So automatisch
Wie du sagst, ich bin dir wichtig
wer programmiert dich?

Wenn du lachst, lachst du nicht
Wenn du weinst, weinst du nicht
Wenn du fühlst, fühlst du nichts
Weil du ohne Liebe bist, du bist
Automatisch

Wie automatisch
Renn ich durch alle Straßen
Und keine führt zu dir

Wie automatisch
Folgen mir deine Schatten
Und greifen kalt nach mir
Du bist wie Ferngesteuert
Statisch und Mechanisch
So automatisch

Dein Blick so leer
Ich kann nicht mehr
Alles an dir
Wie einstudiert
Du stehst vor mir
Und warst nie wirklich hier

»Nicht schlecht«, gibt Jonathan zu. »Hätte ich den Jungs nicht zugetraut. Und so ... war sie zu ihm?«

»Entweder zieht sie permanent eine Show ab und ist innen drin ganz anders, oder sie ist einfach eine hohle Nuss.« Natalie blättert weiter, die nächste Zeichnung zeigt ihren Vater. Natalie stockt der Atem. Das ganze Blatt ist voll von ihm, Max hat ihn gespiegelt, jede Mimik von ihm zu Papier gebracht, alle Facetten seines Charakters in verschiedenen, teils unvollständigen Skizzen wiedergegeben. Im Zentrum steht das Gesicht, das die Familie am häufigsten sieht, ein leicht verkniffener, angespannter Zug um die Lippen, die Mundwinkel, und Augen, die Enttäuschung verraten. Wenn sie nur wüsste, worüber er immerzu enttäuscht ist, niemand hat ihn je *getäuscht*, nur weil sie alle eben nicht automatisch sind wie das Mädchen aus dem Song.

»Max hat immer, immer, immer versucht, es Papa recht zu machen, aber das ist kaum möglich. Mich lässt er einigermaßen in Ruhe, aber an ihm hat er sich richtig ausgetobt.« Natalie hält inne, zu schmerzlich steigen die Erinnerungen in ihr auf, sie starrt auf das Bild, Max hat ihn so genau beobachtet, also hätte er ganz anders handeln können, den Vater an seinen Schwächen packen, ihm die Stirn bieten. Stattdessen hat er sich innerlich zurückgezogen, sich immer weiter vom Vater entfernt, bestenfalls über Kopfschmerzen geklagt. Nicht den Mut gehabt, einmal aufzubegehren, bis er zum Schluss diesen Alleingang gewagt hat, sich an der Fachoberschule für Gestaltung anzumelden, es war nicht richtig, er hätte es durchkämpfen sollen, statt nach dem Eignungstest angstvoll abzuwarten, ob er angenommen werde, auf ein Wunder hoffend, was die Reaktion des Vaters betrifft.

Einen Augenblick lang hebt sie den Kopf, um nicht länger auf das Bild schauen zu müssen.

»Auf einigen der Skizzen sieht er aber ganz nett aus«, stellt Jonathan fest und deutet auf ein Porträt, auf dem der Vater die Haare lässiger trägt, wie frisch gewaschen und einmal nicht mit Gel in Form gebracht und fixiert, und statt eines gebügelten Hemdes mit Schlips, wie er es bei der Arbeit trägt, ist nur der Rundausschnitt eines T-Shirts oder Sweaters angedeutet. Auch wirken seine Gesichtszüge darauf entspannter, er blickt in die Ferne und lächelt still vor sich hin; auf einem anderen Entwurf zeigt er ein geradezu befreites Lachen.

»Er kann ganz okay sein«, gibt Natalie zu. »Aber mit seinem Leistungsdenken hat er echt 'ne Macke. Im Grunde hat er Max auf dem Gewissen.«

»Dein Vater hat bestimmt nicht gewollt, dass er sich umbringt.«

»Aber er hat es riskiert, kapierst du das nicht?« Natalie springt auf. »Er hat das Risiko in Kauf genommen, weil er genau gewusst hat, wie viel ihm seine Kunst bedeutet. Nur weil Max sich nicht gewehrt hat, konnte er immer schön weiter auf ihn einhacken, damit er ihm nacheifert, was er sowieso nicht gemacht hat, jedenfalls nicht aus seinem eigenen Willen heraus, seinem Inneren. Guck dir doch sein Gesicht an, man liest doch förmlich Papas Gedanken, wie sich alles nur um

Arbeit dreht, um verdammte Zensuren, um das, was angeblich die Zukunft sein soll! Hat Max etwa noch eine Zukunft? Hat er eine?«

»Natalie.«

»Er hat keine, weil er tot ist, kapierst du das? Max ist tot, er kann nicht mehr zeichnen und malen, nicht das werden, was er werden wollte, weil seine Hände, die diese tollen Bilder geschaffen haben, kalt und steif unter der Erde liegen, begreif das doch!«

»Ich habe es längst begriffen. Aber niemand kann mit hundertprozentiger Sicherheit sagen, ob es nicht doch ein Unfall war.«

Natalie stößt einen schnaubenden Laut aus, Tränen rinnen über ihr Gesicht und den Hals hinunter, ungeduldig wischt sie sie mit dem Ärmel ihres Langarmshirts fort.

»Und wenn schon«, stößt sie hervor. »Was nützt das jetzt?« Sie schiebt den Block von ihrem Schoß. »Ich kann nicht mehr. Lass uns rausgehen. Wir suchen jetzt nach dem Karton mit den Malsachen, und wenn du willst, bringen wir sie gleich zu dir. Danach brauche ich erst mal Abstand.«

Jonathan räuspert sich leise. »Abstand von mir?«, erkundigt er sich mit belegter Stimme.

»Doch nicht von dir!« Durch Natalies Körper geht ein Ruck, sie greift sich in den Nacken, die plötzliche Bewegung hat einen Schmerz in der Halswirbelsäule ausgelöst. »Nein, von dem allem hier. Den Block lasse ich aufgeschlagen hier liegen. Papas Gesicht möchte ich sehen, wenn er ihn findet.«

Jonathan öffnet die Lippen, um etwas zu erwidern, aber Natalie lässt es nicht zu, ein einziger Blick von ihr bringt ihn zum Schweigen; wenigstens darin bin ich meinem Vater ähnlich, durchfährt es sie bitter. Den Karton mit den Mal- und Zeichenutensilien findet sie unter Max' Bett, er ist noch nicht zugeklebt, also öffnet sie ihn und beugt sich mit Jonathan darüber, die Köpfe so nah beieinander, dass es nur einer leichten Drehung des Halses bedürfte, um sich zu küssen, Natalie wundert sich, dass sie daran überhaupt denkt in diesem Moment, wo sie immer noch weint und eben noch so außer sich war.

Im Karton liegt alles noch genau so, wie es auf dem Foto der Kleinanzeige ausgesehen hat; endgültig und zum Postversand bereit. Einen Augenblick lang glaubt Natalie fast, Max hätte eigens für Jonathan alles so sorgfältig verpackt. Er kannte Jonathan nicht. Max hat die Sachen verpackt, weil er mit dem Malen und Zeichnen abgeschlossen hatte. Offensichtlicher ginge es gar nicht. Sie klappt den Deckel wieder zu und schiebt ihn in die dafür vorgesehene Lasche.

»Gehen wir«, bestimmt sie und richtet sich auf. »Trägst du ihn bitte? Mir ist alles zu viel.«

8.

Sie bleiben erneut bis in den Abend zusammen. Bei Jonathan zu Hause beruhigt sich Natalie allmählich, es tut ihr gut, einmal in einer anderen Wohnung zu sein, denn seit Max' Tod hat sie noch niemanden besucht. Sie folgt ihm in die Küche, wo er eine einfache Tiefkühlpizza mit frischen Champignons, Zwiebeln und Käse belegt und in den Ofen schiebt. Im größeren Raum der Eineinhalbzimmerwohnung zeigt Jonathan ihr seine Zeichnungen, die ganz anders sind als die von Maximilian. Jonathan entwirft Graffiti, zeichnet gegenständlicher, technischer, doch an seinen Wänden hängen auch Aquarelle. Natalie blickt sich verstohlen um, will nicht nur die Bilder sehen, sondern auch wissen, wie Jonathan wohnt.

»Sieh nicht so genau hin«, sagt er, ihrem Blick folgend. »Ich hätte hier längst was verändern müssen, sieht schlimm aus, ich weiß. Überall noch diese Lücken.« Natalie weiß, was er damit meint, es sind die Stellen, an denen offenbar die

Möbel seiner Exfreundin gestanden haben und die sie mitgenommen hat, als sie auszog. Die beiden müssen eine ganze Weile zusammengelebt haben, es sind Staubränder zu sehen, wo Möbel von der Wand abgerückt wurden. Also hat auch er eine Lücke in seinem Leben zu verschmerzen, überlegt sie; das also verbindet uns. Auch Jonathan hat es noch nicht geschafft, das Loch in seinem Leben wieder zu schließen. Auf seinem Sofa aus grauem Webstoff liegen T-Shirts und ausgelesene Zeitungen, den niedrigen Tisch davor zieren Ränder von übergeschwapptem Tee und Brötchenkrümel. Seine Bücher und CDs jedoch stehen ordentlich aufgereiht in den weißen Bücherregalen, während vor dem Fenster eine Yuccapalme, die dringend einen größeren Topf bräuchte, auf frisches Wasser wartet, obwohl die Gießkanne neben ihr steht. Vielleicht hat *sie* die Pflanze immer gegossen. Mit einem Schritt ist Natalie am Fenster und versorgt die Palme, Jonathan lacht leise und bedankt sich.

Dann sieht sie zu, wie er, nicht ohne sich vorher ihrer Zustimmung zu vergewissern, den Karton auf seinen Schreibtisch stellt und nach und nach Max´ Sachen herausnimmt. Ein Stift nach dem anderen, seine Radiergummis, Farben und Pinsel finden zwischen Jonathans eigenen Utensilien ihren Platz, mischen sich in Schubladen und Kästen unter das Vorhandene, bis der Pappkarton leer ist.

»Wie ein weiterer Abschied von Max«, sagt sie leise, nachdem Jonathan ihn sorgfältig zusammengefaltet und auf einen Stapel Altpapier gelegt hat. »Aber es ist gut so. Komisch, ich habe das Gefühl, als ob er gewusst hat, dass seine Sachen in die richtigen Hände kommen. Dass ich dafür sorgen würde, meine ich.«

»Ich werde sie pfleglich behandeln«, verspricht Jonathan beinahe feierlich, »und bestimmt oft an deinen Bruder denken, wenn ich sie benutze. Es wird lange dauern, bis sie aufgebraucht sind.«

»Und auch dann wird Max nicht vergessen«, beschließt Natalie beinahe trotzig. Sie spürt, dass Jonathan sie gern in den Arm nehmen möchte, aber es erscheint ihr nicht richtig. Die letzten anderthalb Tage haben sie und ihn mehr miteinander verbunden, als Natalie es je mit einem anderen Menschen erlebt hat, den sie vorher noch nicht kannte, aber es hatte seinen Grund, Max' Malsachen hatten dies vollbracht. Weil sie Jonathan gehörten, ohne dass Natalie es geahnt hatte und weil er sensibel mit ihr umgegangen war, nachdem er erfahren hatte, weshalb die Sachen überhaupt zum Verkauf standen.

Jonathan blickt auf seine Staffelei, die nahe am Fenster steht, und Natalie spürt, dass er jetzt gern zeichnen würde. Sie kann es ihm nicht verdenken; auch auf ihn sind in den letzten Stunden viele neue Eindrücke eingeprasselt. Für einen jungen Kunststudenten, der nichts weiter wollte als ein Schnäppchen im Internet zu ergattern, muss es heftig sein, damit konfrontiert zu werden, dass die Sachen einem Toten gehören und dessen Welt plötzlich vor ihm liegt wie eine riesige klaffende Wunde. Vielleicht will er allein sein, sie hat ihm viel zugemutet, Jonathan hätte das alles nicht tun müssen, was er für Natalie getan hat. Er hätte darauf bestehen können, den Karton ausgehändigt zu bekommen und so rasch und unverfänglich wieder aus ihrem Leben verschwinden, wie er eigentlich gekommen war. Vielleicht ist er jetzt überwältigt von allem, vielleicht braucht er eine Verschnaufpause. Wenn er mit Natalie in Kontakt bleiben möchte, muss *er* es sagen. Sie hat ihm schon genug Energie geraubt. Jetzt muss sie ihm Zeit geben, wieder zu sich selbst zurückzufinden, zurück zum Leben, seinem eigenen Leben, weg vom Tod. Nur weil er jetzt Eigentümer von Max' Sachen ist, muss er nicht weiter dessen Schicksal in sich aufsaugen. Jonathan hat seine eigenen Pläne, auf die er sich nun wieder besinnen wird.

»Tja, dann«, beginnt sie ein wenig zögernd und lächelt schwach, wie eine Frischoperierte, die gerade aus der Narkose erwacht und einen lieben Menschen erblickt, der sich über sie beugt. »Ich glaube, dann geh ich jetzt besser. Danke für alles, Jonathan.«

»Was willst du jetzt machen?«, fragt er.

»Irgendwie anfangen«, meint sie achselzuckend. »Ein wenig Saxofon üben, vielleicht mal meine Band für eine Probe zusammentrommeln, wenigstens übernächste Woche oder so. Vorhin habe ich gemerkt, wie sehr mir das Spielen fehlt, ich hab das Instrument noch kaum angerührt, seit Max nicht mehr lebt. Vielleicht renoviere ich irgendwann mein Zimmer. Dann wird nicht nur das von Max umgestaltet, sondern auch meins. Aber das wird noch dauern.«

»Noch trägst du die Halskrause«, erinnert Jonathan sie. »Bevor du das überstanden hast, wäre es keine gute Idee.«

Natalie nickt. »Und wenn ich wieder zur Schule gehen kann, werde ich was gegen Bollschweiler unternehmen. Für Max. Wenigstens das bin ich ihm schuldig.«

»Bollschweiler?«

»Einer unserer Lehrer, ein ziemlich neuer, junger. Keiner kann ihn ausstehen, in jeder Stunde bei ihm wird der Klassenraum zur Schockgefriertruhe.«

»Bei einem jungen Lehrer? Als ich noch zur Schule gegangen bin, wären wir froh gewesen, mal von jemandem unter sechzig unterrichtet zu werden.«

»Wenn er verständnisvoll ist und man trotzdem was bei ihm oder ihr lernt, klar. Bollschweiler ist aber einfach nur arrogant. Für jemanden wie Max also das reinste Gift.« Natalie will noch etwas hinzufügen, ringt nach Worten, gestikuliert wild. »Wenn ich darüber rede, kommt alles sofort wieder hoch. Ich lasse es lieber. Aber so ohne Weiteres kommt der mir nicht davon.«

»Finde ich gut, wenn du dich engagierst. Und wenn es nur

dazu dient, den Schmerz zu verarbeiten, soweit das überhaupt möglich ist.«

»Irgendwas muss ich tun«, sagt Natalie. »Sonst drehe ich durch. Ich hab eine Idee: Ich werde die Zeichnungen verschicken. Jeder bekommt seine; Paul, Annika, und mal sehen, ob ich noch mehr finde. Was soll ich auch sonst damit machen?«

»Coole Idee. Wahrscheinlich werden die Zeichnungen einigen Leuten die Augen öffnen.«

»Also dann ... noch mal vielen Dank«, sagt Natalie. »Du hast mir echt geholfen. Es hat gut getan, mit dir zu reden.«

»Mit dir aber auch«, meint Jonathan und lächelt. »Hat mich schon aufgewühlt. Nicht nur das, was du über Max erzählt hast.«

Es dauert einige Sekunden, bis Natalie begreift. Nicht nur alles über Max. Aufgewühlt, das ist auch mit ihr passiert und auch nicht nur, weil sie alles noch einmal durchlebt und durchlitten hat, während sie zu Jonathan davon sprach. Nicht alles, längst nicht alles. Vieles hat sie nur angedeutet, weil sie es anders nicht ausgehalten hätte. Aufgewühlt ist sie in diesem Moment, weil jetzt der Abschied von Jonathan bevorsteht, ein Abschied, der längst nicht so überwältigend ist wie der von ihrem Bruder und ihr nur einen kaum wahrnehmbaren Stich versetzt, der nichts ist im Vergleich zu dem Gefühl, als wäre ihr ein Teil ihres Körpers und ihrer Seele entrissen worden; dieses Gefühl raubt ihr jedes Mal fast den Verstand, wenn sie an Max denkt. Aber auch der Gedanke, jetzt von Jonathan fortgehen zu müssen, hinterlässt schon jetzt ein kleines, leeres Gefühl in ihr.

»Vielleicht sieht man sich irgendwann wieder«, äußert sie ein wenig verlegen und sieht ihn an, versucht sich sein Gesicht einzuprägen, die leicht aufwärts gerichteten Mundwinkel, die hellblauen Augen, die nach hinten gebundenen Haare. Über der linken Augenbraue hat er einen kleinen

Leberfleck, den sie gerade zum ersten Mal wahrnimmt. Jonathan nickt eifrig.

»Klar«, beeilt er sich zuzustimmen. »Wir können gerne mal was zusammen machen.«

»Dann bis vielleicht bald.« Natalie lächelt zaghaft, Lächeln fühlt sich noch immer nicht richtig an. Sie streckt ihre Hand aus, viel zu förmlich, denkt sie; es passt weder zu ihm noch zu mir. Jonathan nimmt ihre Hand und hebt sie sachte hoch, berührt ihre Finger mit seinen Lippen, legt ihre Hand dann an seine Brust, dort, wo das Herz sitzt, überrascht stellt sie fest, wie schnell es hämmert.

»Meins auch«, flüstert sie. »Dürfen wir das schon ... ?«

»Glücklich sein?«, setzt er ihren Gedanken fort.

»Davon bin ich noch weit entfernt«, erwidert sie. »Aber ich glaube, wenn ich morgen früh aufwache, werde ich an dich denken.«

Die Lehrer: Werner Brückner, 56 Jahre, und Sven Bollschweiler, 37 Jahre

1.

»Du gehst da nicht hin«, hört Werner Brückner seine Frau Marianne mindestens zum fünften Mal am Morgen zwei Tage nach Maximilians Tod fordern. »So furchtbar das alles auch ist, davon wird der Junge auch nicht wieder lebendig, wenn du dich trotz Krankschreibung in die Schule quälst.« Dennoch schenkt sie ihrem Mann Kaffee ein und reicht ihm den Korb mit frischen Brötchen, schüttelt den Kopf, schiebt das Kännchen mit der Kaffeesahne zu ihm hin. »Wenn du wieder einen Rückfall bekommst, ist niemandem geholfen.«

Werner Brückner nimmt seine Tasse auf und trinkt sie beinahe in einem Zug leer, dann belegt er sich eine Brötchenhälfte mit Salami und beißt ab.

»Auf jeden Fall gehe ich«, bekräftigt er. »Ich möchte nicht wissen, was da sonst wieder geredet wird. Ich habe das Gefühl, ich muss einiges klarstellen über Maximilian. Das bin ich ihm schuldig.«

»Schuldig«, wiederholt sie. »Du hast ja nun wirklich alles für ihn getan, mal muss es genug sein. Du regst dich nur wieder auf, und das ist Gift für dich, wo du heute eigentlich deine Reha antreten solltest. Denk daran, was der Arzt gesagt hat.«

»Marianne, ich muss hin!«, poltert Brückner. »Wenn ich nicht gehe, habe ich keine ruhige Minute mehr, solange ich lebe; *das* würde meine Beschwerden eher verschlimmern, als wenn ich an der Dienstbesprechung teilnehme und in Erfahrung bringe, wie das alles überhaupt passieren konnte. Ich weiß doch nichts, außer dass er gegen einen Baum gerast und dabei umgekommen ist! Ein paar Wochen vorher habe ich noch mit dem Jungen gesprochen, da will ich doch auch wissen, was los war!«

»Trotzdem. Du kannst gerne jemanden von den Kollegen zu uns nach Hause einladen, nachmittags, ganz gemütlich zum Tee, ohne Eile, ohne die stressige Atmosphäre in der Schule. Frau Melberg zum Beispiel, die ist doch vernünftig. Sie kennt Maximilian doch auch und kann dir sicher erzählen, ob sie heute bei der Dienstbesprechung überhaupt über ihn geredet haben.«

»Wenn sie es nicht tun, werde ich dafür sorgen«, beharrt Brückner. »Gegen den Baum, bei klarer Sicht, gutem Wetter und ohne Alkoholeinfluss. Für mich sieht das eindeutig nach Selbstmord aus. Und ich will wissen, wer ihn dazu getrieben hat.«

»Nun übertreib nicht gleich.« Marianne öffnet sich einen Becher Früchtejoghurt und rührt mit ihrem Löffel darin. »Er kam mit anderen jungen Leuten aus der Disco, oder etwa nicht? Von solchen Unfällen hört man immer wieder. Sie lernen einfach nicht daraus.«

»Die meisten dieser Verunglückten, von denen du sprichst, waren nachweislich betrunken. Maximilian nicht. Es kann Selbstmord gewesen sein. Ich muss es herausfinden.«

»Werner.« Marianne legt ihren Joghurtlöffel zurück auf den Teller, er bemerkt die Krähenfüße um ihre Augen, die immer dann besonders deutlich zu sehen sind, wenn sie sich Sorgen macht. In letzter Zeit haben sie sich verstärkt. »Die Frau Melberg einmal zu uns einzuladen, wäre wirklich eine Alternative, meinst du nicht? Dann erfährst du alles, was du wissen willst, auch ohne dass du dich heute früh in deinem Zustand unters Volk mischen musst. Mit der Gesundheit ist nicht zu spaßen, du musst nur deinen Entlassungsbericht lesen, da steht es schwarz auf weiß. Du mutest dir eindeutig zu viel zu.«

»Lass das meine Sorge sein, Marianne. Ich kann nicht anders, und das weißt du. Die ganze Zeit habe ich das Gefühl, dass da etwas nicht stimmt. Dass Max noch leben könnte, wenn entscheidende Fehler im Umgang mit ihm nicht gemacht worden wären.«

»Du machst sowieso, was du willst.« Seine Frau nimmt ihren Löffel wieder auf. »Vergiss wenigstens nicht, dich noch mal zu kämmen, bevor du gehst, deine Locken sehen aus, als wärst du durch einen Orkan gejoggt. Aber was glaubst du, macht es auf deine Kollegen für einen Eindruck, wenn du in ihrer Mitte aufkreuzt, obwohl du noch bis nach den Sommerferien krankgeschrieben bist? Nachher glaubt dir keiner, wie es wirklich um dich steht. Du weißt, wie schnell es immer heißt, man würde blau machen, gerade unter Lehrern.«

»Ich gehe nur zur Dienstbesprechung, die Kollegen sind mich also gleich wieder los. Ansonsten sollen sie mich nur darauf ansprechen, dann werde ich es erklären. Vom Herzinfarkt über den Burn-out bis hin zu der Überlegung, in den vorzeitigen Ruhestand zu gehen. Für den einen oder anderen mag das ein heilsamer Warnschuss sein, besser auf sich zu achten. Ansonsten geht es heute nicht um mich, sondern um meinen Schüler Maximilian Rothe, den ich sehr geschätzt habe. Ich möchte meiner Trauer um ihn Ausdruck verleihen und sehen, ob ich dazu beitragen kann, dass sich so etwas nicht wiederholt.«

Nach diesen Worten bestreicht er sich eine weitere Brötchenhälfte mit Butter und Honig und frühstückt zu Ende, indem er vom Thema ablenkt und seine Frau in ein Gespräch über ein aktuelles politisches Ereignis verwickelt, obwohl er spürt, dass sie sich nicht darauf konzentrieren kann. Schließlich tupft er sich den Mund mit einer Serviette ab, geht ins Bad und verabschiedet sich wenig später von Marianne.

Als Werner Brückner eine knappe halbe Stunde darauf das Lehrerzimmer betritt, ist sein Kollegium bereits fast vollständig versammelt. Er vernimmt ein verwundertes Raunen und erntet erstaunte Blicke, als er nach einem ernsten, aber nicht unfreundlichen Gruß seinen üblichen Platz ansteuert und noch im Gehen feststellt, dass dieser bereits von einem jüngeren Kollegen besetzt ist, den er noch nicht kennt. Dieser sieht ihn aufmerksam an und erhebt sich halb, um den Platz freizugeben, Brückner fällt auf, wie schmal und klein der Mann wirkt, was er offenbar durch besonders gediegene Kleidung und straff nach hinten gekämmtes Haar zu kompensieren versucht. Als einer der wenigen Kollegen im Raum trägt er nicht den eher saloppen Freizeitlook, wie ihn die meisten Lehrer bevorzugen, sondern ein korrekt gebügeltes Hemd zur Bügelfaltenhose. Auf seinem Sakko haben sich Haarschuppen abgesetzt. Brückner winkt ab.

»Bleiben Sie sitzen«, bittet er den Unbekannten. »Irgendwo wird sicher noch ein Plätzchen für mich frei sein. Ich war für heute nicht angekündigt, verstehen Sie.«

»Bollschweiler, mein Name«, sagt der andere und reicht ihm die Hand. Auch Brückner nennt seinen Namen, dann bemerkt er seine Kollegin Irina Melberg, die ihm von einem Platz an der Ecke des langen Tisches aus zuwinkt und auf einen freien Stuhl neben sich deutet, während sie rasch etwas in die Tastatur ihres geöffneten Netbooks eingibt. Dankbar nimmt Brückner Platz. Im selben Augenblick betreten der Schulleiter Herr Gaedicke und die Oberstufenkoordinatorin Frau Hauff sowie der Konrektor Herr Krüger den Raum, nicken in die Runde, sortieren Papiere auf ihren Plätzen an der Stirnseite des Tisches, reden leise miteinander.

»Du hier?«, flüstert Irina Melberg, nah zu Brückner vorgebeugt. »Du bist doch noch krankgeschrieben, oder?«

Brückner nickt.

»Sven Bollschweiler, der auf deinem Platz sitzt, ist übrigens deine Dauervertretung.«

»Dachte ich mir fast«, gibt Brückner zurück. »Wirkt ein bisschen kühl auf mich, aber wenigstens ist er jung. Ich hoffe, die Schüler mögen ihn.«

»Die Meinungen sind geteilt, soweit ich das zwischen Tür und Angel mitbekommen konnte«, informiert ihn Irina. »Auf jeden Fall ist er gefürchtet. Durchsetzen kann er sich.«

Brückner hebt die Augenbrauen, er spürt seinen Herzschlag bis in die Halsschlagader pulsieren, unregelmäßig, stolpernd.

»Für Maximilian könnte es dann schwierig gewesen sein. Er braucht Vertrauen zu seinen Lehrern. Im Idealfall schließt eines das andere nicht aus – ich hoffe, dass es so gelaufen ist.«

Ein energisches Schlagen mit einem Kugelschreiber gegen einen Kaffeebecher unterbricht die Gespräche im Lehrerzimmer.

»Liebe Kolleginnen und Kollegen, ich darf Sie sehr herzlich zu unserer letzten Dienstbesprechung in diesem Schuljahr begrüßen«, beginnt Herr Gaedicke. »Aus aktuellem Anlass, der uns alle mehr als erschüttert, möchte ich den tragischen Unglücksfall um unseren Abiturienten Maximilian Rothe, der dabei ums Leben gekommen ist, sowie seine Schwester Natalie und seine Freunde Annika Pietz und Paul Fischer, die verletzt, aber immerhin mit dem Leben davongekommen sind, an die erste Stelle unserer Tagesordnungspunkte setzen. Ich nehme an, dass Sie, Herr Kollege Brückner, deshalb heute bei uns erschienen sind.«

Brückner nickt.

»*Was* soll passiert sein?« Irina Melberg starrt den Rektor an, die Hand auf den geöffneten Mund gepresst, in ihrer Bewegung erstarrt. »Maximilian...?«

»Wussten Sie das noch nicht?«, vergewissert sich Gaedicke. »Es ist bereits am Freitagabend passiert, daher dachte ich, Sie wüssten alle Bescheid.«

»Mein Mann und ich sind erst gestern spätabends von einer Wochenendreise zurückgekommen, waren mit dem Wohnmobil an der Ostsee. Ich kann es nicht glauben...«

Gaedicke erläutert kurz den Ablauf des Unglücks. »Die polizeilichen Ermittlungen haben ergeben, dass man einen Selbstmord Maximilians nicht ausschließen kann«, fügt er hinzu. »Ein Fremdverschulden jedenfalls liegt nicht vor. So oder so ist das Ganze natürlich furchtbar, und ich bin sicher, Ihrer aller Mitgefühl gehört ebenso wie meines den Eltern und der Schwester des Jungen.«

»Natürlich«, flüstert Irina Melberg, ihre Hand zittert, als sie sie wieder sinken lässt und nach Brückners Arm greift, als müsse sie sich daran festhalten; Brückner sieht, dass sich ihre Augen mit Tränen füllen. »Der Maximilian, das war doch so ein ruhiger, unauffälliger, der nie Schwierigkeiten gemacht hat, erst neulich hat er mir noch geholfen... und jetzt so aus dem Leben gerissen... das kann ich gar nicht... das haut mich jetzt völlig um!«

»Es war für uns alle ein Schock. Eine entsprechende Anzeige, auch in Ihrem Namen, habe ich bereits für das kommende Wochenende in drei der renommierten Tageszeitungen unserer Stadt geschaltet. Dennoch steht es uns nun bevor, heute unseren Schülerinnen und Schülern Ansprechpartner zu sein. Die allermeisten werden wissen, was geschehen ist, doch wir können davon ausgehen, dass sie geschockt sind und viele Fragen im Raum stehen. Unsere Aufgabe ist es, ihnen mit Rat und Tat zur Seite zu stehen, schon damit sich ein solcher Vorfall nicht wiederholt. Aber auch wir sollten uns die Zeit nehmen, unsere Gedanken zu äußern. Maximilian Rothe war ein eher zurückhaltender und bescheidener Schüler, dem zumindest ich nicht unbedingt angemerkt habe, dass er Selbstmordabsichten hegt. Aber einige von Ihnen kannten ihn genauer. Ich bitte um Wortmeldungen.«

Brückner hebt seine Hand.

»Es fällt mir überaus schwer, zu sprechen, da ich vollkommen fassungslos über das bin, was geschehen ist«, beginnt er. »Jedoch erscheint mir der Gedanke an einen Suizid Maximilians keineswegs abwegig«, beginnt er. »In den letzten Wochen vor meiner Erkrankung habe ich bei ihm durchaus einen Zustand bemerkt, den man als Verzweiflung bezeichnen kann. Max litt sehr unter seinem strengen und extrem leistungsorientierten Vater, der von ihm verlangt hat, den Leistungskurs im Fach Mathematik zu belegen, obwohl Maximilian von sich aus Kunst gewählt hätte. Es ist kein Geheimnis, welch ein begnadeter Künstler in ihm steckte. Seine Begabung jedoch wurde nicht hinreichend gefördert, sondern er musste viel Zeit darauf verwenden, für ein Fach zu pauken, das ihm weder gefiel noch lag. So blieb ihm kaum Raum für das, was er wirklich tun wollte.«

»Seine Bilder sind sagenhaft«, bestätigt die Kunstlehrerin, Frau Grillotti. »Aber ich dachte immer, Maximilian hätte neben dem Schulbesuch eine private Malschule besucht, in der er seiner Leidenschaft nachgehen konnte.«

»In solchen Dingen hat ihn sein Vater leider ausgebremst«, erklärt Brückner. »Ein unangenehmer Mann, wenn ich das so bemerken darf. Einer von der Sorte dynamischer Geschäftsmann, der auch mir in einem persönlichen Gespräch eine Dienstaufsichtsbeschwerde androhte, sollte ich die Note seines Sohnes nicht nach oben hin korrigieren.«

»Kein Wunder, dass du krank geworden bist«, wirft Irina Melberg ein. »Mein Gott, der arme Max.« Sie schüttelt den Kopf und presst die Hand auf ihre Lippen.

»Wir sollten versuchen, uns über abwesende Dritte nicht wertend zu äußern«, mahnt Gaedicke.

»Allerdings führt auch der Kardiologe, mit dem ich vor meiner Entlassung aus dem Herzzentrum ein intensives Gespräch geführt habe, meinen Infarkt auf jenes Gespräch mit Herrn Rothe und ähnliche Belastungen zurück«, fährt Brückner dennoch fort. »Trotzdem mache ich mir schwere Vorwürfe, dass ich Maximilian in einer ganz entscheidenden Phase nicht länger zur Seite stehen konnte.«

»Was meinen Sie damit?« hakt Frau Hauff nach. »Die entscheidende Phase vor den Abiturprüfungen? Gut, die ist für niemanden leicht. Sie können nichts für Ihre schwere und plötzliche Erkrankung.«

»Maximilians Abitur war gefährdet, zumindest konnte er nicht annähernd mit dem Notendurchschnitt rechnen, den er benötigt hätte, um die Art von Karriere anzustreben, die sein Vater für ihn geplant hat. Er kam in Mathe einfach auf keinen grünen Zweig mehr, trotz unseres guten Verhältnisses zueinander und seiner Bemühungen, den Stoff zu verstehen, wobei ihm übrigens Paul Fischer regelmäßig half. Es brachte nur wenig. Also habe ich in Maximilians Interesse einen zugegeben unkonventionellen Weg eingeschlagen, indem ich ihm riet, unser Gymnasium zu verlassen und auf eine Fachoberschule für Gestaltung zu wechseln. Auch die nötigen Kontakte habe ich ihm vermittelt. Natürlich hätte er dort die zwölfte Klasse wiederholen müssen, aber das hätte er in Kauf genommen. Maximilian war begeistert von dem Gedanken – jedoch ebenso verzagt, sobald er an seinen Vater dachte.«

»Dann wurdest du krank und er hatte niemanden mehr, an den er sich diesbezüglich wenden konnte«, schlussfolgert Irina und sieht ihn verständnisvoll an. Noch immer ringt sie sichtbar um Fassung. »Weißt du denn, ob er sich dort angemeldet hat?«

»Ich fürchte, nein.« Brückner schüttelt den Kopf und reibt mit Daumen und Zeigefinger über seinen grauen Schnurrbart. »Er sagte immer, es ginge ohnehin nicht. Und so allein gelassen, dann auch noch durch mich... da hatte er sicher nicht mehr den Mut.«

Einige der Kollegen nicken, verhaltenes Flüstern ist zu

hören, das rasch zu einem Raunen anschwillt. Frau Hauff bittet um Ruhe und ergreift das Wort.

»Habe ich Sie richtig verstanden, Herr Kollege Brückner, dass Sie unseren Schüler Maximilian Rothe *nicht* darin bestärkt haben, alle seine Bemühungen auf ein vorzeigbares Abitur an unserer Schule zu setzen, sondern ihm rieten, sich wegzubewerben? Was wirft denn das für ein Licht auf unser Haus, und auch auf Sie und Ihren Mathematikunterricht? Sie schneiden sich doch ins eigene Fleisch!«

»Ich war sein Tutor.« Brückner bleibt äußerlich ruhig, fühlt sich jedoch unbehaglich, weil nun alle Augenpaare auf ihn gerichtet sind, fühlt sein Herz stolpern. Nicht aufregen, beschwört er sich im Stillen. Besonnen bleiben, schon um Marianne nicht recht geben zu müssen. »Meine Aufgabe in dieser Rolle sehe ich nicht nur im Unterrichten und Anspornen zu Höchstleistungen. Mindestens ebenso wichtig finde ich es, meine Schüler ernst zu nehmen und sie darin zu bestärken, ihren eigenen Weg zu gehen. Herauszufinden, was sie wirklich wollen. Was ihnen liegt und sie begeistert. Nur darin werden sie letztlich Erfolg haben, wenn sie das tun, womit sie wirklich glücklich sind. So wie ich es als Lehrer bin. Mich hat immer der Umgang mit jungen Menschen begeistert. Ihnen die Freude am Spiel mit den Zahlen zu vermitteln, ihr logisches Denken zu fördern. Maximilian aber brannte nicht für Zahlen, hat es nie getan. Er loderte für die Kunst und seine Kreativität. Unser Gymnasium bietet darin nur Grundkurse an, was ist also verkehrt daran, ihm zu einem Wechsel zu raten?«

Bollschweiler hebt die Hand. Herr Gaedicke nickt ihm zu.

»Gegen die Behauptung, Maximilian wäre vom Beginn Ihrer langfristigen Erkrankung an allein gelassen worden, möchte ich mich entschieden zur Wehr setzen«, eifert er sich. »Wenige Wochen darauf habe ich das Tutorium und den Leistungskurs Mathematik übernommen, und von allein lassen kann überhaupt keine Rede sein, werter Herr Kollege Brückner. Allerdings ist mein Verständnis von der Funktion und den Aufgaben eines Oberstufentutors ein etwas anderes. Immerhin befinden wir uns an einem Gymnasium, das man mit Recht als Eliteschule bezeichnet und nicht in der staatlichen Grundschule einer Hochhaussiedlung, wo sich mehr Sozialarbeiter und Schulpsychologen tummeln als in einer jugendpsychiatrischen Klinik. Im Abschlussjahrgang eines gut angesehenen Gymnasiums besteht unsere Aufgabe in der Wissensvermittlung und darin, die Schüler auf das Studium an einer Universität oder Akademie vorzubereiten. Alles andere ist vergeudete Zeit, wie es Ihnen offenbar auch Maximilians Vater versucht hat zu verdeutlichen. Jeglicher Kuschelkurs in dieser Phase der schulischen Laufbahn ist völlig fehl am Platze und wird sich spätestens dann rächen, wenn die Damen und Herren in der Uni scheitern, weil dort keiner mehr fragt, ob sie vielleicht lieber Bildchen malen möchten als zu lernen.«

»Es geht nicht darum, *Bildchen zu malen*«, erwidert Brückner, um Fassung bemüht. »Mit einer kreativen Begabung kann man sehr wohl einiges erreichen, das Leben besteht nicht nur aus Buchstaben und Zahlen. Unsere Aufgabe als Lehrer ist es auch, die Talente unserer Schüler ernst zu nehmen und sie zu ermutigen, den für sie richtigen Weg einzuschlagen. Wäre die Kunst für Maximilian nur ein Hobby gewesen, hätte er nicht daran verzweifeln müssen, dass sein Vater für ihn eine Laufbahn als Mediziner, Manager oder Jurist vorgesehen hatte. So aber war es für ihn eine Katastrophe.«

»Was Sie schildern, ist dennoch eher die Aufgabe der Studien- und Berufsberatung«, gibt Krüger, der Konrektor, zu bedenken. »Ihr Engagement in allen Ehren, aber da sollten und müssen wir nicht vorgreifen. Das ist Sache der Eltern, mit ihren Sprösslingen zu besprechen, wie es nach dem Abitur weitergehen soll, und in der Regel werden solche Anlaufstellen dann auch gemeinsam aufgesucht.«

Zwei Lehrerinnen, die die ganze Zeit miteinander getuschelt haben, unterbrechen ihr Gespräch und nicken.

»Hier geht es um reine Wissensvermittlung«, bemerkt eine von ihnen, die Chemielehrerin Liedtke, eine schlanke Frau mit akkurat geschnittenem Bob und gestreifter Bluse. »Und ich finde, damit haben wir wahrlich genug zu tun. Immerhin sind wir Studienräte, und ich übertreibe sicher nicht, wenn ich behaupte, unser Arbeitspensum ist um einiges höher als das der Kollegen in Grund- und Oberschulen. Die Abiturphase hat mich dieses Jahr wieder so geschlaucht, dass die sechs Wochen Sommerferien kaum ausreichen werden, um mich zu regenerieren. Die Halbjahresklausuren, das schriftliche Abitur, die mündlichen Prüfungen ... und das ist ja nicht alles, der normale Unterricht geht ebenfalls weiter, die anderen Klassen müssen auch zu ihrem Recht kommen. Das kann sich ein Außenstehender alles gar nicht vorstellen – fragen Sie mich nicht, wie viel meine Familie in der letzten Zeit von mir hatte. Eigentlich müsste ich an die Sommerferien eine Kur anschließen, aber gut, ich übernehme jetzt eine neunte Klasse, da geht es nicht. An mich selbst zu denken kann ich also wieder mal aufschieben. Was ich damit sagen will ist: Wir können nicht auch noch jedem Schüler einzeln die Zukunft planen. Mit dem Unterricht, den Prüfungen und Korrekturen, Vor- und Nachbereitungen sowie Elternabenden und Klassenfahrten ist das, was wir an Arbeit leisten können, mehr als ausgeschöpft. Sonst droht uns allen irgendwann ein Burn-out.«

Beifälliges Klopfen auf die Tischplatte von allen Seiten gibt der Lehrerin Bestätigung, nur Irina verdreht die Augen und fährt sich mit der Hand durch ihre kurzen hellbraunen Locken.

»Niemand verlangt, dass du mehr arbeiten sollst«, lenkt sie ein. »Aber wenn ein Schüler jahrelang im falschen Leistungskurs sitzt, ist er bestimmt keine Entlastung. Du schleifst ihn mit, versuchst ihn zu fördern und zu fordern, die Korrekturen seiner Arbeiten rauben dir den letzten Nerv ...«

»Ich schlage vor, wir verkürzen die Diskussion an dieser Stelle«, wirft Herr Gaedicke dazwischen und blickt unter gehobenen Brauen auf seine Armbanduhr. »Einige weitere Tagesordnungspunkte liegen noch vor uns, und angesichts Ihrer angeschlagenen Gesundheit, lieber Herr Brückner, wollen wir Sie nicht unnötig strapazieren oder gar aufregen. Weitere Wortmeldungen?«

Irina Melberg schiebt ihr Netbook so, dass das Display zur Schulleitung zeigt.

»Sie erwähnten vorhin, dass wir vor allem für unsere Schüler da sein müssen, die gewiss unter Schock stehen. Ich sehe hier gerade einen Eintrag auf Maximilians Profil bei Facebook«, berichtet sie. »Irgendjemand hat anonym gepostet: *Montag früh ist Dienstbesprechung der Lehrer, Unterrichtsbeginn also erst zur zweiten Stunde. Ich wette, Max wird auch für sie ein Thema sein. Sollen die Pauker sich die Mäuler über ihn zerreißen... ich hoffe nur, einigen wird dämmern, dass auch sie eine Mitschuld an Max' Tod tragen. Diejenigen unter den Lehrern nämlich, die glauben, wir Schüler seien Maschinen, in die man nur Wissen oben reintrichtern muss und dann kommt unten ein perfekter Mensch raus. Ich soll keine Namen nennen? Tu ich aber: An oberster Stelle...*«

»Es reicht, Frau Melberg!«, fährt Krüger dazwischen. »Dies vorzulesen, führt uns jetzt zu weit weg, und es ist völlig unangemessen, diese Notiz hier so frei zu verkünden. Wir wollen bitte sachlich bleiben, auch für uns ist es mehr als bitter, was geschehen ist, da müssen wir uns nicht noch gegenseitig denunzieren. Weitere Meldungen bitte.«

Irina Melberg stellt ihr Netbook auf Stand-by. Brückner hebt erneut seine Hand.

»Leider war ich eine ganze Weile außer Gefecht gesetzt und bin es auch weiterhin«, beginnt er. »Aber gerade deshalb interessiert es mich, wie es mit Maximilian in meiner Abwesenheit weitergegangen ist. Ist niemandem eine Veränderung an ihm aufgefallen? Herr Bollschweiler, Sie haben dankenswerterweise das Tutorium übernommen, und sicher war es erfrischend für die Schülerinnen und Schüler, einmal Unterricht bei einem jungen Lehrer zu haben, der bestimmt ganz neue, moderne Methoden und Medien einsetzt. Wie wirkte Maximilian auf Sie?«

Bollschweiler knetet seine Hände, blickt auf die Tischplatte, ehe er sich plötzlich reckt und seine Brust strafft.

»Verträumt war er und wirkte desinteressiert«, berichtet er. »Maximilian hatte alles Mögliche im Kopf, nur nicht Mathematik. Freiwillig gemeldet hat er sich so gut wie nie, und normalerweise bin ich nicht der Typ, der sich wegen solcher Schüler noch groß die Beine ausreißt. Da stimme ich mit der Kollegin Schrader absolut überein, wir können nicht auf jedes Wehwehchen eingehen. Ich meine, die Jugendlichen sind fast allesamt volljährig, müssen wir die noch erziehen? In dem Alter, zumal wenn man das Gymnasium besucht, kann man doch davon ausgehen, dass die jungen Leute wissen, warum sie im Klassenraum sitzen. Denen muss klar sein, dass es um etwas geht, nämlich um ihre eigene Zukunft. Schule kann nicht immer nur Spaß machen, und sie muss es auch nicht. Die meisten in meinem – und ja auch Ihrem – Leistungskurs haben das begriffen und sich angestrengt. Nicht so Maximilian. Der junge Herr saß immer nur teilnahmslos da, und wenn ich ihn aufrief, obwohl er sich nicht meldete, was ich, wie gesagt, aus eben aufgeführten Gründen nur selten tue, war das Ergebnis durchweg negativ. Er saß auf seinem Platz und schwieg mich an.«

»Und die schriftlichen Arbeiten? Tests?«

»Liefen geringfügig besser. Sie erwähnten ja bereits, dass er mit Unterstützung seines Mitschülers Paul Fischer häufiger lernte.«

»Er war nicht dumm, das können Sie sicher bestätigen. Aber haben Sie keinen Versuch gemacht, ihn zu motivieren?«

»Ich schilderte bereits, wie ich mit unmotivierten Schülern umgehe.«

»Dennoch hatten Sie die Aufgabe, ihn angemessen auf sein Abitur in Mathematik vorzubereiten statt ihn links liegen zu lassen. Unsere Schüler sind uns anvertraut, und wir sind angehalten, das Bestmögliche aus ihren Fähigkeiten herauszuholen.«

»Was in den Jahren zuvor nicht gelungen ist, war die paar Wochen vor dem Abi nicht mehr aufzuholen. Ich darf daran erinnern, dass ich lediglich zu Ihrer Vertretung eingesetzt wurde. Maximilians schulische Probleme liegen also weiter zurück, dementsprechend weise ich jegliche diesbezüglichen Vorwürfe entschieden von mir.«

»Maximilians Situation in Mathe war vor meiner Erkrankung keineswegs aussichtslos«, korrigiert Brückner. »Er hatte Schwierigkeiten, und er war in den letzten Wochen weiter abgesackt, jedoch konnte ich ihn überzeugen, sich dennoch anzustrengen, bis die Fragen um seine weitere Laufbahn geklärt wären. Wie verlief seine Abiklausur?«

Bollschweiler fährt sich mit der Hand übers Gesicht, Werner Brückner sieht Schweißperlen auf seine Stirn treten und auch unter den Achseln seines schicken hellblauen Hemds haben sich Flecken gebildet. Im Raum herrscht angespannte Stille.

»Maximilian hat die Frechheit besessen, mir ein leeres Blatt abzugeben«, sagt er. »Nicht eine einzige der gestellten Aufgaben hat er auch nur versucht zu lösen. Es handelte sich um eine totale Leistungsverweigerung. Null Punkte, Sechs, Ofen aus. Ich muss nicht extra betonen, dass mich sein tragischer Tod selbstverständlich dennoch außerordentlich erschüttert.«

Brückner nickt, atmet aus, er fühlt sich müde. So vieles ist offenbar schiefgelaufen, während er krank war, Maximilian hätte ihn gebraucht, und er war nicht da. Er muss Bollschweiler nur ansehen, um zu wissen, dass Max mit ihm nicht klargekommen sein kann. Bollschweiler mag ein fachlich kompetenter Lehrer sein, aber vom pädagogischen Ansatz her genau das Gegenteil von seiner eigenen Überzeugung. Es konnte nur schiefgehen. Wenn nur der verdammte Infarkt nicht gewesen wäre, denkt er. Mit den anderen Belastungen wäre ich schon fertiggeworden; dem Gefühl jeden Morgen beim Klingeln des Radioweckers, nicht aufstehen zu können. Der Atemnot schon unter der Dusche. Der Appetitlosigkeit beim Frühstück und der Unfähigkeit, von den Schlagzeilen der Morgenzeitung auch nur eine Zeile aufnehmen zu können. Der Unbeweglichkeit in den Minuten, bevor ich wirklich los musste. Wie ich an meinem Platz am Frühstückstisch kleben geblieben bin und die Vorstellung, sechs oder sieben Stunden Schule durchstehen zu müssen, sich wie Blei an meine Füße und in meinem Kopf festsetzte. Nach dem Gespräch mit Maximilians Vater ging nichts mehr. Er seufzt.

Marianne hatte oft genug geschimpft, er solle endlich einmal an sich denken und nicht nur an die Arbeit. Wenn er auf die inneren Warnsignale gehört und rechtzeitig die Notbremse gezogen hätte, wäre vielleicht Schlimmeres verhindert worden. Maximilian hatte ihm schon lange Sorgen gemacht, mit ihm schien alles schiefzulaufen. Er wollte ihn nicht aufgeben, Maximilian vertraute ihm. Brückner konnte sich nicht krankmelden. Erst mit dem Herzinfarkt zog sein Körper die Reißleine. Du kannst nicht alle retten, hatte Marianne gesagt. Nach dem Abi muss er sowieso ohne dich seinen Platz in der Welt finden. Jetzt kommt er nicht mehr zurück.

»Es nicht einmal zu versuchen, sieht Maximilian überhaupt nicht ähnlich«, sagt er schließlich. »Er hat sich immer bemüht, hat eingesehen, dass es notwendig ist. Dass jeder Punkt zählt. Ich mache mir Vorwürfe, bin so erschüttert. Er hätte nicht sterben müssen, Max hatte noch so vieles vor in seinem Leben. Hatte eigene Pläne, aber offenbar zu wenig Menschen um sich, die ihn dabei unterstützten.«

Niemand wagt etwas darauf zu erwidern. Brückner kämpft mit den Tränen, er bemüht sich, es zu verbergen, doch sein Kinn beginnt unkontrollierbar zu zittern. Er verbirgt sein Gesicht in den Händen und lässt es zu, dass das Schluchzen ihn schüttelt, sollen sie es ruhig sehen, er ist eben keine Maschine, genauso wenig wie die Schüler, der Facebook-Eintrag hat es schon richtig ausgedrückt.

An der Stirnseite des Tisches räuspert sich Krüger.

»Ich denke, da wir Maximilian ohnehin leider nicht mehr helfen können, sollten wir nun unser Augenmerk darauf richten, wie wir mit unseren Schülerinnen und Schülern umgehen, die uns in einer guten halben Stunde mit ihrer Trauer und ihren Fragen entgegentreten werden«, versucht er dem Gespräch eine neue Richtung zu geben. »Werden wir eine Gedenkfeier für Maximilian veranstalten? Eine Schweigeminute einlegen? Ich bitte um Ihre Vorschläge.«

»Gedenkfeier – nein«, bestimmt Gaedicke. »Das wühlt alles nur unnötig weiter auf, und wir wissen nicht, ob die Situation nicht vielleicht außer Kontrolle geraten könnte. Einige Schülerinnen sind ja sehr sensibel. Zudem wird in etwa acht bis zehn Tagen die Beisetzung stattfinden, und es steht jedem frei, daran teilzunehmen. Ich werde dafür nicht einmal eine Beurlaubung einfordern – es sei denn, die Familie Maximilians besteht darauf, ihren Sohn und Bruder im engsten Familienkreis auf seinem letzten Weg zu begleiten. Zuvor eine fast identische Veranstaltung im Schulgebäude zu inszenieren, halte ich für unangemessen.«

»Ich halte es auch für das Beste, so rasch wie möglich den Alltag wieder aufzunehmen«, stimmt ihm Frau Liedtke zu. »Das Unglück hat sich nicht direkt an unserer Schule ereignet, also müssen wir auch nicht für alle Zeiten damit in Verbindung gebracht werden. Wenn die Schüler Fragen haben, sind wir da, ansonsten denke ich auch: Die Rückkehr zum Normalbetrieb ist das Beste, was wir tun können.«

»Das empfinde ich als viel zu wenig«, meint Brückner. »Wenn hier gar nichts im Gedenken an Maximilian geschieht, werden sich alle auf seine Schwester Natalie stürzen und sie ausfragen, sobald sie genesen ist und an die Schule zurückkehrt. Sie hat wahrlich genug durchgemacht. Neben dem Verlust ihres Bruders, zu dem sie, soweit ich weiß, ein gutes und enges Verhältnis hatte, wurde sie auch selbst schwer verletzt. Ich glaube kaum, dass sie allein den emotionalen Belastungen standhalten könnte, wenn wir ihr nicht zur Seite stehen.«

»Wir?« Bollschweiler hebt die Augenbrauen. »Ich dachte, Sie kehren noch gar nicht an den Arbeitsplatz zurück?«

»Wenn ich im Nachhinein etwas für Maximilian tun kann, das ich zuvor versäumt habe, mache ich es gern.«

»Das ist sehr ehrenwert von Ihnen, Herr Kollege Brückner, Sie sollten jedoch auf Ihre Gesundheit achten. Zudem dürfen Sie während Ihrer Krankschreibung nicht beliebig oft hier in der Schule erscheinen. Schon Ihre Anwesenheit heute ist nicht rechtens, aber wir drücken ausnahmsweise ein Auge zu, weil Ihnen an dem verstorbenen Jungen offenbar gelegen ist«, antwortet Gaedicke. »Um diesen Punkt abzuschließen, schlage ich vor, wir halten am Dienstag um Punkt elf Uhr eine Schweigeminute für Maximilian Rothe, zudem wird im Foyer ein Tisch mit einem Foto des Jungen aufgestellt, dazu ein Kondolenzbuch, in das sich jeder, der möchte, eintragen kann, und später wird es dann den Eltern übergeben. Gegenstimmen?«

Niemand meldet sich.

»Enthaltungen?«

Bollschweiler und Frau Liedtke heben ihre Hände.

»Gut, dann kommen wir zum Tagesordnungspunkt zwei, dem Studientag im September«, fährt Gaedicke fort. »Sie, werter Herr Kollege Brückner, darf ich an dieser Stelle verabschieden; das Protokoll dieser Sitzung wird Ihnen nach Fertigstellung per E-Mail zugeschickt. Hören Sie auf den Rat Ihrer

Ärzte und schonen Sie sich. Auf Wiedersehen.« Er erhebt sich halb von seinem Stuhl und wartet, bis auch Brückner aufgestanden und um den Tisch herumgegangen ist, um ihm die Hand zu schütteln. Irina Melberg gibt ihm mit einer Handbewegung zu verstehen, sie werde ihn später anrufen.

Mit langsamen Schritten verlässt Werner Brückner das Lehrerzimmer. Nachdem er die Tür hinter sich geschlossen hat, bleibt er einige Atemzüge lang unschlüssig auf dem Flur stehen. Nach Hause gehen möchte er noch nicht, die schmerzliche Erinnerung an seinen Schüler hält ihn in dem Gebäude, in dem er ihn zum letzten Mal gesehen hat. Mit Irina will er noch reden, mit Schindler, dem Musiklehrer, der das Schulorchester mit Natalie Rothe als Saxofonistin leitet. Vielleicht noch einmal in Ruhe mit dem jungen Vertretungslehrer Bollschweiler, der bei ihm einen unangenehmen Eindruck hinterlassen hat. Wenn er sich Max gegenüber so verhalten hat, wie er sich in der Dienstbesprechung darstellte, war er Gift für den Jungen. Ich kann ihm nicht zustimmen; denkt er und beginnt mit bedächtigen Schritten den Flur entlang zu gehen. Sicher sind die Schüler erwachsen, aber man weiß doch von sich selbst, dass ein Mensch mit achtzehn Jahren dennoch alles andere als innerlich gefestigt ist. Gerade in der Zeit vor dem Abitur sind viele Jungen und Mädchen von Zukunftsängsten geplagt, wissen noch nicht, wohin ihre Lebensreise einmal gehen soll, die allerwenigsten haben bereits einen Ausbildungs- oder Studienplatz sicher, noch dazu in der Fachrichtung, die sie sich gewünscht haben. Es können Liebeskummer hinzukommen, familiäre Probleme, Stress im Freundeskreis, vielleicht die Führerscheinprüfung, die nicht wenige erst nach mehreren Anläufen bestehen. Man kann als Lehrer nicht so tun, als liefe bei ihnen alles von allein.

Am Ende des langen Ganges drückt Brückner die Glastür zum Treppenhaus auf und geht in die zweite Etage. Hier liegen der Kunst- und Musikraum, hier hängen an den Wänden die meisten Zeichnungen Maximilians. Erst wenige Tage vor seinem letzten Gespräch mit dem Schüler hatte er sie noch einmal betrachtet, dennoch kommt es ihm so vor, als sähe er sie zum ersten Mal. Dieser besondere Strich, denkt Brückner; sein Talent, Stimmungen einzusaugen und in seinen Bildern wiederzugeben, die Art, wie er Menschen beobachtet und gespiegelt hat. Erstaunlich für einen Achtzehnjährigen, und so ein Jammer, dass er so unauffällig war, so wenig wahrgenommen wurde. Nicht mehr aus seiner Begabung machen konnte, weil man ihn nicht gelassen hat. Maximilian hätte gewiss eine vielversprechende Zukunft vor sich gehabt.

Mit Tränen in den Augen löst sich Brückner vom letzten Bild und steuert den Kursraum an, in dem er Maximilian unterrichtet hat. Nur zu genau erinnert er sich an das letzte Gespräch mit dem Jungen, an seine Verzweiflung, seine Mutlosigkeit. Den unterschwelligen Zorn auf seinen Vater, sein Gefühl von Ausgeliefertsein ihm gegenüber. Brückner kann es ihm nicht verdenken. Sobald er an seine Unterredung mit Herrn Rothe vor einigen Wochen zurückdenkt, breitet sich auch in ihm wieder ein beklemmendes Gefühl aus, dem er schnell entfliehen muss.

In der Hosentasche tastet er nach dem Generalschlüssel für alle Unterrichtsräume und schließt auf, greift sich an die Brust, als er den Raum betritt, in dem er Maximilian monatelang Tag für Tag unterrichtet hat. Er blickt zu seinem Sitzplatz, dem Stuhl, der wie alle anderen zum Zweck der Fußbodenreinigung auf den Tisch gestellt ist, der Raum wirkt verwaist ohne die Schüler. Früher hat Brückner solche Tage genossen, ist mitunter nach Ferienbeginn noch ab und an zur Schule gefahren, um die Stille des Gebäudes zu genießen, das Schuljahr noch einmal in Gedanken Revue passieren zu lassen, Papiere zu ordnen, den Raum für das neue Schuljahr vorzubereiten. Jetzt hat er das Bedürfnis, etwas von Maximilian zu finden, ein Arbeitsblatt von ihm, seine Handschrift. Er geht zum

Lehrertisch und zieht seinen Wildlederblazer aus, ehe er auf dem Drehstuhl Platz nimmt. Nachdem er den leeren Raum minutenlang auf sich wirken lassen hat, zieht er die Schublade auf, die er bestimmt aufgeräumt hätte, wenn er nicht krank geworden wäre. Maximilians letzte Klausur, die er noch selbst korrigiert hat, müsste noch darin liegen, Brückner hatte sie dessen Vater beim Gespräch gezeigt, Herr Rothe hatte darauf bestanden. Zwar hatte Max' Vater nichts gefunden, was er an den Aufgabenstellungen hätte beanstanden können, aber er putzte ihn herunter, sprach ihm jegliche Fähigkeiten als Studienrat ab, behauptete, Brückner hätte eine Hochbegabung Maximilians verkannt, andernfalls würde dieser nicht ausgerechnet in dem Fach, das er als Leistungskurs gewählt hätte, so versagen. Eine Dienstaufsichtsbeschwerde wolle er ihm anhängen, drohte Herr Rothe, und er habe keine Scheu, einen derart unfähigen Pseudopädagogen vor der gesamten Lehrerschaft lächerlich zu machen, gegebenenfalls auch vor der Presse.

»Mach dir nichts aus diesem Wichtigtuer, der kann dir gar nichts«, hatte seine Frau am Nachmittag gesagt. Brückner wusste, dass sie recht hatte; er ist einer der erfahrensten Lehrer des Gymnasiums und hat schon viele Schüler zu einem erfolgreich bestandenen Abitur geführt. Zudem ist er bei den jungen Menschen beliebt, und auch Maximilian hat ihm stets Sympathie entgegengebracht. »Er vertraut dir mehr als seinem eigenen Vater«, hatte Marianne es auf den Punkt gebracht. »Traurig eigentlich. Aber so hat er wenigstens eine Person, auf die er sich verlassen kann.«

Es hat nicht gereicht, denkt Brückner; ich bin zu schwach gewesen, habe mich von seinem Vater einschüchtern lassen. Rothe wird triumphiert haben; sag ich's doch, ein bisschen Gegenwind, schon macht er blau, typische Beamtenmentalität, es weiß doch jeder, dass die Krankheit nur vorgeschoben ist. Den ganzen Abend hatte er damals Magendrücken gehabt und in der Nacht kaum schlafen können. Am Wochenende darauf hatte er sich nicht wohlgefühlt, ihm war übel, er wollte es zuerst ignorieren, doch am Samstag war dieses Engegefühl in der Brust hinzugekommen, die Schmerzen, die bis in den Kiefer und die Arme ausstrahlten. Dass er noch lebt, hat er vor allem seiner Frau zu verdanken, die sofort einen Notruf absetzte. Ein akuter Herzinfarkt und die Notoperation führten dazu, dass er fortan alles außen vor lassen musste, was mit der Schule zu tun hatte. An seine Entlassung wird sich eine mehrwöchige Reha anschließen, während der er keinerlei Kontakt zur Schule pflegen sollte. Jetzt ist alles anders. Maximilians Tod ist wie Steinschlag auf ihn herabgestürzt.

Beim Blick in die Schublade stutzt er, jedoch nur einen Atemzug lang. Natürlich, dies ist nicht mehr seine Schublade, nicht sein Tisch. Bollschweiler hat ihn übernommen und seine eigene Ordnung darin untergebracht, eine andere als seine, es gibt keine losen Blätter mehr, keine herumliegenden Stifte, alles ist abgeheftet, in Ordner und Schachteln gelegt, Brückner zieht noch an anderen Schubladen, doch die sind verschlossen, ebenso der große hellgraue Schrank an der Wand neben dem Whiteboard. Also kann er, wenn überhaupt, nur hier etwas finden, das an Maximilian erinnert. Vielleicht einen Hinweis darauf, wie es war zwischen Bollschweiler und ihm. Worunter Max so gelitten hat, dass er jeglichen Lebensmut verlor. Es sieht Werner Brückner nicht ähnlich, fremde Sachen zu durchwühlen, aber jetzt kümmert es ihn nicht, er beruhigt sich mit dem Gedanken, dass auch er hier Dinge liegen hatte, von denen er gern wüsste, wo sie jetzt sind. Er hat nicht freiwillig von einem auf den anderen Tag aufgehört zu arbeiten.

Das Kursbuch. Brückner findet es unter einem nagelneuen Karoblock und zieht es behutsam heraus, schlägt es weit hinten auf, sucht seine letzten eigenen Eintragungen, danach die des neuen Lehrers. Was für eine steile Handschrift, denkt er;

ganz anders als meine, man kann jeden Buchstaben lesen, aber es ist auch nichts Spontanes darin, so wird er immer schreiben, egal ob er Zeit hat oder in Eile ist, ob es ihm gut geht oder miserabel, in einem persönlichen Brief oder auf einer Ansichtskarte im Urlaub ebenso wie in einem Amtsformular. Brückner sucht die Spalte »Bemerkungen« durch und findet an einem Datum wenige Tage nach seiner eigenen Erkrankung die Notiz: »Elterngespräch mit Herrn Rothe«. Also hat auch Bollschweiler mit Maximilians Vater gesprochen. Max sei verträumt und desinteressiert gewesen, hat Bollschweiler vorhin beklagt, Ähnliches hat er sicher auch dem Vater vorgehalten. Aber wie wird der reagiert haben? Hat Rothe auch diesen Lehrer heruntergeputzt und ihm Konsequenzen angedroht? Von »Hochbegabung« hat Bollschweiler sicher nicht gesprochen...

Er schlägt das Kursbuch zu und lehnt sich zurück. Nur einen Moment ausruhen. Es hat keinen Sinn, weiterzusuchen, es bringt Maximilian nicht zurück. Sich kurz sammeln und dann nach Hause gehen.

2.

Die Dienstbesprechung ist vorbei, schneller als erwartet. Weil sich niemand konzentrieren konnte, hat Gaedicke kurzerhand beschlossen, die Sitzung am kommenden Donnerstag in der achten Schulstunde fortzusetzen. Einige bleiben in kleinen Gruppen am Tisch sitzen und reden miteinander, ehe sie ohne Hast beginnen, sich seelisch auf diesen schweren Schultag vorzubereiten, Sven Bollschweiler hört, dass mit gedämpften Stimmen noch immer über Maximilians Tod gesprochen wird. Er fühlt sich unbehaglich, seit Brückner, den er bisher noch nicht einmal kannte, ihn so offen auf die Schwierigkeiten mit dem verunglückten Schüler angesprochen hat. Dazu die

Facebook-Seite, auf der offenbar einiges über ihn verbreitet wurde. Ihm ist nicht nach lockerem Plaudern mit Kollegen und erst recht nicht danach, zur Rechenschaft gezogen zu werden, also packt er seine Unterlagen zusammen und schiebt sie in die Aktentasche, ehe er zielstrebig die Tür ansteuert, um sich in seinen Kursraum zurückzuziehen.

Bollschweiler stutzt, als er den Raum aufschließen will und feststellt, dass das Schloss nicht gesperrt ist. Zögernd drückt er die Klinke und tritt ein, augenblicklich fällt sein Blick auf Brückner, der am Lehrertisch sitzt und aufschreckt, als er ihn bemerkt. Er ist ebenso unangenehm überrascht wie ich, denkt er. Gut, sehr gut. Ich muss mir von ihm nichts vorwerfen lassen, nur weil ich einen faulen Schüler habe auflaufen lassen.

»Herr Brückner«, äußert Bollschweiler, die Augen geweitet. »Noch nicht zu Hause? Sie sollten sich doch schonen.«

Brückner rollt mit dem Drehstuhl nach hinten und steht auf, was ihm sichtlich schwer fällt. Seine Augen blicken trübe, als wäre er tief in Gedanken versunken gewesen und noch nicht ganz wieder da.

»Entschuldigen Sie«, sagt er. »Ich werde ja noch eine ganze Weile nicht in die Schule zurückkehren, da wollte ich Sie noch von einigen meiner Dinge befreien, die hier noch herumliegen. Leider konnte ich nicht mehr öffnen als diese eine Schublade, da der Schlüssel zu den Schränken daheim in meiner Arbeitstasche liegt. Vielleicht können Sie mir weiterhelfen?«

»Selbstverständlich.« Mit festem Schritt tritt Bollschweiler näher, zieht ein Schlüsselbund aus seiner Hosentasche, beugt sich an Brückner vorbei über den Tisch und schließt die Zentralverriegelung des Schreibtisches auf, beginnt selbst darin zu wühlen, hebt einige Ordner und Hefte an, fegt mit der Hand ein paar aus einem Locher gefallene Papierfetzen zusammen. Ganz unten in der Schublade findet er einen Aktendeckel aus hellgelber Pappe. Bollschweiler nimmt ihn in die

Hand und klappt ihn auf, hält einen Moment inne, fühlt die Augen des älteren Kollegen, auf sich gerichtet. Vielleicht glaubt er, der Aktendeckel gehöre ihm, diese Art ist im Sekretariat immer vorrätig. Einen Moment lang ist er versucht, ihn rasch verschwinden zu lassen, entscheidet sich jedoch für die Flucht nach vorn.

»Es ist gut, dass sie hier sind«, meint er. »Dann können Sie sich dies hier gleich einmal ansehen. Vorhin in der Dienstbesprechung habe ich gesagt, Maximilian Rothe habe mir anstelle einer schriftlichen Abiturprüfung in Mathematik ein leeres Blatt abgegeben. Das war nur die halbe Wahrheit. Sehen Sie sich das hier an, für mich ist das der Gipfel der Unverschämtheit und Respektlosigkeit. Der eindeutige Beweis dafür, wie ernst er das Abitur genommen hat. Was hätten Sie an meiner Stelle getan? Soll man so einen Schüler noch unterstützen?«

Er hält Brückner eine Zeichnung hin, auf der Bollschweiler selbst zu sehen ist, mit Bleistift gezeichnet, beinahe einer Karikatur gleichkommend. Der Schüler hat ihm die Maske vom Gesicht gerissen. Auf der Zeichnung sieht Bollschweiler den Betrachter mit blassen Augen und einem verächtlichen Blick an, das Kinn leicht hochgereckt. Mit dieser Zeichnung hat er es ausgenutzt, dass er seinen Lehrer an Körperlänge überragte, hat ihn so gezeichnet, wie er ihn immer sah, ein wenig von oben nach unten. Maximilian hat auch die etwas wulstigen Lippen hinbekommen, die abwärts gezogenen Winkel, die sich auch beim Lächeln nie aufrichten. Ihm ist der leicht spöttische Gesichtsausdruck gelungen, aufgeblasen, trotzig und darin erst recht verunsichert wirkend, geradezu ängstlich.

»Er hat nichts gerechnet«, fügt Bollschweiler hinzu. »Nicht eine einzige Aufgabe, nur dieses Geschmiere habe ich von ihm bekommen. Er konnte es nicht, weil er nichts getan hat, weder im Unterricht noch zu Hause! Das allein hätte schon gereicht, aber den Lehrer auf diese Art ins Lächerliche zu ziehen, ist der Gipfel. Das zeigt doch, wie gestört der Junge war. Wer weiß, was bei ihm sonst noch alles nicht gestimmt hat, in der Schule bekommen wir nur die Spitze des Eisbergs geliefert. Das können wir gar nicht alles auffangen.« Er wartet ab, bis Brückner die Zeichnung lange genug angesehen hat, will den Aktendeckel wieder zuklappen, doch Brückner greift danach und hält ihn fest.

»Max hatte ein Blackout«, entgegnet er, »das war keine Seltenheit bei ihm. Das haben Sie sicher gemerkt, während Sie Aufsicht führten.«

»Es ist mir keineswegs entgangen«, gibt Bollschweiler zu. »Nicht, dass ich darüber besonders überrascht gewesen wäre.«

»Haben Sie es nicht geschafft, dass er sich halbwegs beruhigen und zumindest einen Teil der Aufgaben bearbeiten konnte?«

»Während der Klausur ist es mir nicht möglich, mit Schülern Gespräche zu führen.«

»Das funktioniert auch nonverbal. Ein aufmunternder Blick, ein gütiges Zuzwinkern mit den Augen, mehr muss es manchmal gar nicht sein, wenn ein Schüler droht zu versagen. Gerade in den Prüfungen sind sie so nervös, das gilt nicht nur für Maximilian. Man muss ihnen die Möglichkeit geben, sich zu besinnen, kurz durchzuatmen. Ihnen zu vermitteln: Komm, das schaffst du, auch wenn du kein As in diesem Fach bist. Das ist ganz wichtig, damit jeder wenigstens ein paar Punkte erreichen kann, die ihn oder sie vor einem totalen Leistungsausfall bewahren.«

»Meine Einstellung dazu ist eine andere«, widerspricht Bollschweiler. »Es geht hier nicht um einen kleinen Test, der den simplen Zweck hat, etwas über den derzeitigen Leistungsstand auszusagen. Ich muss Ihnen nicht erklären, dass Abitur *Reifeprüfung* bedeutet. Es gilt also auch zu beweisen, dass man mit Stresssituationen umgehen kann und nicht gleich kneift, wenn Schwierigkeiten auftreten. Das hier«, er schlägt mit dem Handrücken so heftig auf das Bild, »ist kein Zeugnis von Reife. Es ist kindisches Gekritzel aus einer pubertären Protesthaltung heraus. So etwas haben wir in der Fünften gemalt, heimlich auf Schmierblättern unter dem Tisch. Nicht anstelle einer Abiklausur im Leistungsfach. Der Junge war volljährig, das muss man sich doch vor Augen führen.« Er legt die Zeichnung zurück in den Aktendeckel, klappt ihn wieder zu und schleudert ihn auf den Tisch, an dem Maximilian immer gesessen hat, als wolle er ihm die Arbeit zurückgeben.

»Ich fürchte, in diesem Punkt werden wir zu keinem gemeinsamen Nenner gelangen«, stellt Brückner fest. »Was mir jedoch zu denken gibt, ist das, was ich meine in Maximilians Zeichnung von Ihnen zu erkennen. Sein Gefühl Ihnen gegenüber scheint kein Positives gewesen zu sein. Mit diesem Porträt hat er es Ihnen mitgeteilt.«

»Ich habe nie behauptet, dass die Schüler mich mögen müssen.« Bollschweiler strafft seine Brust. »Auch das gehört eher in den Bereich der frühen Grundschuljahre. Mit sechs, sieben Jahren lernen die Kinder noch für den Lehrer. Er wäre lächerlich zu hoffen, auch junge Erwachsene würden dies noch tun. Wer dies anstrebt, nimmt den Oberstufenschüler nicht ernst.«

Brückner geht zum Fenster und öffnet es. Bollschweiler beobachtet, wie er das Gesicht in die Sonne hält, die Luft mit tiefen Zügen einatmet, als müsse er sich zwingen, Haltung zu bewahren. Ein schwacher Mensch, denkt er. Kein Wunder, dass die Schüler so wenig können.

»Es geht nicht um Zuneigung«, bemerkt Brückner schließlich und dreht sich wieder zu ihm um. »Es geht darum, dass Leistung ohne ein Minimum an gutem Boden nicht möglich ist. Der vermittelte Lernstoff ist das eine, aber ich bin der festen Überzeugung, dass auch eine vertrauensvolle Beziehung zwischen Lehrer und Lernendem unverzichtbar dazugehört. An dieser Stelle sind *wir* es, die wir uns über Sympathie und Antipathie hinwegsetzen und *jeden* Schüler ermutigen müssen, sein Bestes zu geben. Auch wenn er sich nicht immer so verhält, wie es uns angenehm ist.«

»Wie ich vorhin schon sagte: Von Kuschelpädagogik halte ich nichts. Warum muss ich einen Gymnasiasten der zwölften Klasse erst ermutigen, sein Bestes zu geben? Er hat sich für diese Laufbahn entschieden und will zur Elite unserer Gesellschaft gehören. Ich mache mich als Lehrer lächerlich, wenn ich ihn erst lange bitten muss, sich Mühe zu geben.«

»Trotzdem ist es kein Verbrechen, auch einmal ein freundliches Wort an die Schüler zu richten und zu versuchen, den Unterricht interessant zu gestalten.«

»Natürlich spreche ich meine Anerkennung aus, sobald ich mit der Leistung eines Schülers oder einer Schülerin zufrieden bin.«

Er beobachtet, wie Brückner rot anläuft, sich mit einem Stofftaschentuch übers Gesicht wischt.

»Was hat Sie so hart gemacht, können Sie mir das verraten?«, fragt Brückner. »Sie sind noch jung, Ihr zweites Staatsexamen wird kaum mehr als fünf, sechs Jahre zurückliegen. Vom Alter her sind Sie den Schülern wesentlich näher als ich. Was veranlasst Sie, eine solche Eismauer um sich zu errichten? Sie merken doch selbst, dass Sie damit nicht weiterkommen, Maximilians Zeichnung verrät es doch. Und sicher auch andere Erlebnisse mit den Schülern.«

»Das hat nichts mit Kälte zu tun, sondern mit Konsequenz«, verteidigt sich Bollschweiler. »Sie haben recht, ich bin noch recht jung, siebenunddreißig Jahre, um genau zu sein. Und sowohl in meiner eigenen Schulzeit als auch in meiner Seminargruppe während des Referendariats habe ich immer wieder Lehrkräfte erlebt, die auf die kumpelhafte, freundschaftliche Art versucht haben, bei den Schülern anzukommen, und immer, immer ging es nach hinten los. Denen wurde auf der Nase herumgetanzt, die Klassen gingen über Tische und Bänke, egal ob in der Grundschule einer bürgerlichen Vorstadtsiedlung, der Hauptschule im Arbeiterviertel, dem Ausländerbezirk oder dem Elitegymnasium. Das läuft überall gleich. Mir sind dafür meine Nerven zu schade, und deshalb: Wer sich von sich aus leistungsbereit zeigt, wird belohnt, für alle anderen tut es mir leid. Ich habe auch noch ein anderes Leben als das in der Schule, und in der muss ich im Gegensatz zu Ihnen noch eine ganze Reihe an Jahren durchhalten.«

Brückner nickt. Sven Bollschweiler sieht genau, dass es kein zustimmendes Nicken ist. Der ältere Kollege blickt auf seine Armbanduhr.

»Es ist besser, ich mache mich auf den Weg«, verkündet er. »Die Schüler kommen gleich, und ich möchte sie nicht zusätzlich verwirren, indem ich plötzlich vor ihnen stehe, wo sie nicht mit mir rechnen. Gut, dass der Abiturjahrgang bereits unterrichtsfrei hat und nur noch zur Zeugnisverleihung kommen muss.« Er tritt auf Bollschweiler zu und reicht ihm die Hand. »Ich wünsche Ihnen eine glückliche Hand in diesen schweren Stunden. Und auch, dass die Erfahrung Sie mit den Jahren etwas gelassener auf die jungen Menschen zugehen lassen wird.« Damit geht er und schließt die Tür fest hinter sich. Bollschweiler ist allein.

Ein paar Atemzüge lang bleibt er stehen, muss sich sammeln. Die Vorhaltungen des älteren Kollegen haben ihm mehr zugesetzt, als er es eingestehen mochte. Ruhig bleiben, beschwört er sich selbst; gleich kommen die Schüler, das wird nicht einfach heute. Zum Glück ist der erste Block durch die Dienstbesprechung um eine Stunde verkürzt und danach große Pause. Er muss darauf achten, dass nicht zu viel Zeit mit Gerede draufgeht.

Natürlich wird er den tragischen Tod Maximilians ansprechen; gut, dass dessen Kurs keinen Unterricht mehr hat; lediglich zur Abifeier muss er ihnen noch einmal unter die Augen treten. Übelkeit breitet sich in seinem Magen aus, wenn er sich ihre Gesichter vorstellt. Aber auch die kommende Stunde mit dem Grundkurs wird nicht einfach; wer Mathe nicht als Leistungsfach belegt hat, gehört oft zu den Schwaflern, die sich mit Literatur und Politik befassen, mit Sprachen. Viele von ihnen sind redegewandt und im Diskutieren geübt. Er muss sich wappnen. Tief durchatmen, die Schultern straffen. Sich Worte zurechtlegen, mit denen er den Jugendlichen gegenüber sein Bedauern über den Tod Maximilians ausdrücken, ihnen gleichzeitig aber unmissverständlich klarmachen kann, dass dies nichts am heutigen Unterrichtspensum mitsamt seinen Anforderungen ändern wird.

Wenig später vernimmt er von draußen die Stimmen der Schüler auf dem Gang, leises Gemurmel statt wie sonst lautes Reden und Lachen. Bollschweiler baut sich vor dem Smartboard auf, verschränkt seine Arme vor der Brust. Gleich darauf wird die Tür von außen geöffnet, die Schüler des Mathe-Grundkurses der elften Klasse schleichen still zu ihren Plätzen, die Blicke zu Boden gesenkt, einige Mädchen haben rot geränderte, feuchte Augen und halten sich an den Händen, die Jungen haben die Arme um die Schultern ihrer Freundinnen gelegt oder setzen sich stumm und bleich auf ihre Plätze. Sein »Guten-Morgen«-Gruß, als schließlich alle Schülerinnen und Schüler sitzen, erscheint Bollschweiler selbst unpassend und wird kaum erwidert. Er räuspert sich.

»Ich gehe davon aus, dass Sie alle spätestens heute früh vom tragischen Tod Ihres Mitschülers Maximilian Rothe erfahren haben«, beginnt er. »Ich versichere Ihnen, dass auch ich über diese Nachricht zutiefst erschrocken bin und den Verlust aufrichtig bedauere. Mein Mitgefühl gehört Maximilians Eltern sowie seiner Schwester Natalie aus unserem Kurs, die bei dem Unglück offenbar nur leicht verletzt wurde.«

Danach informiert er den Kurs mit knappen Worten über die von Herrn Gaedicke festgesetzte Schweigeminute und das Kondolenzbuch.

»Trotz unserer Trauer angesichts des verhängnisvollen Unglücks sollten wir versuchen, uns nun auf den Unterricht zu konzentrieren«, schließt er seine Ausführungen. »Es nützt nichts, in der Schockstarre zu verharren. Führen Sie sich vielmehr Maximilian als Negativbeispiel vor Augen – sein Abitur galt durch sein sukzessives Nachlassen der Leistungen während der vergangenen Wochen und Monate nahezu als gescheitert. Vermutlich hat dies maßgeblich zu seiner Verzweiflungstat, beabsichtigt oder aus einem Affekt heraus, mit seinem voll besetzten Wagen gegen einen Baum zu rasen, beigetragen. Vermeiden wir also, dass Sie ebenfalls ...«

»Hören Sie doch auf zu labern«, unterbricht ihn Torben, ein groß gewachsener Junge mit rötlichen kurzen Haaren, Sommersprossen und muskulösem Oberkörper. »Sie sind doch schuld daran, dass Max das gemacht hat. Wenn Sie ihn nicht jedes Mal fertiggemacht hätten, wann immer Sie die Gelegenheit dazu hatten, würde er bestimmt noch leben.«

Bollschweiler schnappt nach Luft. Er sieht die kräftigen Oberarme des Jungen, das Spiel der Sehnen und Muskeln. Die Augen der anderen auf sich gerichtet, die der Jungen unbewegt, die der Mädchen in einer Mischung aus Verzweiflung und Hass.

»Genau«, sagt Rabea, die neben dem leeren Stuhl von Natalie Rothe sitzt. »Sie haben ihn immer mit Ihren Sprüchen runtergezogen, vorher hatte er viel bessere Zensuren.«

»Darüber möchte ich jetzt nicht diskutieren«, wehrt sich Bollschweiler. »Sie haben nicht in seinem Kurs gesessen, weil Sie der nächstjüngere Jahrgang sind. Also können alle Ihre Behauptungen und Unterstellungen nur auf Gerüchten beruhen.«

»Sie machen es doch mit uns genauso«, beharrt Rabea.

»Und Sie wissen, wer von uns Ihretwegen schon alles geheult hat.«

»Max kommt nicht zurück«, fährt Torben fort und beugt sich vor. »Den sind Sie los, Sie sagten ja immer, er würde nicht aufs Gymnasium gehören. Aber wir sind noch da.«

Zwei Mädchen in den hinteren Reihen schluchzen noch einmal leise auf, dann wird es ganz still.

»Das sehe ich«, meint Bollschweiler kühl. »Und es liegt an Ihnen, Ihr Schicksal in die Hand zu nehmen und im Unterricht Ihr Bestes zu geben. Später im Berufsleben werden Sie noch ganz anderen Gegenwind zu spüren bekommen als ein paar zynische Lehrersprüche, die nicht einmal böse gemeint sind.«

»Nicht böse gemeint?« Torben stützt sich mit den Unterarmen auf seinen Tisch und erhebt sich halb. »Sie haben ihm so zugesetzt, dass er sich in der Schule nichts mehr zugetraut hat. Das nennen Sie *nicht böse gemeint?*«

»Ich wollte ihn lediglich wachrütteln.«

»Ist es Ihnen gelungen? Wie wach ist er jetzt?« Torben steht auf. Bollschweiler spürt seinen Mund austrocknen, ein Glas Wasser wäre jetzt gut.

»Meine Freundin Philine haben Sie auch bloßgestellt«, ereifert sich Rabea. »Nur um sie zu schützen, wiederhole ich nicht, was Sie gesagt haben; jedenfalls war es unter der Gürtellinie.«

»Ich kann mich nicht daran erinnern.«

Ein bitteres Lächeln überzieht die Gesichter derjenigen Schüler, die sich nach der schockierenden Nachricht von Maximilians Tod bereits einigermaßen gefangen haben. Bollschweiler tut so, als bemerke er es nicht, schaltet das Smartboard ein, ruft das Matheprogramm auf.

»Sollte ich mich, was ich nicht glaube, in einer schwierigen Unterrichtssituation tatsächlich einmal im Ton vergriffen haben, so tut es mir leid«, versichert er. »Jedoch wehre ich mich entschieden gegen den Vorwurf, Maximilian Rothe in den

Suizid getrieben oder Schülerinnen aufgrund ihres Geschlechts gedemütigt zu haben.«

»Haben Sie aber«, widerspricht Torben erneut. »Sie brauchen sich nicht herauszureden. Wir wissen das nicht nur von Natalie, auch Max' Freundin Annika hat oft erzählt, wie fertig Max nach jeder Stunde bei Ihnen war.«

»Einseitige Schuldzuweisungen werfen immer ein negatives Licht auf den, der sie ausspricht«, kontert Bollschweiler. »Vielleicht waren Sie Ihrem Mitschüler kein wirklicher Freund? Wir alle haben soeben eine Nachricht erhalten, die uns in einen Ausnahmezustand versetzt hat, deshalb erkläre ich mich bereit, über Ihre ungerechtfertigten Vorwürfe dieses Mal noch hinwegzusehen. Jedoch rate ich Ihnen, von weiteren unsachlichen und vor allem unhaltbaren Vorhaltungen, die jeder Grundlage entbehren, abzusehen.«

»Sie versuchen uns einzuschüchtern«, stellt Torben fest. »Ausgerechnet jetzt. Wie typisch für Sie.«

Johanna, von der Bollschweiler gehört hat, sie sei mit Max' Freundin Annika eng befreundet, schnäuzt sich in ein Papiertaschentuch, ehe sie tief durchatmet, sich aufrecht hinsetzt und von ihrem Platz in der ersten Reihe nach hinten blickt.

»Das bringt doch alles nichts«, sagt sie. »Es ist doch alles schon so schrecklich, und mit eurem Gezeter und diesen Drohungen macht ihr es nur noch schlimmer. Hört auf.«

»Eine sehr lobenswerte Einstellung, Johanna«, stimmt Bollschweiler zu. »Sie müssen sich keine Sorgen machen, wir beginnen den Mathematikunterricht heute selbstverständlich mit leichteren Wiederholungen und dem Vergleich der Hausaufgaben zu heute. Schlagen Sie bitte in Ihren Büchern die entsprechende Seite auf und nehmen Sie Ihre Hefter zur Hand. Hat irgendjemand die Aufgaben nicht erledigt?«

Noch ehe die Schüler widerstrebend nachgeben und den Anweisungen Bollschweilers Folge leisten, wird plötzlich die Tür von außen aufgerissen.

»Sven, kommst du bitte ganz schnell rüber ins Chemielabor«, keucht Frau Lietdke. »Eine Schülerin ist völlig außer sich, sie hat von Maximilians Tod erst heute erfahren und hyperventiliert mit nicht zu stoppendem Herzrasen. Ich glaube, ich muss einen Krankenwagen rufen, kannst du solange bei den anderen bleiben?«

Bollschweiler nickt und stürmt hinaus.

»Johanna«, hört er Torben in vorwurfsvollem Tonfall sagen, während er der Kollegin hinterhereilt.

***

Als Bollschweiler am nächsten Morgen das Schulgebäude betritt, bemerkt er, dass die Schüler sich abwenden, sobald er ihnen auf dem Gang begegnet. Wie üblich versucht er, dies zu ignorieren, doch das verhaltene Grinsen einiger Jungen sowie die Beobachtung, dass sie fast alle über ihre Mobiltelefone gebeugt in kleinen Gruppen zusammenstehen, verwundert und verunsichert ihn.

Später im Unterrichtsraum sieht er den Grund für das seltsame Verhalten. Der Internetbrowser des Smartboards ist geöffnet, jemand hat sich unter einem Fantasienamen in Facebook eingeloggt. In Übergröße leuchtet ihm die Zeichnung, die Maximilian von ihm anstelle der Abiklausur angefertigt hat, entgegen. Noch mehr als auf Papier betont das Bild auf diese Weise Bollschweilers hoch gerecktes Kinn, den verächtlichen Blick, die herabgezogenen Mundwinkel, das akkurat gelegte dunkle Haar. Wie sind sie nur an das Original gekommen, fragt er sich im Stillen, doch beim nächsten Atemzug überläuft ihn die Hitze wie ein Fieberschub bei der Erinnerung daran, wie er selbst das Bild vom Tisch gefegt hatte. Die Schüler müssen es gefunden und abfotografiert haben, als er den Raum verlassen hatte; vor dem Unterricht hatte er nicht mehr daran gedacht, es aufzuheben und wieder verschwinden zu lassen. Der gestrige Unterrichtstag hatte von allen

Lehrern nahezu übermenschliche Kräfte gefordert, und Bollschweiler war nicht nur einmal ähnlichen Vorwürfen und provozierenden Fragen ausgesetzt wie in dem Grundkurs, dem normalerweise auch Natalie Rothe und Annika Pietz angehören. Nun hatte er gehofft, spätestens nach der Schweigeminute für Maximilian werde sich die Lage etwas beruhigen, doch er ahnt, dass die Schüler das Bild nicht nur in diesem Kursraum präsentieren, sondern dass jeder es kennt und auf sein Handy hochladen kann. Schon nach der zweiten Stunde ist ihm klar, dass sich das Bild überall befindet. Schüler haben es ans Schwarze Brett gehängt, in die Waschräume, in jeden Klassenraum, über den Vertretungsplan, zwischen die anderen Bilder Maximilians, die im Schulgebäude ausgestellt sind, an die Tür zum Lehrerzimmer, in die Umkleideräume der Turnhalle, in die Mensa. Wie das Suchbild eines Verbrechers prangt es an jeder bedeutenden und auffälligen Stelle des Schulgebäudes, jedoch ohne dass jemand einen Text dazu verfasst hätte. Die Zeichnung allein hängt überall, Bollschweilers Porträt, kommentarlos und so gelungen, dass niemand es als Beleidigung auffassen könnte, obwohl die Grenze zur Karikatur nicht klar zu ziehen ist. Er kann niemanden anklagen, sich nicht wehren, zum ersten Mal in seiner Lehrerlaufbahn fühlt er sich ratlos, als ob der feste Boden seiner Autorität, auf dem er immer sicher zu stehen meinte, in Wahrheit nur aus Treibsand besteht.

»Wir entfernen sie wieder«, schlägt die Kollegin Liedtke in der zweiten großen Pause unvermittelt vor. »Ich helf dir dabei, Sven, jetzt gleich oder spätestens nach der letzten Stunde. Maximilian hat super gezeichnet und jeder weiß, dass ihr nicht die besten Freunde wart, aber jetzt ist auch gut. Es reicht nun wirklich. Die haben das alle auf ihrem Handy, aber sie können ruhig wissen, dass sie uns auf diese billige Art nicht kleinkriegen.«

Wenig später sind die Wände der Schule wieder frei. Als

Bollschweiler am darauffolgenden Tag den Kursraum betritt, leuchtet das Bild erneut vom Smartboard, doch dieses Mal schließt er das Fenster gleich.

»Kleiner Test zur Überprüfung Ihrer Kenntnisse aus dem zu Ende gehenden Schuljahr«, verkündet er und wandert mit gelassenen Schritten durch den Raum, um Arbeitsblätter zu verteilen, immer auf eine aufrechte Körperhaltung achtend. »Die Punktzahl, die Sie erreichen, geht in Ihre mündliche Note ein. Strengen Sie sich also an, dann haben Sie nichts zu befürchten.«

»Die Zensuren stehen doch schon fest«, bemerkt Torben, der noch nicht einmal seine Schlamperrolle aus dem Rucksack geholt hat. »In knapp zwei Wochen fangen die Sommerferien an.«

Bollschweiler bleibt stehen und lächelt ihm zu.

»Deshalb gelten sie für das kommende Schuljahr«, kontert er. »Ich erzähle Ihnen nichts Neues, wenn ich Sie darauf hinweise, dass Sie sich dann im Abschlussjahrgang befinden. Durch die Verkürzung der Gymnasialzeit von neun auf acht Jahre haben Sie die Chance, schon im kommenden Sommer das Abitur zu bestehen. Ob es so sein wird, hängt allein von Ihnen und Ihrem Leistungswillen ab.«

Er lässt seinen Blick über die Jugendlichen schweifen, bemüht, mit keiner noch so winzigen Geste zu verraten, wie es in ihm aussieht. Wie nervös er noch immer ist, auf der Hut, darauf gefasst, dass jeden Augenblick wieder irgendetwas geschieht, eine Störung, ein Angriff, der ihm jegliche Grundlage seiner Handlungsmöglichkeiten entzieht. Sein Blick fällt erneut auf Torben, der sich im Raum umsieht, noch immer bereit zu rebellieren, sich gemeinsam mit den anderen gegen den verhassten Lehrer aufzulehnen. Die meisten anderen jedoch beugen sich bereits über ihre Blätter, es herrscht eine eigenartige Stimmung im Raum, viele sind in Schwarz gekleidet und noch ebenso stumm wie gestern, vor allem die Mädchen. Jemand hat »R.I.P. Max« mit flüssiger Kreide an eines der Fenster geschrieben.

Johanna zieht die Verschlusskappe von ihrem Füller und blickt hinüber zu Torben, der finster auf die Tischplatte vor ihm starrt.

»Komm, schreib«, flüstert sie. »Das hat doch alles keinen Sinn.«

Noch einmal lässt Torben seine Muskeln spielen, strafft die Brust, sodass sich sein enges Shirt straff darüber spannt. Dabei sieht er Bollschweiler an mit einem Blick, der sagt: Wir sind noch nicht miteinander fertig. Glaub nur nicht, dass du einen von uns in den Selbstmord treiben kannst, ohne dass du dafür büßen musst. Bollschweiler hält seinem Blick stand. Torben langt zu Johanna hinüber, um sich einen Fineliner zu leihen, ohne ihn aus den Augen zu lassen, seine Augen verengen sich zu dunklen Schlitzen.

Aber dann schüttelt er fast unmerklich den Kopf und schreibt seinen Namen auf die vorgegebene Linie des Aufgabenblatts.

3.

Am Tag der Beisetzung Maximilians hält Werner Brückner vergeblich Aussschau nach Bollschweiler.

»Er ist in der Schule geblieben«, klärt ihn Irina Melberg auf, während sie vor der Kapelle des Friedhofs warten. »Es gehen auch nicht alle Schüler mit, deshalb gilt für heute eine Art Notplan. Gaedicke hat es so angeordnet, dass nur die Kollegen hingehen, die Max über längere Zeit unterrichtet haben. Er schien nicht böse darüber zu sein, hier nicht auftauchen zu müssen. Die letzten Tage waren nicht leicht für ihn.«

»Haben die Schüler sich aufgelehnt?«

Irina erzählt ihm von der Zeichnung, die überall im Schulgebäude aushing. »Nachdem es entfernt wurde, lief aber alles rasch wieder seinen gewohnten Gang«, schließt sie ihren Bericht. »Er hat Max nicht umgebracht, und die Ermittlungen stehen noch ganz am Anfang. Bei einem Suizid kommen immer verschiedene Faktoren zusammen, das wissen letztlich auch die Schüler. Und unsere obere Etage würde nie zulassen, dass über längere Zeit eine Stimmung des Aufruhrs besteht.«

»Bollschweiler wird also bleiben?«

»Solange du nicht da bist, auf jeden Fall. Aber mach dich deswegen nicht verrückt. Wichtig ist jetzt vor allem, dass du wieder ganz gesund wirst.«

»Wichtiger als unsere Schüler ist das nicht«, meint Brückner. »Ihre Zukunft liegt noch vor ihnen, deshalb ist sie aber auch zerbrechlich. Wir können Max nicht mehr zurückholen, aber sein Tod sollte in unseren Köpfen wieder zurechtrücken, was im Leben wirklich wichtig ist und was nicht. Der Wert eines Menschen und das Glück lassen sich nicht an der erreichten Punktzahl einer Klausur oder dem Notendurchschnitt auf dem Abschlusszeugnis ablesen.«

»Du kannst gleich nach vorne gehen und die Ansprache halten«, schmunzelt Irina.

Im nächsten Augenblick jedoch geht eine Bewegung durch die Trauergemeinde. Die Eingangstür zur Kapelle wird geöffnet, der Pfarrer steht im Talar davor und begrüßt mit ruhigen Worten die Eltern Maximilians. Brückner verfolgt die Trauerfeier so gefasst, wie es ihm möglich ist, nickt den Schülern zu, die ihn prompt entdeckt haben. Erleichtert nimmt er zur Kenntnis, dass der Pfarrer nicht auf die Umstände eingeht, die möglicherweise zu Maximilians Tod geführt haben, sondern in warmherzigen, tröstenden und sogar auf eine spezielle Art zuversichtlichen Worten von dessen Leben erzählt, seinen Eigenschaften, dem Sohn, Bruder und Freund, der er gewesen ist. »Er war ein Junge, der sich nicht in der Vordergrund drängte, aber deshalb nicht weniger liebenswert war. Maximilian hat uns gezeigt, dass es sich lohnt, hinter die Fassade eines Menschen zu schauen. Seien wir dankbar für jeden Tag und jede Stunde, die wir mit ihm verbringen durften.«

Zusammen mit den Schülern und Kollegen tritt Brückner als einer der Letzten an Maximilians Grab, um ihm einen stillen Gruß mitzugeben. Du hättest das nicht tun dürfen, Max, sagt er stumm. Es tut mir leid, dass ich dich allein lassen musste, und es tut mir leid, dass ich dir nicht zu mehr Selbstvertrauen verhelfen konnte. Du warst ein toller Junge, und ich wünschte, mehr Menschen hätten das auch so empfunden und dich mehr unterstützt. Der Tod ist doch keine Lösung, auf jeden Fall wäre es weitergegangen, wenn du es nur gewagt hättest.

Mit Tränen in den Augen lässt er drei Hände voll Sand in die Gruft rieseln, kann es nicht fassen, dass in dem Sarg dort unten wirklich sein Schüler Maximilian Rothe liegen soll, den er so ins Herz geschlossen hatte. *Auf Wiedersehen, Max,* denkt er, als er eine Rose hinterher wirft. Danach dreht er sich um und tritt zu Maximilians Eltern, die einige Meter weiter stehen und die Beileidsbekundungen entgegennehmen. Brückner reicht ihnen seine Hand. Der Vater nickt ihm nur kaum wahrnehmbar zu, ohne ihn anzusehen, und rührt sich nicht. Seine Mutter jedoch drückt Brückners Hand lange und ihre Lippen formen ein lautloses »Danke«.

***

»Du hast Post«, verkündet Marianne Brückner, als sie ihren Mann wenige Wochen darauf in der Rehaklinik besuchen kommt. Er hört nicht richtig hin, Post bringt sie ihm fast jedes Mal mit, wenn sie ihn besucht, das meiste sind Rechnungen. Aber als er mit seiner Frau am Kaffeetisch sitzt, legt sie ihm eine Papprolle auf den Schoß.

»Ich hab sie zu Hause aufgemacht, um sicherzugehen,

dass es kein dummes Zeug ist«, erklärt sie. »Solche Rollen bekommt man nicht jeden Tag zugeschickt. Aber ich glaube, es ist eine schöne Überraschung für dich.«

Werner Brückner blickt auf das Absenderfeld des Etiketts auf der Rolle, und als er den Namen von Maximilians Schwester liest, löst er eilig den Deckel und greift in die Rolle.

»Er hat dich gezeichnet«, sagt Marianne. »Ein sehr schönes Bild. Ich finde, wir sollten es rahmen.«

Behutsam rollt Brückner das Papier auf. Unwillkürlich denkt er an die Zeichnung, die Maximilian von Herrn Bollschweiler angefertigt hat, seine Beobachtungsgabe darin, den leisen Spott, den Hass. Mich also auch, denkt er und lächelt still in sich hinein; du bist mir schon einer, Max. Hoffentlich komme ich besser davon als der Kollege.

Dass es so ist, sieht er sofort, als das Bild auf seinen Knien liegt. Max hat den Fokus auf Brückners Augen gelegt, hat sie in Übergröße mit Bleistift dargestellt, die Gesichtszüge drum herum leicht mit dem Finger verwischt, während die Falten um die Augen, die Tränensäcke, die Wimpern und Augenbrauen und auch die Iris scharf und detailliert wiedergegeben sind. Brückner erkennt sich sofort darin wieder, es ist Max gelungen, die Freundlichkeit und Wärme einzufangen und auszudrücken, die der Lehrer tatsächlich für seine Schüler empfindet.

»Auf jeden Fall rahmen wir das, ich möchte es zu Hause über meinem Schreibtisch haben. Dann begleitet mich die Erinnerung an Max, wenn ich meine Unterrichtsvorbereitungen und Korrekturen mache.«

»Du willst wieder arbeiten?«

»Mit sechsundfünfzig fühle ich mich noch zu jung, um mich zur Ruhe zu setzen, aber ich werde nach dem Hamburger Modell mit einer geringen Stundenzahl anfangen und mich langsam steigern. Oder ich gehe in die Erwachsenenbildung, um junge Lehrer anzuleiten.«

»Aha.« Seine Frau sieht ihn erstaunt an. »Wie kommst du plötzlich auf diesen Gedanken?«

Brückner lehnt sich zurück und trinkt einen tiefen Schluck des vor ihm stehenden schwarzen Tees.

»Ganz einfach«, antwortet er. »Ich bin an diesem Herzinfarkt nicht gestorben, weil der liebe Gott mir noch eine Aufgabe gegeben hat. Die, den Nachwuchspädagogen zu vermitteln, dass Autorität und Durchsetzungsvermögen nicht zwangsläufig Härte und Kälte bedeuten müssen. Ich habe also noch viel vor.«

Die Eltern: Corinna Rothe, 41 Jahre, und Matthias Rothe, 46 Jahre

14. Juni, im Morgengrauen

1.

»Matthias? Matthias, ich glaube es hat geklingelt. Gehst du an die Tür?«

»Hmm.«

»Matthias, bitte. Es ist nicht mal fünf Uhr früh und das am Samstag, sieh doch bitte schnell nach, wer das ist.«

»Haben die Kinder den Schlüssel vergessen...«

»Das kann nicht sein. Max ist gefahren, sein Hausschlüssel hängt mit an seinem Schlüsselbund fürs Auto. Außerdem vergisst er ihn nie, und Natalie hat auch ihre Tasche bei sich, da hat sie ihren immer drin. Wenn am Wochenende um die Uhrzeit jemand klingelt...«

»Ich geh schon.«

»Mal sehen, ob ich vom Fenster aus erkennen kann, wer das um Himmels willen ist.«

»Warum bist du denn schon so wach, hast du wieder kein Auge zugetan, solange die Kinder nicht heimgekommen sind?«

»Matthias, das ist die Polizei.«

***

»Es ist besser, wenn Sie sich setzen.«

***

»Sicher sind wir die Eltern, ja. Maximilian? Da irren Sie sich gewiss, er und seine Schwester sind noch auf einer Feier, sie müssen jeden Augenblick zurückkehren. Hören Sie nicht das Auto heranfahren?... Doch nicht, Entschuldigung.«

»Maximilian? Oh mein Gott...«

»Wir sind ganz sicher. Es tut mir sehr leid. Davon raten wir Ihnen ab; behalten Sie Ihren Sohn so in Erinnerung, wie Sie ihn zuletzt gesehen haben. Wünschen Sie psychologischen Beistand oder einen Arzt?«

***

»Ihre Frau wird noch ein bisschen schlafen. Bleiben Sie bei ihr. Die Gerichtsmedizin gibt Ihnen Bescheid, sobald der Leichnam zur Bestattung freigegeben ist.«

2.

Schockstarre. Auf dem Sofa sitzen, aneinandergeklammert, blass und schweigend. Das stille Morgengrauen ist in das erbarmungslose Sonnenlicht eines der längsten Tage im Jahr übergegangen. Für Tränen ist alles noch zu weit weg. Zu nah, um Hunger oder Durst zu verspüren. Irgendwann ein Schluck Wasser. Komm, Liebes, du musst.

3.

»Wir müssen zu Natalie«, sagt Corinna am späten Nachmittag. »Die Schwester am Telefon hat gesagt, sie ist jetzt wach, die Wirkung des Schlafmittels, das sie ihr nach all den Untersuchungen gegeben haben, lässt nach. Sie braucht uns jetzt.«

Sind die weißen Fäden in Matthias' Haaren über Nacht gekommen? Die Linien zwischen Nase und Mund tiefer geworden, die Haut um seine Augen ein Nest aus unzähligen Falten? Seine Hände greifen das Lenkrad so fest, dass die Fingerknöchel weiß hervortreten.

Vor dem Krankenhaus einen Parkplatz suchen. Aussteigen, eingehakt auf den Eingang zustreben, mit festem, zügigem Schritt. Etwas tun. Ein auffrischender Wind fährt unter den langen Saum von Corinnas Bluse, es ist noch mal die von gestern, beide sind noch gar nicht in Schwarz gekleidet. Sie presst ihre Handtasche dagegen.

Der Geruch nach Putzmitteln und Desinfektion.

»Natalie Rothe? Heute eingeliefert, im dritten Stock, die Unfallchirurgie. Zimmer 327.«

»Vielen Dank.«

Nimm meine Hand.

Mit dem Fahrstuhl nach oben. Im Flur ahnungslose Blicke durch sie hindurch, Krankenhausalltag, Schwestern mit ihren Routineaufgaben, Blumensträuße in den Händen anderer Besucher. Dass diese Welt sich überhaupt weiterdrehen kann. 324, 325, 326. 327. Zaghaftes Anklopfen, lautloses Eintreten. Das ist sie nicht, dieses schmale weiße Gesicht, gehalten von einer dicken Halskrause, umwickelt mit einem Kopfverband, oben schauen die dunklen Haare heraus. In der Vene des linken Handrückens steckt noch ein Zugang, sie versinkt fast in dem weiten Kliniknachthemd. Die Augen geschlossen, die Lippen trocken und blass.

Natürlich ist sie es.

Natalie wendet den Kopf, öffnet die Augen.

»Mama.«

»Ich bin hier, Süße. Wir sind beide bei dir.«

Es würgt Natalie im Hals, sie versucht den Kopf zu heben, instinktiv greift Corinna nach der nierenförmigen Schale auf dem Nachttisch und hält sie ihrer Tochter unters Kinn, es kommt nur gelblicher Schaum. Danach stöhnt sie leise und bettet ihren Kopf wieder auf das Kissen. Matthias holt zwei Stühle heran.

»Wo ist Max?«, fragt Natalie leise. Ganz ohne Kraft. Ihre Augen verraten, dass sie es weiß.

4.

Nächte, die nur mit Beruhigungsmitteln überstanden werden. Tagsüber Telefonate, immer wieder erzählen, was sie selbst nicht begreifen. Mit den Formalitäten beginnen. Auch Max' Freunde Paul und Annika hat es böse erwischt. Ihre Eltern kommen vorbei, sprechen ihr Beileid aus. In ihren Gesichtern nicht nur Mitgefühl.

Sie wissen inzwischen: Max hatte nichts getrunken und auch sonst keine Stoffe im Blut, die seine Fahrtüchtigkeit eingeschränkt hätten. Max trinkt nie etwas, wenn er fährt, aber das macht es nicht leichter, sondern lässt noch mehr Fragen unbeantwortet.

Nach drei Werktagen muss Matthias wieder in die Firma. Corinna rettet sich über die Vormittage, um nachmittags bei ihrer Tochter zu sein, so bekommen die Tage eine Struktur. Sie hat abgenommen.

Nachts liegen sie oft wach, fallen nur hin und wieder in einen leichten Schlummer. Wenn einer sich bewegt, weckt er den anderen mit auf.

»Kannst du dir vorstellen, dass er das mit Absicht getan hat?« fragt Corinna ihren Mann etwa eine Woche nach dem Unglück, im Dunkeln an die Decke starrend. Die Tabletten hat sie abgesetzt, nachdem Matthias wieder angefangen hat zu arbeiten. Sie wolle nicht zugedröhnt am Krankenbett ihrer Tochter sitzen, hat sie gesagt. Dafür schläft sie nachts noch schlechter als vorher, aber das nimmt sie in Kauf.

»Maximilian? Warum sollte er? Er hatte doch alles«, gibt

Matthias zur Antwort. Er hat im Bett die Füße aufgestellt, seine Knie ragen wie Berge in die Luft.

»Nach außen hin, sicher«, bestätigt sie. »Aber weißt du, wie es in dem Jungen ausgesehen hat? Niemand kann das wissen.«

»Hör mal, Corinna, ich kenne doch meinen Sohn. Max war ein begabter Junge, wenn er auch immer etwas unter seinen Möglichkeiten geblieben ist, er hatte eine intakte Familie und eine schnuckelige Freundin aus gutem Hause. So was wie einen Freundeskreis gab es auch, jedenfalls Paul hat immer seine Nähe gesucht.«

»Aber in der Schule hatte er Probleme. Meist ist das doch ein Indiz für tiefer liegende Schwierigkeiten.«

»Schwierigkeiten, was heißt Schwierigkeiten«, wiederholt Matthias gereizt. »Er war das Opfer einer oder mehrerer unfähiger Lehrer, wenn du mich fragst. Gut, Maximilian hatte diese Flausen im Kopf von wegen Zeichenkünstler werden, aber letzten Endes siegte doch seine Vernunft. Es gab doch nichts, worüber er sich wirklich hätte beklagen können.«

»Ich weiß nicht, ob es so einfach ist. Ich halte Herrn Brückner nicht für einen schlechten Lehrer; er kann sich bei den jungen Leuten durchsetzen, meint es aber trotzdem gut mit ihnen, und das spüren sie. Max hat immer gut von ihm gesprochen.«

»Brückner kann nicht erklären. Sonst hätte Maximilian den Stoff begriffen.«

»Er mag Mathe einfach nicht, ist überhaupt kein Zahlenmensch. Das haben wir beide doch immer gewusst. Max hat schon als Kind lieber gemalt und gezeichnet als über kniffligen Rechenaufgaben zu brüten.«

»Das mag sein. Aber Mathematik ist nun einmal eines der Hauptfächer, und ohne solide Kenntnisse darin kommt man nicht durchs Leben. Mathe brauchst du immer, egal in welchem Beruf.«

»In vielen Branchen genügen solide Grundkenntnisse. Max taugt nicht zum Spezialisten in der Zahlenwelt.«

»Deswegen bringt sich aber niemand um.«

»Dafür gibt es nie nur einen Grund. Aber wenn ich so zurückblicke, hat er darunter am meisten gelitten.«

»Die Schule ist eben nicht nur Zuckerlecken«, entgegnet Matthias. »Das mussten wir doch alle lernen. Mir ist der Lernstoff auch nicht zugeflogen, ich habe manches Mal Rückschläge einstecken müssen. Aber ich weigere mich zu glauben, dass unser Sohn deshalb nicht mehr leben wollte.«

»Muss ja auch gar nicht sein.« Corinna lehnt ihren Kopf an seine Schulter. »Es war nur so ein Gedanke. Aber vielleicht haben wir zu viel von ihm verlangt. Kein Mensch kann immer nur Höchstleistungen vollbringen, man muss sich auch mal entspannen dürfen.«

»Das hat er mehr als genug getan. Bevor ich ihn neulich mal ernsthaft ins Gebet genommen habe, hat er sich doch eine Zeit lang kaum zu Hause blicken lassen.«

»Das ist mir auch aufgefallen. Aber ich wollte nicht bohren.«

»Spätestens da muss er in der Schule so abgerutscht sein. Bestimmt ist er in schlechten Einfluss geraten. Manchmal muss man eben doch nachhaken; wer weiß, wo und mit wem er sich herumgetrieben hat.«

»Max ist volljährig.«

»*War*«, korrigiert Matthias, in seiner Stimme schwingt Ungeduld mit. »Er *war* volljährig. So traurig es auch ist, Liebes.«

Corinna bricht in Tränen aus, das Weinen schüttelt sie, doch als ihr Mann sie in den Arm nehmen will, rückt sie von ihm ab; er muss nicht immer betonen, dass Max für immer fort ist, sie weiß es auch so. Es ist alles noch so frisch.

»Glaubst du, Natalie weiß mehr?«, fragt Matthias, nachdem sie sich wieder ein wenig gefangen hat.

»Wir können sie damit jetzt nicht belasten«, wehrt Corinna

ab. »Das Kind muss erst mal gesund werden und alles verarbeiten. Wenn ich daran denke, wie viel Glück sie gehabt hat...«

»Wenn es ihr besser geht, finden wir vielleicht etwas heraus«, beharrt Matthias dennoch. »Die Frage ist nur, ob sie uns mit ihrer renitenten Art etwas erzählen wird.«

»Sie ist nicht renitent«, widerspricht Corinna. »Matthias, du musst deinen Blick mal ein bisschen von dir selbst abwenden. Sieh dich doch um unter den Jugendlichen; viele experimentieren mit ihrem Äußeren herum, das gehört doch zur Selbstfindung dazu. Nur weil Natalie gerne Schwarz und diesen Nietenlook trägt, ist sie nicht gleich eine Rebellin.«

»So habe ich sie aber oft genug erlebt. Natalie findet doch immer Widerworte, egal was ich von ihr will.«

»Auf mich reagiert sie anders, und Max ebenso. Man muss doch mit seinen Kindern in Kontakt bleiben, es läuft nicht alles nur mit Härte.«

»Mit deinem Kräuterzauber bist du auch nicht weitergekommen.«

»Es geht nicht um die Kräuter, Matthias, es geht um Nähe! Schaden kann es nicht, und Max hat die Bachblüten wenigstens nicht abgelehnt. Ich weiß wirklich nicht, warum du so mauerst und immer noch darauf beharrst, mit Disziplin und eiserner Strebsamkeit hätte Max alles erreichen können. Schlimmer als es gekommen ist, geht es doch gar nicht. Trauerst du denn überhaupt nicht um unser Kind?«

Im Dunkeln greift er nach ihrer Hand.

»Natürlich trauere ich«, versichert er, und jetzt hört Corinna doch an der Stimme ihres Mannes, dass er mit einem Kloß im Hals kämpft. »Ich hab es doch gut gemeint, auf keinen Fall wollte ich ihn quälen.«

»Er war doch unser Baby«, schluchzt sie. »Mein allererstes Baby, das ich mir so gewünscht habe. Und jetzt liegt er schon irgendwo weit weg von uns, kalt, tot und ganz allein. Ich will morgen früh aufwachen und alles nur geträumt haben, verdammt!«

Sie weinen beide, Matthias lautlos, Corinna wimmernd, verzweifelt. Irgendwann ebben ihre Schluchzer ab.

»Versuch noch ein bisschen zu schlafen«, flüstert er schließlich. Irgendwann schlummert Corinna ein; Matthias jedoch ist hellwach. Eine gute halbe Stunde lang wälzt er sich im Bett, ohne Ruhe zu finden, dann steht er auf. Ein Bier könnte helfen, überlegt er und geht in die Küche, um sich eine Flasche zu öffnen. Entgegen seiner sonstigen Gewohnheit nimmt er kein Glas aus dem Schrank, sondern trinkt aus der Flasche, bereits nach wenigen Schlucken spürt er, wie sich die beruhigende Wirkung von Hopfen und Alkohol in seinem Körper ausbreitet. Dennoch hat er das Gefühl, die ganz Nacht nicht schlafen zu können und wandert, die Bierflasche in der Hand, durch die Wohnung, von der Küche durch den Korridor ins Wohnzimmer, wieder zurück, nähert sich Maximilians verlassenem Zimmer und wirft einen Blick hinein, schiebt die Tür auf und betritt den Raum.

Was hast du nur getan, Max, denkt er; wie konntest du! Zuerst dieser Vertrauensbruch, dich ohne mein Wissen an einer Fachoberschule zu bewerben, wo du mich immer hast glauben lassen, du würdest zielstrebig auf das Abitur an deinem von uns sorgsam ausgewählten Gymnasium zustreben? Das war ungeheuerlich, Max, so etwas tut man nicht heimlich, sondern bespricht sich mit den Eltern! Solche Entscheidungen geben die Richtung des ganzen Lebens vor, in einer guten Familie plant man das gemeinsam! Wir gehören doch zusammen, Max, denkt er. Ich wollte, dass ein Mann aus dir wird, bestärken wollte ich dich. Dir helfen, jemand zu werden, der im Leben etwas erreichen kann, erfolgreich ist, einen angesehenen Beruf ergreift. Das schafft man doch nicht mit Träumereien, Max, ich wollte dir die Welt zeigen, wie sie wirklich ist. Niemand hatte etwas gegen dein Hobby, kein

Mensch wollte dir das Malen verbieten, aber damit kann man doch nicht den Lebensstandard halten, den ich dir und deiner Schwester biete. Ich wollte, dass du einmal Frauen beeindrucken kannst, dass ein Mädchen wie Annika mit dir angeben kann, auch wenn die Frauen heute alle unabhängig sind und ihr eigenes Geld verdienen, so wie deine Mutter es auch bald wieder tun wollte. Frauen mögen es, wenn ein Mann nicht auf der faulen Haut liegt, sondern etwas leistet. Das Leben anpackt. Was ist so falsch daran, Max, ich verstehe es nicht?! Warum musstest du deinem Leben ein Ende setzen, statt dich hineinzustürzen? Warum?

Noch lange tigert Matthias durch die Wohnung, seine Gedanken drehen sich im Kreis. Doch am nächsten Morgen muss er pünktlich im Büro sein, also schleicht er sich, sobald er sein Bier ausgetrunken hat, zurück ins Bett. Im Halbschlaf sucht Corinna nach seiner Hand.

5.

»Wieder ein Tag ohne ihn«, seufzt Corinna am Morgen. »Ich kann nicht begreifen, dass es für immer sein soll.«

»Wir müssen versuchen, nicht zu verzweifeln«, erinnert Matthias sie. »Schon für Natalie. Bis sie entlassen wird, sollten wir uns halbwegs im Griff haben. Vielleicht hilft es, wenn wir allmählich anfangen, Max' Zimmer aufzuräumen.«

»Mit aufräumen meinst du hoffentlich nicht *leer* räumen«, wirft sie ein. »Das Zimmer sieht aus, als wäre er nur mal kurz rausgegangen. Ich bin noch nicht so weit.«

»Schon gut.« Er drückt ihr einen Kuss auf die Schläfe. »Ich wollte dich nicht drängen. Natürlich hat es noch Zeit.«

Es hilft Corinna, so oft wie möglich bei Natalie im Krankenhaus zu sein, die sich körperlich schnell erholt; außer einer schweren Schädelprellung fehlt ihr erstaunlicherweise nichts.

Immer wieder sprechen sie über den Abend, an dem Max ums Leben gekommen ist, versuchen zu rekonstruieren. Max war über irgendetwas wütend, es hat Streit gegeben mit Paul, ganz kurz bevor sie losgefahren sind.

»Sein Blick, Mama«, sagt Natalie immer wieder. »An den erinnere ich mich. Max war nicht mehr erreichbar.«

Corinna spürt, wann es ihrer Tochter zu anstrengend wird. Dann versuchen sie, über Alltägliches zu reden, was ihnen mal besser, mal schlechter gelingt. Corinna sehnt den Tag herbei, an dem Natalie entlassen wird, gleichzeitig fürchtet sie ihn jedoch, weil der feste Plan, sie zu besuchen, ihrem Tag und ihrer Woche ein Ziel gegeben hat, einen festen Ablauf. Wenn Natalie wieder auf den Beinen ist, wird sie rasch ihre frühere Eigenständigkeit zurückerobern wollen.

***

Max' Beerdigung übersteht Corinna nur mit Hilfe von starken Beruhigungsmitteln und indem Matthias sie unablässig stützt und hält. Die vielen Menschen, der Anblick des Sarges vor dem Altar in der Kirche, die Ansprache des Pfarrers und die Musik, die unzähligen Beileidsbekundungen, all die Blumen, Kränze und Gestecke, das alles ist viel zu viel für sie; sie nimmt alles nur wie hinter einem dichten Nebelschleier wahr, dämmert den Rest des Tages in ihrem Bett vor sich hin, während Matthias versucht, wenigstens ein paar Beileidskarten zu beantworten.

Einige Wochen später beginnen sie, ab und an Maximilians Zimmer zu betreten.

»Wenn wir nur irgendetwas finden«, meint Corinna. »Irgendetwas, das uns einen Hinweis gibt, warum das alles passiert ist. Ich werde noch verrückt, weil mir immer wieder dieselben Fragen durch den Kopf geistern.«

Zuerst geht Corinna allein an die Aufgabe heran, vormittags, wenn außer ihr niemand zu Hause ist. Sammelt Max'

Schmutzwäsche ein, vom Fußende seines Bettes, vom Boden, von seinem Drehstuhl vor dem Schreibtisch. Zieht seine Bettdecke glatt, schüttelt sein Kissen auf. Stellt seine Sneakers parallel zueinander neben seinen Kleiderschrank, ordnet seinen Schreibtisch, das alles verleiht ihr die Illusion, er könnte jederzeit wiederkommen und würde seine Sachen noch finden.

Später wäscht sie seine Wäsche, hängt sie auf, legt sie zusammen, sobald sie getrocknet ist. Stutzt, als sie sie in den Schrank legen will, es passt nicht mehr, Max wird sie nicht mehr entnehmen. Also holt Corinna einen Plastiksack aus dem Besenschrank in der Küche und legt die frisch gewaschenen Sachen hinein, sucht nach einigem Zögern weitere Kleidungsstücke aus dem Schrank, die ihm nicht mehr passen, hält inne.

Sein Rucksack, den er für die Schule benutzt hat, steht auf dem Boden neben dem Schreibtisch. Max wird nicht mehr hingehen, aber vielleicht findet sie darin etwas, das ihr weiterhilft. Sie nimmt seine Schlamperrolle heraus und lächelt vor sich hin, genau so sah ihre in den Oberstufenjahrgängen auch aus, cognacfarbenes Leder und über und über mit den Namen der Mitschüler bekritzelt. Sie dreht die Rolle in ihrer Hand und betrachtet sie von allen Seiten, nicht alle Namen darauf kennt sie, auch Bands sind darunter, ebenso die Initialen D.G. und der Name Roy Lichtenstein.

Roy Lichtenstein. So hieß die Schule, an der sich Max heimlich beworben hat, um ein Jahr zu wiederholen und den Leistungskurs zu wechseln. Eine Postkarte mit einem Werk jenes Künstlers hängt als Poster an der Pinnwand über seinem Schreibtisch, Corinna hat sie nie bewusst wahrgenommen, für sie war es immer nur ein poppiges Bild gewesen, dem sie keine besondere Bedeutung beigemessen hat. Sie hätte es besser wissen müssen.

Das Gespräch ihm Wohnzimmer damals, als alles herauskam. Matthias' unerbittliche Härte, sein unverhohlener Ausdruck von Enttäuschung. Max war völlig außer sich gewesen, hatte sich verteidigt, versucht zu argumentieren, Matthias jedoch hat nichts gelten lassen.

»Du warst doch selbst nicht begeistert von seiner Idee«, rechtfertigt er sich, als sie ihn in einer weiteren Nacht darauf anspricht, als sie erneut wach liegen. »Sind wir uns nicht darüber einig gewesen, dass er einmal in meine Fußstapfen treten oder zumindest eine vergleichbare Laufbahn einschlagen soll? Die Zukunft gehört den elektronischen Medien, nicht dem Pinsel und der Staffelei.«

»Was heißt Zukunft, Matthias? Jetzt hat er keine mehr, weil sein Leben zu Ende ist, bevor es überhaupt richtig begonnen hat!«

Matthias schweigt lange. Corinna spürt, wie es in ihm arbeitet; natürlich hat er den Tod seines Sohnes nicht gewollt. Aber wann knickt er endlich ein?, fragt sie sich. Wann kann er sich endlich eingestehen, dass er mit seiner Sturheit und der Härte anderen gegenüber nicht weiterkommt? Dass seine Meinung nicht die allgemein gültige sein kann, sondern er auch Freiraum zu eigenen Entscheidungen lassen muss, gerade seinen Kindern?

Seinem Kind. Jetzt ist nur noch Natalie da, die sich zum Glück zu wehren weiß. Max konnte das nicht. Hätte ich Matthias verloren, wenn ich eine klare Position bezogen und zu ihm gehalten hätte? Wäre Max dann noch da, meine Ehe jedoch kaputt?

»Sollte Maximilian wirklich – und das weigere ich mich nach wie vor zu glauben – Suizid begangen haben, dann ist einzig und allein dieser Brückner schuld. *Er* hat ihm Flausen ins Ohr gesetzt. Ich habe nur versucht, meiner Verantwortung als Vater gerecht zu werden, indem ich ihm diesen Unsinn durch sinnvolle Argumente ausgetrieben habe.«

»Aber Max wirkte unglücklich dabei.«

»Ein Kind, dem man seinen Lolli wegnimmt, ist auch unglücklich«, erwidert Matthias. »Lass uns bitte morgen weiterreden. Ich möchte versuchen, noch ein wenig zu schlafen. Für die Präsentation eines neuen Programms morgen früh muss ich ausgeruht sein.«

»Wir schlafen doch beide seit Wochen nicht mehr«, erinnert ihn seine Frau. »Und ich glaube, das wird auch so bleiben, bis alles zwischen uns gesagt ist, was Max betrifft. Weißt du, was ich an dir vermisse? Du sagst nie, wie sehr du ihn geliebt hast und was du an ihm mochtest. Selbst jetzt nach seinem Tod geht es immer nur darum, was er hätte werden und darstellen sollen. Ich finde, es ist an der Zeit, dass du mal auftaust.«

»Was ich an ihm mochte?« Matthias dreht sich zu ihr um und stützt seinen Kopf auf die Hand. »Da gab es so vieles, das weißt du doch. Er war ein guter Schüler, der selten Ärger machte, war musikalisch, hilfsbereit. Hübsch war er natürlich, das hatte er von seiner Mutter. Und sportlich. Im Großen und Ganzen natürlich ein Junge, wie man sich keinen besseren wünschen kann. Natürlich habe ich ihn geliebt.«

»Und hast du es ihm gesagt?«

»Er wusste es. Alle Eltern lieben ihre Kinder.«

»Das ist zu pauschal, Matthias. Man muss es sich auch ab und zu sagen oder auf irgendeine andere Art zeigen.«

»Corinna, es ist nicht so, dass ich nichts tue. Auch wenn ich die Kinder nicht wie du rund um die Uhr bediene und verhätschele, sitze ich immerhin den ganzen Tag in der Firma und schaffe das Geld für den Luxus heran, mit dem ihr umgeben seid. Vielleicht denkst du zur Abwechslung mal daran, dass auch dies eine Form ist, euch meine Zuneigung zu bekunden. Max gehörte nicht zu den Menschen, die sich darüber großartige Gedanken machen, ebenso wenig wie Natalie und im Grunde sogar du.«

»Das ist unfair.«

»Ach ja? Dann denk doch zur Abwechslung mal daran,

dass ich vielleicht auch gern hier und da mal ein Wort der Dankbarkeit und Anerkennung gehört hätte. Oder dass unsere Kinder sie mir zeigen, indem sie sich so entwickeln, wie es den Möglichkeiten entspricht, die ich ihnen biete. Aber nein, Fräulein Natalie zieht es vor, wie eine von den Punks herumzulaufen, die man leider immer noch am Alexanderplatz antrifft und Maximilian...« er bricht ab.

»Natürlich hätten wir auch dir offener zeigen müssen, wie dankbar wir für alles sind, was du für uns tust. Aber dass Max unter dem Druck gelitten hat, der von dir ausging, kannst du nicht wegreden.«

»Du hast recht«, flüstert er und beugt sich über sie, um sanft ihre Lippen zu küssen, doch Corinna rückt von ihm ab.

»Ich kann das nicht«, sagt sie, selbst überrascht über die plötzliche Härte in ihrer Stimme. »Lass mich.« Danach liegen sie lange so, seit dem Unglück hat noch keiner von beiden Lust auf körperliche Nähe verspürt; viel zu früh erscheint es Corinna, jetzt damit anzufangen. Ich weiß nicht mal, ob ich ihn noch liebe, denkt sie; nach allem, was geschehen ist.

»Warum musste erst so vieles kaputtgehen, damit wir uns diesen Fragen stellen«, murmelt Matthias schließlich. »Ich dachte immer, wir führen ein glückliches Familienleben... gut, meine Schwierigkeiten mit den Kindern in letzter Zeit, daran war ich sicher nicht ganz unschuldig, aber insgesamt gesehen... andere Teenager rebellieren auch. Ohne dass es jedoch dazu kommt, dass einer stirbt.«

»Jugendliche lassen sich nicht gern etwas von den Eltern sagen«, antwortet Corinna. »In dem Alter erzählen sie einem nicht mehr alles; das meiste vertrauen sie doch ihren Freunden an. Natalie könnte mehr wissen, aber ich will sie noch nicht belasten.«

»Das Gleiche gilt für Paul«, seufzt Matthias. »Ihn zu behelligen, wage ich auch noch nicht. Es muss ihn schlimm erwischt haben. Und Annika ebenso. Das auch noch, zu allem anderen Unglück.«

»Aber sie leben.« Corinnas Stimme klingt wieder gepresst. »Ihre Eltern haben kein Kind verloren. Bei den beiden wird alles wieder gut.«

»Nicht auszudenken, wenn sie auch noch draufgegangen wären.« Matthias starrt in der Dunkelheit an die Decke, hält aber immer noch seine Frau im Arm. »Dass Max es überhaupt riskiert hat, sie ebenfalls... es *muss* noch andere Gründe gegeben haben, warum das passiert ist. Eines Tages werden wir es herausfinden.«

6.

Nachdem Natalie entlassen ist, kehrt ein wenig Leben in die Wohnung zurück, aber auch die Trauer wird noch einmal verstärkt, weil Maximilians Fehlen dadurch, dass eines der Kinder wieder da ist, noch deutlicher wird. Natalie ist zurück, Max wird fortbleiben, für immer. Die Tür zu seinem Zimmer steht halb offen, doch er kommt nicht heraus und geht nicht hinein. Wenn Matthias nachts, sobald Corinna eingeschlafen ist, ruhelos durch die Wohnung wandert, bleibt er manchmal im Zimmer seinen Sohnes stehen und starrt auf dessen Bett; warum liegst du nicht hier, denkt er. Wir gehören doch zusammen. Er probiert aus, ob er sich besser fühlt, wenn er die Zimmertür von außen schließt, als gäbe es diesen Raum nicht. Doch auch das verschafft ihm keine Erleichterung. Also steht das Zimmer weiter offen, und jeder aus der Familie versucht auf seine Art, mit dem inneren Zwiespalt, ihn zu meiden oder weiter in den Alltag einzubeziehen, fertig zu werden.

Corinna entgeht es nicht, dass ihre Tochter von Anfang an versucht, die Lücke, die Max hinterlassen hat, durch eigene Umtriebigkeit auszugleichen. Natalie wirkt ruhelos, tigert in der Wohnung hin und her, verschwindet im Bad oder steht unentschlossen vor dem Kühlschrank, blättert in der Fernsehzeitung und schaltet sinnlose Dokusoaps auf Privatsendern ein. Manchmal telefoniert oder chattet sie, surft im Internet. Ihr Saxofon rührt sie nicht an. So vergehen ein paar Tage, ehe sie anfängt, der Mutter kleine Einkäufe abzunehmen, kurze Spaziergänge zu machen, nie länger als ein paar Minuten.

»Was wollt ihr eigentlich mit Max' Zimmer machen?«, fragt sie eines Abends beim Essen. Corinna zuckt zusammen. Matthias' Besteck fällt klirrend auf den Teller.

»Wie kommst du jetzt darauf«, fragt Corinna, als sie sich wieder halbwegs gefangen hat.

»Ihr habt noch nichts darin gemacht«, antwortet Natalie. »Außer ein bisschen aufgeräumt. Irgendwas muss ja damit passieren.«

»Aber doch nicht jetzt schon.« Corinna nimmt einen Schluck von ihrer Weißweinschorle. »Es ist doch alles noch so frisch. Im Moment würde es mir noch viel zu wehtun, das Zimmer auszuräumen.«

Matthias nimmt sein Besteck wieder auf, abends isst er sein Schinkenbrot mit Messer und Gabel, eine Angewohnheit, bei der er jedes Mal Natalies Blick leicht spöttisch auf sich ruhen fühlt; dennoch lässt er nicht davon ab.

»Vielleicht ist die Idee nicht verkehrt«, meint er schließlich. »Wir müssen nichts überstürzen, aber ein paar erste Gedanken können wir uns machen. Welche Vorstellungen hast du, Natalie?«

»Keine Ahnung«, sagt sie. »Ich merke nur, wie weh es mir jedes Mal tut, in seinem Zimmer zu stehen, zum Beispiel, wenn ich was vom USB-Stick ausdrucken will. Max ist überall, aber ich sehe ihn nicht und kann nicht mit ihm reden. Ich stehe da nur mit meinen Fragen...«

Corinna legt ihre Hand auf die ihrer Tochter. »Meinst du, das würde sich ändern, wenn wir es jetzt schon leer räumen?

Ich weiß nicht. Du merkst doch selbst, wie dich der Gedanke noch überfordert. Wenn wir es jetzt schon neu einrichten, hätte ich das Gefühl, wir würden so tun, als hätte es Max nie gegeben. Das schaffe ich einfach noch nicht.«

»Es muss wirklich nicht gleich sein«, beteuert Natalie.

»Langfristig wäre es natürlich nicht schlecht, ein Gästezimmer einzurichten«, gibt Matthias zu bedenken. »Meine Firma hat immer mal Besucher von auswärts, da wäre es sinnvoll ...«

»Die können sich ja wohl ein Hotel leisten oder bekommen es gesponsert«, unterbricht ihn Natalie. »Aber ein Austauschschüler zum Beispiel, es kann natürlich auch ein Mädchen sein. Dann wäre wieder Leben in dem Zimmer und bei uns.«

»Ich weiß nicht.« Corinna legt ihr Buttermesser hin, sie fühlt wieder Tränen aufsteigen. »Ich glaube, jedes Mal, wenn ich aus dem Zimmer Geräusche höre, würde ich denken, es sei Max. Lasst uns noch warten.«

»Die Idee an sich ist aber nicht schlecht.« Matthias nickt seiner Tochter zu. »Eine Gymnasiastin oder Studentin aus Frankreich zum Beispiel könnte ich mir gut vorstellen. Oder Finnland, vielleicht Norwegen. Dort haben sie überall hervorragende Bildungssysteme. Wenn etwas davon im täglichen Umgang auf dich abfärbt, kann das nur von Vorteil sein.«

»Das ist wieder typisch.« Natalie nimmt sich noch eine Scheibe Käse; nach der Krankenhauskost tut es ihr gut, wieder zu Hause zu essen. »Du denkst nur ans Lernen. So weit bin *ich* noch lange nicht, außerdem sind immer noch Sommerferien. Ich fände jemanden aus Amerika cool.«

»Ich weigere mich!«, ereifert sich Corinna. »Ich kann nicht einfach meinen Sohn gegen irgend einen x-beliebigen Jugendlichen aus dem Ausland eintauschen. Wie ihr darüber redet ... Max ist erst seit ein paar Wochen tot, und ihr redet über Austauschschüler, als wäre er nur für ein Jahr weg! Vermisst ihr ihn denn gar nicht?«

»Es sind alles nur Gedanken, die wir einfach fließen lassen.«

Matthias bemüht sich um Beherrschung. »Natürlich vermissen wir ihn. Aber das Leben muss weitergehen, so traurig es auch ist. Entscheiden müssen wir heute noch gar nichts.«

»Mama.« Natalie legt den Arm um ihre Mutter. »Ich vermisse Max, als ob mir mein eigenes Herz aus der Brust gerissen worden wäre. Was ich vorgeschlagen habe, sage ich nur, weil ich glaube, dass Max es gut finden würde. Sieh dich doch um in dem Zimmer! Er hat nicht besonders daran gehangen. Sein Zimmer war für ihn der Ort, wo er geschlafen und seine Hausaufgaben erledigt hat, sofern du, Papa, ihn nicht gezwungen hast, dazu im Wohnzimmer unter deiner Aufsicht zu sitzen.«

Matthias hört auf zu kauen.

»Max waren ganz andere Dinge wichtig«, fährt Natalie fort. »Zum Beispiel, mit seiner Kunst weiterzukommen. Er wollte sein Hobby zum Beruf zu machen. Wenn ihr ihn gelassen hättet, wäre er bestimmt irgendwann nach Paris gegangen, um dort Kurse zu belegen. Oder woanders hin, um sich Anregungen zu holen. Dafür ist es jetzt zu spät, aber wenn irgendwann mal jemand anders vorübergehend hier wohnt, der sich entfalten kann, hätte Max bestimmt nichts dagegen.«

Matthias legt seine Serviette hin.

»Das ist ein starkes Stück«, sagt er scharf. »Ich verbitte mir diesen Ton, Natalie. Wir haben wirklich genug Kummer; dass du jetzt mit solchen Vorwürfen kommst, muss ich mir nicht bieten lassen.«

»Es ist kein Vorwurf«, gibt sie zurück. »Von Paris hat er gar nicht geredet, aber er durfte nicht mal die Schule wechseln, um seinen Schwerpunkt auf das zu legen, was ihm wirklich lag und wichtig war. In unserer Wohnung und damit auch seinem Zimmer hat er sich oft genug eingesperrt gefühlt, deshalb war er in den letzten Wochen auch so oft unterwegs, vermute ich. Es ist Zeit, ihn rauszulassen.«

»Ich möchte keinen Streit«, bittet Corinna. »Beenden wir

dieses Thema jetzt. Ich werde über deine Idee nachdenken und auch im Kopf behalten, das Zimmer in ein normales Gästezimmer umzuwandeln, das hätte ja auch Vorteile. Aber ich brauche noch ein bisschen Zeit.«

Matthias und Natalie nicken, danach herrscht Schweigen am Tisch.

»Es tut mir leid, Papa«, sagt Natalie, als die Mahlzeit zu Ende ist und alle noch im Sitzen beginnen, Geschirr und Speisen zusammenzuräumen. »Ich wollte dich nicht verletzen.«

»Schon gut«, antwortet er knapp. »Maximilians Tod setzt uns allen zu. Da du dich entschuldigt hast, bin ich bereit, über deine Worte hinwegzusehen.«

Dennoch nagen genau diese Worte in ihm, als Natalie in ihrem Zimmer verschwunden ist und Corinna die Küche aufräumt. Matthias setzt sich auf die Couch und schlägt die Zeitung auf, versucht sich auf einen Artikel im Wirtschaftsteil zu konzentrieren, merkt jedoch nach einigen Minuten, dass er dreimal denselben Satz gelesen hat, ohne den Inhalt zu begreifen. Mit einem verärgerten Kopfschütteln blättert er die Zeitung durch und betrachtet nur die Fotos und liest die Schlagzeilen und Bildunterschriften, eine Vorgehensweise, die er sonst bei anderen missbilligt, doch heute behält er nicht einmal dies im Kopf. Schließlich faltet er die Zeitung zusammen und greift nach der Fernbedienung des Fernsehers, zappt durch die Kanäle, doch nichts von dem, was die Programme bieten, interessiert ihn. Er schaltet wieder aus und hört, dass sich Corinna jetzt ein Bad einlässt, also wird er noch mindestens eine halbe Stunde allein im Wohnzimmer sitzen. Er weiß nicht, was er tun soll, weiß nichts mit sich anzufangen, das kennt er nicht von sich, es macht ihn nervös. Einen Augenblick lang überlegt er, seinen Laptop einzuschalten und noch ein wenig zu arbeiten, doch er ahnt, dass er sich auch darauf nicht würde konzentrieren können. Also bleibt er sitzen, lehnt sich zurück und schließt mit einem Seufzer die Augen.

Jetzt also auch noch Natalie, denkt er. Als ob es nicht genügen würde, dass Corinna ihm so viele Vorhaltungen gemacht hat, was Max betrifft. Es ist doch nur zu Max' bestem gewesen, dass er ihn davon abgehalten hat, die Schule zu wechseln und noch dazu freiwillig ein Jahr zu wiederholen. Eine Ehrenrunde macht sich einfach schlecht im Lebenslauf, besser ist immer ein gerader Weg nach vorn. Das wirkt zielbewusst, so was wollen die Personalchefs später sehen, alles andere wird doch gleich aussortiert, man weiß doch, wie das läuft. Seine Familie scheint es nicht zu begreifen, erst recht nicht, wie gut er es eigentlich meint. Mit seiner Tochter wird ihm auch noch einiges bevorstehen, wenn sie übernächstes Jahr ihr Abi macht. Sie hat bei *Jugend musiziert* einen der höheren Plätze belegt und ist sicher begabt, aber mit ihrer renitenten Art wird sie es sich nicht leicht machen. Wie soll er dann reagieren? Alles durchgehen lassen und in Kauf nehmen, dass sie abrutscht, so wie Max abgerutscht ist?

Er stöhnt. Draußen ist es noch nicht einmal dämmrig, er tritt auf den Balkon und stellt fest, dass die Hitze des Tages einem leichten, kühlenden Wind gewichen ist. Joggen gehen, das wäre es jetzt. Unwillkürlich denkt er daran, wie er zum letzten Mal mit Max zusammen gelaufen ist, es war einer der wenigen Tage gewesen, an denen sie sich gut verstanden haben. Später hat er wieder so unerreichbar gewirkt. Trotzdem. Matthias wird eine andere Strecke wählen, aber er muss raus. Im Schlafzimmer zieht er seine Sportsachen an, ruft von der Haustür aus einen Gruß in die Wohnung und läuft los.

7.

»Was hast du eigentlich mit der Gärtnerei vereinbart?«, fragt Corinna ihren Mann in einer weiteren schlaflosen Nacht. »Ich war heute da und wollte die Kränze und Gestecke von der

Beerdigung abnehmen, um Max' Grab danach neu zu bepflanzen. Aber es war schon alles erledigt, und nicht nur das. Es sieht wunderschön aus und alles war frisch gegossen, als wäre jemand erst wenige Minuten vor mir dort gewesen.«

»Ich? Nichts habe ich vereinbart«, antwortet Matthias. »Du weißt doch, dass mir dieser ganze Blumenkram nicht liegt. Das habe ich doch dir überlassen, erinnerst du dich nicht?«

»Eben«, bestätigt sie. »Deshalb hat es mich auch gewundert, ich hatte keine Erklärung dafür, außer dass du vielleicht noch mal angerufen hast, um zu gewährleisten, dass Max' Grab wirklich optimal versorgt wird. Du weißt ja, in den ersten Tagen habe ich es noch nicht geschafft, regelmäßig hinzugehen, weil mir die Kraft fehlte und ich so oft bei Natalie war.«

»Ein paar Mal war ich nach der Arbeit bei ihm«, berichtet Matthias. »Das Grab sah immer tipptopp aus. Ich dachte, das wärst du gewesen.«

»Dann ist es vielleicht einfach nur guter Service« vermutet Corinna. »Aber ab jetzt will ich mich selber um das Grab kümmern. Allein schon, um Max nah zu sein.«

»Mach das. Mach alles, was dir hilft und guttut. Irgendwie müssen wir durch diese schwere Zeit kommen.«

»Glaubst du, wir werden jemals wieder froh sein? Ich bezweile es.«

»So wie früher wird es nie mehr werden. Gerade deshalb müssen wir zusammenhalten, alle drei. Es tut mir leid, wenn ich manchmal ungerecht zu euch war.«

»Deine Härte und Selbstdisziplin haben dich erfolgreich gemacht«, erinnert sie ihn. »Deinem Sohn haben sie das Genick gebrochen.«

»Im Moment kann ich meinen Erfolg in den Wind jagen. Ich habe immer gedacht, ich würde alles richtig machen, und jetzt stehe ich vor den Trümmern meines Lebens.«

»Wir müssen für Natalie da sein«, betont Corinna. »Hinter ihrer katzbürstigen Fassade ist sie immer noch ein verletzliches Mädchen. Maximilians Tod zieht ihr den Boden unter den Füßen weg, wenn wir ihr jetzt keinen Rückhalt geben. Sie meint es nicht böse, was sie sagt.«

»Ich doch auch nicht«, gibt er zu. »Ich wünschte doch auch, ich wäre weniger in mir gefangen.«

Corinna schweigt. Sie weiß, auch ihr Mann sehnt sich nach ein paar tröstenden Worten, nach Absolution, will hören, er sei nicht allein schuld an Max' Tod. Sie kann es ihm nicht sagen, weil in ihr alles schreit, natürlich ist er schuld, wer sonst, wer hat denn tagtäglich an ihm herumgenörgelt, wer war es, dem Max nie etwas recht machen konnte. »Versuchen wir, ein bisschen zu schlafen«, sagt sie schließlich und dreht sich zur Wand.

**

Wenige Tage später fangen sie doch an, in Max' Zimmer zu räumen.

»Mit seiner Kleidung kann ich wenigstens noch ein gutes Werk tun«, bemerkt Corinna, als sie den Kleiderschrank ihres Sohnes öffnet und zunächst einen Stapel T-Shirts anhebt und herausnimmt. »Es ist ja fast alles gute Markenkleidung. Die Hemden und Jacken könnte ich sogar noch zum Second-Hand-Shop bringen, aber wer weiß, ob sich das lohnt.«

»Lohnt sich nicht«, erwidert Natalie, die auf Max' Bett sitzt. »Max würde bestimmt wollen, dass ein Junge, der sonst nicht viel besitzt, seine Sachen tragen kann. Viel Wert hat er auf das teure Zeug sowieso nicht gelegt.«

»Du nun wieder«, seufzt Corinna und legt die Shirts in den Altkleidersack, den sie bereits vor ein paar Tagen bereitgestellt hat. Max' Lederjacke hängt auf einem Bügel im Schrank, erst im Herbst hätte er sie wieder hervorgeholt. Natalie hat recht, es hat keinen Sinn, die Sachen aufzuheben, eine Saison nach der anderen verstreichen zu lassen, ohne dass er einmal seinen Schrank öffnet, um sie anzuziehen.

Matthias beginnt, die Elektrogeräte seines Sohnes zu überprüfen; was noch in Ordnung ist, kann im Zimmer bleiben, egal für welchen Zweck es später genutzt wird. Ab und an wirft er einen Blick auf Natalie, die in den Schubladen des Schreibtisches nach Stiften und Papier sucht; was sie für die Schule gebrauchen kann, trägt sie in ihr eigenes Zimmer. Als sie an ihrem Vater vorbeigeht, lächelt sie ihm zu, flüchtig, unverbindlich und doch versöhnlich, beide vermeiden es, den Streit von neulich noch einmal anzusprechen. Die Nerven liegen bei allen blank, man tut sich so leicht gegenseitig weh, jedes unbedachte Wort, jeder Anflug von Zorn oder Vorwurf kann die immer vorhandene Trauer verstärken, den Familienzusammenhalt, der durch das eine fehlende Mitglied ohnehin unheilbar verwundet ist, weiterem Kugelhagel aussetzen. Natalie lächelt auch ihre Mutter an. Wie tapfer sie ist, denkt Corinna. Seit der Auseinandersetzung mit Matthias scheint sie sich zurückzuhalten, es hat keinen weiteren Streit mehr gegeben. Etwas ruhiger wirkt sie, in sich gekehrt, vorsichtiger. Hoffentlich wird sie nicht so wie Maximilian, denkt Corinna und spürt, wie sie beinahe von Panik ergriffen wird bei dem Gedanken, Natalie könnte ihre offene, direkte Art ablegen und sich einigeln, wie ihr älterer Bruder es getan hatte. Nicht sie, denkt sie, während sie ihr nachsieht, bitte nicht auch noch Natalie. Wenn Max nur ein Viertel ihrer Unerschrockenheit und Sturheit besessen hätte, könnte er bestimmt noch leben. So sehr wir auch alle leiden, Natalie soll sich nicht uns zuliebe verändern. Sie soll bleiben wie sie ist, genau so lieben wir sie doch. Sie soll Natalie bleiben, kein Mädchen im Schneckenhaus, das um jeden Preis unseren Erwartungen entsprechen will, wo Max es schon nicht geschafft hat.

Einige Male noch geht Natalie zwischen ihrem und Maximilians Zimmer hin und her, Corinna fühlt die wachsende Unruhe ihrer Tochter. Sie selbst versucht sich auf ihre Tätigkeit zu konzentrieren und beginnt, gut erhaltene Schuhe ihres Sohnes in einen Karton zu packen, danach faltet sie Hemden zusammen, kaum getragen hat er die, Max kleidete sich im Alltag immer unauffällig in Jeans, T-Shirts oder Sweater, denen man ihr Label nicht ansah. Er hatte recht, denkt sie und sinkt auf Max' Bett, wo sie minutenlang verharrt und um Fassung ringt; es ist alles so unwichtig, diese Markenkleidung. Max hätte Unterstützung gebraucht in dem, was er wirklich wollte. Zeit zu erzählen, was er erreichen will. Er hatte alles, aber jetzt stehen wir hier und packen seine Sachen ein, weil es ihn nicht mehr gibt, weil er nicht mehr leben wollte, lieber sterben als in dem Raster erwachsen werden, das wir vorgegeben haben.

Es klingelt. Matthias, der gerade eine verstaubte Kiste mit alten Trafos und Kabeln sortiert, hält inne und will öffnen, doch Natalie eilt bereits zur Tür. Corinna lauscht und versucht zu verstehen, wer gekommen ist. Gleich darauf ist klar, dass es sich um Besuch für Natalie handelt. Seit Max ums Leben gekommen ist, haben sie noch fast niemanden in die Wohnung gelassen. Natalie kommt zurück und verabschiedet sich, will nach draußen gehen, Corinna spürt, wie schwer es ihr fällt, sie gehen zu lassen, doch äußerlich zwingt sie sich zur Gelassenheit. Es kann Natalie nur guttun, wenn sie sich wieder mit Freunden trifft, Ablenkung sucht. Sie trauert um Max nicht weniger, nur weil sie ein paar Wochen nach seinem Tod zaghaft beginnt, so etwas wie Freizeitgestaltung wieder aufzunehmen. Für ein Mädchen wie sie muss es trotzdem Leben geben. Sie soll den Spaß zurückgewinnen und ihre Ziele verfolgen, wenigstens sie.

Erst spät am Abend kommt sie zurück, doch zum ersten Mal seit Max' Tod nimmt Corinna einen leichten Schimmer in den Augen ihrer Tochter wahr, der nicht von Tränen herrührt. Obwohl sie sich für sie freut, spürt Corinna Erleichterung, als sie sie schließlich sicher in ihrem Bett weiß.

Nur mit Mühe kann sie ihre Besorgnis zurückhalten, als der junge Mann namens Jonathan, mit dem Natalie den Nachmittag und Abend verbracht hat, am darauffolgenden Morgen erneut vor der Tür steht und beide verkünden, er werde Maximilians Malutensilien mitnehmen, weil Max sie im Internet versteigert habe. Ein leichtes Schwindelgefühl überkommt Corinna, als der Fremde die Kiste mit Max' Stiften und Blöcken an ihr vorbeiträgt. Als die beiden fort sind, muss sie sich setzen und gibt sich einem Weinkrampf hin, dem schlimmsten, seit ihr Sohn gestorben ist. Weil Matthias in der Firma ist, kann sie sich endlich ganz ihrer Trauer hingeben, sie weint lange und so laut wie ein Kind, lässt ihre Tränen laufen, die sie sonst immer mit aller Macht zu unterdrücken versucht hat, ruft Maximilians Namen. Hinterher legt sie sich auf die Couch, vollkommen erschöpft, ihre Augen fühlen sich geschwollen an und brennen, ihr Gesicht ist heiß. Am Fußende liegt eine Decke aus hellem weichem Fleece. Corinna schafft es gerade noch, sie bis über ihre Schultern zu ziehen. Dann fällt sie in einen tiefen, ruhigen Schlaf.

8.

Am Nachmittag fühlt Corinna sich besser. Sie bereitet das Abendessen vor, trinkt einen Kaffee und beantwortet einige Beileidskarten, die verzögert eingetroffen sind. Dabei fällt ihr wieder ein, dass Natalie und Jonathan Max' Malsachen mitgenommen haben, und geht nachsehen, ob die beiden das Zimmer halbwegs ordentlich hinterlassen haben. Als sie es betritt, fällt ihr Blick sofort auf ein aufgeschlagenes Skizzenbuch, das auf dem Bett liegt, Max, jagt es ihr in den Kopf, sie muss in der Bewegung innehalten, sich sammeln. Eindeutig liegt eine Zeichnung von Max zuoberst, es erschreckt Corinna, sie plötzlich hier zu entdecken, als hätte Max selbst eben noch hier gesessen und gezeichnet und wäre nur kurz weggegangen, eher er weiter an seinem Bild arbeitet. Mit klopfendem Herzen tritt sie näher und nimmt das Skizzenbuch auf, starrt auf die Zeichnung. Gleichzeitig hört sie wie aus weiter Ferne, wie sich ein Schlüssel im Wohnungstürschloss dreht, hört Matthias in den Korridor treten, das leise Klimpern seines Schlüssels, als er ihn auf die Kommode legt, sein verhaltenes Räuspern. In fragendem Ton ruft er ihren Namen.

»Hier«, antwortet sie, statt ihm entgegenzugehen, hat sich noch nicht ganz wieder gefangen, steht immer noch wie erstarrt. Matthias tritt hinter sie.

»Sieh nur«, sagt Corinna leise. »Er hat dich gezeichnet.«

Behutsam nimmt Matthias ihr das Skizzenbuch aus der Hand und betrachtet das Bild, starrt lange darauf, unfähig, sich zu äußern. Er selbst ist auf den Bildern zu sehen, Max hat ihn gezeichnet, und Matthias hat das Gefühl, als würde sein Sohn ihn mit diesem Bild durch die ganzen letzten Monate und Jahre schicken, durch entspannte und schwierige Zeiten. Auch gibt die Zeichnung alle seine Charaktereigenschaften wieder, denn es besteht aus mehreren kleinen Porträts statt einem einzigen großen. Es zeigt Matthias' angespannte, strenge Miene, die er seinen Kindern gegenüber so oft an den Tag gelegt hat, seinen leicht enttäuschten, bitteren Zug um den Mund, die Lippen ein wenig abwärts gezogen. Es stellt seinen überheblichen, selbstgefälligen Gesichtsausdruck dar, von dem Matthias gedacht hat, dass er ihn bestenfalls unangenehmen Kunden gegenüber aufsetzen würde. Auf einem der Porträts blickt er nach unten, den Mund verkniffen, schmale Augen konzentriert auf etwas richtend, eine Arbeit, einen Brief. Nur auf einer einzigen Skizze wirkt er befreit und fröhlich, hier hat Maximilian ihn sichtlich jünger dargestellt, zudem trägt er Sportkleidung darauf, wie man am Halsausschnitt erkennt; auf allen anderen Bildern trägt er korrekt gebügelte Hemden, darüber ist teilweise das Revers eines Sakkos angedeutet.

»Du hast es also gefunden«, vernimmt er plötzlich Natalies Stimme hinter sich, er hat seine Tochter nicht kommen hören. Auch Corinna zuckt zusammen. Matthias will rasch das Skizzenbuch zuklappen, besinnt sich jedoch anders. Jetzt ist es so weit, jetzt kann er nicht mehr ausweichen. Seinem Sohn ist er so vieles schuldig geblieben, das weiß er jetzt, und es lässt sich nicht mehr schönreden. Maximilian hat unter seinem Vater gelitten, mehr als dass er Vertrauen zu ihm gehabt hätte, sonst wäre er zu ihm gekommen und hätte ihm von seinen Zukunftsplänen erzählt, seine Träume mit ihm geteilt. Stattdessen hat er alles heimlich in die Wege geleitet, nicht weil er einen Dickkopf hatte, sondern weil er ihn, Matthias Rothe, immer so wahrgenommen hat wie auf den meisten dieser Skizzen von ihm, verhärtet, starr und unnachgiebig, bis auf wenige Ausnahmen. Matthias kann es nicht mehr ändern, sich seinem Sohn nicht mehr nähern. Er muss alles tun, um seine Tochter zu halten und ebenso seine Frau. Also atmet er tief durch und gibt sich einen Ruck. Dann hält er das Bild so, dass Corinna und Natalie die Zeichnung ebenfalls betrachten können.

»Bin ich wirklich so hart?«, will er wissen.

Corinna sieht ihn an, sie ringt mit sich. Ihr erster Impuls drängt sie, ihn zu beruhigen, alles herunterzuspielen, zu beschwichtigen, doch gleichzeitig weiß sie, dass es keinen Sinn mehr hat. Was Max gezeichnet hat ist die Wahrheit, so und nicht anders verhält sich Matthias in den allermeisten Situationen, und Max hat es nicht nur erkannt, sondern in diesem sagenhaft gelungenen Bild auch wiedergegeben. Es würde nichts nützen, jetzt wieder alles herunterzuspielen, um die Harmonie in der Familie zu erhalten. Was ist das für eine Harmonie, denkt sie, wenn einer von uns darin sein Leben lassen musste. In den Wochen seit Max' Tod hat sie begonnen, auch andere, weichere und verletzliche Seiten an ihrem Mann kennenzulernen. Nachts in den Gesprächen hat er sich erschüttert und traurig gezeigt, und auch, wenn sie ihn im Dunkeln in der Wohnung auf und ab gehen hört, weiß sie, dass hinter seiner rigiden Fassade ein Mann steckt, der voller Selbstzweifel ist. Wenn er jetzt nicht Farbe bekennt, dann vielleicht nie mehr.

Doch Natalie kommt ihr zuvor.

»Ja«, sagt sie schlicht und blickt ihm geradewegs ins Gesicht. »Genau so ein harter Knochen bist du. Man hat das Gefühl, als renne man gegen eine Wand aus Stahl; besonders Max ging es so, wenn du in seiner Nähe warst.«

Matthias nickt. »Deutlicher konnte er es mir kaum zeigen.«

Jetzt ist es Corinna, die beginnt, ruhelos im Zimmer auf und ab zu gehen, viel Platz ist dafür nicht, mit dem Fuß stößt sie gegen die Kiste mit den Elektroteilen, dreht sich um und geht wieder zurück, immer nur vier Schritte hin und vier zurück.

»Und warum?«, fragt sie, ihre Stimme verrät bereits, wie viel zurückgehaltene Wut auch in ihr steckt. »Was hat dich so hart gemacht? Ist es wirklich nur die Sorge um die Firma und deine Auffassung, dass nur Zahlenberufe und Wissenschaften ernst zu nehmende Tätigkeiten sind?«

»Das sind sie jetzt nicht mehr«, lenkt Matthias ein. »Ich gebe zu, dass ich einen Riesenfehler gemacht habe. Max hatte Talent. Natürlich hätte er mit dieser Begabung etwas werden können.«

Natalie lacht bitter auf.

»Weil er dich so treffend hinbekommen hat«, spottet sie. »Da fällt es dir auf. Herzlichen Glückwunsch.«

Dieses Mal weist Matthias sie nicht zurecht, sagt nicht, er verbitte sich diesen Ton.

»Die Bilder sind alles andere als ein Kompliment an mich«, korrigiert er nur. »Und nein, es ist nicht nur die Firma. Ihr wisst es vielleicht nicht, ich weiß nicht, ob ich jemals davon erzählt habe, aber ich hatte früher auch ein besonderes Hobby.«

»Du?« Natalie zieht die Nase kraus. »Was denn für eins? Muster in Millimeterpapier zeichnen oder was?«

Matthias schüttelt den Kopf, fest entschlossen, sich nicht provozieren zu lassen. Ohne das Skizzenbuch loszulassen, setzt er sich auf Maximilians Bett. »Von meinem Eintritt ins Gymnasium an war ich Mitglied der Theatergruppe«, erzählt er. »Mich als Schauspieler zu versuchen, war damals meine Welt. Und ich war gut; bei jeder Aufführung durfte ich eine der größeren Rollen besetzen.«

»Deshalb kannst du dich so gut verstellen«, wirft Natalie ein. »Alles klar.«

»Als ich in die Oberstufe kam, wechselte ein gleichaltriger Schüler von einem Nachbargymnasium zu uns«, fährt Matthias unbeirrt fort. »Es ging dabei nicht um die Leistungskurse, sondern er tat es genau wegen dieser Theater-AG, die inzwischen ein recht hohes Ansehen in der Stadt genoss. Boris hatte eine Klasse übersprungen, war optisch ein Mädchentyp und vom ersten Tag an der Star der Schule – und er ergatterte in kürzester Zeit auch die attraktivsten Rollen in der Theatergruppe.«

»Hört sich ein bisschen an wie bei Max und Paul.« Natalie hat fürs Erste aufgehört zu rebellieren und hört gebannt zu.

»Da ist was dran.« Matthias nickt. »Aber es kam noch besser: Bei einem unserer Auftritte war ein Scout dabei, der nach Talenten für einen Fernsehfilm Ausschau hielt. Ihr könnt euch denken, wie die Geschichte weiterging.«

»Du hattest das Nachsehen und Boris ließ sich Autogrammkarten drucken.«

»Du hast es etwas überspitzt ausgedrückt, Natalie, aber so ähnlich ist es gelaufen. Mit sechzehn hätte ich mein Leben für diese Rolle gegeben, sie suchten einen Jungen, der einer

Mopedgang angehört, aber wegen eines Mädchens aussteigen will.«

»Konntest du überhaupt Moped fahren?«

»Ich hatte eine Zündapp, die mein ganzer Stolz war.« Matthias lächelt in der Erinnerung vor sich hin. »Boris hatte natürlich eine noch schickere Maschine, was für den Film ein weiterer Pluspunkt für ihn war, denn man musste mit dem eigenen Moped kommen.«

»Okay«, sagt Natalie. »Aber was hat das alles mit deiner verbohrten Art Max gegenüber zu tun?«

»Nicht nur in der Theatergruppe blieb ich immer hinter Boris zurück.« Matthias' Gesicht verhärtet sich. »Auch sonst blieb ich hinter ihm immer der Zweite, egal ob im Sport, bei den Mädchen oder in Bezug auf die Schulnoten. Ein einziges Mal nur wollte ich ihn übertrumpfen, um überhaupt wieder wahrgenommen zu werden, aber es ist mir nie gelungen.«

»Wart ihr Freunde?«

»Er hat versucht, sich mir anzuschließen, aber ich bin ihm ausgewichen. Als wir schließlich unser Abi in der Tasche hatten – er mit einem Notendurchschnitt von 1,0 und ich mit 1,6 – war ich heilfroh, dass er in eine andere Stadt zog, um zu studieren. Seitdem habe ich nie wieder etwas von ihm oder über ihn gehört.«

»Wenn du mir seinen Nachnamen sagst, kann ich mal bei facebook gucken«, schlägt Natalie vor. »Vielleicht ist er jetzt ein fett gewordener Sack, der im handtuchgroßen Garten seiner spießigen Vorstadt-Doppelhaushälfte für seine Kinder zum Geburtstag Luftballons aufbläst.«

»Bloß nicht«, wehrt Matthias ab.

»Warum nicht? Du hast wenigstens eine stylishe Stuckaltbauwohnung, eine super Frau, eine fetzige Tochter und …« sie schlägt sich auf den Mund.

»Eben.« Matthias reibt sich die linke Schläfe. »Als Max geboren wurde, habe ich mir vorgenommen, alles zu tun, damit er nicht dieselben Erfahrungen machen muss wie ich: immer und immer nur der Zweite zu sein. Schon sein Vorname hat etwas mit Größe zu tun, und ich wollte so sehr, dass er auch ein Großer wird.«

»Zu sehr«, seufzt Corinna.

»Ich habe geglaubt, ich hätte mich damals einfach mehr bemühen müssen, dann wäre ich auch so weit gekommen wie Boris. Maximilian aber hat sich ganz anders entwickelt, das hat mich verrückt gemacht. Ihn hat es nie gestört, wenn er irgendwo in der Mitte herumschwamm, Dritter, Vierter, Fünfter war, und dass er immer hinter Paul herhinkte, wäre ihm wahrscheinlich nicht einmal aufgefallen, wenn ich ihn nicht immer wieder angespornt hätte, ihn doch auch einmal zu überholen. Er sollte sich nicht als Verlierer fühlen, so wie ich mich gefühlt habe, ich weiß doch, wie grausam das ist. Nur deshalb, nur deshalb bin ich so gnadenlos mit ihm umgegangen.«

»Volltreffer.« Natalie verschränkt die Arme vor der Brust.

»Natürlich war das verkehrt«, ruft Matthias und fährt sich mit beiden Händen durch die Haare, ehe er sein Gesicht hinter ihnen verbirgt. »Max ist nicht Matthias und Paul nicht Boris, das weiß ich doch.«

Ich könnte mich scheiden lassen, denkt Corinna. Mit so einem Mann muss ich nicht leben; einem, der gescheitert ist, so sehr gescheitert, dass alles in Trümmern liegt, seine Familie, sein Weltbild, sein Ideal. Max sollte der Größte werden und ist nicht mehr da, weil sein Körper auf dem Friedhof liegt. Es ist so grausam. Natürlich hat Matthias bei aller Härte nicht gewollt, dass es so weit kommt, aber er hat es riskiert.

Ohne seine Sturheit und die Borniertheit, über Max zu kompensieren, was er selber verbockt hat, würde mein Junge noch leben. Aber wenn ich gehe, bricht alles zusammen.

Matthias richtet sich wieder auf, grau im Gesicht.

»Ich habe ihn totgefördert«, sagt er. »Dabei war er doch

toll, so wie er war.« Bei diesen Worten blickt er auf die Zeichnung auf seinem Schoß.

Natalie dreht sich um.

»Herzlichen Glückwunsch zu dieser Einsicht«, sagt sie und verlässt das Zimmer.

9.

»Max' Zimmer«, beginnt Corinna Wochen später beim Frühstück. Noch beflissener als sonst blickt sie zwischen Matthias, Natalie und dem gedeckten Tisch hin und her, sieht nach, ob auch jeder hat, was er braucht. »Wenn die Idee mit dem Austauschschüler oder Studenten noch kein Gesetz ist, hätte ich auch einen Gedanken dazu.«

Matthias hebt die Augenbrauen, Natalie löffelt ihre Cornflakes weiter und richtet den Blick auf ihre Mutter.

»Ich muss trotz allem mein Sachbuchmanuskript irgendwann fertigstellen«, verkündet Corinna. »Nach Max' Tod hat mir der Verlag natürlich Aufschub gegeben, aber ich will ja selbst, dass es spätestens nächstes Jahr erscheint. Und wenn es ein Erfolg wird, könnte ich mir vorstellen, noch weitere naturheilkundliche Werke zu verfassen. Wenn ich mir Max' Zimmer dafür einrichten könnte, als kleines Refugium zum Schreiben ... ich glaube, es würde mir helfen, wenn ich bei der Arbeit das Gefühl hätte, ihm ganz nah zu sein.«

Natalie verdreht die Augen. »Noch mehr Kräutergesäusel«, stöhnt sie. »Aber ich fänd's super, wenn du endlich was eigenes hast, Mama.«

»Du hast noch nichts gesagt, Papa«, stellt Natalie fest. Auch Corinna sieht ihn erwartungsvoll an. Matthias stellt seine Kaffeetasse ab.

»Eigentlich gefällt mir der Gedanke nicht«, meint er. »Max ist noch nicht lange tot, und es tut immer noch so weh. Ich kann mich nicht an den Gedanken gewöhnen, dass er ... nie mehr mit uns zusammen hier am Tisch sitzen und essen wird. Wenn wir sein Zimmer jetzt schon ....« Er versucht, das Zittern seines Kinns zu unterdrücken.

»Es muss nicht gleich sein«, versucht Corinna ihn zu beruhigen. »Und wenn es dir gar nicht behagt, schreibe ich eben im Wohnzimmer weiter..«

Schweigend setzen sie ihre Mahlzeit fort.

»Nein«, betont Matthias plötzlich entschlossen, tupft sich die Lippen mit der Serviette ab und strafft seine Brust. »Ich habe schon einmal den Fehler gemacht, einem Familienmitglied bei seinen Träumen im Weg zu stehen. Diesen Fehler mache ich nicht noch einmal. Du wirst in Max' Zimmer deine Schreibstube einrichten, Liebes. Auf jeden Fall. Wobei die Unterbringung von Austauschschülern natürlich auch eine Option wäre.« Er nickt Natalie zu, dann steht er abrupt auf.

»Wo willst du hin?«, fragt Corinna. »Hast du nicht gesagt, du arbeitest heute von zu Hause aus?«

»Ich weiß.« Matthias lockert seine Krawatte. »Was ich vorhabe, ist viel wichtiger als die Arbeit.«

10.

Corinna hat gefragt, ob sie ihn begleiten soll, doch Matthias will allein zu der Schule gehen, die sein Sohn unbedingt besuchen wollte. Als er aus seinem Wagen aussteigt und mit seinen langen, festen Schritten den Vorplatz des Gebäudes durchmisst, trifft ihn der Verlust noch einmal mit aller Wucht. Max sollte hier sein statt auf dem Friedhof zu liegen, sein Körper gehört nicht in die dunkle Erde unter all den prachtvollen Blumen, er gehört ans Licht, ins Leben. Der Sommer kündigt an manchen Abenden schon durch aufsteigenden Nebel sein nahes Ende an, als wolle er Max folgen, doch genauso wie sich der Jahreskreislauf in einem neuen Frühling öffnen wird, müsste auch Max leben. Im kommenden Herbst würde er seine Künstlerlaufbahn hier aufnehmen, würde jeden Morgen auf das Eingangsportal zustreben so wie jetzt er selbst, aber anders als vorher würde Max sich auf jeden neuen Schultag freuen, seine Ideen verwirklichen, mit Eifer an seinen Aufgaben feilen, sich ins Zeug legen. Eine neue Zeit voller Eindrücke und Erfahrungen, und dann...

Matthias ist im Schulgebäude angelangt, verharrt schmerzerfüllt, ehe er mit bedächtigen Schritten zu einer der Vitrinen geht, um die darin ausgestellten Schülerarbeiten zu betrachten. Er erkennt augenblicklich, dass es sich hier nicht um »Bildchen« handelt, wie er Maximilians Zeichnungen immer wieder abfällig tituliert hat. Die jungen Menschen, die hier ausstellen, sind allesamt begabt und gründlich, daran besteht nicht der geringste Zweifel. Matthias spürt schmerzlich, wie gern er neben einer dieser Arbeiten den Namen seines Sohnes lesen würde. Maximilian Rothe als Erschaffer eines Porträts, einer Grafik, einer Skulptur. Hier gehört sein Name hin, nicht auf den Grabstein, den sie vor wenigen Tagen beim Steinmetz in Auftrag gegeben haben.

Matthias hat Max' Zeichnung von sich mitgenommen und rollt sie auseinander, betrachtet sie noch einmal lange, hält sie neben ein anderes Bleistiftporträt, das gerahmt an der Wand zum Treppenaufgang hängt. Er erkennt gleich, dass Maximilians Zeichnung gekonnter ist, sein Sohn hatte eine genauere Beobachtungsgabe, hat mehr Facetten des Charakters eingefangen als die junge Zeichnerin hier, die offenbar ihre beste Freundin dargestellt hat, ohne sie wirklich zu kennen.

Es quält mich, Abend für Abend zu Hause am Tisch zu sitzen und deinen leeren Stuhl zu sehen, sagt er stumm zu seinem Sohn. Du hättest nicht gehen dürfen, Max, uns nicht so verlassen. Was für eine Wut muss in dir gebrodelt haben, dass du das getan hast; Wut auf uns, sicher vor allem auf mich. Du zeigst es mir in diesem Bild, das nicht nur über mich so viel aussagt, sondern auch von dir erzählt, viel mehr, als du jemals mit Worten gesagt hast. Ich danke dir für das Bild, Max, und ich schäme mich auch, weil ich nicht eher hingesehen und erkannt habe, was für eine Begabung in dir steckt. Ich weiß es, eigentlich habe ich es die ganze Zeit gewusst, aber ich habe den Fehler gemacht, es dir nicht zu zeigen. Habe alles heruntergespielt, dich sogar lächerlich gemacht. Soeben habe ich Corinna und Natalie erzählt, warum ich so zu dir war, wie ich war, aber ich hätte es zuerst und vor allem dir erzählen sollen. Die Gelegenheit suchen, ein ehrliches, tiefes Gespräch mit dir anzufangen, statt dich immerfort zu gängeln und zu bevormunden.

Weißt du noch, als wir im Frühling zusammen Joggen gegangen sind? Da zum Beispiel. Es wäre ein Leichtes gewesen, uns im lockeren Trab einmal auszusprechen, gewiss hättest du mich verstanden. Du warst so viel größer als ich im Zuhören. Du konntest es gut, während ich immer ungeduldig wurde, zu fest an meinem eigenen Standpunkt festhielt und keinen anderen gelten ließ.

Wir hätten zusammen lachen können, Max. Über Boris, über Paul. Du hast es gar nicht nötig, mit ihm unentwegt zu wetteifern, ihr seid so unterschiedliche Typen. Seine Eltern bekommen Schmerzensgeld von unserer Versicherung, es steht ihnen zu, und ich konnte sehen, wie es im Hirn des Vaters gerattert hat, weil er überlegte, wofür Paul es verwenden kann, wenn er erst wieder auf den Beinen ist. Ein paar Tausender in die Karriere stecken, in spezielle Kurse oder was auch immer. Wir hätten einfach darüber lachen sollen und dann hätte ich dich zu deiner neuen Schule begleitet. Du hättest ein Jahr wiederholt, ein Jahr, nach dem später niemand mehr fragt. Was ist schon ein Jahr gegen das ganze Leben, das du verloren hast, weil ich zu wenig Interesse an dem Max gezeigt habe, der du wirklich warst? Ich habe dir dieses Jahr nicht gegönnt, dir deine Träume nicht gegönnt. Jetzt träumst du nicht mehr. Nur uns bleibt es noch, von dir zu träumen, von der Zeit, die wir mit dir hatten und den Jahren, den vielen, vielen Jahren, die wir noch hätten haben können, haben sollen.

Für dich muss es immer so ausgesehen haben, als ob ich dich nicht lieb hatte. Auch das verrät deine Zeichnung. Ich habe dich geliebt, Max, aber ich habe es dir auf die falsche Art gezeigt, nämlich so, dass du meine Liebe nicht erkennen konntest. Was würde ich darum geben, wenn ich die Zeit zurückdrehen und dir alles erklären könnte, alles Schlimme, was ich dir und damit auch deiner Mutter und deiner Schwester angetan habe, ungeschehen machen! Ich habe Angst, daran zu zerbrechen, Max. An meiner Schuld und daran, dass ich dich nie mehr in die Arme schließen kann. Viel zu selten habe ich dich in die Arme geschlossen, mein Sohn.

Wenn ich nur wüsste, wie es dort ist, wo du jetzt bist. Ob es ein Wiedersehen gibt, wenn die Tage hier auf der Erde, die Tage ohne dich, zu Ende sind. Ich wünsche es mir so.

Ich trag dich sicher in mir, Max, für den Rest meiner Zeit. Das verspreche ich dir.

Bitte verzeih mir. Natürlich bist du der Größte und wirst es für mich immer bleiben. So, wie du bist.

Matthias schreckt auf, als er Schritte hört, die rasch näher kommen, ein Mann im schwarzen Rollkragenpullover eilt die Treppe hinunter und stutzt, als er den schulfremden Mann wahrnimmt. Ein richtiger Künstlertyp, denkt Matthias. Zu denen hat sich Max also hingezogen gefühlt, mehr als zu mir. So einer und Brückner. Und ich habe nicht gemerkt, wie er sich mir entfremdet hat.

»Kann ich Ihnen helfen?«, erkundigt sich der Lehrer.

Matthias zögert. Blickt auf Max' Zeichnung, fühlt einen Schmerz durch seine Brust jagen. Schließlich nickt er.

»Die Aufnahmeprüfungen neulich«, antwortet er. »Mein

Sohn war dabei. Können Sie sich an ihn erinnern? Ich würde gern seine Arbeiten sehen. Maximilian Rothe war sein Name.«

Der Kunstlehrer hebt die Augenbrauen.

»*War?*«, wiederholt er.

Matthias räuspert sich. »Wenn Sie vielleicht einen Augenblick Zeit hätten«, meint er. Beinahe schüchtern, ganz anders als es sonst seine Art ist. Er zeigt dem Lehrer seine Zeichnung und merkt, dass der Mann sofort begreift.

»Ich glaube, ich erinnere mich an Ihren Sohn«, bestätigt dieser. »Ich habe gerade eine Freistunde, mein Kurs ist heute zu einer Ausstellung unterwegs. Wir können in mein Büro gehen.«

Matthias atmet tief durch, als der Mann vor einer Tür stehen bleibt und sein Schlüsselbund aus der Hosentasche fischt.

Ich bin zu Hause, denkt er. Hier und jetzt bin ich ganz nah bei dir, Max. Endlich habe ich den Weg zu dir gefunden.

Der Mann dreht seinen Schlüssel im Schloss und drückt die Tür auf; Matthias blickt in einen hellen, weiten Raum voller Bilder und Kunstgegenstände.

»Kommen Sie«, sagt der, der Max' Tutor hätte werden sollen. »Nehmen Sie auf dem Sessel Platz. Unsere Sekretärin wird Ihnen gleich einen Kaffee bringen, und dann erzählen Sie.«

Zu Hause bei dir, denkt Matthias noch einmal. Hallo, Max, mein Sohn.

**Annika Pietz, 17 Jahre, und Paul Fischer, 18 Jahre:
Maximilians Freundin und bester Freund**

Die Arztvisite ist weg, Paul lässt sich zurück in seine Kissen fallen. Durch die ruckartige Bewegung spürt er einen stechenden Schmerz in seiner Hüfte, er schließt die Augen und wartet ab, bis er vorübergeht. Noch immer haben sie ihm keine Hoffnung auf eine baldige Entlassung aus dem Krankenhaus gemacht, zu kompliziert waren die Brüche an Becken und Hüftgelenk, er spürt selbst, dass die Schrauben seine Knochen noch halten müssen. Aber hier in diesem Krankenzimmer, das er noch dazu für sich allein hat, überkommt ihn immer wieder das Gefühl, wahnsinnig zu werden.

Seit seiner Notoperation nach dem Unfall liegt er hier, sein Vater hat sofort alles in die Wege geleitet, wovon er meint, dass es seinem Sohn zustehe, vom Einzelzimmer über Gourmetkost aus der Küche bis hin zur Chefarztbehandlung. Paul steht noch zu sehr unter Schock, um zu protestieren. Viel lieber hätte er das Zimmer mit einem anderen Patienten geteilt, einem Jungen in seinem Alter vielleicht, der eine Sportverletzung erlitten hat, das hätte ihm zumindest hin und wieder das Gefühl vermitteln können, in einer ähnlichen Lage zu sein. Auch hätte er Ablenkung gehabt, jemanden zum Reden, einen, der einfach im selben Zimmer atmet. So jedoch ist für Paul seit einem Monat die Zeit stehen geblieben. An der gegenüberliegenden Wand hängt ein Fernseher, der ihm in der ersten Zeit die einzige Abwechslung bot, anfangs hat er ihn fast ununterbrochen laufen lassen, egal was gesendet wurde, er konnte nicht allein sein, keine Stille ertragen, erst recht nicht, wenn er schlief, weil ihn dann die Albträume heimsuchten, ständig wiederkehrende Filme und Bilder, Fetzen von dem, was geschehen ist. Die Welt steht still, die Zeit steht still, seit er hier liegt. Seine Eltern kommen fast täglich zu Besuch, aber sie haben ihre Schonhaltung ihm gegenüber noch nicht aufgegeben, beantworten seine Fragen nicht, wollen nicht, dass er sich aufregt. Dafür verwöhnen sie ihn, erfüllen jeden seiner Wünsche, am eifrigsten das Bedürfnis nach Unterhaltung und Beschäftigung. Der Vater hat ihm jetzt, da Paul regelmäßig wach ist und keine ständigen Schmerzen mehr hat, seinen Tablet-PC gebracht, die Mutter versorgt ihn mit Romanen sowie Sport-, Auto- und Computerzeitschriften. Für die Hefte ist er dankbar, die Bücher rührt er nicht an, kann sich nicht lange auf einen Text konzentrieren, auch wenn es ausnahmslos humorige, kurzweilig zu lesende Texte junger Szeneautoren sind, die sie für ihren Sohn ausgewählt hat. Paul kann sich noch nicht ins Lachen hineindenken, kommt sofort wieder ins Grübeln, in die Fassungslosigkeit. Wie kann man Witze reißen, wenn Max umgekommen ist. Immer wieder hat Paul das Gefühl, aufspringen zu müssen und aus dem Krankenhaus zu fliehen, zurück nach Hause, zur Schule, um nachzusehen, ob das alles wirklich passiert ist, es kann nicht sein. Pauls Leben hat bis zu jenem Tag, an dem Max mit ihm, Annika und Natalie gegen einen Baum gerast ist, nur Aufwärtsbewegungen gemacht. Jetzt ist es genauso zerbrochen wie seine Hüfte.

Immerhin hat er angefangen, ab und an wieder im Internet zu surfen und sich in seine sozialen Netzwerke einzuloggen, auch wenn er bislang noch niemanden von seinen Freunden angeschrieben hat. Er liest die Neuigkeiten seiner Freunde, hat verfolgt, wie sich die anderen aus der Schule über Max' Tod ausgetauscht haben, alle so fassungslos wie er. Auch ihm hat noch niemand eine Nachricht geschickt, das hat er durch seine Einstellungen vermieden, hat sich für die anderen als offline dargestellt. Aber jetzt hat er das Bedürfnis, mit jemandem zu chatten. Mühsam rappelt er sich wieder in eine Art Sitzhaltung hoch und angelt in der Schublade seines Nachttisches nach dem Tablet-PC, wieder überkommt ihn der Schmerz, aber dieses Mal lässt er sich nicht dadurch lähmen, hält nicht inne, sondern schaltet das Gerät ein und wartet, bis das System hochgefahren ist. Loggt sich ins Internet ein, ruft Facebook auf. Natürlich ist jetzt am Vormittag kaum jemand online, mitten in den Sommerferien. Fast alle sind im Urlaub, schnorcheln um Trauminseln herum oder besteigen Berge, stromern durch angesagte Städte irgendwo am Mittelmeer. Aber Annika ist on. Paul Herz beginnt heftig zu schlagen, zu Annika hat er noch keinen Kontakt gehabt, seit sie getrennt voneinander in verschiedene Krankenwagen verfrachtet und mit Blaulicht und Sirene vom Unfallort weggefahren sind, beide bei vollem Bewusstsein. Mit Annika könnte er chatten. Vielleicht tut es beiden gut. Vielleicht will sie nicht. Mit kalten Fingerspitzen setzt er den Cursor in das Feld neben ihrem Namen.

Paul: *Annika?*
Annika (nach einigem Zögern): *Paul ... hallo! Wie geht's dir, bist du noch im Krankenhaus?*
Paul: *Ja, und muss wohl auch noch lange drin bleiben. Und du?*
Annika: *Bin seit knapp zwei Wochen draußen. Bist du operiert worden?*
Paul: *Sie haben mein Becken wieder zusammengeschraubt wie ein Puzzle. Ziemlich komplizierte Brüche. Und du?*
Annika: *Oh, klingt nicht gut. Da war ich wohl besser dran: Rippenserienbruch und Schädelbasisbruch. Heilt alles von allein, muss mich nur schonen.*
Paul: *So wirklich lustig liest sich das aber auch nicht. Hast du noch Schmerzen?*
Annika: *Vor allem beim Einatmen. Ist aber schon besser geworden. Am Anfang war's ganz schlimm. Der Kopf tut vor*

allem weh, wenn ich mich zu sehr anstrenge. Eigentlich kann ich nichts lange machen, weder lesen noch fernsehen oder am Laptop sein.
Paul: *Wenigstens musst du nicht mehr liegen.*
Annika: *Ich leg mich noch oft hin. Bin immer schnell erschöpft und schlafe auch viel, auch tagsüber.*
Paul: *Beneide dich fast drum. Ich fühl mich so eingesperrt hier.*
Annika: *Glaub mir, draußen ist es nicht besser.*
Paul: *Nicht? Immerhin kannst du dich mit deinen Sachen beschäftigen und bist in der vertrauten Umgebung. Deine Eltern sind da und du musst keine Krankenhauskost futtern.*
Annika: *Ach komm, du hast doch bestimmt auch den Gourmet-Plan unter den drei Auswahlmöglichkeiten, genau wie ich ihn hatte.*
Paul: *Schmeckt trotzdem nicht. Wie geht's den anderen?*
Annika: *Welchen anderen?*
Paul: *Johanna, Charlotte, Justus, Simon und so. Du hast doch bestimmt oft Besuch.*
Annika: *Träum weiter.*
Paul: *Nicht?*
Annika: *Genauso Fehlanzeige wie im Krankenhaus. Die einzigen menschlichen Gesichter, die ich sehe, sind die meiner Eltern und die in der Glotze.*
Paul: *Du meinst, nicht mal Johanna war bei dir?*
Annika: *Genau.*
Paul: *Sie ist doch deine beste Freundin und du bist ihre, oder?*
Annika: *Dachte ich bisher auch. Aber das zeigt sich ja jetzt.*
Paul: *Wie enttäuschend. Das hätte ich nicht von ihr gedacht.*
Annika: *Meine Mutter sagt, ich soll ihr Zeit lassen. Sie weiß vielleicht einfach nicht, was sie sagen soll. Wie ist das mit deinen Freunden?*
Paul: *An dem Tag, wo die mündlichen Prüfungen stattgefun-*

den haben müssen, kam 'ne Genesungskarte, auf der fast alle aus dem Jahrgang unterschrieben haben. Das ist alles. Aber ich bin selber noch nicht so weit.
Annika: *Hast du in deinem Jahrgang keinen besten Freund?*
Paul: *Anni... mein bester Kumpel war Max.*
Annika: *Ich weiß. Ich dachte nur...*
Paul: *Hattest du es wirklich vergessen? Hast du nicht an Max gedacht?*
Annika: *Ich denke jeden Tag an ihn.*
Paul: *Jedenfalls tat die Karte mehr weh als dass sie mich freute, weil seine Unterschrift fehlte.*
Annika: *Das muss wie ein Schlag ins Gesicht gewesen sein. Aber anscheinend weiß dann die ganze Oberstufe nicht, was sie zu uns sagen soll. Irgendjemand würde sich doch sonst melden. Ich glaube nicht, dass ich Johanna in so einer Situation im Stich lassen würde.*
Paul: *Da kann man nur spekulieren. Nach allem, was passiert ist...*
Annika: *Glaubst du, die wissen was über die Details?*
Paul: *Du meinst, von uns?*
Annika: *Viel war doch da gar nicht.*
Paul: *Für mich schon. Und wenn es sich 'rumgesprochen hat, über Natalie...*
Annika: *Weißt du was von ihr, wie schwer sie verletzt ist? Die Krankenschwester hat mir nur erzählt, dass sie lebt.*
Paul: *Mein Vater hat sie in der Stadt gesehen, mit einem Typen.*
Annika: *Bist du sicher, dass er sich nicht verguckt hat? Eigentlich muss es sie viel schlimmer erwischt haben als uns. Sie saß ja vorn.*
Paul: *Sie hätte genauso draufgehen können wie Max, am Unfallort war sie ja bewusstlos. Dass sie jetzt wieder rumläuft, scheint eine Art Wunder zu sein. Zum Glück für die Eltern.*
Annika: *An die darf ich gar nicht denken.*

Paul: *Glaubst du, sie hat den anderen in der Schule von uns erzählt?*
Annika: *Sie hat doch gar nichts gesehen. Natalie ist erst nach Max aus dem Club gekommen und eingestiegen.*
Paul: *Hattest du nicht das Gefühl, sie wusste genau, was gelaufen ist?*
Annika: *Weiß ich nicht mehr. Paul, ich kann nicht ständig darüber nachdenken, eher versuche ich mich abzulenken und auf andere Gedanken zu kommen. Ich muss jetzt off, die Kopfschmerzen werden wieder schlimmer. Bis demnächst also.*
Paul: *Gute Besserung. Bis bald!*

Paul starrt auf den grünen Punkt neben Annikas Namen, bis er verschwunden ist, dann scrollt er auf der Seite weiter nach unten, liest die Neuigkeiten seiner virtuellen Freunde, von denen weniger als die Hälfte auch echte Bekanntschaften sind, kann kaum aufnehmen, was sie berichten, kurze, belanglose Sätze über ihre Freizeitaktivitäten, Fotos aus dem Urlaub. Es war seltsam mit Annika eben, denkt er. Ob das an ihrer Kopfverletzung liegt? Steht auch sie noch unter Schock? Bevor geschehen ist, was geschah, hat sie Paul geradezu angehimmelt, nicht selten sogar in Anwesenheit von Max, mit dem sie zusammen war. Paul selbst hatte dann den inneren Drang verspürt, sie ein wenig zu bremsen, um seinen Freund nicht zu verletzen, doch Annikas unverhohlene Bewunderung hatte ihm auch geschmeichelt. In den letzten Wochen vor Max' Tod waren sie sich nähergekommen, zu nah, aber war es verwunderlich, wo Max so seltsam geworden war, manchmal fast unwirsch und ablehnend und sich immer mehr aus gemeinsamen Aktivitäten herauszog?

Paul schüttelt den Kopf, als könne er damit seine Gedanken fortjagen, aber es gelingt ihm nicht. Als Max sich so verändert hat, war das etwa schon … Er will die Vermutung nicht zulassen, sie schmerzt zu sehr, natürlich ist das möglich, man hört doch immer wieder, dass es vor einem Suizid Anzeichen im Verhalten gibt. Weder Annika noch er haben etwas bemerkt und richtig gedeutet, und jetzt weicht sie ihm aus. Aber sie haben doch nur einander, sie hat es selbst geschrieben. Er muss unbedingt wieder zu ihr Kontakt aufnehmen, sonst wird er noch verrückt. Was sie und er erlebt haben, versteht nur, wer Ähnliches durchgemacht hat, und das dürfte in ihren beiden Jahrgängen am Gymnasium kaum jemand sein.

Aber jetzt will sie nicht länger mit ihm chatten, und er kann nichts aufnehmen von all den Webseiten, mit denen er sich die Zeit vertreiben wollte, alles rauscht an ihm vorbei, bestimmt zum zehnten Mal googelt er seine Verletzungen und liest Fachartikel über Heilung und Prognosen, sieht sich Musikvideos im Internet an, treibt sich auf Sportseiten herum, sucht die Webseite der Schule nach Neuigkeiten ab, doch außer ein paar Terminen, die sich jedes Jahr wiederholen und dem Turniersieg der Fußballmannschaft ist nichts Interessantes verzeichnet. Mit einem ungeduldigen Stöhnen schließt er alle geöffneten Fenster und fährt das System herunter, bis ihn nur noch das schwarz glänzende Display anstarrt. Paul spiegelt sich darin und stellt fest, dass seine Haare gewachsen sind, innerhalb von vier Wochen kann kaum mehr als ein Zentimeter hinzu gekommen sein, aber es verändert dennoch sein Aussehen, macht es lässiger, Mädchen fahren gern mit den Fingern durch solche Haare. Sonst hat er immer Wert darauf gelegt, regelmäßig zum Friseur zu gehen. Jetzt ist er nicht mehr sicher, ob er das will. Max hatte längere Haare als er. Soll er sie wachsen lassen, seinem Freund zu Ehren?

Er schiebt den Tablet-PC in den Nachttisch zurück, wie dämlich ist er eigentlich, jetzt über sein Aussehen nachzudenken, seine Wirkung auf das weibliche Geschlecht. Wenn die Eitelkeit allmählich wieder zum Vorschein kommt, geht es ihm vielleicht doch nicht mehr so schlecht. Er schaltet den

Fernseher ein und lässt eine Quizsendung laufen, ohne sie zu verfolgen.

Annika. Er muss Annika erreichen. Heute nicht mehr, heute muss er sie in Ruhe lassen, aber sie wird wieder mit ihm chatten, wenn auch sie sonst niemanden dafür findet.

Den Rest des Tages verbringt Paul mit Fernsehen und Schlafen, blättert in seinen Zeitschriften, stochert ohne Appetit in den Mahlzeiten herum, die ihm im dreistündigen Rhythmus gebracht werden; nach der letzten, dem Abendbrot am späten Nachmittag, ist der Tag immer noch lang. Morgen wieder. Vielleicht hat der kurze Chat heute früh auch in ihr das Bedürfnis geweckt, sich mit ihm auszutauschen. Kein Mensch kann immer nur grübeln.

***

Paul: *Hi Annika, wie geht's dir heute? Kopfschmerzen besser?*
Annika: *Etwas. Und bei dir?*
Paul: *Wird schon. Was hast du gestern noch gemacht?*
Annika: *Viel geschlafen. Sonst nichts weiter. Schlafen könnte ich immerzu, meine Mutter macht sich schon Sorgen deswegen und redet von Psychologen und so was.*
Paul: *Wär vielleicht nicht verkehrt, was meinst du?*
Annika: *Wenn ich da hingehe, wird Max auch nicht wieder lebendig.*
Paul: *Ich weiß, aber wenn du mehr schläfst, als es von deiner körperlichen Diagnose her normal ist, kann es ein Hinweis auf seelische Ursachen sein. Du hast einiges zu verarbeiten.*
Annika: *Mit Freunden zu reden wär' mir lieber.*
Paul: *Hat sich immer noch niemand gemeldet?*
Annika: *Da wird sich wohl nichts mehr ändern.*
Paul: *Sie kommen bestimmt auf dich zu, wenn du erst wieder in die Schule gehst.*
Annika: *Was soll ich da ohne Max?*

Paul: *Das Semester an der Uni beginnt erst Anfang Oktober. Bis dahin kann ich dir gern persönlichen Geleitschutz geben, wenn du möchtest ;-).*

Annika: *Mir ist nicht nach Scherzen zumute.*

Paul: *Schon gut, mir doch auch nicht. Noch mal zu deinem Schlafbedürfnis: Schläfst du denn gut?*

Annika: *Wenn ich tagsüber wegdöse, ja. Nachts kommen immer wieder diese Bilder hoch...*

Paul: *So geht's mir auch. Das kann ich überhaupt nicht abstellen, jede Nacht läuft derselbe Film ab und irgendwann schrecke ich schweißgebadet hoch.*

Annika: *Das Krachen und Klirren beim Aufprall habe ich noch in den Ohren. Den Knall und die Stille danach... wie Max leblos in seinem Sitz hing, der Airbag...*

Paul: *Und Natalie, die sich auch nicht mehr rührte.*

Annika: *Ich glaube, sie hat am Kopf geblutet.*

Paul: *Hast du gleich gewusst, dass Max tot ist?*

Annika: *Gespürt. Alles war so schrecklich. Wie wir da hinten saßen und ewig keiner kam...*

Paul: *Im ersten Moment war ich vor allem froh, dass du überlebt hast.*

Annika: *Froh? Ich hab gar nichts gefühlt. Das war alles so unwirklich.*

Paul: *Ok, froh ist nicht der richtige Ausdruck. Bis der Krankenwagen kam, erschien mir auch endlos. Hat dir in dem Moment schon was wehgetan?*

Annika: *Erst als ich auf der Liege lag, auf der Fahrt ins Krankenhaus. Durch das Geruckel hatte ich das Gefühl, dass mein Kopf gleich zerspringt und dass ich schlecht Luft bekomme.*

Paul: *Im ersten Moment hab ich auch nichts gemerkt. Vielleicht bin ich ohnmächtig geworden.*

Annika: *Quatsch, du hast versucht die Seitentür zu öffnen, hast es aber nicht geschafft. Der Typ, der den Krankenwagen gerufen hat, auch nicht, oder?*

Paul: *Daran erinnere ich mich überhaupt nicht mehr. Die Schmerzen habe ich auch erst im Krankenhaus richtig wahrgenommen, bei der Untersuchung. Dann aber umso heftiger; ich hätte schreien können.*

Annika: *Bist du sofort operiert worden?*

Paul: *Ich denk schon, aber ich hatte überhaupt kein Zeitgefühl mehr. Bin halt irgendwann aufgewacht und wusste erst nicht, was los war. Meine Eltern saßen an meinem Bett, meine Mutter hat geweint.*

Annika: *Fast beneide ich dich. Ich war die ganze Zeit bei Bewusstsein. Die Zeit schien überhaupt nicht zu vergehen, erst musste ich stundenlang warten. Von wegen nach einem Unfall kommt man sofort dran in der Notaufnahme! Und die ganze Zeit diese Schmerzen, die Atemnot. Irgendwann dann die Untersuchung, Röntgen und alles. Zuerst haben sie überlegt, ob sie mich ins künstliche Koma versetzen und beatmen, weil mir jeder Atemzug so wehgetan hat. Aber dann habe ich doch nur Beruhigungs- und Schmerzmittel bekommen. Zeitgefühl hatte ich auch nicht, aber irgendwann war es wieder Tag und ich lag im Krankenzimmer und meine Mutter kam auch.*

Paul: *Für unsere Eltern muss es auch ein Schock gewesen sein.*

Annika: *Ja sicher, aber wir sind am Leben. Denk mal an Max' Eltern, deren Sohn kommt nie mehr zurück.*

Paul: *Ich weiß ... wie hast du erfahren, dass er den Unfall nicht überlebt hat?*

Annika: *Ich brauchte nur das Gesicht meiner Mutter zu sehen.*

Paul: *Mir hat es mein Vater versucht, schonend beizubringen, als ich nach ein paar Tagen etwas wacher war und die schlimmsten Schmerzen überstanden waren.*

Annika: *Schonend. Als ob man so etwas schonend vermitteln könnte.*

Paul: *In dem Moment hatte ich das Gefühl, die Erde stürzt über mir zusammen.*
Annika: *Ich hab nur an die Decke gestarrt und konnte es nicht glauben. Obwohl ich ihn ja auch gesehen hatte. Da war nichts mehr, kein Leben.*
Paul: *Puh, tut irgendwie gut, mit dir darüber zu reden.*
Annika: *Aber jetzt ist meine Mutter reingekommen, wir essen gleich. Danach will sie mich zu einem kleinen Spaziergang nach draußen lotsen. Ich glaub, das versuch ich mal, heute ist es nicht ganz so heiß wie gestern.*
Paul: *Mach das. Schreiben wir nachher wieder?*
Annika: *Weiß noch nicht wann. Ist für mich noch anstrengend. BB.*
Paul: *Zu mir kommt auch gleich die Physiotherapeutin. Bis dann!*

Den ganzen restlichen Tag jedoch ist Annika nicht mehr online. Paul strengt sich an bei den Übungen, die seine Muskeln während der langen Bettruhe stärken sollen, lange hat er befürchtet, bleibende Schäden zurückzubehalten, doch die Prognosen sind gut, und in den nächsten Tagen kann auch der Blasenkatheter gezogen werden. Solange er den noch trägt, ist Paul dankbar, noch keinen Besuch von Mädchen zu haben, so möchte er nicht gesehen werden, auch nicht von Jungs. Am Nachmittag kommt seine Mutter und versorgt ihn mit frischem Obst, mehr als er essen kann, sie reden nicht viel. Abends verfolgt er im Fernsehen ein Freundschaftsspiel der deutschen Fußball-Nationalmannschaft gegen Norwegen, eigentlich ist er kein Fußballfan. Immer wieder sieht er am Tablet-PC nach, ob Annika on ist, ihn vielleicht von selbst anschreibt, checkt auch sein Handy nach SMS. Aber nichts geschieht.

* * *

Annika: *Paul?*
Paul: *Da bist du ja, hab schon gewartet!*
Annika: *Haben deine Eltern eigentlich was über Max' Beerdigung erzählt?*
Paul: *Daran muss ich auch die ganze Zeit denken. Dass er schon unter der Erde liegt und wir ihn nie wiedersehen.*
Annika: *Jaja, also haben sie?*
Paul: *Es sollen sehr viele Menschen da gewesen sein, fast die ganze Schule, zumindest die älteren Jahrgänge. Und sogar Brückner ist hingegangen.*
Paul: *Ist er wieder gesund?*
Annika: *Ich schätze eher, er hat es für Max getan. Brückner war sein Lieblingslehrer, das hat er sicher gewusst.*
Paul: *Ja, erstaunlich. Obwohl er vor Mathe Angst hatte. Find ich super von Brückner, dass er da war.*
Annika: *Das war bestimmt auch tröstlich für Max' Familie. Ich ärgere mich, dass ich nicht dabei sein konnte.*
Paul: *Mach dir keinen Kopf. Du warst noch schwer verletzt, das versteht doch jeder.*
Annika: *Das meine ich nicht. Es ist wegen Max. Das war sein letzter Weg, und ich habe ihn nicht begleitet. Ich mache mir solche Vorwürfe.*
Paul: *Verständlich. Auch wenn es in letzter Zeit nicht mehr wirklich gut zwischen euch lief.*
Annika: *Getrennt haben wir uns nicht.*
Paul: *Aber heiß verknallt wart ihr beide nicht mehr. Erinnerst du dich daran, was ich zu ihm gesagt habe, als er uns im Auto erwischt hat?*
Annika: *Wenn ich das nur ungeschehen machen könnte! Noch dazu war es in SEINEM Auto.*
Paul: *Ich habe gesagt: »Du willst doch gar nichts mehr von ihr«. Max hat nicht widersprochen.*
Annika: *Bestimmt hat er nicht richtig hingehört, weil er viel zu wütend war. Oder geschockt, was weiß ich. Wir hätten*

das nicht tun sollen, es war einfach nur mies von uns. Unterirdisch. Jetzt muss ich damit leben, dass es so ungeklärt geblieben ist. Vielleicht lief es nicht mehr traumhaft zwischen ihm und mir, aber ich hätte Schluss machen sollen, statt ihn ausgerechnet mit dir zu hintergehen.
Paul: *Wir haben das nicht geplant. Es ist einfach passiert, und du hast selber gesagt, es war ja nicht wirklich was.*
Annika: *Für uns nicht. Aber was glaubst du wohl, weshalb Max sonst so durchgedreht ist, dass er gegen den Baum raste?*
Paul: *Es ging ihm schon länger nicht so gut. Auch wegen der Schule und so, du weißt ja, wie sein Vater drauf ist. Das mit uns war nur noch der Tropfen, der das Fass zum Überlaufen brachte.*
Annika: *Aber gerade deshalb mache ich mir Vorwürfe! Wenn wir uns wie Freunde verhalten hätten und für ihn da gewesen wären, statt ihn zu betrügen, wäre es vielleicht nicht so weit gekommen!*
Paul: *Ich hab oft versucht, mit ihm zu reden. Gerade in den letzten Wochen.*
Annika: *Was hat er gesagt?*
Paul: *Sorry, krieg gerade Besuch. Mein Dad. Melde mich später noch mal.*
Annika: *Alles klar, bis dann!*

Paul loggt sich aus und schließt die Augen. Dass er Besuch bekomme, war gelogen, sein Vater schafft es erst morgen wieder, die Mutter hat selbst einen Arzttermin. Wenn du wüsstest, Annika, denkt er. Wenn du nur wüsstest, wie harmlos unser einziger Kuss gegen das gewesen ist, was Max selbst getan hat. Vielleicht hätte ich dann leichtes Spiel bei dir, Annika, aber ist es das wert?

Dass Max mit Annika zusammengekommen war, hatte Paul schon immer gewundert, war er doch eher der blasse, ruhige, unauffällige Typ, der sich nie in den Vordergrund drängte. Gut, er spielte Klavier, und Mädchen mögen Musiker, doch auf Sportler wie Paul stehen sie normalerweise auch. Annika singt gerne, und Paul hat nie verstanden, warum Max so wenig darauf eingegangen ist, sie hätte ihn mit ihrer hellen, klaren Stimme am Klavier begleiten können. Max jedoch reagierte jedes Mal etwas unwirsch, wenn Annika zu singen begann. Also fiel Paul mitunter in ihre Melodien ein, Songs aus den Charts, die sie besonders mochte, er versuchte, eine zweite Stimme dazu zu erfinden, meist hatte es für sein Gefühl nicht einmal schlecht geklungen. Annika strahlte ihn jedes Mal an, während Max hingegen versuchte, beide in irgendein Gespräch zu verwickeln, damit sie aufhörten, oder er wandte sich ab. Annika und Paul hatten in den letzten Wochen vor Max' Tod fast mehr Zeit miteinander verbracht als Max mit ihr, und es lag nicht nur daran, dass Paul zunehmend Gefühle für sie entwickelt hatte. Es lag auch daran, dass Max sich innerlich immer mehr zurückzog und mit beiden kaum noch Verabredungen traf. War Paul ein Unmensch, weil er sich in dieser Zeit verstärkt um Annika kümmerte, nicht nur aus Eigennutz, sondern auch um Max zu helfen, die Zeit zu überbrücken, bis er wieder wusste, was er wollte und mit sich selbst im Reinen war?

Paul kümmerte sich um Annika und Annika machte nicht mit Max Schluss. Sie waren nicht schuld. Annika und er waren wegen eines einzigen harmlosen Kusses doch nicht schuld daran, dass Max gegen den Baum gerast war.

Er loggt sich wieder ein, setzt jedoch sofort seinen Status auf offline. Er ruft Max' Profil auf, zum ersten Mal seit dessen Tod, zuckt zusammen, als er sieht, dass es noch existiert. Irgendjemand hat es zu einer Art Gedenkseite umgewandelt, wahrscheinlich Natalie. Oder war es Max selbst, bevor er an seinem letzten Abend mit ihm, Annika und seiner Schwester aufbrach? War das seine letzte Handlung im Internet, hat er noch alles geregelt, während er plante, in den Tod zu rasen?

Max' Profilbild. Ein von ihm gezeichnetes Selbstporträt. Paul klickt darauf, um es zu vergrößern und stutzt; es sieht aus, als wäre das Bild zerknüllt gewesen, klein zusammengeknautscht und wieder auseinandergefaltet. Lange betrachtet er die Zeichnung. Sie spiegelt Max treffender, als ein Foto es jemals könnte, gerade in der Traurigkeit um seine Mundwinkel, die Leere in seinem Blick, die er zuletzt kaum noch zu überspielen versucht hatte, seine leicht zerzausten Haare, die er Annika zuliebe hatte wachsen lassen, bis sie ihm schräg ins Gesicht hingen und Schatten über seine Augen warfen. Das Bild ist unvollendet, aus irgendeinem Grund hat er es nicht fertig gezeichnet, vielleicht gefiel es ihm nicht und deshalb hat er es zerknüllt, und nun wurde es gefunden, eingescannt und auf Facebook online gestellt, prangt jetzt wie eine Anklage in seinem Profil, von Max selbst zerknüllt, ein Bild wie ein Scherbenhaufen. Paul beugt sich noch dichter über das Display seines Tablets, was fand Max bloß nicht gut daran, denkt er. Es ist genial, schon lange hat er die Zeichnungen seines Freundes nicht mehr bewusst wahrgenommen und beginnt nun, dessen Profil nach weiteren Bildern zu durchsuchen, doch Zeichnungen hat Max zu Lebzeiten offenbar nicht eingestellt, dazu war er zu bescheiden, zu scheu. Lediglich einige wenige Fotos findet Paul, von anderen aus dem Jahrgang im Gedenken an Max hochgeladen, Bilder von Kursfahrten und Schulfesten, auf denen er mit anderen zu sehen ist, nicht ausgeschlossen, nicht abseits, aber immer am Rand, einer unter vielen, mehr als andere verträumt wirkend, selten von Herzen lachend, nicht einmal auf den typischen Feierbildern, wo alle ihre Gläser hochhalten und mit selbstbewussten Posen in die Kamera strahlen. So war Max nicht. Aber verdammt, denkt Paul, verdammt, Kumpel, du hast doch trotzdem immer dazugehört, keiner hat dich gedisst oder ausgeschlossen, du warst doch immer dabei, es muss sich nicht jeder in den Vordergrund drängen, das hätte nicht zu dir gepasst, aber du warst doch dabei, ich war immer an deiner Seite und Annika auch, Johanna, Simon, Marie-Luise und alle. Paul beginnt Max' Pinnwand zu studieren, doch es gibt keine Neuigkeiten mehr darauf, nur noch Pinnwandeinträge anderer, zumeist von Mitschülern, nicht alle Namen sind Paul bekannt. Viel schreiben sie nicht, Paul scrollt die Seite hinunter und wieder hinauf, sucht nach Hinweisen, ob irgendjemand mehr über die Umstände seines Todes weiß und dort vielleicht vermerkt hat. Vielleicht hat Max etwas angekündigt, irgendeinen noch so belanglosen Satz gesagt, der jetzt im Nachhinein alles aufklärt, irgendeinen Satz, der beweist, dass nicht Paul und Annika diejenigen sind, an denen die Schuld haften bleiben muss. Max könnte es jemandem angedeutet haben, mit dem er sonst eher wenig zu tun hatte, um kein Aufsehen zu erregen. Niemanden alarmieren. Aber Paul findet nichts, nur kurze, traurige Einträge wie »R.I.P. Max«, »Miss U«. Einige schrieben: »Kannte dich nicht so, finde das alles ganz furchtbar... jemand aus meiner Schule, das gibt's doch gar nicht.« Fassungslose Einträge aus dem gemeinsamen Jahrgang: »Ich hab dir gar nichts angemerkt... hättest du bloß gesagt, wie schlecht es dir ging!« oder »Bist irgendwie nie aufgefallen... aber vielleicht war es genau das, was dich zur Verzweiflung brachte?« Nur die blasse, stille Philine schrieb: »Hoffentlich wissen die Richtigen, was sie dir angetan haben. Ich bin so traurig, Max.« Philine aus dem Mathe-Leistungskurs... Paul stöhnt.

Annika hat sich noch nicht eingetragen, auch Paul wagt es nicht, aus Angst, die anderen könnten dann über ihn herfallen, ihn virtuell zerfleischen, mit Cybermobbing hat er keine Erfahrung, Paul war immer einer von den Beliebten, genau wie Annika, auch darin passen sie zusammen. Wenn irgendjemand Wind davon bekommen hat, was zwischen Paul und

Annika gelaufen ist, kann es ganz schnell vorbei sein mit seiner Beliebtheit, man glaubt nicht, wozu gerade Mädchen fähig sind, Betrug ist das Letzte. Aber niemand scheint es zu wissen.

Paul weiß nicht, wie lange er über Max' Profil bei Facebook gehangen hat, als er wieder diesen Schmerz in seiner Hüfte verspürt, der jedes Mal zurückkehrt, wenn er zu lange in einer Position verharrt. Noch immer aufgewühlt, schaltet er sein Tablet aus und versucht sich im Bett zu strecken, danach konzentriert er sich auf die Übungen, die er bei der Physiotherapeutin gelernt hat und bereits allein anwenden kann. In dieser Nacht schläft er besonders schlecht.

***

Annika: *Paul, hast du auch Post bekommen?*
Paul: *Nein, was meinst du? Von wem sollte ich?*
Annika: *Bei mir klingelte heute der Paketbote und brachte mir eine Papprolle. Zuerst wusste ich überhaupt nicht, was ich davon halten sollte, hatte ja nichts bestellt. Aber als ich dann auf den Absender sah, traf mich fast der Schlag. Es war Post von Natalie.*
Paul: *Eine Papprolle? Also kein Brief, keine Karte oder so?*
Annika: *Nein, ein zusammengerolltes Bild. Eine Zeichnung war drin. Von Max.*
Paul: *Natalie hat dir das Original von dem Porträt geschickt, das auf seiner Facebook-Seite als Profilbild zu sehen ist?*
Annika: *Nein, ich bin drauf. Er hat mich gezeichnet.*
Paul: *Erzähl.*
Annika: *Ich kann es kaum in Worte fassen, bin völlig durcheinander. Das Bild sagt irgendwie alles aus, das hat mir jetzt richtig die Augen geöffnet. Ich glaub, ich hab alles falsch gemacht mit Max.*
Paul: *Glaub ich zwar nicht, aber wie kommst du darauf? Hat er dich als Hexe gezeichnet?*

Annika: *Das ist nicht witzig, Paul. Das Bild ist toll geworden, aber es sagt viel darüber aus, wie er mich gesehen hat. Es ist eine Bleistiftzeichnung, aber kein Porträt, sondern ich bin ganz darauf. Und zwar als Roboter.*
Paul: *Roboter? Dann bist du es nicht.*
Annika: *Es ist schwer zu beschreiben, verflixt. Gesicht und Haare sind so gezeichnet, als ob ich draußen stehe, irgendwo an der frischen Luft, mit einer leichten Windbewegung im Haar. Aber der Körper, Arme und Beine sind die eines Roboters. Richtig aus Metall und mit Schrauben usw.*
Paul: *Krass. Bist du sicher, dass es dich darstellen soll?*
Annika: *Meine Gesichtszüge erkennt man auf den ersten Blick.*
Paul: *Aber wieso als Roboter? Du bist das lebendigste Mädchen, das ich kenne.*
Annika: *Ich glaube, ich weiß, was Max damit meint. Ich bin viel zu mainstream. Modische Klamotten, Songs aus den neuesten Charts, Deutsch-Leistungskurs, fester Freund, noch keine Idee für das Leben nach der Schule. Nichts Aufregendes, aber immer dabei, immer auf der sicheren Seite, ein Mädchen ohne Ecken und Kanten. Angepasst und im Grunde langweilig.*
Paul: *Ich fand dich noch nie langweilig.*
Annika: *Du verstehst nicht, worum es geht. So wie ich war, wollte ich auch Max haben. Ich hab ihn viel zu wenig ernst genommen.*
Paul: *Übertreib nicht. Du warst lieb zu ihm.*
Annika: *Was heißt das schon? Ich habe mich viel zu wenig für ihn interessiert, für seine Kunst, seine Ziele. Dabei war das was ganz Besonderes. Ich hätte ihn viel mehr unterstützen müssen, statt nur an ihm rumzumeckern.*
Paul: *Hast du so viel gemeckert? Hab ich nicht mitbekommen.*
Annika: *Wenigstens habe ich mich bemüht, es nicht vor an-*

deren zu machen, aber wenn wir allein waren, habe ich öfter auf ihn eingeredet. An seinem Kleidungsstil etwas auszusetzen gehabt, ihm andere Hobbys vorgeschlagen, eben solche Sachen, wie alle Jungs sie machen und die als cool gelten. Total bescheuert von mir. Und so was von oberflächlich.
Paul: *Du hast es gut gemeint.*
Annika: *Eben nicht. Es ging mir dabei nicht um Max. ICH wollte, dass mein Freund in ist. Dazugehört, zum harten Kern. Ich wollte keinen Sonderling, weil ich nicht begriffen habe, dass allein in dem Wort schon der Begriff »besonders« steckt. In meiner Blindheit wollte ich, dass er so ist wie alle.*
Paul: *Dann hätte er es manches Mal leichter gehabt.*
Annika: *Mag sein, aber wenn ich zu ihm gestanden hätte, so wie er war, wäre er mehr wahrgenommen worden. Mit seinen Bildern, seinen Zielen, seinem ruhigen, tiefen Charakter. Dann hätte er sich entfalten können.*
Paul: *Seine Bilder hängen überall in der Schule aus. Fast in jedem Flur läuft man an ihnen vorbei. Es ist also nicht so, dass sie nicht wahrgenommen wurden.*
Annika: *Ja eben, man läuft vorbei. Oder bleibst du etwa stehen, um sie dir genauer anzusehen? Hast du mit ihm über die Bilder gesprochen? Darüber, was er sich bei dem einen oder anderen gedacht hat, als er es malte?*
Paul: *Max wusste, dass ich finde, er kann gut malen. Das kann ich selber nicht. Früher hat er manchmal heimlich für mich die Bilder in Kunst gemalt, wenn ich es nicht hinbekommen habe.*
Annika: *Siehst du, das ist auch so ein Beispiel. Max wurde von allen ausgenutzt, aber von niemandem ernst genommen. Man muss sich nur die Kommis auf seiner Gedenkseite durchlesen. Viele haben ihn nicht mal bemerkt – nicht mal du und ich.*
Paul: *Dafür warst du aber lange mit ihm zusammen. Und ich war auch für ihn da, wenn er mich brauchte.*

Paul stöhnt. Sie hat recht, denkt er, mit jedem Wort hat sie recht. In seiner Erinnerung wiederholt Paul eines der letzten Gespräche zwischen ihm und Max, er hatte Paul anvertraut, dass er sich nach tiefen Gesprächen mit seiner Freundin sehnte, nach echter Verbundenheit, die über das gewöhnliche Verknalltsein zwischen Junge und Mädchen hinausging. Das hatte er bei Annika vermisst. Für Max bedeutete Liebe mehr als sich gegenseitig anziehend zu finden, die Freizeit zu zweit oder mit Freunden zu verbringen und ab und zu Sex zu haben. Paul hätte es ihr sagen können, ihr den Hinweis geben, sie müsse mehr Interesse an ihm zeigen, wenn sie ihn halten wolle. Er hat es nicht getan, weil er selbst so gern seine Zeit mit ihr verbrachte. Jetzt kann er es Annika erst recht nicht mehr erzählen. Sie würde sich nur weitere Vorwürfe machen, weil sie Max nicht geben konnte, was er suchte. Und ihm, weil sein Verhalten egoistisch war.

Annika: *Bist du noch da?*
Paul: *Sorry, die Küchenfrau war gerade da und hat mir Kaffee und Kuchen gebracht. Ich wollte nicht, dass sie mir beim Schreiben zusieht.*
Annika: *Vielleicht schickt Natalie dir auch ein Bild.*
Paul: *Ich hoffe nicht...*
Annika: *Hast wohl Angst, dass deines auch nicht schmeichelhaft ist...*
Paul: *Keine Ahnung. Was willst du mit dem Bild machen?*
Annika: *Im Zimmer aufhängen wohl kaum... Mann, das ist alles so traurig, ich muss gerade voll heulen! Warum kann ich nicht einfach die Zeit zurückdrehen und so zu Max sein, wie er es verdient gehabt hätte?*
Paul: *Jetzt gib dir nicht allein die Schuld. Da kam vieles zusammen und Max konnte sehr gut dichtmachen. Du bist keine Hellseherin. Wenn es überhaupt Selbstmord war...*
Annika: *Die Polizei ist sich sicher, das hast du doch auch*

schon gehört. Max hatte ja nichts getrunken. Es hat keinen Sinn, sich was vorzulügen.

Paul: *Ich lüge mir nichts vor. Vielleicht ist es mehr so eine Art Klammern an die letzte Hoffnung, dass es doch »nur« ein Unfall war, weil ich es anders nicht ertrage. Dass mein bester Kumpel sterben wollte und ich habe es nicht rechtzeitig bemerkt, sondern vielleicht sogar selbst dazu beigetragen.*

Annika: *Genau, das macht mich auch so verrückt.*

Paul: *Wenn ich jetzt bei dir wäre, würde ich dich ganz fest umarmen. Rein freundschaftlich, versteht sich.*

Annika: *Schon gut. Ich weiß nicht, ob ich das jetzt ertragen könnte.*

Paul: *Vielleicht hat Max das Bild ganz anders gemeint, als du es interpretiert hast. Schau doch mal auf die Rückseite, ob er irgendwas dazu notiert hat.*

Annika: *Hab ich längst getan, da ist nichts. Und auch kein weiterer Zettel in der Paketrolle. Ich werde schon das Richtige darin gesehen haben. Wie in einem Spiegel.*

Paul: *Auch keine Karte von Natalie? Zur Genesung oder so?*

Annika: *Hör mal, Paul! Natalie leidet noch viel mehr als wir, Max war ihr Bruder, sie hat mit ihm gelebt, jeden Tag, ihr Zimmer liegt genau neben seinem und das ist jetzt leer! Jeden Tag wird sie daran erinnert, dass er nicht wiederkommt! Und du glaubst ernsthaft, sie hätte den Nerv, an uns Genesungskarten zu verschicken?*

Paul: *Du hast recht. Trotzdem finde ich es nicht sehr einfühlsam von Natalie, dir das Bild einfach so zu schicken, ohne jeglichen Kommentar. Sie kann sich doch denken, wie es in dir aussieht und dass du jetzt erst recht grübelst. Außerdem bist du noch verletzt, wenn auch nicht mehr im Krankenhaus.*

Annika: *Sie hat schon recht damit. Und es ist ja auch ein Andenken an Max, wenn auch ein Schmerzliches. Ich werde das Bild jedenfalls in Ehren halten, auch wenn ich es nie-*

mandem zeige. Gerade deshalb. Ich will kein Roboter mehr sein, Paul. Nie wieder.

Danach verabschiedet sie sich und loggt sich aus. Paul liegt aufgewühlt in seinem Bett und schiebt den Tablet-PC so heftig in die Schublade zurück, dass das Gerät gegen den Rand stößt, es ist ihm egal. Warum bekommt er es nicht hin mit Annika, jedes Mal wenn sie miteinander chatten, findet er nur unbeholfene Worte, die das Gespräch in die falsche Richtung lenken. Weg von ihm, alles dreht sich um Max, mehr als zu dessen Lebzeiten.

Ich bin verliebt in dich, Annika, denkt er immer wieder. So lange schon und so sehr, und an dem Abend war ich so dicht dran, ich wollte es dir sagen. Für mich war unser Kuss nicht unbedeutend, an jenem Abend bedeutete er mir alles. Ich wollte kämpfen um dich, es war doch schon fast aus zwischen euch, ihr habt nicht zusammengepasst. Max' Gefühle gehörten nicht mehr dir, aber dafür meine, so lange schon, so lange. Was soll ich tun?

***

Die nächsten Tage ziehen für Paul trostlos vorbei. Annika ist kaum noch on, am dritten Abend schickt er ihr eine gewollt belanglose SMS, die sie nicht beantwortet. Max' Zeichnung scheint alles verändert zu haben, vielleicht braucht sie diesen Rückzug von Paul, hat sich professionelle Hilfe gesucht, um alles aufzuarbeiten. Vielleicht tobt auch in ihr ein Gefühlschaos, die Schuldgefühle Max gegenüber auf der einen Seite, zarte Regungen für Paul auf der anderen, zweifellos waren sie vor Max' Tod da, er hat es gespürt und sonst hätte sie ihn nicht geküsst. Annika mag richtig liegen, wenn sie sich im Nachhinein selbst als ein wenig oberflächlich bezeichnet, aber genau wie bei ihm selbst ist das doch nur Fassade. In der Schule und bei Freizeitaktivitäten in der größeren

Clique zeigt niemand sein wahres Gesicht, da ist vieles nur Show.

Wenn ich nur raus könnte, denkt er wieder und wieder; endlich raus hier, aus dem Bett, dem Krankenhaus. Wieder gehen können, mich in der Welt bewegen, die doch immer meine war, sie wieder unter meine Kontrolle bringen, alles richten, nach vorne schauen. Mich um Annika kümmern, so wie sie es verdient hat, sie braucht jetzt jemanden an ihrer Seite, und nicht nur die Eltern. Es kann nicht sein, dass ich hier immer noch liege, von Schrauben und Platten zusammengehalten und das Leben üben muss wie ein Kleinkind oder ein Greis nach einem Schlaganfall. Ich will leben, verdammt. Max ist tot, aber es muss doch irgendwie weitergehen, sie können mich nicht ewig hier einsperren. Sein Blick tastet die vanillegelb gestrichenen Wände seines Zimmers ab und bleibt an dem einzigen Bild hängen, das die Wand ziert, ein Blumendruck, austauschbar und langweilig, aber farblich auf die Wandfarbe abgestimmt. An der linken unteren Ecke kleben noch die Reste eines Etiketts, grau und staubig; seit er hier liegt, muss er immer wieder auf diese Stelle starren, ob er will oder nicht, dieser Fleck stört ihn, die Putzfrau könnte ihn endlich entfernen, so blind kann sie nicht sein, er würde es auch selbst erledigen, ein Spritzer Glasreiniger genügt doch sicher, oder etwas Acetonhaltiges, es muss ihr doch auffallen. Er will nicht immer darauf starren, jeden Tag, es macht ihn verrückt, alles hier drin macht Paul verrückt, er will raus, zu Annika, ihr irgendwie erklären, was er ihr die ganze Zeit schon sagen will. Er hasst diesen Kontrollverlust, dieses Ausgeliefertsein, warum ist das alles passiert, warum hat Max das getan, warum, warum, WARUM? Er beißt die Zähne zusammen, tritt mit dem rechten Fuß gegen das Ende seines Bettes, schreit auf vor Schmerz, der sofort durch sein Becken jagt, sekundenlang ist ihm schwarz vor Augen. Lange verharrt er regungslos, bis der Schmerz nachlässt, tastet seine Hüfte vorsichtig mit den Fingerspitzen ab, als könne er so feststellen, ob er sich verletzt hat.

***

Jeden Tag sehnt Paul seine Physiotherapiestunde herbei, in der er sich so anstrengt, als gelte es, den Marathon zu gewinnen. Jedes Anziehen und Strecken der Beine, jeder Schritt im Gehwagen, den er am Anfang der Woche bekommen hat und auch die Übungen im Bewegungsbad bringen ihn näher nach Hause, weg von hier, weg von diesem unerträglichen Zustand des Wartens, der unnatürlichen Lähmung, die ihn daran hindert, sein Leben wieder aufzunehmen. Vorher ist Paul immer aktiv gewesen, ständig in Bewegung, nach vorn schauend, positiv, voller Elan, sein Leben in die Hand zu nehmen, zukunftsorientiert. Jetzt ist von ihm nichts weiter gefordert als Geduld. Mit Krafttraining darf er frühestens nach acht Wochen beginnen, knapp fünf davon sind jetzt um, aber jeden Tag dehnt er seine Schritte im Gehwagen weiter aus, obwohl es ihn Überwindung kostet, neben Siebzigjährigen über den Flur zu schlurfen. Jeder Schritt bringt ihn näher zu Annika. Wenn sie ihm nicht mehr antwortet, muss er sie suchen, und das kann er nur, wenn er endlich wieder frei ist. Wenn er wieder der Paul ist, der er früher war.

***

Annika: *Ich war bei Max. An seinem Grab, meine ich. Bin gerade zurück.*
Paul: *Du hast dich lange nicht gemeldet.*
Annika: *Ging mir nicht gut. Das Grab ist so schön, dass mir die Tränen gekommen sind.*
Annika, wenn du wüsstest, denkt Paul. Natalie wird das Grab kaum zu einem Blumenmeer machen, höchstens die Eltern. Den Vater kann er sich schlecht dabei vorstellen. Er verscheucht aus seinen Gedanken, was er ahnt.

Paul: *Hast du auch was drauf gelegt?*
Sie ist noch voller Trauer um ihn, beschwört er sich selbst. Nur indem ich einfühlsam auf sie eingehe, kann ich sie gewinnen.
Annika: *Einen Strauß rote Rosen. Aber ich kam mir blöd dabei vor, weil das ganze Grab auch ohne ihn schon so toll aussieht. Der schönste Strauß müsste der von mir sein, aber es ist gestaltet wie ein Beet aus einem Märchen. Rosa Rosen, Männertreu, dazwischen Margeriten und eine Sonnenblume, die neben dem Holzkreuz steht, als würde sie alles erleuchten. Meinen Strauß habe ich in eine Vase gesteckt und dicht daneben gestellt. Er fiel kaum auf.*
Paul: *Max wird es zu schätzen wissen, ganz sicher.*
Annika: *Glaubst du daran, dass er uns sieht?*
Paul: *Es ist tröstlich, sich das vorzustellen. Seine Mutter denkt bestimmt ebenso, deshalb drückt sie ihre Liebe in der üppigen Blütenpracht aus.*
Annika: *Ich glaube eher, das wird vom Friedhof gemacht und die Familie zahlt nur dafür. Kurz bevor ich am Grab war, habe ich selbst gesehen, wie eine Friedhofsgärtnerin es gerade harkte und Unkraut entfernte. Sie hat auch die Rosenbüsche von abgestorbenen Blüten befreit und alles gegossen.*
Paul: *Steht irgendwas auf dem Kreuz?*
Annika: *Das ist ganz nüchtern. Nur sein Name mit Geburts- und Sterbedatum. Maximilian Rothe, nicht etwa Max.*
Paul: *Alles ganz korrekt.*
Annika: *Sie hätten wenigstens »unvergessen« oder so drauf schreiben lassen können. Aber das kommt hoffentlich später auf den Grabstein.*
Paul: *Bist du lange geblieben?*
Annika: *Eine Viertelstunde vielleicht. Mir ist schwindlig geworden, als ich Max' Namen auf dem Kreuz las, fast wäre ich umgekippt. In dem Moment war plötzlich alles so real. Das hat mich getroffen wie eine riesige Druckwelle.*

Paul: *Kann ich verstehen. Wenn ich draußen bin, will ich unbedingt auch hin. Das bin ich Max schuldig.*
Annika: *Weißt du inzwischen, wann du entlassen wirst?*
Paul: *Dauert noch. Ich hoffe, ich werde keine bleibenden Schäden zurückbehalten. Das zeigt sich erst nach der OP, wenn sie die Schrauben und Platten rausholen. Weil ich noch jung bin und bisher alles gut heilt, kann es schon in drei Wochen so weit sein.*
Annika: *Klingt doch super. Ich muss jetzt off, der Besuch am Grab hat mich echt geschafft. Ich geh heute früh schlafen. Gute Nacht, Paul.*
Paul: *Ja, ruh dich aus. Gute Nacht.*
Klingt doch super, denkt er. Du hast gut reden, Annika.

***

Pauls achtzehnter Geburtstag ist der erste, an dem er ohne dieses kribbelige Glücksgefühl aufwacht, das Geburtstage oft auch dann noch begleitet, wenn man kein Kind mehr ist. Die Nacht ist früh vorbei, der Wecker auf seinem Handydisplay zeigt erst kurz nach vier, als er die Augen aufschlägt und durch die zugezogenen, aber hellen Vorhänge beobachtet, wie das tiefe Dunkelblau der Nacht allmählich einem hellen Grau weicht. Achtzehn, denkt er, so bist du nun also volljährig geworden. Wie hast du auf diesen Tag gewartet, Paul, monatelang darauf hin gefiebert, und jetzt ist er da, ausgerechnet so. Eine Riesenparty wolltest du feiern, mit allen Freunden und Bekannten, mit jedem, den du einigermaßen gut leiden kannst. Der Sekt sollte fließen, du wolltest es richtig krachen lassen, tanzen, feiern, Spaß haben. Natalie sollte mit »Keep Out« auftreten, stattdessen schickt sie Annika eine Zeichnung, die nur dazu führt, dass sie sich weiter von dir entfernt. Statt einer Party liegst du hier, zerschmettert und allein, hast deinen besten Freund verloren und bist auch noch selber schuld daran, zumindest teilweise. Volljährig sein heißt bei dir nicht, in die Freiheit zu starten, wie es eigentlich gedacht war. Du hast ein super Abi in der Tasche, das ist gerade noch geschafft, aber dennoch heißt achtzehn zu sein bei dir: zurück zum Nullpunkt. Nichts ist mehr so wie es war. Max ist tot. Herzlichen Glückwunsch, Paul, und alles Gute.

Er weint.

Um sechs Uhr kommt die Krankenschwester und gratuliert ihm mit ihrem festen, souveränen, zuversichtlichen Ton, drückt ihm die Hand, wuschelt ihm durch die Haare wie einem kleinen Jungen. Mit dem Gehwagen schleppt er sich zum Waschraum, kurz darauf bringt ihm die Küchenhilfe zum Frühstück ein Stück Kuchen zusätzlich zu seinen zwei Brötchen, stellt ein Teelicht im Glas auf seinen Nachttisch. Paul isst langsam, er scheint ewig zu brauchen, bis er fertig ist, der Kaffee wird kalt, angewidert verzieht er das Gesicht. Vielleicht sind heute ein paar gute Wünsche auf seiner Pinnwand bei Facebook, nach dem Frühstück loggt er sich ein und sieht nach, tatsächlich, seine Eltern haben geschrieben, aber die kommen später noch selbst vorbei, und ganz kurz nach Mitternacht hat Annika einen Gruß hinterlassen: *Ich weiß, wie dir zumute ist. Es kann nur besser werden. Alles Gute, Anni.* Den Vormittag über trudeln noch vereinzelt weitere vorsichtige Glückwünsche ein, immerhin schreiben Simon und Charlotte, die er aus der Schule kennt, alles andere sind Verwandte, Cousins und Cousinen, die er selten sieht, Urlaubsbekanntschaften von früher. Bei null anfangen, alles wieder neu aufbauen.

Nach dem Mittagessen kommt die Krankenschwester mit der Post, eine Glückwunschkarte seiner Oma, die darin schreibt, als wäre nichts geschehen, fünfzig Euro hat sie hineingelegt, was soll er damit im Krankenhaus. Aber die Karte ist nicht die einzige Post, die Paul erhält. Sein Blick haftet an einer Papprolle, die die Schwester auf seine Bettdecke legt. An ihn adressiert. Natalie. Also doch.

***

Paul: *Du hattest recht, Annika. Ich hab auch Post bekommen. Auch so eine Rolle..*
Annika: *Ausgerechnet an deinem Geburtstag... Hast du sie schon aufgemacht?*
Paul: *Ich wollte damit warten, bis du on bist.*
Annika: *Mach sie auf.*
Paul: *O. k., warte... sobald ich einen Blick darauf geworfen habe, schreibe ich.*

Pauls Hände zittern, als er versucht, den Anfang des braunen Paketklebebands zu finden, das Max' Schwester mehrmals um beide Enden der Rolle gewickelt und sehr glatt gestrichen hat. Verflixt, denkt er; jetzt nicht nervös werden, es muss gar nicht sein, dass Max auch mich in einem fragwürdigen Licht dargestellt hat wie Annika, es ist nicht einmal sicher, dass ich überhaupt drauf bin, es kann auch eine ganz andere Zeichnung sein, die mir Natalie geschickt hat, irgendetwas zur Erinnerung an Max. Sie weiß, wie eng wir befreundet waren.

Endlich schafft er es, seinen Daumennagel unter den Kleber zu schieben und zieht ihn ab, knüllt ihn zusammen und bleibt mit der Hand daran haften, als er ihn mit Schwung in den Müllkorb neben seinem Waschbecken werfen will. Es gibt noch keinen Schwung, es ist zu früh, um sich wieder dynamisch zu fühlen, auch die Hüfte schmerzt wieder nach der ruckartigen Bewegung. Paul zieht den weißen Plastikdeckel von der Papprolle und greift hinein, zieht einen Papierbogen in DIN A3 heraus und rollt ihn vorsichtig auseinander.

Natürlich ist er drauf. Auch ihn hat Max gezeichnet, ohne ihm je davon zu erzählen. Paul kann nicht aufhören, die Zeichnung anzustarren, vergisst beinahe zu atmen, denkt nicht daran, dass Annika noch online ist und auf seine Reaktion wartet. Er hat in mein Inneres geschaut, fährt es Paul durch den Kopf. Es ist, als hätte er mir eigens die Schädeldecke abgenommen und in mein Gehirn geblickt wie in eine Glaskugel. Genau so bin ich, genau so war ich immer. Er hat mein Siegerlächeln eingefangen, das mir jetzt verloren gegangen ist, er hat es mir gestohlen mit seiner Tat, da guckst du, Paule, wie. Damit hast du nicht gerechnet, dass du jetzt hier liegst, in den Trümmern deiner Knochen und deiner selbst. Das selbstgefällige Grinsen ist dir vergangen. Du hast gedacht, du wärst unsterblich, und es bin ja auch ich, der draufgegangen ist, nicht du. Der kleine unscheinbare Max ist draufgegangen. Du hoffst, dass du keine bleibenden Schäden zurückbehalten wirst, aber wenn doch, was machst du dann? Wie erklärst du dann allen, die dich immer nur auf der Sonnenseite des Lebens gesehen haben, dass du nie mehr ganz normal wirst gehen können, weil dein Becken auch nach dem Zusammenflicken nicht mehr das sein wird, was es mal war? Wie kommst du klar ohne deine sportlichen Höchstleistungen? Wie sagst du es dem Mädchen, in das du verliebt bist, dass du Wasser und Stuhl nicht halten kannst, ja vielleicht nicht einmal mehr unbeschwert Sex haben wirst, weil es immer sein kann, dass es nicht klappt? Wie sagst du es deinem Mädchen, das vorher meines war? Paul fährt sich mit der Hand übers Gesicht. Max kann das Bild ganz anders gemeint haben, versucht er sich zu beruhigen, immerhin hat er mich nicht verfremdet wie seine Zeichnung von Annika. Man könnte auch sagen, er schaut zu mir auf, das Bild ist leicht von unten nach oben gezeichnet, es kann nett gemeint sein, Paul hatte oft das Gefühl, dass Max ihm nacheifere, immer schon. Vielleicht wollte er nichts anderes mit seinem Porträt ausdrücken.

Das Nachrichtensignal seines Tablets ertönt. Annika. Paul hat kein Zeitgefühl mehr, eilig nimmt er das Gerät wieder auf, ohne die Zeichnung von Max aus der Hand zu legen.

Paul: *Sorry, hat etwas gedauert. Das Bild ist der Hammer, Max konnte wirklich verdammt gut malen.*
Annika: *Wie hat er dich dargestellt?*
Paul: *Mein Gesicht ist drauf, ich lache. Ein schönes Bild, zu Hause werde ich es rahmen. Wenn ich es richtig beurteilen kann, hat er dabei nicht schlecht von mir gedacht. Das beruhigt mich etwas.*
Annika: *Als er es zeichnete, haben wir ihn noch nicht hintergangen.*
Paul: *Ich wünschte, ich könnte mich bei ihm entschuldigen… Jetzt, wo ich das Bild habe, fällt mir erst wieder ein, wie viel Spaß wir auch oft zusammen hatten. Er hätte mein Lachen kaum so einfangen können, wenn er es nicht gut gekannt hätte. Also hat er es oft verursacht. Wir kannten uns ja ewig. So schwermütig wie zum Schluss war er nicht immer. Das wurde schlimmer, als wir aufs Gymnasium gekommen sind und steigerte sich zum Abi hin. Aber egal was war, Max und ich hatten immer einander. Ich glaube, das wollte er damit ausdrücken.*
Annika: *Ich hab in letzter Zeit das Gefühl, ich kannte ihn überhaupt nicht.*
Paul: *Was meinst du damit?*
Annika: *Wenn seine Tat wirklich ein Selbstmord war, hätte mir eher etwas auffallen müssen. Warum er sich kaum noch mit uns traf, manchmal nicht zur Schule kam. Und weshalb er plötzlich anfing, einen Anzug zu tragen, in der Schule, mitten in der Woche.*
Paul: *Das war merkwürdig, ja. Aber viel habe ich mir nicht dabei gedacht. Max war halt immer etwas anders, ich dachte, das ist jetzt sein neuer Künstlerlook oder er wollte zu den Prüfungen feierlich aussehen. Früher war das durchaus üblich, dass man sich schon zu den Prüfungen besser anzog.*
Annika: *Und ich blöde Kuh habe noch gesagt, er soll den Anzug lieber für die Abiturfeiern aufheben, statt ihm endlich*

mal ein Kompliment zu machen. Dabei war er schon so fertig wegen der Schule. Ich sag nur Bollschweiler.
Paul: *Den hat er viel zu ernst genommen. Bollschweiler ist ein Pauker, der sich gerne reden hört und zeigt, wo der Hammer hängt. Sein Unterricht ist nicht schlecht.*
Annika: *Max hat bei ihm überhaupt nichts mehr verstanden. Der hat so einen Druck ausgeübt, damit konnte er nicht umgehen, Brückner vorher war ja ganz anders. Dazu diese zynischen Sprüche, das hat ihn fertiggemacht. Darüber hatten wir noch mal ein ziemlich gutes Gespräch, kurz bevor es passiert ist.*
Paul: *Siehst du, dann warst du doch für ihn da. Ich hab ja auch getan, was ich konnte. In den Freistunden hab ich ihm immer noch mal alles erklärt, was in Mathe dran war.*
Annika: *Aber verstanden hast du ihn auch nicht. Wenn er sich über Bollschweiler beklagt hat, hast du immer abgewiegelt.*
Paul: *Warum wohl? Weil die Lehrer immer am längeren Hebel sitzen! Es bringt nichts, herumzujammern. Bei einem wie Bollschweiler gilt: Augen zu und durch. Den kannst du nicht ändern. Ich hab Max geholfen, so gut es ging, mehr konnte ich nicht tun.*
Annika: *Schon gut. So haben es ja alle gesehen.*
Paul: *Sag mal... kannst du mich nicht mal besuchen kommen?*
Annika: *^^*
Paul: *Ich würde mich freuen. Du bist doch auch alleine.*
Annika: *Heute bekommst du doch sicher Besuch. Ich weiß nicht, ob ich deinen Eltern jetzt schon begegnen möchte.*
Paul: *Ich schick dir 'ne SMS, wenn sie weg sind. Wirklich, gerade heute, wo ich Geburtstag habe und dieses Bild angekommen ist... Ist alles verdammt schwer. Und ich möchte gern wissen, was du über die Zeichnung denkst.*
Annika: *Ich weiß noch nicht. Bin ja selber noch nicht so lange draußen. Im Krankenhaus war es für mich auch schreck-*

lich. Und was das Bild betrifft ... ich habe schon meins kaum verkraftet.
Paul: *Trotzdem. Überleg es dir. Dein Besuch wäre das einzige Geburtstagsgeschenk, über das ich mich freuen könnte.*
Annika: *Ich kann dir nichts versprechen. Zuerst will ich mich bei den anderen melden, vor allem bei Johanna. Sie ist meine beste Freundin und hat immer noch nichts von sich hören lassen. Ich will das nicht mehr, das ist mir zu verlogen. Wenn sie sich nicht meldet, geh ich eben zu ihr.*
Paul: *Das kannst du auch morgen noch machen. Ich hab heute Geburtstag und habe nur diesen einen Wunsch.*
Annika: *Vielleicht komme ich abends kurz vorbei.*
Paul: *Was willst du machen, wenn Johanna nichts mehr mit dir zu tun haben will?*
Annika: *Ich muss sowieso einiges klären. Vor allem erst mal nachfragen, warum sie so lange schweigt. Ich will die Wahrheit hören, auch wenn sie bedeutet, dass wir keine Freundinnen mehr sind.*
Paul: *Du willst die Wahrheit hören?*

Die Wahrheit hören, denkt Paul. Die Wahrheit ist, dass ich dich liebe, Annika. Liebe und brauche. Ich will dich bei mir haben, mit dir zusammen sein. Du ziehst dich von mir zurück, umso mehr, je eifriger ich versuche, dich zu halten. Willst du das hören, willst du diese Wahrheit wissen? Und noch eine, die du mit Sicherheit kaum ertragen würdest?

Bei null anfangen. Ganz von vorn. Wo alles zerstört ist, gibt es nichts, wo man anknüpfen kann.

Annika: *Durch Max' Tod ist mir so vieles klar geworden. Geht's dir nicht auch so?*
Paul: *Sicher. Aber ich liege noch hier, verstehst du. Irgendwie ist das alles noch so unwirklich, ich denke immer noch, Max besucht mich gleich. Und jetzt auch noch das Bild. Ich weiß*

nicht, ob ich es packen würde, wenn meine Freunde mir ins Gesicht sagen würden, was für ein Schwein ich bin.
Annika: *Es holt dich sowieso ein, egal wann.*
Paul: *Also du kommst irgendwann? Bitte.*
Annika: *Lass mir noch Zeit. Wir chatten ja oft. Bis bald.*

***

Am Nachmittag erscheinen seine Eltern. Paul fühlt sich hin- und hergerissen zwischen der Erleichterung über die Ablenkung und der kaum wahrnehmbaren Freude darüber, dass doch noch eine kleine Art von Geburtstagsfeier stattfindet. Mutter und Vater sind gut gekleidet, als gäbe es wirklich etwas zu zelebrieren, laden ansprechend verpackte Geschenke auf dem Nachttisch ab, gratulieren ihm mit traurigen Augen.

»Wird schon wieder, mein Sohn, wird schon wieder«, murmelt der Vater und drückt ihn an sich, die Mutter hält seine Hand, dann packt Paul seine Geschenke aus. T-Shirts, Boxershorts, wieder Bücher, Gutscheine, um Musik aus dem Internet zu laden. Eine sportliche Armbanduhr. Eigentlich hat er schon eine, die er mag.

»Das sind erst mal nur Kleinigkeiten«, erklärt die Mutter. »Wenn du entlassen bist, bekommst du noch einen Betrag von uns zur freien Verfügung, für ein Auto oder eine Reise, was du möchtest, Paul. Etwas Besonderes zum Achtzehnten soll es schon sein, etwas, das dir guttut.«

Ein Auto. Max' Wagen zerschmettert am Baum. Immer diese Bilder, immer.

»Übrigens habe ich einen Anwalt eingeschaltet, um mich wegen einer Schmerzensgeldzahlung beraten zu lassen«, fügt der Vater hinzu. »Nicht, dass wir Maximilians Familie schaden wollen, aber was uns zusteht, steht uns zu, da muss man nichts verschenken. Da würden seine Eltern nicht anders handeln.«

Max' Vater bestimmt, denkt Paul und nickt wortlos. Der

würde noch ganz andere Geschütze auffahren, um seinem Sohn zu seinem Recht zu verhelfen. Paul versucht ihn sich vorzustellen, wie er wohl auf Max' Tod reagiert hat. Matthias Rothe, der Mann, der immer alles unter Kontrolle hatte, der es gewohnt war, Menschen und Ereignisse zu beeinflussen, alles zu steuern, sich durchzusetzen. Gegen den Tod ist er machtlos. Seinen Sohn kann er weder mit Macht noch Geld zurückholen.

»Versuch, nicht so viel zu grübeln«, meint Pauls Mutter. »Nicht heute. Du hast Geburtstag, das ist trotz allem ein Grund, nach vorne zu schauen.«

Nach vorne schauen, bei null anfangen. Das Leben ohne Max weiterleben, dabei fehlt er ihm gerade heute so sehr, so sehr. Max hätte mich besucht, denkt Paul, auf jeden Fall wäre er hergekommen. Paul atmet tief durch und wendet sich wieder seinen Eltern zu, fragt nach ihrem Alltag, der Arbeit. Zwischendurch schweigen sie immer wieder, weil sie nicht weiter wissen. Weil es keine Feier ist, so sehr sie sich auch bemühen, eine daraus zu machen. Die Mutter hat Torte gebacken, die sie zum Krankenhauskaffee verzehren, Pauls Lieblingstorte mit Biskuit, Ananas und Kokos, sommerlich leicht, sie schmeckt himmlisch, dennoch fühlt er sich bei jedem Bissen, als müsse er die ganze Welt verschlucken. Irgendwann holt der Vater das Spiel »Siedler von Catan« hervor, unwillkürlich muss Paul lächeln, mit dreizehn hat er das gern gespielt, heute lässt er sich darauf ein, immerhin vergeht so der Tag schneller. Ein Tag, der sich ohne Ziel in die anderen reiht und nur dazu da ist, ein Teil der Zeit zu sein, die vergehen muss, bis der Schmerz irgendwann nachlässt, der körperliche und vor allem der um Max, den er heute heftiger spürt als je zu vor. Paul gewinnt und denkt daran, wie er sich früher über solche Siege gefreut hat, als Kind war alles so leicht gewesen, auch gegen Max hatte er früher meist gewonnen. Im Fernsehen läuft nach der Tagesschau der Film »Fast and

Furious«, auch den haben sie schon mehrmals gesehen und starren dennoch dankbar auf den Bildschirm. Paul verschweigt seinen Eltern, dass die vielen Autoszenen genau das Falsche für ihn sind, und sie bemerken nicht seine zitternden Hände dabei, sein trockenes Schlucken.

Nach dem Film verabschieden sich die Eltern. Die Krankenschwester kommt und räumt auf, Paul versucht mit einem Roman zu beginnen, den seine Mutter ihm besonders empfohlen hat. Es gelingt ihm nicht, also arbeitet er sich mühevoll aus dem Bett, zieht sich seine Jogginghose über, sie ist zu warm, aber sie verdeckt die Kompressionsstrümpfe, die er wegen der Thrombosegefahr auch bei hochsommerlichen 30 °C tragen muss. Dann tritt er mit dem Gehwagen auf den Flur, will nach draußen, zum ersten Mal raus aus dem Gebäude. Die Schwester erlaubt es ihm.

Unten sieht er Annika. Also ist sie doch gekommen, schießt es ihm durch den Kopf. Ihr Anblick durchfährt ihn wie ein Stromstoß, mit voller Wucht, noch hat sie ihn nicht gesehen. Es ist das erste Mal nach dem Unfall. Sie hat sich verändert, denkt er, genau wie bei mir ist ihre Sorglosigkeit verschwunden. Ihre leicht überhebliche Kopfhaltung, der aufrechte Gang sind einem vorsichtigeren, verzagten gewichen, die Schultern ganz leicht nach vorn geneigt, kaum wahrnehmbar, aber er kennt sie gut, so war sie früher nicht. Annika steht vor dem Glashaus am Empfang und erkundigt sich nach seiner Zimmernummer, Paul will zu ihr eilen, kommt jedoch nicht rasch genug voran, schon eilt sie auf die Treppe zu, er hat den Fahrstuhl genommen. Er ruft ihren Namen.

»Paul«, japst sie und verharrt einen Moment, er sieht, dass sie ebenso erschüttert von seinem Anblick ist wie er von ihrem, wahrscheinlich sogar noch mehr, so wie er aussieht, zusammengeflickt, noch fast unbeweglich und in diesen Klamotten. Immerhin hat er sich vormittags nach dem Bewegungsbad die Haare gewaschen und vor dem Besuch seiner Eltern dafür gesorgt, dass sie einigermaßen liegen, hat ein paar Strähnen extra so frisiert, dass sie lässig in die Stirn fallen wie auf Max' Zeichnung.

Annika kommt auf ihn zu und umarmt ihn flüchtig, ihr Kuss auf seine Wange ist nur ein Hauch.

»Ich wünsch dir Gesundheit«, flüstert sie, und Paul denkt, wie wahr dieser sonst so gedankenlos hingesagte Satz heute ist. Sie gehen nach draußen, die automatische Schiebetür am Hintereingang der Klinik gibt für Paul die Außenwelt frei, von der er kein Teil mehr gewesen ist, seit er hier eingeliefert wurde.

Die Luft an diesem Hochsommerabend ist lau und windstill, ein Abend von der seltenen Sorte, an der man bis in die Nacht im Freien bleiben kann, ohne zu frieren. Paul und Annika bewegen sich langsam einen der Parkwege entlang, weg vom Klinikgebäude, Paul möchte sich so weit wie möglich davon entfernen, doch bereits nach etwa fünfzig Metern spürt er, dass seine Kraft noch nicht ausreicht, Schweiß tritt auf seine Oberlippe und er spürt ihn auch an den Schläfen, am Rücken. Er steuert eine Bank an, deutet mit einer ausladenden Bewegung darauf, als wolle er Annika galant einen Platz anbieten, wie er es früher manchmal getan hat, damals immer breit lächelnd und guter Dinge. Sie muss nicht merken, wie schlecht es ihm geht, wie mühsam alles für ihn ist, er wünscht sich, dass sie spürt, wie sehr er sich freut, sie zu sehen. Darüber, dass sie doch noch gekommen ist, sein Geburtstag ist ihr also nicht vollkommen gleichgültig. Annika setzt sich zuerst, hält ihre Augen auf ihn gerichtet, während er die Bremsen seiner Gehhilfe feststellt, überprüft, ob das Gefährt wirklich sicher steht und dann ebenfalls auf die Sitzfläche sinkt, vorsichtig, zentimeterweise, bemüht, nicht vor Schmerz das Gesicht zu verziehen. Aber auch an ihr bemerkt er die Veränderung, jetzt, wo sie neben ihm sitzt noch stärker als zuvor im Gang, ihr Gesicht sieht ernster aus, reifer, das

Unbeschwerte, Fröhliche ist daraus verschwunden. Eine Zeit lang schweigen sie, Paul bemerkt, dass Annika flach atmet, um zwischendurch immer wieder ihre Lungen tiefer mit Luft zu füllen, es scheint ihr noch wehzutun. Kein Wunder mit mehreren gebrochenen Rippen.

»Kein Vergleich dazu, wie es war«, beteuert sie. »Anfangs hatte ich vor jedem Atemzug Angst.«

Paul nickt. Er fühlt Annikas Augen auf sich ruhen, traurig, besorgt, zurückhaltend. Zurückhaltend aus Schuldgefühlen, sie kann sich ihm nicht wieder so nähern wie vor Max' Tod, ein wenig hatte er gehofft, es würde sich ändern, wenn sie sich sehen. Aber jetzt ist sie hier und sitzt auf der äußeren Kante der Bank, wie zur Flucht bereit, will nicht bleiben, hatte nicht vor, länger als ein paar Minuten mit ihm zu verbringen. Irgendwann fragt sie ihn, was die Eltern ihm geschenkt hätten und er erzählt es ihr. Annika nickt.

»Ich hab auch was für dich, nur eine Kleinigkeit«, sagt sie und beginnt in ihrer Beuteltasche zu wühlen, zieht ein kleines, mit Geschenkband verschnürtes Päckchen heraus. »Ich hab lange überlegt, was ich dir mitbringen kann, aber alles, was mir einfiel, hätte nur die Wunden noch weiter aufgerissen. Deshalb... ich hoffe, du kannst was damit anfangen.«

Paul bedankt sich, streicht leicht mit der Hand über Annikas Arm. Er fühlt sich ihr nah, mehr als je zuvor, tiefer. Wenn er sich ihr noch einmal nähern wollte, müsste er es ganz anders anfangen. Eigentlich hat er keine Chance. Paul und Annika ein Paar, die schrecken vor nichts zurück, selbst nachdem Max draufgegangen ist, würden alle sagen.

Er lächelt noch einmal, dann packt er ihr Geschenk aus.

»Zwei Hanteln«, ruft er leise aus. »Das ist cool, damit kann ich sogar im Bett trainieren. Danke.«

Annika nickt, lässt ein Lächeln über ihr Gesicht huschen.

»Es sind erst mal kleine«, erklärt sie. »Du musst dich ja steigern können.«

Wieder schweigen sie, es ist anders als im Chat, noch schwieriger. Wir sitzen hier, beide verwundet, längst noch nicht wiederhergestellt, traumatisiert, allein gelassen. Er verspürt den Wunsch, seinen Arm um ihre Schulter zu legen, lässt es aber.

»Warst du bei Johanna?«, fragt er schließlich. Annika schüttelt den Kopf.

»Ich hab sie angerufen«, berichtet sie. »Johanna war froh darüber. Morgen kommt sie zu mir, ich kann noch nicht lange weg. Wir sind beide froh, dass wir mal reden können. Johanna sagt, sie hätte mich auch vermisst.«

»Warum hat sie sich dann nicht gemeldet?«

»Manchmal kann man einfach nicht«, meint Annika. »Alle in der Schule haben wie verrückt um Max getrauert, sagt sie. Er ist in den Tod gerast. Sie denken alle, dass es Selbstmord war. Und sie denken alle, da wäre schon länger was zwischen uns gelaufen.«

»Ist es aber nicht«, flüstert Paul, sieht sie von der Seite an, die Augen geweitet. »Ist es doch gar nicht, Anni. Irgendwann werden sie es verstehen.« Und selbst wenn, wäre das längst nicht alles, denkt er. Ich kann es dir nicht sagen.

Annika richtet sich mit einem Ruck auf, zieht die Luft scharf ein, Paul sieht, dass sie für diesen Moment vergessen hat, wie schmerzhaft dies immer noch ist, sie zuckt zusammen.

»Max ist in den Tod gerast, Paul«, wiederholt sie, »ganz bewusst. Er hat nicht gebremst vor dieser Rechtskurve, die Ermittlungen haben das eindeutig ergeben. Dass er als Einziger dabei gestorben ist, war vielleicht nur Zufall.«

»Soll ich froh darüber sein?« Paul wendet den Blick von ihr ab, schaut zu Boden.

»Darum geht es nicht«, erwidert sie und steht auf. »Er wollte uns vielleicht alle umbringen, also auch dich und mich!«

Paul spürt, wie das Blut aus seinem Gesicht weicht, er

schwitzt noch stärker, es war keine gute Idee, in den Klinikpark zu gehen, er schafft das noch nicht. Es ist alles zu viel, die Schmerzen, die Erschöpfung, sein Geburtstag, Annika und das, was sie hier von sich gibt.

»Uns beide?«, wiederholt er. »Wie kommst du darauf, sein Wagen ist doch nur auf der Fahrerseite vorn ...«

»Ja, weil er nur siebzig Stundenkilometer gefahren ist«, gibt Annika zurück. »Das lag aber daran, dass wir gerade erst gestartet waren und Max noch nicht voll beschleunigt hatte. Dreißig mehr, und wir wären mit draufgegangen, Paul. Sieh uns doch an, dich und mich; wir *sind* mehr tot als lebendig, auch wenn wir körperlich vielleicht wieder gesund werden. Max hat uns fast da, wo er uns haben wollte. Das Leben, das wir hatten, ist vorbei. Es bringt nichts, sich etwas anderes vorzumachen. Kurz vor seinem Tod waren wir uns wieder nähergekommen, er und ich, und dann habe ich es versaut.«

»Seine Schwester«, fährt er fort. »Was ist mit Natalie? Denkst du denn, die wollte er auch mit in den Tod reißen? Sie hatten doch ein super Verhältnis.«

»Max ist durchgedreht«, erinnert ihn Annika. »Er hat vollkommen die Nerven verloren, da denkt man nicht mehr drüber nach, was man tut und wen man dabei mitreißt. Es ging ihm beschissen, wahrscheinlich aus tausend Gründen. Und Natalie hat auch nichts daran ändern können. Denk nur mal an diese Geisterfahrer, die nachts auf der Gegenspur in Unschuldige knallen und ganze Familien auslöschen. Das hat nichts mit Vernunft zu tun, Paul. Bei Max hat es ausgesetzt. Eine Kurzschlussreaktion.«

Paul atmet aus. Tausend Gründe. Natürlich war es so. Nichts anmerken lassen. »Ganz schön heftig, was du da redest.«

»Ich muss gehen«, beschließt Annika und setzt sich in Bewegung, obwohl er seine Hand nach ihr ausstreckt. »Bis bald.«

***

Paul wälzt sich die ganze Nacht lang halb wach im Bett. Den Rest des Abends hat er immer wieder seine Zeichnung von Max angestarrt, hat stumme Zwiesprache mit ihm gehalten, geweint, wenn er sicher war, dass in den nächsten Minuten niemand ins Zimmer kommen würde. Max, flüsterte er vor sich hin, Max, sag doch was, du kannst doch nicht einfach verschwinden, du kannst so etwas nicht tun. Nicht derart die Nerven verlieren. Nicht uns alle töten wollen, auch nicht dich selber, wir hätten eine Lösung gefunden. Ich wollte das alles nicht, auf keinen Fall dir so wehtun.

Aber Max schweigt, nur seine Zeichnung spricht zu Paul, das Siegerlächeln ein wenig von oben nach unten, Paul weiß nicht einmal mehr, ob er es zurück will. Ohne Max ist es kein Siegerlächeln mehr, sondern nur eine Fratze. Du Idiot, Max, denkt er. Ich bin nicht der arrogante Siegertyp, dem Papi alles hinten reinschiebt, das musst du nicht denken, ich bin genauso ein Loser wie jeder Junge es sein kann, verdammt noch mal, ich wollte dir Annika nicht wegnehmen, solange sie dich geliebt hat, und wenn ich geahnt hätte, dass du deswegen gleich Schluss machst mit ALLEM, hätte ich sie nie angerührt.

Erst spät findet Paul in einen leichten, unruhigen Dämmerschlaf.

Paul: *Annika... würdest du mir einen Gefallen tun?*
Annika: *Kommt drauf an, welchen.*
Paul: *Ich will raus. Kannst du mich abholen?*
Annika: *Was meinst du mit raus? Wieder in den Klinikpark? Warte... heute treffe ich mich mit Johanna. Wir haben uns ausgesprochen, und sie hat mich auf eine Idee gebracht, wie ich vielleicht ein bisschen Abstand zu allem finden kann. Das wollen wir heute planen. Aber morgen könnte ich kommen. Am Nachmittag, falls du da nicht schon Besuch bekommst.*

Paul: *Ich meine nicht den Klinikpark. Ich muss hier unbedingt mal ganz raus, weg vom Krankenhaus.*
Annika: *Das darfst du doch gar nicht.*
Paul: *Ist mir klar. Aber ich halte es nicht mehr aus, hier bekomme ich allmählich einen Koller. Ich muss einfach mal was anderes sehen als immer nur dieses Zimmer, die Ärzte und Schwestern, und sogar der Park hängt mir zum Hals raus. Wenn ich nur einmal raus kann, packe ich es danach bestimmt wieder besser.*
Annika: *Aber warum gerade mit mir?*
Paul: *Weil sonst niemand kommt. Fast niemand.*
Annika: *Paul, ich würde das ja machen, aber wie stellst du dir das vor? Ich hab keinen Führerschein, könnte dich also nirgends hin kutschieren. Und zu Fuß kommst du noch nicht weit. Es ist doch ein Wahnsinnsrisiko, stell dir vor, wenn irgendwas schiefgeht. Wenn du hinfällst oder so, dich wieder verletzt. Kannst du nicht deine Eltern fragen?*
Paul: *Will ich nicht. Die sagen sowieso nur, dass es nicht geht.*
Annika: *Womit sie bestimmt auch recht haben! Aber sie könnten dich wenigstens mit dem Auto abholen und vorher mit deinem Arzt reden. Dann geht es vielleicht doch.*
Paul: *Nein. Genau das geht eben nicht.*
Annika: *Wo willst du überhaupt hin, wenn du so ein Geheimnis daraus machst? Einen Stadtbummel machen? Das ist noch viel zu viel für dich. Und stell dir vor, uns würde jemand aus der Schule sehen.*
Paul: *Ich möchte zu Max' Grab.*
Paul: *Annika? Bist du noch da?*
Annika: *Ich weiß nicht, ob das eine gute Idee ist. Du bist überhaupt noch nicht fit.*
Paul: *Immerhin sagst du nicht mehr Nein.*
Annika: *Ich kann verstehen, dass du hin willst. Und auch, dass du deine Eltern nicht dabei haben möchtest.*

Paul: *Eben. Ich bin der Einzige, der sich noch nicht verabschieden konnte. Alle anderen waren schon da, zur Beerdigung oder danach. Vielleicht würde ich etwas weniger grübeln, wenn ich endlich auch zu ihm könnte.*
Annika: *Aber wie sollen wir das anstellen? Soll ich Johanna fragen, ob sie uns hilft? Auto fahren kann sie allerdings auch nicht, wir sind ja beide erst siebzehn.*
Paul: *Lass sie da raus und auch alle anderen. Ich will nur mit dir zu Max. Wir haben das zusammen durchgemacht, du und ich. Jeder andere würde nur stören.*
Annika: *Über das WIE hast du dir noch keine Gedanken gemacht?*
Paul: *Ich habe gesehen, dass manche hier im Rollstuhl herumgefahren werden, dazu muss man nicht querschnittsgelähmt sein. Ich kann mir einen ausleihen und wir sagen, wir wollen etwas länger im Park bleiben und mit dem Gehwagen schaffe ich das noch nicht. Da wird hier keiner misstrauisch, die Schwestern sind froh, wenn sie einen weniger zu umsorgen haben.*
Annika: *Und dann soll ich dich bis zum Friedhof schieben?*
Paul: *Wenigstens versuchen. Du musst bestimmt nicht die ganze Zeit schieben, meine Arme sind kräftig genug, um die Räder damit anzutreiben. Es geht nur um die holperigen Stellen, Bordsteinkanten und so. Bis zum Friedhof ist es nicht weit.*
Annika: *Ich denk drüber nach. Lass mir bis morgen Zeit.*
Paul: *Ich danke dir jetzt schon.*
Annika: *Ok, Paul. Heute um 13:00 Uhr. Passt es da?*
Paul: *Perfekt. Da ist das Mittagessen durch und bis gegen 14:30 Uhr kaum was los. Meine Eltern kommen immer erst am späten Nachmittag. Viel Zeit haben wir nicht, aber das schaffen wir.*
Annika: *Hast du eine Jacke da? Es ist Nieselregen angesagt.*
Paul: *War bisher nicht nötig bei der Hitze. Aber es geht auch*

ohne. Wenn es regnet, ist wenigstens kein Betrieb auf dem Friedhof.
Annika: *Wie du meinst. Also halt dich bereit. Bis dann.*

Pünktlich zur verabredeten Uhrzeit steht Annika in Pauls Krankenzimmer. Sie sieht besser aus, stellt er fest. Das Treffen mit Johanna muss ihr gutgetan haben. In Annikas Augen ist mehr Bewegung als bei ihrem ersten Besuch, und ihre Wangen haben eine zarte Rötung angenommen. Letztes Mal trug sie, ganz entgegen ihrer üblichen Art, eine Leggings mit einem gestreiften Longshirt und hatte auf Schmuck verzichtet, doch nun scheint sie fast zu ihrem üblichen, sorgfältig zusammengestellten Kleidungsstil zurückgefunden zu haben und trägt eine gut sitzende Jeans, Ballerinas und eine helle Bluse mit zarten aufgedruckten Streublumen; ihr Haar hat sie zu einem Pferdeschwanz nach hinten gebunden und ist dezent geschminkt. Auch Paul fühlt sich nach der Physiotherapie und dem Bewegungsbad zum ersten Mal, seit er im Krankenhaus ist, nicht mehr nur unruhig und voll ungeduldiger Anspannung, sondern spürt so etwas wie Tatendrang. Die Krankenschwester hat ihm mit freudig-erstauntem Blick zugenickt, als er sich ihr schon zum Mittagessen in T-Shirt und einer leichten langen Baumwollhose sowie Sportschuhen anstelle von Badelatschen präsentierte, statt im Bett zu liegen. Mit dem rechten Fuß tippte er immer wieder auf den Boden, während er nach dem Essen um einen Rollstuhl bat, doch die Schwester schien seine Nervosität nicht zu bemerken. Eine halbe Stunde später wurde das Gefährt ins Zimmer geschoben. Paul hangelte sich hinein und machte sich mit dem Bremsmechanismus vertraut, dann fuhr er einige Male den Gang auf und ab. Trotzdem ist er froh, als Annika nun nach den Schiebegriffen langt und ihn zum Fahrstuhl steuert.

Was das Wetter betrifft, hat sie richtig gelegen, der Himmel ist grau verhangen und es nieselt noch immer. Niemand scheint von ihnen Notiz zu nehmen, als Annika den Rollstuhl durch die Schiebetür zur Straßenseite schiebt, kurz darauf haben sie das Klinikgelände verlassen. Sie reden wenig, während sie, um nicht doch noch bemerkt zu werden, den Friedhof über einen Umweg durch mehrere Nebenstraßen ansteuern. Paul spürt, wie sein Herz schneller zu schlagen beginnt, als sie schließlich das Portal passieren und das Friedhofsgelände betreten. War es in den Straßen schon ruhig gewesen, umfängt ihn nun eine Stille und Einsamkeit, die ihn überrascht, obwohl er mit ihr hatte rechnen müssen.

Annika schiebt ihn an der Kapelle und an Gräbern vorbei, hält zweimal kurz an, als wisse sie die Richtung nicht mehr, doch schließlich biegt sie mit entschlossenem Schritt nach links in einen kleinen Weg ein. Paul reibt seine Hände an den Hosenbeinen, seine Kehle fühlt sich trocken an, er hätte eine Wasserflasche mitnehmen sollen, trotz des Nieselregens ist es zu warm und die schwüle Luft ist fast greifbar.

»Hier ist es«, verkündet Annika, und schon treffen Pauls Augen genau auf die Inschrift des Holzkreuzes. Maximilian Rothe. Einige Atemzüge lang verharrt er regungslos.

Maximilian Rothe. Es kann nicht sein, es ist so endgültig. Der Name gehört hier nicht hin, Max schreibt ihn auf Arbeitsblätter, Klausuren, Hefte, vielleicht auf Quittungen. Sein Name gehört nicht auf einen Grabstein, das kann nicht dieser Max sein, nicht seiner, nicht Pauls bester Kumpel, den er seit der Grundschulzeit kennt. Annika und er müssen jetzt zu Max gehen, bei ihm klingeln, ihn überraschen und dann gemeinsam etwas unternehmen, neulich auf dem Rummelplatz war es doch super, oder ins Kino, bei diesem Wetter am besten ins Kino, zu dritt würden sie über die Werbespots lachen und Eiskonfekt bestellen, ehe der Hauptfilm beginnt, Johanna könnte auch dabei sein. Nicht hier vor dem Kreuz auf seinem Grab, das ist absurd.

Oder ganz anders: Paul könnte Max allein besuchen, ohne die Mädchen. Sich in Ruhe seine Bilder zeigen lassen, gemeinsam könnten sie daran arbeiten, eine Künstlermappe für Max zu erstellen, mit der er seine Zeichnungen und Gemälde präsentieren kann. Adressen von Galerien oder Verlagen heraussuchen, die vielleicht Interesse daran hätten. Nach Hauswänden und Mauern in der Stadt suchen, die sich für ein größeres Werk eignen. Irgendwann mal wieder rudern gehen. Coole Songs am Klavier ausprobieren, Max spielte ja gut, wenn auch nur selten mit Leidenschaft, aber das Internet ist voll von tollen Lehrvideos und Spielanleitungen. Man findet jeden Lieblingssong, jeden.

Es ist zu spät dafür. Max' Name wird demnächst in Stein gemeißelt, für alle Zeiten. Es wird keinen gemeinsamen Kinobesuch geben, keine Zukunftspläne, keine neuen Bilder. Maximilian Rothe in Gold auf Anthrazit, wie sein Vater es gewiss bestimmen wird. Für immer und nie mehr wie früher.

»Ich wäre gern einen Moment allein«, sagt Paul leise. Ohne dass er Annika ansehen muss, weiß er, dass sie nickt. Er wartet, bis er ihre Schritte, die sich eilig entfernen, nicht mehr hört, dann rollt er dichter zum Grab seines Freundes, die Augen weiterhin nur auf das Holzkreuz und seine Inschrift gerichtet, absichtlich vermeidet es Paul, das Blumenmeer davor zu beachten.

»Max«, flüstert er. »Es tut mir so leid, Max. Da, wo ich kein guter Freund für dich war, tut es mir leid. Du warst immer da, ich habe dich viel zu sehr vorausgesetzt, so wie wir alle. Aber trotzdem ... wir konnten doch immer reden, Max. Warum hast du nicht gesagt, wie es wirklich in dir aussieht? Woher sollte ich das wissen? Du hattest Stress in der Schule, vor allem seit Brückner krank ist, und warst nicht mehr glücklich mit Annika. Deswegen bringt man sich aber nicht um, Max, und reißt beinahe noch die dir am nächsten stehenden Personen mit in den Tod. Da muss noch mehr gewesen sein, noch mehr Gründe, weshalb du Rot gesehen hast.

Und ich bin wütend auf dich, weißt du das, Max? Deinetwegen bin ich fast zum Krüppel geworden, deinetwegen weiß ich nicht mehr, wie es in meinem Leben weitergehen soll. Ist dir klar, was du uns angetan hast? Deiner Freundin, deiner Schwester und mir? Wenn ich könnte, würde ich aus diesem verdammten Rollstuhl springen und gegen dein dämliches Grabkreuz treten, bis es umfällt, warum steht es überhaupt da, denkst du, wir wollen alle jeden Tag daran erinnert werden, dass du nicht zurückkommst? Du bist überhaupt kein Freund, weißt du das? Ein echter Freund macht so was nicht, mit dem Auto gegen den Baum brettern, egal, ob die anderen mit draufgehen. Wir hätten uns prügeln können, Max, das wär doch mal was gewesen. Um Annika prügeln wie in einem alten Film, auch wenn sie uns danach beide für total bekloppt gehalten hätte. Stattdessen machst du dich aus dem Staub, feige wie immer, ja, feige bist du, weißt du das? Du bist überhaupt kein Mann! Schon mit deinem Vater, dem hättest du die Stirn bieten sollen statt nur den Schwanz einzuziehen und zu kuschen, aber nein, lieber rast du in den Tod, merkst du nicht selber, wie dämlich das ist? Du bist so ein Idiot, Max. So einen hirnverbrannten Idioten gibt es kein zweites Mal. Schon Annikas wegen. Was glaubst du eigentlich, wer du bist? Seit Monaten liebe ich sie, aber statt einfach zuzugreifen, wo du dich kaum noch mit ihr abgegeben hast, habe ich mich damit begnügt, ihr ein guter Freund zu sein, nicht mehr und nicht weniger. Warum hast du nicht Schluss gemacht mit ihr? Ich sag's dir, Max: Weil du ein Egoist bist, deshalb. Du denkst nur an dich, es ist dir egal, was andere durchmachen. Und jetzt, jetzt wo du dich einfach verpisst hast, stehe ich erst recht da, mit meinen Gefühlen für sie. Wenn ich jetzt versuche, an sie ranzukommen, bin ich erst recht der miese Typ, der vor nichts zurückschreckt, der sich die Braut seines besten Kumpels greift, kaum dass du kalt geworden bist unter der Erde.

Du antwortest nicht. – Wie immer, denkt Paul. Und jetzt schüttelt ihn sein Zorn so, dass er ihm Tränen in die Augen treibt. Unter großer Anstrengung stützt er sich mit den Händen auf die Armlehnen seines Rollstuhls und stemmt sich hoch, schleppt sich zum Kreuz und hämmert mit den Fäusten dagegen, so fest, dass es sich neigt, am liebsten möchte er es herausreißen, schreit, weint. Aus dem Augenwinkel sieht er, dass Annika sich erschrocken umdreht und zu ihm zurückgeeilt kommt, doch er ist noch nicht fertig, jetzt bückt er sich und fegt mit den Händen ein Blumengebinde fort, das ansprechend drapiert zu seinen Füßen gelegen hat, wühlt mit dem Fuß die Erde auf, trampelt auf langstieligen Rosen herum, reißt Margeriten mitsamt ihren Wurzeln heraus, jetzt gibt es kein Halten mehr, er verwüstet das Grab, spürt seinen Hüftschmerz bei jeder Bewegung und hört dennoch nicht auf, bis er sich schließlich auf die nasse, dunkle Erde wirft, mitten in das Chaos, das er angerichtet hat. Du hast alles verdorben, Max. Du fehlst mir.

Annika kommt langsam heran und richtet das Kreuz wieder auf. Danach beugt sie sich schweigend über ihn. Paul spürt Tränen sein Gesicht hinunterlaufen und ihre Hand auf seiner Schulter.

»Wir müssen gehen«, sagt sie leise. »Komm, Paul.«

***

Als sie wieder im Krankenhaus sind und Annika den Fahrstuhlknopf zu der Etage gedrückt hat, wo Pauls Bett steht, bedankt er sich bei ihr.

»Du hast noch zehn Minuten Zeit«, sagt sie.

»Kommst du noch mit rauf?«, fragt er. Annika schüttelt den Kopf. Der Fahrstuhl kommt, ein paar Patienten und Pfleger steigen aus, eine Besucherin mit Blumenstrauß in der

Hand sieht Paul und Annika fragend an, als sie den Schlamm an seiner Kleidung bemerkt. Die automatische Tür des Fahrstuhls schließt sich, Paul verfolgt die Leuchtziffern darüber, die verkünden, in welcher Etage er sich gerade befindet. Er hofft, dass ihn keine Krankenschwester so sieht, geschweige denn ein Arzt.

»Ich helf dir noch beim Umziehen«, bietet Annika ihm an. Paul spürt, wie sich sein Puls beschleunigt. Vielleicht hat sie gemerkt, wie sehr uns die Sache mit Max zusammengeschweißt hat, überlegt er. Vielleicht gesteht sie sich ihre Gefühle ein, weil sie genau wie ich spürt, dass es keinen Sinn hat, sich länger etwas vorzumachen. Wir müssen nicht übereinander herfallen wie ein Pärchen in den Flitterwochen. Es genügt, füreinander da zu sein. Sie werden noch lange an Max denken, und auch das Gefühl von Schuld lässt sich nicht einfach abschütteln. Aber Annika und er sind sich nah, näher als noch vor ein paar Wochen. Es lässt sich nicht leugnen.

Über den Flur in der dritten Etage rollt er selbstständig, sie öffnet ihm die Zimmertür. Paul erschrickt ein wenig, als er sieht, dass das Kaffeegedeck für ihn schon bereit steht; dennoch scheint niemand misstrauisch geworden zu sein. Einen der beiden Florentiner bietet er Annika an und zieht sich seinen Sweater über den Kopf, bindet die Schuhe auf. Sie lehnt dankend ab.

»Vorhin hatte ich angefangen, dir zu erzählen, was ich mir mit Johanna überlegt habe«, erinnert sie ihn, geht zum Waschbecken und wirft ihm ein Handtuch zu, damit er sich die Haare trocken rubbeln kann. Paul spürt, wie gut es tut, wieder im Zimmer zu sein, auf einmal empfindet er hier eine eigentümliche Art von Heimatgefühl.

»Ich kann nicht mehr«, fährt Annika fort. »Seit Max tot ist, bin ich nicht mehr die, die ich mal war, ich habe mich verändert. Die vielen Grübeleien machen mich kaputt. Es ist der größte Horror für mich, mir vorzustellen, ich gehe nach den Sommerferien in die Schule zurück. Dorthin, wo zwischen Max und mir alles angefangen hat und doch so vieles schiefgelaufen ist. Und ich will nicht so enden wie er, eingeschränkt und kaum ein Viertel der eigenen Möglichkeiten ausgeschöpft. Nur am Leben nippen statt es wirklich zu leben. Wenn Max schon gescheitert ist, dann will ich meines wenigstens anpacken. In vollen Zügen.«

Sie klingt so, wie Max sie sich immer gewünscht hat. So hätte sie ihn fasziniert. Wenn Annika diese Seiten früher an sich entdeckt hätte, hätte es zwischen Max und Annika richtig was werden können. Dann könnte Max noch leben.

»Find ich gut«, sagt er nach sekundenlangem Schweigen. »Vielleicht bin ich auch irgendwann so weit.« Er streckt seine Hand aus und will nach ihrer greifen, doch sie weicht einen Schritt zurück.

»Weil ich nicht in unsere Schule zurück kann, werde ich die elfte Klasse wiederholen«, verkündet sie. »Aber nicht hier. In knapp zwei Wochen geht es hier wieder los, aber dann stecke ich schon mitten in den Vorbereitungen: Anfang Oktober gehe ich für ein Jahr in die USA. Meine Eltern unterstützen mich darin und sind dabei, alles in die Wege zu leiten.«

Paul schluckt. »Packst du das denn gesundheitlich?«

»Seit ich den Entschluss gefasst habe, erhole ich mich schneller und besser«, erklärt Annika. »Natürlich werde ich kurz vorher noch einmal gründlich untersucht, aber die Kopfverletzung heilt gut, und die Rippenbrüche sind bis dahin auch Geschichte. Was bleibt, sind die schlimmen Erinnerungen. Ich will mich davon nicht unterkriegen lassen.«

»Schon klar.« Paul blickt zu Boden.

»Vorher sehen wir uns noch ein paar Mal«, lenkt sie ein. »Aber das zwischen uns ... es ist nicht das, was es vielleicht beinahe geworden wäre. Sei nicht böse.« Sie beugt sich zu ihm hinunter und umarmt ihn, nicht mehr so flüchtig wie noch vor ein paar Tagen.

»Bin ich nicht«, versichert Paul. »Ich versteh schon.« Dennoch spürt er, wie ihm ein Kloß im Hals fast den Atem nimmt.

»Gib mir deine Sachen mit«, sagt Annika und bedeutet ihm mit einer Handbewegung, auch die verdreckte Hose auszuziehen. »Die muss niemand sehen, ich bringe sie dir demnächst frisch gewaschen zurück.«

Nachdem er sich trockene Sachen angezogen hat, verabschiedet sie sich. Als sie die Tür des Krankenzimmers hinter sich geschlossen hat, trinkt er seinen Kaffee aus. Die Kekse lässt auch er stehen. Er rollt zu seinem Bett, zieht die Schuhe aus und legt sich hin.

Bei null anfangen, denkt er. Ganz von vorn und nun also auch noch ohne Annika. Max, Max. Eine Weile liegt er nur auf dem Rücken und starrt die Decke an. Lässt nach den Keksen auch sein Abendbrot stehen. Redet wie mechanisch mit den Eltern, zum Glück spüren sie, dass er nicht anders kann und gehen bald wieder. Erst als draußen die Dämmerung hereinbricht, schaltet Paul seinen Tablet-PC ein und ruft Facebook auf.

Eine Nachricht ist eingegangen. Die erste, abgesehen von den Geburtstagsglückwünschen.

Eine Nachricht von Simon.

Maximilian

Drei Monate vorher

1.

Hinter mir knarren die Schritte meines Vaters über den Parkettboden. Langsam, gleichmäßig, dann hält er inne, atmet, geht wieder weiter. Seit mehr als einer Stunde schon tigert er auf und ab, auf und ab, wortlos, von einer Wand zur anderen, er zieht die Schublade unseres antiken Vertikos auf und macht sie wieder zu, atmet, räuspert sich, er macht mich wahnsinnig, warum kann er sich nicht einfach auf die Couch setzen und ein Buch lesen oder selber was am Laptop machen, wenn er schon unbedingt überwachen muss, wie lange ich sitze und für die nächste Matheklausur pauke?

Viel lieber wäre ich dabei allein in meinem Zimmer, aber das würde er nicht dulden. Die weiß gestrichene Doppelschiebetür, die unser Esszimmer vom Wohnzimmer trennt, ist weit geöffnet, so kann er mich von jedem Winkel aus beobachten, keine meiner Bewegungen entgeht ihm. Er sieht, ob ich etwas aufschreibe, ob ich grüble und rechne oder nur nachdenke und träume, eine Tätigkeit, der ich mich jetzt nur zu gern hingeben würde. Das eintönige Prasseln des Regens gegen die Fensterscheiben verstärkt meine Schläfrigkeit, die mich schon den ganzen Nachmittag lang herunterzieht, deshalb habe ich auch noch kaum etwas geschafft. Ich kapiere diese Aufgaben nicht, und ich kann nicht mal behaupten, dass ich sie kapieren will. Sie sind zu schwer für mich, ich kann Mathe nicht. Für manches ist man einfach nicht geboren.

Wieder sein Räuspern.

»Ich höre nichts«, sagt er, jetzt bleibt er stehen. »Kann es sein, dass du seit einer geschlagenen Stunde da sitzt und nicht eine einzige Ziffer aufgeschrieben hast?«

Ich lege meinen Fineliner hin.

»Wenn du die ganze Zeit dabei bist, kann ich mich nicht konzentrieren.«

»So wie du da sitzt, konzentrierst du dich den ganzen Tag schon nicht.«

»Das ist nicht wahr. Es blockiert mich nur, wenn ich die ganze Zeit beim Lernen beobachtet werde und nicht in Ruhe überlegen kann. In *meinem* Tempo.«

»In deinem Tempo, das kann was werden. Lass sehen.« Wieder diese Schritte, Straßenschuhe auf dem Parkett, auch ohne mich umzudrehen, weiß ich, dass er seinen Körper erneut strafft, Haltung bewahrt, sein weißes Hemd sitzt auch nach seinem langen Tag im Büro noch korrekt, nur den Schlips hat er ein wenig gelockert. Von hinten greift er an mir vorbei und nimmt meinen Ringbuchblock hoch, starrt darauf, sein rechter Daumen pocht so rhythmisch auf das Blatt wie vorher seine Schritte meine Arbeitsruhe zerrissen haben, poch, poch, poch. Saubere Finger, korrekt gefeilte Nägel, genau wie sein akkurat geschnittenes braunes Haar, der zu wenig trainierte, aber dennoch schlanke Körper. Wir haben die gleichen schmalen Nasen und kleine, weiße Zähne im Mund, nur meine Augen sind blau und seine braun. Trotzdem bemerkt jeder, der uns zum ersten Mal zusammen sieht, wie ähnlich wir uns doch sähen. Ich will das nicht, deshalb habe ich meine Haare wachsen lassen und trage sie lässig in die Stirn fallend statt kurz wie er, und nie würde ich auf die Idee kommen, so geschniegelt herumzulaufen. Meine übergroßen Sweater, weiten Jeans und ausgetretenen Sneaker haben ihn schon oft aufgeregt.

»Das ist Kinderkram, Maximilian«, bemerkt er schließlich

und legt das Ringbuch wieder vor mir auf den Tisch, rückt sich einen Stuhl zurecht und setzt sich neben mich. Mit der flachen Hand stößt er mich gegen die Schulter, gerade noch zu sanft, als dass ich behaupten könnte, er hätte mich geschlagen. Sein Mund hat sich zu einem geraden Strich verschmälert, eine Mischung aus Ungeduld und Enttäuschung darin. Diese Enttäuschung, die mir manchmal fast den Verstand raubt. Natürlich möchte ich, dass mein Vater stolz auf mich sein kann, jeder Junge wünscht sich das. So stolz wie Pauls Vater es ist, der seinen Sohn zu jedem Empfang, jeder Messe mitnimmt und seinen Kollegen und Geschäftspartnern präsentiert, nicht ohne ihm vorher noch neue Klamotten und einen Friseurbesuch zu spendieren. Deshalb bemühe ich mich ja, das Abi möglichst gut hinzubekommen, aber ich habe immer das Gefühl, nicht gut genug zu sein, dem Ziel hinterherzurennen wie der Esel dem Heuballen, der vor seinem Maul aufgehängt wird, damit er schön brav den Karren zieht. Nur um nicht diesen bitteren Zug um seine Mundwinkel zu sehen, eine winzige Regung nur, aber ich kenne ihn so gut, ich weiß genau, was diese minimale Veränderung in seiner Mimik bedeutet, und ich versuche alles, um dies nicht sehen zu müssen, denn es könnte nicht schlimmer sein, wenn er mich anherrscht und in unserer Wohnung mit den Türen knallt.

»Wach doch mal auf, das hier ist wirklich nicht so schwer. Stochastik, das baut doch alles nur auf der früher schon gelernten Wahrscheinlichkeitsrechnung auf, oder etwa nicht? Wenn ich mich recht erinnere, habe ich solche Aufgaben in der zehnten Klasse gerechnet und nicht erst so kurz vor dem Abi. Und Mathe ist dein Leistungsfach, Maximilian. Wo hast du nur deinen Kopf?«

»Die Stochastik meine ich nicht. Was ich nicht kapiere, sind die Kurvendiskussionen. Diese ganze Infinitesimalrechnung, das kann ich einfach nicht. Später brauche ich das alles sowieso nie wieder.«

»Einen vorzeigbaren Notendurchschnitt im Abi brauchst du aber.« Er runzelt die Stirn.

»Dann hättest du mich Kunst als Leistungsfach wählen lassen sollen. Da stehe ich auf Eins und bin Bester meines Jahrgangs.«

»Kunst. Für ein Medizin- oder Jurastudium, ja? Mein Gott, Maximilian, ich muss dir doch nicht erst sagen, dass das Hirngespinste sind.«

»Du hast vom Notendurchschnitt geredet. Mit Mathe kann das bei mir nichts werden, ich hab schon die Erklärungen in der Schule nicht verstanden.«

»Schlimm genug. Aber wie wäre es mit Nachfragen gewesen?«

»Es war zu wenig Zeit, diese Aufgaben kamen erst kurz vor der Pause dran.«

»Und einen Klassenkameraden, der mehr Durchblick hat als du? Paul, zum Beispiel? Der hatte bestimmt keine solche Ladehemmung. Gleich in der Pause hättest du es dir von ihm erklären lassen können, oder ihn zu dir nach Hause einladen.«

»Morgen frage ich Herrn Brückner«, entgegne ich, ohne auf seine Frage nach Paul einzugehen. »Ich will den Stoff ja auch verstehen.«

»Morgen, morgen.« Mein Vater lehnt sich zurück, reißt erneut am Knoten seiner Krawatte. Soll er sie doch ablegen, dann käme er auch nicht rüber, als wäre er auch in unserer Wohnung immer noch der Topmanager. Das hier ist sein Zuhause. Immerhin schaltet er nach einem hektischen Blick auf das Display sein Smartphone aus.

»Wenn ich in meinem Leben immer alles auf morgen verschoben hätte, wäre ich vielleicht Tomatenzüchter geworden«, poltert er. »Dann hätten wir aber keine geräumige Stuckaltbauwohnung, du würdest längst in die Lehre gehen und mitverdienen, genau wie deine Schwester das früher oder später tun müsste, ganz zu schweigen von eurem Musikunterricht und all den Sonderwünschen, die ich euch sonst noch erfüllen darf. Wenn man etwas im Leben erreichen will, muss man sich reinhängen, Junge! Reinhängen, nicht träumen! Das muss ein Abiturient doch kapieren, so schwer kann das nicht sein.«

»Ich habe sonst keine Probleme in der Schule, Papa«, untertreibe ich. Alles muss er nicht wissen, noch kann ich mich verbessern, in Physik zum Beispiel oder Politik, darin schleife ich auch ein wenig hinterher. »Es sind wirklich nur diese Aufgaben, die einfach nicht in meinen Kopf wollen. Mit meiner Arbeitshaltung ist Herr Brückner zufrieden, genau wie die anderen Lehrer.«

»Dann liegt es an seinen offenbar mangelhaften Fähigkeiten, den Stoff zu vermitteln.« Mein Vater schiebt das Ringbuch von sich wie einen leer gegessenen Teller, der ihn anwidert. »Das ist mir ohnehin schon lange klar.« Er zieht sein Smartphone aus der Tasche seiner Anzughose und schaltet es wieder ein, trommelt mit den Fingern auf dem Display herum, während das System hochfährt, ruft danach den Kalender auf. »Sag bitte dem werten Herrn gleich morgen, dass ich ihn sprechen möchte. Wie organisiere ich das am besten ... genau. Am Donnerstag, also übermorgen, hätte ich im Anschluss an ein kleines Geschäftsessen in der Mittagspause noch ein Zeitfenster, das ich mir freischaufeln kann. Vierzehn Uhr dreißig, und etwa eine knappe halbe Stunde. Richte ihm das bitte aus.«

Ich klappe das Ringbuch zu und lege meinen Stift zurück in meine zerschlissene und bemalte Schlamperrolle, sofort bemerke ich seinen geringschätzigen Blick. Zum letzten Geburtstag hat er mir ein Schreibset geschenkt, ein Etui aus feinstem Kalbleder, der Füller und Kugelschreiber darin versilbert, das Zeug muss mehr als hundert Euro gekostet haben. Ich benutze es nicht, es liegt noch fast unberührt in meiner Schreibtischschublade. In der Schule käme ich mir damit albern vor.

»Hast du gehört, Maximilian?«, beharrt mein Vater. Ich stehe auf und räume meine Sachen zusammen.

»Ich frage ihn, ob er da Zeit hat«, murmele ich widerstrebend, obwohl es mir jetzt schon unangenehm ist. Ich will nicht, dass mein Vater Herrn Brückner aufsucht, der mein Lieblingslehrer ist. Wenn ich Mathe nicht kapiere, liegt das nicht an ihm, sondern an mir. Ich will weder Medizin noch Jura studieren, auch das bestimmt er einfach so für mich. Wenn ich nur daran denke, sehe ich mein Leben vor mir wie eine lange Fahrt durch grauen, dichten Nebel, der sich auch durch die steigende Vormittagssonne nicht auflöst, bis ich irgendwann an einem Ziel bin, das ich nicht erreichen wollte und ohne vorher links und rechts von meinem Weg etwas Schönes wahrgenommen zu haben. Ich will das nicht. Ich will abbiegen können, mich treiben lassen, träumen, verweilen, wo es mir gefällt, unbekannte Straßen ausprobieren, mich irren und von vorn beginnen. Fehler machen und selbst entscheiden, was ich daraus lerne. Ich will keine Einbahnstraße und keine Sackgasse im Nebel.

Ich will raus.

2.

Meine Mutter kommt mit einem voll beladenen Tablett herein.

»Und, ging es einigermaßen?«, erkundigt sie sich, wenigstens kann Papa mir jetzt keine Szene mehr machen, für das Abendessen hätte ich ohnehin den Tisch räumen müssen. Nachdem sie das Tablett abgestellt hat, mustert sie mich mit besorgtem Blick, ihr dunkelblonder, mit Strähnchen in verschiedenen Brauntönen aufgepeppter Kurzhaarschnitt liegt etwas wirr, so als ob sie schon lange im Haushalt gewerkelt hat, aber ihre Augen und Lippen sind dezent geschminkt, das macht sie immer, kurz bevor mein Vater von der Arbeit nach Hause kommt. Vergisst sie es, registriert er es mit einer leicht gehobenen Augenbraue, und sie weiß sofort Bescheid. Ich zucke mit den Schultern und wende mich ab, will nicht von ihr auch noch genervt werden, es reicht mir, am liebsten würde ich nicht mal mit ihnen essen, sondern einfach abhauen, egal wohin, frei sein, am liebsten schon ausziehen, ich will diese ständige Kontrolle nicht mehr.

»Gar nichts ging«, antwortet mein Vater für mich. »Aber Maximilian und ich haben das geklärt. Es ist mal wieder ein Gespräch mit dem Lehrer fällig. Der hat seinen Beruf offenbar in der Abendschule gelernt, weil es ihm als Dachdecker im Winter zu kalt geworden ist.«

»Das ist ungerecht, Papa«, protestiere ich.

Meine Mutter verteilt die Teller auf unsere vier Plätze, legt das Besteck dazu, akkurat mit der Tischkante abschließend, gefaltete Servietten ragen wie Spitzberge in die Höhe, die Gläser funkeln blank poliert im Schein der weißen Kerze, die sie soeben angezündet hat, für Papa und sie bauchige Weingläser; Wassergläser für Natalie und mich. Lieber hätte ich ein Bier.

»Immer wieder der Herr Brückner«, seufzt sie. »Manche Lehrer verstehen einfach nicht mit hochbegabten Schülern umzugehen. Dieses starre Schulsystem ist für einen vielseitig interessierten Jungen wie dich einfach nicht geschaffen, und leider findet man kaum jemals eine Lehrkraft, die das erkennt und entsprechende Anregungen gibt.«

Mein Vater lacht bitter auf.

»Jetzt lass aber mal die Kirche im Dorf, Corinna, ja?«, sagt er. »Sicher ist Maximilian hochbegabt, und sicher ist Brückner ein Trottel. Ich werde bei meinem Gespräch mit ihm auch keinen Hehl daraus machen, was ich von ihm halte. Aber im Moment geht es in erster Linie darum, dass unser Sohn ein lupenreines Einser-Abitur hinlegt. Er geht aufs Gymnasium und nicht auf die Waldorfschule.«

»Das weiß ich«, lenkt meine Mutter ein und nimmt das leere Tablett wieder auf. »Trotzdem. Die Anforderungen heutzutage sind sehr hoch, ich möchte in dieser Zeit nicht zur Schule gehen müssen.«

»Unsinn. Sie sind gefallen. Vergleiche nur mal Maximilians Schulbücher mit denen aus meiner Oberstufenzeit, da wirst du dich wundern.«

»Wir müssen den Stoff aber innerhalb von zwölf Jahren drauf haben«, erinnere ich ihn. »Ihr hattet ein Jahr länger Zeit. Du kannst also gar nicht beurteilen, was für ein Stress das ist.«

»Studier du erst mal und werde berufstätig«, kontert mein Vater erneut. »Dann unterhalten wir uns noch einmal über Stress. Ich möchte jetzt gern in Ruhe essen.«

Schweigend helfe ich meiner Mutter, den Tisch fertig zu decken. Der Duft nach frisch gebackenem Brot, der aus der Küche strömt, lockt auch meine Schwester Natalie an, die bis eben noch in ihrem Zimmer Saxofon geübt hat. Natalie spielt ziemlich gut für ihr Alter, sie kann ihr Saxofon klagen oder lachen lassen, je nach Stimmung. Die Band *Keep Out*, in der sie seit einem knappen Jahr spielt, hat wirklich Glück mit ihr, ebenso das Schulorchester, in dem sie ebenfalls Mitglied ist.

»Schulorchester ist eigentlich was für Angepasste«, hat sie einmal gesagt. »Aber Herr Schindler ist in Ordnung, sonst würde ich da bestimmt nicht hingehen. Vielleicht werde ich mal die fetzigste Saxofonistin der Welt.«

Unwillkürlich muss ich lächeln, als ich sehe, wie Papa bei ihrem Anblick seine Gesichtszüge strafft. Meine Schwester trägt dunkelblaue Jeans mit mehreren absichtlich eingerissenen Stellen, dazu ein weißes Shirt mit einem überdimensionalen Peace-Zeichen drauf, eine schwarze schmale Lederweste drüber, ein passendes Armband dazu und um den Hals mehrere Ketten. Der Look steht ihr, sie sieht süß darin aus, weil gerade das Derbe, Aggressive darin ihre zarte Statur und das schmale Gesicht und die großen dunklen Augen hervorhebt. Mit der Hand deutet sie auf den Stapel Bücher und Hefte, die ich auf die Anrichte gelegt habe.

»Hab ich dich mit meinem Saxofon beim Lernen gestört?«, fragt sie ein wenig erschrocken. »Ich hätte nicht gedacht, dass du immer noch paukst, sorry.«

»Kein Ding«, antworte ich. »Ich hör dir gerne zu, und in meinen Kopf ging sowieso nichts mehr rein.«

»Du büffelst auch viel zu viel«, erwidert sie und setzt sich an den Tisch, greift sofort nach einer Scheibe Krustenbrot und bestreicht sie mit Butter und Frischkäse. »Irgendwann musst du doch auch mal leben, Max. Kein Wunder, dass deine Birne langsam dicht macht. Das ist wie mit 'nem Computer: Festplatte voll, zu viele Programme drauf, dann wird er immer langsamer bis schließlich gar nichts mehr geht.«

»Genau so fühle ich mich«, seufze ich. »Danke für dein Mitleid.«

Meine Mutter stellt eine große Schüssel mit unserem Lieblingssalat auf den Tisch, Rucola mit Shrimps, Kirschtomaten und Balsamicodressing, dazu frischen Parmesan und Knoblauchcroutons. Natalie nimmt sich als Erste den Käse und den Hobel dazu; bald darauf ist ihr Salat kaum noch zu erkennen, so dick hat sie ihn mit Parmesan bestreut.

Mein Vater entkorkt eine Flasche Württemberger Trollinger, gießt den ersten Schluck in sein Glas, überprüft es nach Korkresten, fischt einen Krümel mit dem Messerrücken heraus. Erst dann schenkt er sein Glas voll, danach Mamas. Noch immer wirkt er angespannt, lehnt sich nicht an.

»Tja, von nichts kommt eben nichts«, entgegnet er, »auch wenn dein Vergleich gar nicht mal so weit hergeholt ist, Natalie. Bei Maximilian müssen wir uns allerdings keine Sorgen machen, dass sein Speicherplatz demnächst ausgeschöpft sein könnte. Durch seine Träumerei bleibt er nämlich weit hinter seinen Möglichkeiten. Leider ist es nur allzu oft so, dass Hochbegabung von den sogenannten pädagogischen Fachkräften nicht als solche erkannt wird. Aber lassen wir uns davon nicht den Abend verderben, ich werde mir den Mann vorknöpfen und fertig.«

»Ich kann auch selbst mit ihm reden«, werfe ich ein.

»Wirklich, Papa.« Natalie legt ihre Gabel lauter klirrend als beabsichtigt auf den Teller. »Max ist achtzehn, da braucht er keinen Erziehungsberechtigten mehr, der seine Sachen für ihn regelt. Wie sieht das denn aus, schon vor den anderen Jungs? Du blamierst ihn doch.«

Ich schicke ihr einen dankbaren Blick, aber Papas Gesichtsausdruck verrät, dass er in diesem Punkt nicht mit sich diskutieren lässt. Endlich setzt sich auch meine Mutter hin und reicht die Aufschnittplatte herum.

»Komm nachher noch mal zu mir, bevor du ins Bett gehst, Max«, sagt sie, ihre Stimme wie üblich auf sanft gestellt, sie will uns zusammenhalten, beruhigen, am Tisch eine harmonische, versöhnliche Stimmung herstellen. »Ich bin da auf ein homöopathisches Mittel gestoßen, das ganz toll die Konzentration fördert. Du kannst es vor dem Einschlafen nehmen und auch noch mal morgen vor der Schule. Es schadet überhaupt nichts, und wir wollen ja das Beste tun, damit du deine guten Noten halten kannst.«

»Verbessern«, korrigiert Papa. »Eine Drei in Mathe zu halten ist keine Kunst. Also, Schluss jetzt mit diesem Thema. Ich halte nicht viel von deinen Kügelchen, Corinna, aber wenn du sagst, sie schaden nicht, dann bitte. Und Natalie«, er dreht seinen Oberkörper leicht nach links, wo meine Schwester sitzt, »das nächste Mal zum Essen bitte andere Kleidung, ja? Bei diesem ... Aufzug, oder wie man das nennen soll, vergeht mir der Appetit.«

Er schafft es, sie während des Essens nicht ein einziges Mal anzusehen, und es entgeht mir nicht, dass Natalie innerlich schwankt, ob sie in ihr Zimmer eilen und sich umziehen soll. Doch ihr Stolz siegt, sie bleibt am Tisch und isst scheinbar unbeirrt weiter, genau wie Papa, dem natürlich keineswegs der Appetit vergangen ist. Mama versucht, das Gespräch am Tisch in eine andere, heitere Richtung zu lenken, versucht seine Wünsche zu erkennen, noch ehe er sie ausgesprochen hat, reicht ihm unentwegt Käse, Aufschnitt und Salat, schenkt ihm Wein nach, erkundigt sich, wie sein Tag gelaufen sei. Zwischendurch zwinkert sie Natalie und mir zu, seht ihr, es geht doch mit ihm, es ist alles nicht so schlimm, er meint es nicht böse wenn er euch ein bisschen härter anfasst, euch fordert. Matthias will nur, dass ihr es im Leben zu etwas bringt, er meint es gut mit euch.

Wir bringen diese Mahlzeit irgendwie zu Ende. Natalie und ich werfen uns Blicke zu, lass dir von denen nicht den Abend versauen, sagen ihre Augen. Ich bin froh, dass sie da ist.

Nach dem Essen räumen wir beide den Tisch ab, Mama stellt die Lebensmittel zurück in den Kühlschrank. Anschließend schleiche ich so unauffällig wie möglich ins Bad, innerlich hoffend, dass mein Vater sich inzwischen für seinen Feierabend einrichtet, im Sessel nach der Zeitung greift oder die Tagesthemen einschaltet. Als ich wieder in den Korridor trete, steht er jedoch erneut vor mir, sein Rotweinglas am Stiel hin und her drehend, noch immer in blank geputzten Straßenschuhen. Mit hoch gezogenen Augenbrauen mustert er mich.

»Hast du Klavier geübt?«, will er wissen. »Du hast doch morgen Nachmittag Stunde.«

»Gleich nach der Schule, ja«, antworte ich, ohne ihn anzusehen, weil es nicht stimmt. Nachmittags habe ich zwar Klavier gespielt, aber nicht die Stücke geübt, die meine Klavierlehrerin, Frau Camplair, mir aufgegeben hat. Wenn keiner von meinen Eltern zuhört, klimpere ich vor mich hin, probiere Songs aus, die mir gefallen, Filmmusik meistens, manchmal lege ich auch einen Boogie hin oder improvisiere, je nach Stimmung.

»Dann lass was hören«, fordert er mich auf und eilt schon voraus, zurück ins Wohnzimmer, wo er unseren Flügel aufklappt und sich in den Sessel setzt, die Beine übereinandergeschlagen, ich muss immer auf die nackte, fast kahle weiße Haut starren, die in dieser Haltung zwischen dem Saum seiner eleganten Hose und den feinen schwarzen Socken zum Vorschein kommt. Wie lange ist es her, dass ich meinen Vater in Badehose gesehen habe, braun gebrannt mit Natalie und mir an irgendeinem Strand tobend, ohne pausenlos an Leistungen und Zensuren zu denken?

»Dein Notenheft«, sagt er und deutet mit vorgestrecktem Kinn auf die leere Halterung über der Klaviatur. »Ich warte.«

»Eigentlich wollte ich Annika noch anrufen«, entgegne ich. »Durch das viele Lernen hatte ich heute keine Zeit für sie.«

Meine Freundin schätzt er, deshalb hoffe ich, dass er mich gehen lässt. Tatsächlich erhellt sich seine Miene für einen Augenblick, wobei ich nicht weiß, ob es deswegen ist, weil ich das Lernen einem freien Nachmittag mit ihr vorgezogen habe oder einfach nur, weil er ihren Namen hört. Dann jedoch wirft er einen Blick auf seine Armbanduhr.

»Schon nach zehn«, stellt er fest. »Um diese Zeit ruft man nirgends mehr an. Das lass dir zum guten Ton gesagt sein, Sohn.«

»Wenn Anrufen nicht geht, geht Klavierspielen auch nicht«, wirft Natalie ein, bereits mit der Klinke der Badezimmertür in der Hand. »Das hört man doch auch durchs ganze Haus.«

»Wir haben spät gegessen«, erinnert meine Mutter beinahe entschuldigend. »Vielleicht solltet ihr wirklich Feierabend machen. Morgen müssen ja alle wieder früh raus, und man schläft schlechter, wenn man bis kurz vor dem Zubettgehen noch arbeitet.«

»Na ja, *arbeiten*.« Mein Vater runzelt die Stirn. »Soweit ich weiß, ist das Klavierspiel Maximilians Hobby, das er sich selber ausgesucht hat.«

Ausgesucht. Natürlich habe ich es mir ausgesucht, vor zehn Jahren ungefähr, in der zweiten Klasse, einem Alter, in dem Kinder alles Mögliche ausprobieren wollen und längst nicht überall auch wirklich dranbleiben. Tamina, ein Mädchen aus meiner Klasse, bei der ich mich nur noch an ihre endlos langen, dünnen geflochtenen Zöpfe erinnere, hatte eines Tages im Musikunterricht der Schule »Für Elise« vorspielen dürfen, und hinterher war ich nach Hause gestürmt, hatte meinen Eltern davon erzählt und schwärmte: »Es hat sich angehört wie auf einer CD! Ich will auch Klavier spielen können!« Also meldeten sie mich zum Unterricht an, doch es dauerte nicht lange, bis ich merkte, dass Schlagzeug oder Bass doch die bessere Wahl für mich gewesen wäre. Aber da war es zu spät. Wenn mein Vater etwas neben dem, was er mangelnde Anstrengung nennt, nicht leiden kann, dann ist es Wankelmütigkeit. Nur deshalb spiele ich noch immer, während andere Hobbys, an denen ich mehr Freude hatte, schon längst der Schule und ihrem Lernpensum zum Opfer gefallen sind. Fußball zum Beispiel – den habe ich gleich nach dem Übertritt aufs Gymnasium geknickt. Den Ruderverein, dem mein Kumpel Paul noch heute angehört, aufgegeben, als wir in der Neunten waren. Die private Malschule, auf die ich mich immer eine ganze Woche lang gefreut hatte, kurz danach. Dort konnte ich wirklich abtauchen in meine eigene Welt, mit Farben und Materialien experimentieren, habe Anregungen und Tipps von der Kunstlehrerin bekommen, die selbst ein eigenes Atelier mit angeschlossener Galerie hatte. Meine Mutter und ich waren immer der Meinung gewesen, ich hätte dort richtige Kunstwerke angefertigt, doch wenn wir etwas davon rahmen und in der Wohnung aufhängen wollten, hatte Papa jedes Mal gemeint, an der Pinnwand in der Küche gern, doch im Wohn- und Speisezimmer bevorzuge er doch lieber die Werke gestandener Meister und zeitgenössischer Genies. Seitdem zeichne ich nur noch heimlich.

Mein Vater seufzt.

»Mit Rücksicht auf die Nachbarn lassen wir es für heute. Morgen komme ich ohnehin früher nach Hause, da zeigst du mir, wie du vorankommst. Gute Nacht.«

Ich erwidere den Gutenachtgruß und drücke meiner Mutter einen Kuss auf die Wange, meinem Vater nicke ich nur zu. Dass er mal früher von der Arbeit kommt, haben wir schon seit Monaten nicht mehr erlebt. Meinetwegen muss er sich nicht beeilen.

Natalie verschwindet in ihrem Zimmer und schließt die Tür hinter sich, Sekunden später dringt Rockmusik auf den Flur, gerade noch so leise, dass niemand ihr wirklich einen Vorwurf machen könnte. Ich schließe mich im Bad ein, um mich zu waschen und mir die Zähne zu putzen, obwohl ich bestimmt nicht sofort einschlafen kann. Aber für heute habe ich genug von meinem Vater. Ich möchte allein sein.

3.

In meinem Zimmer ziehe ich mich aus und streife T-Shirt und Boxer für die Nacht über. Es war gelogen, als ich vorhin behauptet habe, ich würde Annika noch anrufen. Auf meinem Schreibtisch liegt ein Foto von ihr, das sie mir kürzlich geschenkt hat, aber ich nehme es nicht hoch, um es zu betrachten, verspüre kein Bedürfnis, mit dem Finger darüber zu streichen, als wäre es wirklich ihr Gesicht. Mein Handy blinkt, also ist eine Kurznachricht eingegangen, vielleicht auch mehrere, ich sehe nach. Annika fragt, ob ich sie morgen früh zur Schule abholen werde. »Klar«, schreibe ich zurück. »Ich freu mich auf dich. Schlaf gut, dein Max.«

Etwas unschlüssig lungere ich noch in meinem Zimmer herum, der Abend hat kein gutes Gefühl in mir hinterlassen. Es nagt an mir, was mein Vater über mich gesagt hat. Neben mir auf dem Bett liegt noch mein Zeichenblock, zugeklappt. Ich greife danach und schlage das Deckblatt zurück, mein letztes Bild ist noch nicht fertig, eine Bleistiftzeichnung, die mir richtig gut gelungen ist, ein Panther ist drauf, der sich durchs Dickicht des Urwalds an seine Beute pirscht. Die Augen und der Glanz seines Fells sind richtig echt geworden, das Spiel seiner Muskeln wirkt plastisch und man sieht jedes einzelne Haar, dieses Mal habe ich mir richtig viel Zeit dafür genommen, mehrere Bleistifte in verschiedenen Härtegraden eingesetzt, für das schwarz schimmernde Fell ganz dünne, Härchen für Härchen habe ich gezeichnet, dabei konnte ich mich unheimlich gut konzentrieren, es war wie in Trance, alles andere um mich herum habe ich vergessen, habe nicht an die Schule gedacht, nicht an Mathe, weder an Klausuren noch an Prüfungen, an nichts.

Noch einmal nehme ich meine Bleistifte aus ihrer Blechschachtel, verbessere etwas an der Nase des Tieres, füge weitere Pflanzen hinzu, halte das Bild auf Armeslänge von mir ab und betrachte es eingehend. Ganz fertig ist es noch nicht, ich habe nicht die gesamte Fläche des Blattes gefüllt, aber auch so, oder vielleicht gerade so, hat es etwas. Vielleicht lasse ich es unvollendet, das gibt der Zeichnung etwas Lebendiges, Geheimnisvolles. Das Malen hat mich beruhigt und abgelenkt, endlich spüre ich eine friedvolle Müdigkeit und kann ins Bett gehen. Ich räume meine Zeichenutensilien weg und packe den Schulrucksack für morgen, dann schlüpfe ich unter meine Decke. Sobald ich meine Leselampe am Bett ausgeschaltet habe und mich ausstrecke, falle ich in einen tiefen Schlaf.

Irgendwann holt mich ein Geräusch zurück, ein Licht, vielleicht ein Duft. Ich bekomme meine Augen nicht auf, es ist noch zu früh zum Aufstehen, das Licht nehme ich nur als rötlichen Streifen durch meine geschlossenen Lider wahr, eine Stimme dringt aus weiter Ferne zu mir, leise, ein wenig säuselnd wie der Wind in den Bäumen vor meinem Fenster, dann näher kommend, eindringlicher. Vielleicht träume ich, ich will weiterschlafen, meine Hände fliegen über die Bettdecke, ich drehe mich weg vom Licht, hin zur Wand, aber jetzt weht ein Duft an meiner Nase vorbei wie Rauchschwaden von einer Kerze, oder brennt es, brennt es hier?

Wieder die Stimme. Jetzt erkenne ich sie, es ist die meiner Mutter, die in mein Zimmer gekommen ist, das Licht von der Deckenlampe im Korridor fällt als schmaler Streifen durch die angelehnte Tür. Mama schwenkt eine Duftlampe hin und her, immer wieder hin und her, zierliche Kettenglieder klirren leise in einem Ring.

»Du musst an dich glauben, Maximilian«, haucht sie dicht über meinem Ohr. »Niemals aufgeben, hörst du? Wenn du an dich glaubst, kannst du alles erreichen. Ich schicke dir jetzt ganz viel positive Energie.« Ein wehendes Geräusch in der Luft und über meinem Kopf. »Du spürst, wie sich die Energie auf dich niedersenkt wie der erfrischende Schatten an einem langen, heißen Tag«, säuselt sie weiter. Ich will weiterschlafen, verdammt.

»Die Energie breitet sich in deinem Körper aus, du fühlst dich ruhig und gestärkt.« Schwenk, schwenk, was ist das bloß für ein Gestank, doch nicht etwa Lavendel, ich konnte es noch nie leiden, wenn Mama ihre kleinen Stoffsäckchen mit diesen verdorrten, stinkenden Blüten in meinem Wäscheschrank versteckte. Es kann auch ein anderes Kraut sein, undefinierbar.

»Jede Faser deines Körpers ist nun angefüllt mit frischer Energie«, flüstert sie, endlich nimmt sie die Duftlampe etwas weiter von mir weg. Ich tue so, als hätte ich sie nicht einmal bemerkt, liege mit dem Gesicht zur Wand und halte meine

Augen geschlossen, atme tief und gleichmäßig, umso schneller ist sie hoffentlich fertig. »Du spürst, wie der Lernstoff in Mathe seinen Schrecken verliert, deine Angst fliegt davon wie ein Schwarm Zugvögel im späten September, nur noch dein Wissen und deine Begabung bleiben übrig, du kannst es. Du kannst alles schaffen, Maximilian. Dein Kopf ist jetzt frei von Ballast, du schläfst jetzt tief und mit herrlichen Träumen bis in den neuen Morgen hinein. Schlaf schön, Maximilian.« Leise und beinahe schwebend entfernen sich ihre Schritte, fast geräuschlos schließt sie meine Zimmertür. Ich ziehe mir die Decke über den Kopf und brauche lange, bis ich wieder einschlafen kann.

***

»Hast du das gezeichnet?«, fragt mich Natalie am nächsten Morgen. Schneller als ich ist sie nach dem Frühstück fertig, um zur Schule zu fahren, sie genießt es sehr, dass ich sie morgens mit dem Auto mitnehmen kann, seit ich volljährig bin. Auch jetzt hat sie wieder ihren leicht gruftigen Vampirlook aufgelegt und trägt ihre schwarze, nietenbesetzte Lederjacke; wie sie damit an Papa vorbeigekommen ist, frage ich lieber gar nicht erst. Während ich noch versuche, schnell mein Pausenbrot in den Rucksack zu stopfen, und mir die Haare kämme, so schräg nach vorn, wie Annika mich unbedingt immer sehen will, obwohl ich diese Frisur hasse, die jeder Junge trägt und die uns alle so austauschbar macht, beugt sie sich über meinen Zeichenblock mit dem Pantherbild.

»Der sieht hammerhart aus, Max«, stößt sie hervor. »Du müsstest als Künstler Karriere machen, nicht mit Mathe oder dem ganzen trockenen Computerkram. Weiß Papa überhaupt, was du im Zeichnen draufhast?«

»Ich habe ihm schon lange nichts mehr gezeigt. Es würde ihn kaum interessieren.«

»Und Mama?«

Ich halte im Kämmen inne und sehe sie mit düsterem Blick an.

»Sie war in der Nacht hier und hat mir im Halbschlaf ihren esoterischen Kräuterzauber vorgesungen. Der Inhalt hatte nichts damit zu tun, dass ich mir vielleicht selber treu bleiben soll und an *meinen* Zielen arbeiten. Es ging nur um den Lernstoff, von dem auch Papa gestern immerzu geredet hat. Sie hat es nur freundlicher verpackt.«

»Das hätte sie mal bei mir versuchen sollen.« Natalie klappt den Block zu. »Du lässt dir viel zu viel gefallen. Also, bist du so weit? Gehen wir?«

Der Motor meines Autos heult auf, als ich es aus der Parklücke steuere und Gas gebe. Meine Eltern haben ihn mir zum Achtzehnten geschenkt, einen VW Polo als Jahreswagen in Silbermetallic, Schwarz wäre mir lieber gewesen und auch wichtiger als die Sportausstattung innen, aber Papa fand, wenn man solche Extras mitnehmen kann, sei die Farbe der Karosserie zweitrangig.

»Wenn du jetzt jemandem hinten reinfährst, ist dir auch nicht geholfen«, beschwört mich Natalie und legt vom Beifahrersitz aus beruhigend die Hand auf meinen Unterarm. »Setz dich lieber mal richtig gegen Papa durch, das schaffe ja sogar ich, dabei muss ich noch zwei Jahre lang warten, bis er mir endgültig nichts mehr zu sagen hat. Aber du – du könntest sogar ausziehen, ohne dass er dir da reinreden kann.«

»Und wie stellst du dir das vor, ohne eigenes Geld?«

Sie sieht mich an als hätte ich gesagt, meine Lieblingssendung im Fernsehen sei das Sandmännchen.

»Das haben andere auch geschafft. Sie müssten dir das Kindergeld auszahlen und du kannst neben der Schule jobben, in den Ferien sogar Vollzeit. Und wenn Papa sich erst mal daran gewöhnt hat, dass du auf eigenen Beinen stehst und trotzdem nicht im Rinnstein pennst, gibt er dir bestimmt hin und wieder das eine oder andere Scheinchen dazu.«

»Klingt verlockend«, gebe ich zu. »Aber ich schaffe den Stoff so schon kaum. Wenn ich nachmittags noch arbeiten gehe, fallen meine Zensuren bestimmt erst recht ab.«

»Du schaffst den Stoff«, widerspricht meine Schwester. »Du stehst nur nicht in jedem Fach auf der Eins.«

»Genau das wird aber von mir erwartet.«

»Max, es ist *dein* Leben. Du entscheidest, wie du es verbringen willst und sonst niemand. Wenn du morgen aufwachst und entschlossen bist, Straßenkehrer zu werden, könnte er auch nichts dagegen sagen.«

»Straßenkehrer«, wiederhole ich und muss lachen, denn genau jetzt biegen wir in die Straße ein, wo Annika wohnt, ich nehme den Fuß vom Gas und lasse den Wagen ausrollen, während wir an den gepflegten Vorgärten vor den weiß gestrichenen Einfamilienhäusern vorbeifahren, die alle gleich aussehen, Natalie hat einmal gesagt, hier stinke alles nach Geld. Ich stelle mir mich selber hier als Straßenkehrer vor, in schmuddeliger Latzhose und mit derben Schuhen das Laub von gestern zusammenfegend, damit Annikas edle Schuhe nicht beschmutzt werden.

»Sag nicht, wir holen deine Tussi ab«, bemerkt Natalie.

»Rede nicht so über sie«, antworte ich. »Ich habe es ihr versprochen.«

Natalie will noch etwas erwidern, da öffnet sich die Tür des Hauses mit der Nummer zwölf, und Annika kommt heraus. Ein wenig muss ich lächeln, als ich sie sehe. Meine Freundin ist schon verdammt hübsch und versteht es, ihre äußerlichen Vorzüge zu unterstreichen. Ihre Kleidung zeugt wie immer von einem gewissen Understatement, sie mixt perfekt sitzende Markenjeans mit preiswerten Blusen und Shirts, die sie wiederum mit edlen Ketten und Gürteln aufpeppt. So wirkt sie nie überstylt, auch ihr schwarzer Wollmantel kann über diesen Eindruck nicht hinwegtäuschen, so perfekt er auch sitzt mit dem figurnahen Schnitt und dem schmalen Taillengürtel. Ihre eiligen Schritte lassen ihr dunkelblondes langes Haar leicht nach hinten wehen. Annika lächelt, und ich weiß schon jetzt, wie sie duften wird, wenn sie gleich zu uns ins Auto steigt.

Sie öffnet die Beifahrertür; erst jetzt scheint sie zu bemerken, dass auch meine Schwester mit im Wagen sitzt.

»Oh, Natalie«, stößt sie mit geweiteten Augen hervor. »Sollen wir dich mitnehmen? Dann musst du dich hinter mich setzen.«

Natalie bleibt sitzen, wo sie ist. In manchen Dingen kann sie verdammt stur sein. An winzigen Tropfen, die auf die Windschutzscheibe fallen, sehe ich, dass ein leichter Nieselregen eingesetzt hat.

»Du hast da was nicht kapiert.« Meine Schwester lächelt Annika an. »Max und ich nehmen *dich* mit, nicht umgekehrt.«

Annika stutzt, als habe sie einen solchen Widerspruch nicht erwartet. Aber sie bleibt stehen. Ich denke daran, dass der Motor die ganze Zeit läuft, Benzin verbraucht und die Abgase die ganze Zeit an den Häusern ringsum hochkriechen. Ich sehe Natalie an, sie kapiert, dass ich sie mit meinem Blick bitte nachzugeben und steigt aus, um sich tatsächlich auf die Rückbank zu setzen. Annika schlüpft auf den Beifahrersitz, ihr Kuss fühlt sich kühl an und berührt kaum meine Lippen. Ich weiß, was Natalie denkt, ich weiß, wie recht sie hat. Ich kann nicht anders, ich bin mit Annika zusammen wie viele Jungs und Mädels zusammen sind, irgendwie haben wir uns kennengelernt, vielleicht weil sie denselben Mathe-Grundkurs wie meine Schwester besucht. Am Anfang war man vielleicht verknallt und ist irgendwie zusammengekommen, aber für die große Liebe reicht es noch nicht, trotzdem ist es so immer noch besser als Schluss zu machen. Mit einem Mädchen wie Annika macht man nicht Schluss, viele Jungs stehen auf sie mit ihrer zierlichen Figur, dem ebenmäßigen Gesicht und den tollen Klamotten.

Sie mustert mich von der Seite und greift von der Seite in mein Haar, um eine längere Strähne zurechtzurücken, die sich irgendwo auf meinen linken Wangenknochen verirrt hat.

»Was hast du denn für eine komische Hose an?«, fragt sie.

»Wieso?« Ich lenke das Auto aus der Parklücke, beim Kuppeln blicke ich kurz an mir hinunter. Flecken oder so sind jedenfalls nicht drauf.

»Sie passt gar nicht zu deinen anderen Sachen, das Blau beißt sich mit dem Ton deines Pullovers.«

»Ist mir nicht aufgefallen. Blau ist Blau, ich seh da nie so genau hin.«

»Typisch.« Sie lächelt angestrengt. »Wir können je demnächst mal zusammen Shoppen gehen, ich brauche auch neue Klamotten. Hat Paul dich gestern Abend noch erreicht?«

»Paul? Wieso?«

»Kurz nachdem ich dir die SMS geschickt habe, hat er mich angerufen. Wir haben ewig miteinander telefoniert, er meinte, du hättest dein Handy aus.«

»Kann sein, ich bin nach der SMS gleich schlafen gegangen.«

»Jedenfalls will Paul zu seinem Achtzehnten eine Riesenparty schmeißen, das wird der Wahnsinn! Er will das *Twenty-Five* mieten, stell dir vor, ein ganzer Club nur für seinen Geburtstag! Am 20. Juli hat er. Irre, oder?«

»Das *Twenty-Five* für den Achtzehnten«, schnaubt Nati hinter uns. »Typisch Paul.«

»Hätte ich auch haben können, Annika«, beeile ich mich zu sagen. »Mein Vater hätte das schon springen lassen. Aber ich bin nicht so der Typ für große Partys, ich war mit der kleinen Runde damals sehr zufrieden. Zu Paul passt es wirklich.«

Annika mustert mich erneut von der Seite. »Aber da ziehst du dann ein weißes Hemd an, Max. Versprichst du mir das?«

»Wieso brauche ich da ein weißes Hemd? Das ist eine

private Party, oder will Paul einen Türsteher engagieren, der erst mal alle begutachtet?«

»Ein weißes Hemd sieht cool aus und macht älter. Ich habe in einer Zeitschrift Stylingtipps für Jungs gesehen, und dieser Look kam so erwachsen rüber: weißes Hemd, dunkle Weste, aus weichem Leder zum Beispiel, dazu einen dünnen Schal oder sogar ein Schlips, aber ganz locker gebunden, so richtig lässig. Dazu trägt man dann aber coole schwarze Lederschuhe, auf keinen Fall ausgetretene Sneakers oder dreckige Chucks. Und gut gepflegte Haare, ein bisschen länger, aber mit Festiger gestylt.«

»So was sieht schwul aus«, bemerkt Nati von hinten. »Passt überhaupt nicht zu Max.«

»Er wird ja nicht sein ganzes Leben lang rumlaufen wollen, als wollte er sich vor der Welt verstecken«, gibt Annika zurück.

Das sitzt. Ich werfe einen Blick in den Rückspiegel, hinter mir verdreht Nati die Augen. Ich weiß selber, dass ich eher unauffällig rüberkomme mit meinem Haarschnitt, den irgendwie jeder trägt und der bei anderen nur besser sitzt als bei mir, und meinen Allerweltsklamotten ohne auffällige Labels und in neutralen Farben. Wenn Annika und ich auf Partys gehen, gebe ich mir meistens schon etwas mehr Mühe, gut auszusehen, das müsste sie wissen und braucht nicht extra an meinem Look herumzumeckern. Aber schwarze Lederschuhe – da muss ich sofort wieder an meinen Vater denken, der diese eleganten Dinger nicht mal zu Hause auszieht. Seine Haare stylt er auch mit Festiger. Ich will das nicht, mich nicht so verkleiden, nicht rumlaufen wie er. Am besten ich rede mal ohne Mädchen mit Paul.

»Solche Treter habe ich gar nicht«, werfe ich ein. »Irgendwo sind bestenfalls noch die von meiner Konfirmation. Und die dürften inzwischen mindestens drei Nummern zu klein sein.«

»Meine Güte, dann kaufst du dir eben mal welche!« Annika wirft ihre Hände in die Luft. »Du brauchst doch mal vernünftige Schuhe, kannst doch nicht ewig mit diesen Gurken da –« Sie deutet auf meine Sneakers, mit denen ich jetzt das Gaspedal fester trete.

»Max zieht an, was er will«, beschließt Nati an meiner Stelle. »Paules Achtzehnter ist weder eine Hochzeit noch eine Beerdigung.«

4.

Nati öffnet schon die hintere Wagentür, noch ehe ich vollständig vor unserer Schule eingeparkt habe. Ohne noch ein Wort zu sagen, eilt sie auf den Haupteingang zu, nicht eine Minute länger als unbedingt nötig bleibt sie mit Annika auf so engem Raum sitzen, nicht einmal mir winkt sie noch zu. Ich sehe ihr nach, wie sie auf eine kleine Gruppe von Schülern des elften Jahrgangs zusteuert und sofort von allen umringt wird, dann wird sie auch schon vom Schulgebäude verschluckt. Auch Annika und ich steigen aus. Nachdem ich den Wagen abgeschlossen und meinen Rucksack um eine Schulter gehängt habe, nehme ich ihre Hand, immerhin entzieht sie sie mir nicht. Ich versuche, ein wenig Glück zu empfinden, während auch wir das Gymnasium ansteuern, versuche zu vergessen, was meine Freundin mir in den wenigen Minuten von ihrem Zuhause bis hier schon alles vorgeworfen hat, doch es gelingt mir nicht. Jetzt, wo wir draußen sind und alle Mitschüler uns sehen können, komme ich mir vor, als ob jeder meine optischen Mängel wahrnimmt, die sie kritisiert hat. Als ich wenige Schritte weiter mein Spiegelbild in der Glastür entdecke, kann ich nichts Schlimmes an mir finden, eigentlich sehe ich aus wie immer, ein bisschen langweilig vielleicht, aber statt eleganter schwarzer Ledertreter und einem weißen

Hemd würde ich mir lieber eine weite Stoffhose zulegen, dazu Hosenträger und vielleicht eine Baskenmütze im Stil der Künstler im alten Paris. Oder einen leicht abgetragenen Anzug. Das würde zu mir passen.

»Da ist Paul«, verkündet Annika. Mir entgeht nicht die verhaltene Bewunderung in ihrer Stimme. Sie deutet auf ein paar Jungs aus meinem Jahrgang, außer Paul sind noch Justus und Simon da, die unter der alten Kastanie in der Mitte des Schulhofes stehen. Einen Moment lang erwarte ich, dass Annika ihre Hand aus meiner gleiten lässt und auf ihn zueilt, auf meinen besten Freund, den Überflieger, den jüngsten Schüler in der Zwölften, der natürlich in der Grundschule eine Klasse übersprungen hat und immer noch überall einer der Besten ist. Aber statt Abstand von mir zu nehmen, schiebt sie sogar ihren Arm unter meine Jacke und legt ihn um meine Hüften, ich ziehe sie fester an meine Seite, so fühlt es sich gut an, Annika ist mein Mädchen, da kann Paul noch so tolle Partys schmeißen. Als er uns sieht, löst er sich aus der Gruppe, grinst breit und kommt auf uns zu. Annika drückt er ein Küsschen auf jede Wange, dann jedoch beachtet er sie nicht mehr weiter und wendet sich mir zu.

»Mein Bester!«, begrüßt er mich, seine Augen blitzen vor guter Laune und sein modisch geschnittenes, frisch gewaschenes blondes Haar fällt ihm glänzend in die Stirn. »Hat mein unverstandener genialer Künstler wieder die halbe Nacht den Pinsel malträtiert oder weshalb guckst du so angefressen?« Er schlägt mit der Hand auf meine Schulter und lacht, wie immer ist er strahlender Laune, kein Wunder. Paul wird ja auch nicht ständig von irgendwem genervt, ihm fliegt in der Schule alles zu, und seine Eltern sind vom Schlage »Hauptsache, unser Kind ist glücklich«. Manchmal hasse ich ihn für die Leichtigkeit, mit der er durchs Leben tingelt.

»Halt die Fresse, Paule«, knurre ich.

»Maximilian!«, mahnt meine Freundin wie eine nörgelnde

Ehefrau, deren Mann sich ständig daneben benimmt und sie kaum hinterher kommt in ihren Bemühungen, den Schein zu wahren.

»Ich weiß schon – dein Daddy.« Pauls Strahlen weicht einem mitfühlenden Lächeln, er war schon öfter dabei, wenn mein Vater mich ins Kreuzverhör genommen hat und hat hinterher, wenn wir wieder unter uns waren, jedes Mal den Kopf über ihn geschüttelt. »Nimm's nicht so schwer, ja? Du kannst Mathe von mir abschreiben, Brückner fällt ja erst in der dritten Stunde ein. Und wenn du willst, pauken wir für die Klausur zusammen. Alleine ist es sowieso öde.«

»Danke«, sage ich lahm. Paul ist kein übler Typ, hilfsbereit ist er auf jeden Fall, er lässt mich nicht hängen. Trotzdem, oder gerade deshalb, fühle ich mich immer klein neben ihm, weil ich ihm nie in einer Sache voraus bin und es nichts gibt, worin er einmal meine Unterstützung benötigt. Paul weiß alles, kann alles und lässt mich großzügig daran teilhaben, er tut das, ohne auf mich herabzusehen oder zu sagen, jetzt bist du aber auch mal dran, Kumpel, du kannst nicht immer nur nehmen. So ist Paul nicht. Ein Dreivierteljahr jünger als ich, ist er trotzdem immer ein wenig wie der ältere Bruder, dem der jüngere nacheifert.

»Genug von Mathe«, sagt er und scheucht den Gedanken an mein Hassfach mit einer einzigen Handbewegung fort. »Ich wollte dich was ganz anderes fragen – das heißt, eigentlich deine kleine Schwester, aber die ist eben wortlos an mir vorbeigedampft, als hätte sie die Wut der ganzen Welt in ihre Tasche gepackt. Es geht um meine Geburtstagsfete.«

»Hab schon gehört, dass du ein Mega-Event daraus machen willst.«

»Hat Anni es dir erzählt? Auch das mit der Band?«

»Band? Welche Band? Nein.« Ich schüttle den Kopf und sehe Annika an, sie jedoch scheint meinen Blick nicht zu bemerken.

»Natis Band«, erklärt Paul. »Ich wollte sie fragen, ob sie auf meiner Fete spielen, das fänd ich super. Aber es schien mir nicht der richtige Zeitpunkt zu sein, sie zu fragen. Ist dicke Luft bei euch zu Hause, wie?«

Annika beginnt unvermittelt zu singen, irgendeinen Song aus den Charts, es klingt übertrieben und sie trifft die Töne nicht sauber. Das macht sie öfter, ich gehe selten darauf ein, weil es mich nervt. Jetzt jedoch blickt sie Beifall heischend zwischen Paul und mir hin und her.

»Oder ich buche eine tolle Sängerin«, lacht er und zwinkert ihr zu.

Das Leuchtsignal über dem Haupteingang dreht sich, Zeit ins Schulgebäude zu gehen. Annika hat am Tor Johanna, eine Freundin aus ihrem Deutsch-Leistungskurs entdeckt. Noch einmal strahlt sie Paul an, ehe sie sich mit einem schnellen Kuss von mir verabschiedet und zu ihr eilt.

»Nicht dicker als sonst«, antworte ich ausweichend auf die Frage von vorher, als sie außer Hörweite ist. Paul hat seine Hand in meinen Nacken gelegt und schiebt mich voran, es ist gut, dass er da ist, auch wenn er mich nervt mit seinem ewigen Strahlen, seiner guten Laune, seinem goldenen Griff bei allem, was er anpackt. »Und klar, frag Natalie. Die freuen sich immer, wenn sie mal auftreten können, aber der Sänger besteht auf 'ner Gage, soweit ich weiß. Der muss davon leben.«

»Kein Ding. Fragst du sie für mich? Den Rest regel ich dann schon.«

In der großen Pause schaffe ich es gerade so, die Mathe-Hausaufgabe abzuschreiben, und auch dabei kapiere ich sie nicht. Genauso planlos sitze ich später in der Stunde neben Paul, schreibe mit, was mitzuschreiben ist, melde mich ein oder zwei Mal um eine Frage zu stellen, das war es auch schon. Die meiste Zeit sehe ich Brückner beim Unterrichten zu, ich mag seine ruhige, sachliche Art zu erklären, die klugen, sensiblen Witze, die er ab und zu macht, seine langsamen, bedächtigen Schritte, mit denen er beim Reden durch die Klasse wandert. Brückner ist ein cooler Typ, mit seinen grauen Locken und dem Schnauzbart hat er was von Einstein, sieht aber nicht so verrückt und ungepflegt aus. Seine Haare sind gut geschnitten und in Form gekämmt, sein hellgraues Jackett, das er zu Jeans und Oberhemd trägt, unterstreicht seine Autorität. Und ich mag seine Lachfalten – nach den Sommerferien sind sie immer weiß zwischen den gebräunten Stellen in seinem Gesicht, aber das sieht man nur, wenn er ernst ist. Also muss er im Urlaub immer viel zu lachen haben. Brückner kann nichts für sein Fach und ich nichts dafür, dass ich eine Niete darin bin, das wissen wir beide. Am Ende der Stunde habe ich immerhin eine leise Ahnung von der Kurvendiskussion, die wir zu heute anfertigen sollten – vielleicht hänge ich mich vor der Klausur doch noch mal rein. Für Brückner, für mich. Nicht für meinen Vater.

Am Ende der Doppelstunde, während die anderen bereits ihre Sachen packen, stellt er sich so, dass er mich genau im Blick hat und hebt die Augenbrauen.

»Bleiben Sie bitte noch kurz da, Maximilian«, bittet er mich. Ich nicke.

»Ich wollte sowieso noch kurz zu Ihnen«, antworte ich. Paul hält inne damit, seinen Mathehefter in die Ledertasche zu schieben und lehnt sich zurück. Eigentlich will ich allein mit Brückner sprechen. Das, was mein Vater mir aufgetragen hat ist zu peinlich, als dass ich wollte, dass es jemand mitbekommt.

»Ich möchte allein mit Max sprechen«, sagt er. »Es tut mir leid, Paul. Wir sehen uns morgen, oder haben Sie auch etwas auf dem Herzen?«

Paul zuckt zusammen und springt von seinem Stuhl auf, sieht unseren Lehrer verblüfft an, als habe er nicht erwartet, weggeschickt zu werden.

»Schon gut«, stammelt er und weicht gleich ein paar Schritte zurück. »Soll ich draußen auf dich warten, Max?«

Ich zögere. Wenn er wartet, fühle ich mich die ganze Zeit unter Druck, mich beeilen zu müssen und hinterher wird er mich fragen, was Brückner und ich geredet haben. Es geht ihn nichts an, diesmal nicht.

»Ich ruf dich heute Abend an«, verspreche ich ihm. Paul nickt, nimmt seine Sachen und verlässt den Raum.

Dann bin ich mit Brückner allein. Schon jetzt fühle ich mein Herz pochen bei dem Gedanken, ihm gleich sagen zu müssen, dass mein Vater ihn sprechen will. Ich will Brückner nicht so vorführen, es widerstrebt mir, am liebsten wäre ich weit weg. Gerade er ist einer der wenigen Lehrer, denen es nicht nur um den Stoff geht, sondern die sich wirklich für uns interessieren und der es nicht als persönliche Beleidigung auffasst, wenn jemand ausgerechnet in seinem Fach danebenliegt.

Brückner schreitet zur Tür, um zu überprüfen, ob sie fest geschlossen ist, dann kommt er zurück und zieht zwei Stühle von den vorderen Tischen weg, stellt sie so, dass wir einander gegenüber sitzen können, bietet mir mit einer einladenden Bewegung einen Platz an, ein Gespräch auf Augenhöhe, offenbar geht er davon aus, dass es nicht in wenigen Minuten beendet sein wird. Meine Nervosität steigt, ich ahne bereits, was jetzt kommt. Maximilian, wird er gleich sagen, wir wissen beide, dass Mathematik nicht Ihr Fach ist, manchmal liegt man mit der Wahl des Leistungskurses daneben. Ich möchte Ihnen ja gern helfen, aber im Moment sieht es nicht gut aus für Ihr Abitur. Ich senke schon jetzt den Kopf und starre auf meine Füße, es ist alles so peinlich. Aber Brückner sagt nichts in der Art. Es erscheint mir wie eine Ewigkeit, bis er überhaupt anfängt zu reden, deshalb blicke ich irgendwann doch auf und sehe ihn an. Unvermittelt treffen sich unsere Blicke, er muss mich die ganze Zeit schon beobachtet haben.

»Vor ein paar Tagen hatte ich eine Vertretungsstunde«, beginnt er. Was will er damit sagen, schießt es mir durch den Kopf. Ich war nicht dabei, für mich ist in letzter Zeit kein Unterricht ausgefallen.

»Im Kunstraum«, fährt er fort. »Und dort habe ich Ihre Bilder gesehen, die ja überall aushängen. Das ist wirklich verrückt... Jahrelang sind Sie schon mein Matheschüler, seit der elften Klasse bin ich Ihr Tutor, aber welch eine künstlerische Begabung in Ihnen steckt, habe ich bisher nicht wahrgenommen.«

»In den Fluren hängen auch ein paar Bilder«, sage ich schnell. Ich spüre, wie ich erröte, damit habe ich nicht gerechnet, dass Herr Brückner als mein Mathelehrer mich für meine Zeichnungen und Bilder lobt. Aber ich spüre auch so etwas wie Stolz in mir aufkeimen. Wenn Brückner so was sagt, stimmt es vielleicht. Ich selber fand mich noch nie besonders gut, es treibt mich nur immer zum Malen, immer und immer wieder, dabei kann ich so wunderbar loslassen. Brückner nickt.

»Das habe ich anschließend auch bemerkt. Es ist mir direkt peinlich, zugeben zu müssen, dass ich tagein, tagaus durch das Gebäude laufe und gar nicht richtig hinschaue, was für Schätze da von meinen Schülern ausgestellt sind. Nachdem ich die Bilder im Kunstraum gesehen habe, habe ich das natürlich gleich geändert und bei der nächsten Gelegenheit einen Rundgang gemacht, um alles genau zu betrachten.«

»Tatsächlich?« Mein nervöses Herzklopfen von vorhin weicht allmählich einem freudigen. Ich möchte wissen, welches Bild ihm am besten gefällt, sonst kann ich fast nie mit jemandem darüber reden, am ehesten noch mit meiner Schwester. Annika und Paul finden zwar auch, dass ich »krass gut malen« kann, aber das war es. Noch nie hatte ich das Gefühl, dass sie sich dafür interessieren, was in mir vorgeht, während ich eine Landschaft oder ein Porträt zeichne.

»Es sind viele bemerkenswerte Arbeiten darunter«, bemerkt Brückner. »Auch von einigen Ihrer Mitschüler. Bei Ihren Bildern kommt aber noch etwas dazu, das den anderen fehlt. Man spürt – jedenfalls mir ist es so ergangen – dass Sie sich während der Entstehung Ihres Bildes ganz auf Ihr Objekt einlassen. Sie beschäftigen sich intensiv mit dem Menschen, dessen Gesicht Sie darstellen, leben in der Landschaft, die Sie zu Papier bringen, verleihen selbst einem einfachen Stillleben eine ganz eigene persönliche Note. Wirklich beeindruckend, Maximilian. Sie wirken immer so bescheiden, das müssten Sie gar nicht, wo so viel Tiefe in Ihnen steckt.«

»Danke.« Ich fühle heißes Blut in mein Gesicht steigen.

»Ihre Eltern sind sicher sehr stolz auf Sie«, vermutet er. Ich hebe meine Schultern.

»Nicht?« Brückner hebt seine Augenbrauen. »Das erstaunt mich. Eine Begabung wie Ihre findet man nicht alle Tage. Zeigen Sie Ihren Eltern Ihre Werke nicht?«

»Als ich kleiner war, habe ich das öfter getan. Heute zeige ich nur manchmal meiner Mutter ein Bild, mein Vater hält Malen für Zeitverschwendung, weil ich in der Zeit nicht fürs Abi lerne. Also lasse ich es.«

»Verstehe.« Brückner reibt sich das Kinn. »Dann werden Sie es nicht leicht haben, sich gegen Ihren Vater durchzusetzen. Aber es wäre ein Jammer, wenn Sie nichts aus Ihrem Talent machen.«

»Wer kauft heutzutage noch Bilder? Bei uns zu Hause hängen ein paar Drucke, so Klassiker und moderne Kunst. Überwiegend Modernes. Aber das war es auch schon. Zeichnen und Malen ist mein Hobby und macht mir Spaß, weiter nichts.«

»Ihr Talent eventuell einmal zum Beruf zu machen, heißt nicht, dass Sie sich als in Armut lebender Maler durchs Leben schlagen sollen«, korrigiert Brückner. »Es gibt viele Berufe, in denen es überaus nützlich sein kann. Sie könnten Grafikdesigner werden oder zum Beispiel Kinderbuchillustrator. Oder Bühnenbildner, Innenarchitekt, Goldschmied – im Grunde sind den Möglichkeiten keine Grenzen gesetzt.«

Ich blicke auf und starre ihn an, spüre wie mein Blick sich erhellt. An solche Zukunftsaussichten habe ich überhaupt noch nicht gedacht, das klingt alles interessant. Eine Theaterbühne gestalten. Mitreißende Abenteuerbücher für Kids illustrieren. Plattencover entwerfen oder so, das wäre ein Traum.

»Sehen Sie, da leuchten Ihre Augen. Wir wissen doch beide, dass Ihr Herzblut nicht in der Mathematik und den Naturwissenschaften steckt.«

»Da spielt mein Vater aber nicht mit. Er geht davon aus, dass ich Jura oder Medizin studiere.«

»Möchten Sie das denn?«

»Ich will ihn nicht enttäuschen. Er ist so gut darin, mir ein schlechtes Gewissen zu machen. Immerhin bietet er meiner Schwester und mir eine ganze Menge.«

»Aber es ist Ihr Leben, Max. Und Sie sind volljährig, Sie müssen niemanden um Erlaubnis fragen.«

»Ich weiß. Aber manchmal ... Sie kennen meinen Vater nicht. Er hat es drauf, mich so unter Druck zu setzen, dass ich manchmal keinen Sinn mehr sehe. In allem, meinem ganzen Leben. Ich kann mich nicht einfach über ihn hinwegsetzen.«

»Sie müssen sich nicht sofort entscheiden, sich gegen ihn aufzulehnen, aber es wird leichter sein, wenn Sie eine Perspektive haben, hinter der Sie selbst mit ganzer Seele stehen. Denken Sie darüber nach. Das alles hindert Sie ja nicht daran, in meinem Unterricht trotzdem das Beste zu geben.«

»Das will ich«, beeile ich mich zu sagen.

»Dann sind wir uns also einig«, bemerkt er zufrieden und steht auf. Während ich zusehe, wie er seine Sachen auf dem Schreibtisch zusammenräumt, stelle ich mir vor, was er wohl gleich machen wird, wenn er bei sich zu Hause ist. Bestimmt nicht nur Mathearbeiten korrigieren und Unterricht vorbereiten. Brückner trägt einen Ehering, also unternimmt er vielleicht abends noch etwas mit seiner Frau, besucht Konzerte oder Ausstellungen, liest tolle Romane oder ist vielleicht ein richtiger Filmfreak. Trifft Freunde, die ähnlich gut drauf sind wie er. Vielleicht hat er auch einen ganz anderen, außergewöhnlichen Ausgleich zu seinem Lehrerjob. Ich würde ihn gerne fragen, aber das wage ich nun doch nicht.

Sobald er alles beisammen hat, steuert er die Tür des Klassenraums an und hält sie mir auf.

»Lassen Sie sich meine Worte durch den Kopf gehen«, beschließt er unser Gespräch und reicht mir die Hand, sein Händedruck ist fest und warm. »Versprechen Sie mir das?«

»Natürlich«, antworte ich. »Sobald ich mich für eine Richtung entschieden habe, sage ich Ihnen Bescheid.«

»Das wollte ich hören.« Brückner nickt mir zu, zwinkert mit dem linken Auge und hebt seine Hand zum Gruß, während er sich in Bewegung setzt. Doch nach zwei Schritten bleibt er stehen.

»Sagten Sie vorhin nicht, Sie wollten mir ebenfalls etwas mitteilen?«

Mein Herz sinkt mir in die Magengrube. Papas Auftrag, mit Brückner einen Termin für ihn zu vereinbaren, bei dem er ihn nur herunterputzen wird, ausgerechnet ihn, den besten und menschlichsten Lehrer, den ich je hatte. Ich kann es ihm nicht sagen, ich schäme mich so.

»Das hat sich erledigt«, lüge ich. »Es war nur eine Frage wegen Mathe, die hat mir Paul in der großen Pause beantwortet.«

»So ist es recht«, bestätigt Brückner. »Und noch was, Max: wegen Ihres Vaters. Vielleicht nimmt er Ihre Begabung wahr, wenn Sie *ihn* zeichnen. Porträtieren Sie ihn und rahmen Sie das Bild ein. Schenken Sie es ihm. Ich bin sicher, das wird ihn nicht kalt lassen.«

Meinen Vater zeichnen. Ich weiß nicht, ob ich das will. Aber noch während ich Brückners Worte sacken lasse, tauchen bereits erste Vorstellungen davon auf, wie ich Papa darstellen würde. Wie ich ihn sehe. Was davon ich in einem Porträt umsetzen würde.

»Super Idee«, gebe ich zu. »Nochmals vielen Dank. Auf Wiedersehen, Herr Brückner.«

Aber auf dem Heimweg grüble ich doch erst nach einer Ausrede für nachher, wenn mein Vater nach dem Termin fragen wird.

5.

Am Samstag darauf gehen meine Eltern bereits am frühen Abend aus dem Haus, weil sie Theaterkarten haben. Auch Natalie macht sich ausgehfertig, sicher will sie in irgendeinen Club oder auf eine Party, meistens übernachtet sie dann bei einer ihrer Freundinnen. Sie sieht wieder schrill aus, dieses Mal hat sie sich die Haare toupiert und einen kurzen schwarzen Rock angezogen, der starr von ihrer Hüfte absteht, dazu trägt sie derbe Boots und schwarzen Lippenstift. Ich muss grinsen, als sie im Flur an mir vorbei ins Bad geht.

»Was ist mit dir?«, fragt sie und taxiert mich kurz, »gehst du nicht auch noch weg?«

Ich zucke mit den Schultern. »Ich will lieber zeichnen. Nach Trubel ist mir heute nicht so.«

»Das lässt Annika dir durchgehen?«

»Bisher sind wir nicht verabredet.«

»Du hast keine Lust, sie zu treffen, gib's zu.« Sie knufft mich in die Seite.

»So ist es auch wieder nicht.«

Ich habe den Satz kaum zu Ende gesprochen, da vibriert mein Handy in meiner Hosentasche und Annika ist dran.

»Du meldest dich gar nicht«, wirft sie mir gleich vor. »Ich dachte eigentlich, wir machen heute noch was zusammen.«

»Können wir ja«, sage ich. »Wozu hast du Lust?«

»Du kannst auch mal einen Vorschlag machen, aber wenn dir wieder nichts einfällt: Ich würde gerne ins Kino gehen und hinterher noch irgendwo was essen. Im Cinestar läuft der neue Film mit Matthias Schweighöfer, den will ich schon so lange sehen und bald ist er wieder raus.«

»Was habt ihr Mädchen bloß immer alle mit dem Schweighöfer?«

»Das verstehst du nicht. Also was ist, gehen wir hin?«

Natalie, die alles mitgehört hat, weil Annika am Telefon immer so laut redet, kichert in sich hinein.

»Ich weiß nicht«, antworte ich. »Kommt noch jemand mit?«

»Johanna und ihr Freund wahrscheinlich. Komm, sei nicht immer so ein Schlaffi, der Film soll total lustig sein. Auf Cocktails hätte ich danach auch noch Lust.«

Ich zögere. »Anni... Seit Tagen schon schwebt mir ein ganz bestimmtes Bild vor, das ich unbedingt zu Papier bringen will. Dazu brauche ich einen ruhigen Abend, und heute Abend gehen alle weg.«

»Ja, eben!«, ereifert sich Annika. »Alle unternehmen was am Samstagabend, nur du willst wieder nur zu Hause rumhocken, und noch dazu allein. Es ist nicht zu glauben!«

»Du weißt, dass ich kein Partylöwe bin. Das ist nicht gegen dich gerichtet.«

»Wer redet von Partys? Ist es zu viel verlangt, am Wochenende *einmal* mit deiner Freundin ins Kino zu gehen? Du bist so ein Langweiler, ehrlich.«

Natalie verschwindet wieder im Bad, ich trotte in mein Zimmer zurück und setze mich aufs Bett. »Natürlich ist es nicht zu viel verlangt«, versuche ich sie zu beschwichtigen. »Aber versuch doch, mich auch zu verstehen – wenn ich gerade einen kreativen Schub habe, muss ich dem auch nachgehen können.

Es juckt mich in den Fingern, dieses Bild zu malen, ganz genau jetzt, und ich habe Angst, dass es morgen schon wieder verpufft sein könnte, wenn ich heute Abend was anderes mache. Wenn das Bild so wird, wie ich es haben will, gehen wir nächsten Samstag oder morgen Nachmittag. Dann lade ich dich auch ein.«

»Und heute soll ich alleine neben einem anderen Pärchen herumsitzen, oder wie?«

Wir schaffen es nicht, uns versöhnt voneinander zu verabschieden. In meinem Magen macht sich ein beklemmendes Gefühl breit, nachdem wir aufgelegt haben, rastlos strolche ich durch mein Zimmer. Jetzt ist Annika sauer auf mich, das habe ich nicht gewollt, für einen Augenblick bin ich versucht, sie noch einmal anzurufen und zu sagen, dass ich doch mit ins Kino komme. Im Moment ist die Stimmung zu zeichnen verflogen.

Doch wenig später steckt Natalie ihren Kopf durch meine Tür, um sich zu verabschieden.

»Zeig mir dein Bild, wenn es fertig ist«, sagt sie und zwinkert mir zu. »Ich bin schon gespannt.« Dann geht sie.

Nachdem ich die Tür hinter ihr zufallen höre, stehe ich doch auf, spitze in Ruhe meine Bleistifte und lege verschiedene Radiergummis zurecht, wähle unter meinen Zeichenblöcken das richtige Papier aus, stelle auf meinem MP3-Player eine Songliste zusammen, die mich wieder in die richtige Stimmung zum Zeichnen versetzen wird. Brückners Vorschlag war so genial. Noch weiß ich nicht, was am Ende bei diesem Bild herauskommen wird, aber viele Ideenfetzen jagen durch meinen Kopf. Ich schlage das Deckblatt meines Zeichenblocks zurück und setze mich auf mein Bett, nehme einen mittelharten Bleistift in die Hand und lehne mich zurück.

Mein Vater. An der Korkpinnwand über meinem Schreibtisch hängt ein altes Foto von ihm und mir aus der Zeit, als ich noch Fußball gespielt habe und er mich am Wochenende regelmäßig zu den Spielen und Turnieren gefahren hat. Schon damals habe ich oft gespürt, dass er mehr von mir erwartet hat, als ich leisten konnte, höher als bis in die zweite Mannschaft habe ich es nie geschafft. Ich betrachte sein Gesicht auf diesem Bild, jünger als heute, aber der Ausdruck darin ist der gleiche geblieben, angespannt, ungeduldig, leicht unzufrieden und doch versucht, dies durch ein Lächeln zu verbergen. Ich blieb nicht lange im Fußballverein.

Mein Vater beim Abendessen gestern. Ich beginne mit ein paar Strichen, zeichne die Konturen seines Gesichts, versuche den angespannten Gesichtsausdruck einzufangen, es gelingt auf Anhieb. Ich mache weiter und zeichne ihn so, wie ich ihn sehe, seine akkurat geschnittenen Haare, immer frisch gewaschen, immer glänzend; seine schmalen Augen, lauernd, kontrollierend, die von mir so gefürchtete Mischung aus mühsamer Beherrschung, nicht die Geduld zu verlieren und Enttäuschung um seine Lippen. Auf dem Bild ist er so gut geworden, dieser Gesichtsausdruck. teuflisch gut.

Danach zeichne ich ihn im Profil, beim Autofahren, konzentriert nach vorn schauend, aber wieder ernst, die Nase ist vielleicht ein bisschen spitz geworden, aber es wirkt nicht unpassend, höchstens vielleicht ein wenig karikiert. Danach kommt eine Ansicht von vorn, sein Kopf über den Tisch gebeugt, irgendetwas notierend, auf seiner Nase die Lesebrille, die Stirn in Falten gelegt. Eine weitere Skizze im Profil, der Mund leicht verkniffen. Ich zeichne wie im Rausch, bald merke ich nicht einmal mehr, dass ich überhaupt zeichne, der Bleistift scheint von allein übers Papier zu fliegen und meine Hände sind seine Instrumente, nicht umgekehrt. Ich versinke in dem Bild, das nach und nach nicht mehr nur aus einem Porträt meines Vaters besteht, sondern aus vielen kleinen Impressionen von ihm, die ihn in verschiedenen Situationen darstellen, ich schaffe es auch, ihn lächelnd darzustellen, mit weit geöffnetem Hemdkragen, wie er es im Urlaub gerne trägt, betont lässig, gewollt locker, aber auf jeden Fall sympathischer, als wenn er unter Dauerstress steht. Es ist seltsam, wie intensiv ich mich mit meinem Vater beschäftige, während ich ihn zeichne. Vielleicht hat Herr Brückner recht, wenn er sagt, über das Bild werde sich Papa freuen, aber ich weiß nicht, ob ich es ihm wirklich zeigen oder sogar schenken kann. Als es beinahe fertig ist, lege ich meinen Bleistift in die Blechschachtel zurück und halte den Zeichenblock auf Armeslänge von mir ab, um es zu betrachten.

Ich glaube, selten ist mir ein Bild so gelungen wie dieses. Es ist, als ob ich Papa einen Spiegel vorhalte, ein Bild seines Charakters und seiner Wirkung auf andere oder zumindest auf mich. Ich glaube, ich habe alle seine Eigenschaften eingefangen, die Überheblichkeit, seine Schwierigkeit, sich wirklich zu entspannen, seine mangelnde Toleranz, seinen Zwang, immer vorankommen zu müssen und dies auch von anderen zu erwarten, besonders von mir. Seinen bemüht wirkenden Humor, den kaum jemand teilt und wenn, dann aus Höflichkeit. Seine immer leicht verkrampfte Haltung, selbst dann, wenn er glaubt, gelassen und fröhlich auf andere Menschen zuzugehen. Alles habe ich nachgespürt, eingefangen und in meinem Bild aufgegriffen und umgesetzt. Ich wusste gar nicht, dass ich ihn so gut kenne.

Aber ich bin nicht sicher, ob ich es ihm wirklich schenken kann. Ob er annehmen würde, wie das Bild gemeint ist und sich darin wiedererkennen. Es ist ja nicht nur schmeichelhaft, was darauf zu sehen ist, und mein Vater sieht sich selbst gern im besten Licht. Kann nur schwer Schwächen zugeben. Wenn ich es ihm zu einem Fest schenkte, zu Weihnachten etwa oder zum Geburtstag, würde ich Gefahr laufen, die Stimmung zu verderben, die Freude über den Tag, falls er sich beleidigt, ertappt fühlt. Aber vielleicht spürt er auch, wie viel in diesem Bild steckt. Was für intensive Gedanken ich mir um ihn gemacht habe. Dazu müsste er sich allerdings ein wenig Zeit nehmen, sich mit den verschiedenen Studien seiner Person auseinanderzusetzen. Zur Selbstkritik bereit sein. Ich fürchte, das wird nichts.

Ein Blick auf mein Handydisplay verrät mir die Uhrzeit, es ist fast Mitternacht. Die Stunden sind nur so an mir vorbeigerauscht, ich habe nichts davon gemerkt, aber jetzt spüre ich doch, wie müde ich plötzlich bin. Ich klappe meinen Block wieder zu, ohne Papas Bild herauszutrennen, räume meine Zeichensachen zusammen und packe alles zurück in meinen Schrank. Unschlüssig stehe ich im Zimmer herum. Schlafen kann ich bestimmt noch nicht. Ich könnte Annika anrufen, vielleicht sind ihre Freundin und sie noch nicht nach Hause gegangen, aber eigentlich will ich nicht. Raus will ich schon, mein Körper sehnt sich nach etwas Bewegung und frischer Luft. Also ziehe ich meine Sneakers an, schlüpfe in meine Jacke und gehe. An der frischen Luft spüre ich, dass mein Magen knurrt. Irgendwo hat bestimmt noch eine Dönerbude auf.

April

6.

Wenig später fängt die Klausurphase an. Paul und ich pauken ab und zu gemeinsam, ich wage nicht, ihm zu sagen, dass ich eigentlich lieber allein lerne. Manches, was ich nicht verstehe, erklärt er ganz gut, aber es ist mir unangenehm, weil ich mir dabei immer wie ein Idiot vorkomme.

»Und, mein Sohn, bist du gut vorbereitet? Hast du den Stoff drauf?«, fragt mich mein Vater morgens, ehe er ins Büro fährt. Heute schreiben wir Mathe und übermorgen Latein, die

Grammatikregeln sind in den letzten Wochen irgendwie an mir vorbeigerauscht und dabei sind Lücken entstanden, die ich nicht mehr aufholen konnte. Ich kann nur hoffen, dass ich wenigstens ein paar Aufgaben gut hinbekomme, Übersetzungen vom Lateinischen ins Deutsche, dabei kann nicht so viel schiefgehen, umgekehrt wird es schlimmer, man muss die Endungen ganz genau kennen, um die Zeiten und Fälle nicht durcheinanderzubringen. Wer in Mathe gut ist, sagt man, ist es auch in Latein; wer über eine Sprachbegabung verfügt, dem fliegt Latein noch lange nicht zu, weil diese tote Sprache logisches Denken erfordert. Für mich ist beides Horror, und mir blieb kaum Zeit, für die Lateinklausur zu lernen, weil Mathe noch schlimmer ist. Ich wünschte, diese beiden Tage wären schon vorbei.

Papas prüfende Blicke tragen ihren Teil dazu bei, dass ich kaum etwas essen kann. Mein Magen krampft sich zusammen, so sehr, dass mir der Schweiß ausbricht, in meiner linken Schläfe hämmert es, nur mit Mühe bekomme ich ein paar Bissen Toast und eine Tasse schwarzen Tee hinunter. Jetzt nur keine Migräne, flehe ich stumm, nur das nicht. Dann kann ich die Arbeit gleich vergessen.

»Denke schon«, sage ich trotzdem, ohne ihn anzusehen. Er soll losgehen, mit Mama und Natalie allein ist es entspannter, soll er doch seine Angestellten im Büro umherscheuchen, nicht mich oder uns. Aber er bleibt stehen.

»Ich habe dich in den letzten Tagen kaum lernen sehen«, beharrt er.

»Matthias, der Junge *hat* gelernt«, mischt sich Mama ein. »Wenn du nicht jeden Tag so lange arbeiten würdest, hättest du es mitbekommen, aber da du erst weit nach neunzehn Uhr nach Hause kommst, ist er zum Glück meist fertig damit. Es wäre ja auch schlimm, wenn nicht. Schließlich ist auch er selten vor vier Uhr nachmittags aus der Schule zurück, dann muss er doch erst mal warm essen und wenigstens eine kleine

Pause haben. Meistens lernt er dann noch bis kurz vor dem Abendbrot. Irgendwann reicht es dann aber auch.«

»Ich dachte, ihr esst in der Schulkantine.« Auf Mamas Argumente geht er gar nicht erst ein. Natalie nimmt mir die Antwort ab.

»Da sind die Schlangen so lang, dass man oft erst fünf Minuten vor dem Ende der Mittagspause drankommt«, erklärt sie. »Wenn man bis dahin noch nicht aufgegeben hat, schlingt man sein Essen runter, mit dem Ergebnis, dass man mit Bauchschmerzen im Nachmittagsunterricht sitzt und gar nichts mehr rafft. Oder man ist zu müde. Du legst dich am Wochenende nach dem Mittagessen auch gerne hin. Außerdem schmeckt der Fraß da meistens zum Kotzen.«

»Natalie.« Mamas sanfte Stimme.

»Stimmt das, Maximilian?«, fragt Papa, an mich gerichtet. Wenn Nati ihre Kraftausdrücke benutzt, antwortet er ihr aus Prinzip nicht.

»Es ist genau so, wie sie sagt. Und wenn es doch mal was Leckeres gibt oder die Schlange ausnahmsweise nicht ganz so lang ist, weil eine Stunde ausgefallen ist und man nicht in der Pause gehen muss, fehlt einem die Zeit, um sich auf die nächsten Stunden vorzubereiten.«

»Zum Glück könnt ihr beide zu Hause frisch Gekochtes aus Bio-Zutaten essen«, fügt Mama hinzu. Papa zückt sein Smartphone und macht sich eine Notiz in den Kalender.

»Noch ein Punkt, den ich mit Herrn Brückner besprechen muss. Hast du einen Termin für mich vereinbart?«

»In den letzten Tagen war wenig Zeit. Wir hetzen ja immer von einem Raum zum anderen. Ich hole es heute nach.«

»Davon gehe ich aus«, sagt er und wendet sich schon halb der Tür zu. »Dann bis heute Abend. Streng dich an, Junge, dann klappt das auch. Du bist ja nicht dumm.«

Es läuft trotzdem nicht. Ich sitze vor der Matheklausur, als hätte ich die ganzen letzten Wochen und Monate lang nichts von dem Stoff mitbekommen. So schlecht ist es für mich lange nicht mehr gelaufen. Verdammt, ich hätte am Samstag nicht zeichnen sollen, sondern lieber lernen, wie dämlich kann man eigentlich sein, einen ganzen ungestörten Abend lang so zu vergeuden, natürlich war es Vergeudung, Zeitverschwendung, ich hätte alles noch mal durchrechnen können, die letzte Stunde vor der Klausur hat Herr Brückner alles so gut erklärt, dass sogar ich den Stoff einigermaßen kapiert habe. Wenn ich alles in Ruhe noch einmal wiederholt hätte, wäre mir bestimmt nicht so ein Blackout passiert wie jetzt. Paul am Nachbartisch macht mich wahnsinnig, er schreibt und schreibt, sein Stift rast übers Papier, für die unentwegten Kratzgeräusche dabei könnte ich ihn zusammenschlagen, er legt sein Lineal an, fällt Lote und zieht Tangenten, überlegt nicht mal, scheint gleichzeitig zu denken und zu schreiben, bei den anderen um mich herum sieht es mit Einschränkungen ähnlich aus. Ich bin so ein Vollpfosten, zeichnen hätte ich auch nach den ersten beiden Klausuren noch können, dieses Bild von meinem Vater will sowieso niemand sehen, am allerwenigsten er selbst. Ich hätte es mir sparen können, der Abend hat nur den Druck verstärkt, unter dem ich sowieso schon stehe, und mein Vater wird nur wieder bestätigt sehen, was er mir immer schon predigt. Da brauche ich ihm das Bild gar nicht erst zu zeigen, er wird es nicht einmal richtig ansehen oder mir Vorwürfe machen, die ganze Palette, und ich könnte es ihm nicht einmal verübeln, vielleicht sollte ich mein Hobby ganz aufgeben, er hat recht, es bringt nichts, was bedeutet es schon, Malen und Zeichnen zu können, wenn man dafür vor den wichtigen Halbjahresklausuren sitzt wie paralysiert und nichts, aber auch gar nichts zustande bringt.

»Noch zehn Minuten«, verkündet Brückner irgendwann, ich habe nicht mehr gemerkt, wie die Sekunden verronnen sind, habe nur vor mich hingestarrt, es hatte keinen Sinn mehr, über den Aufgaben zu brüten. Die ganze Schule hat keinen Sinn mehr, alles hat keinen Sinn mehr. Eine endlose Fahrt im Nebel. Ich spüre Brückners Blicke auf mir ruhen, die Stirn gerunzelt und die Lippen unter dem Schnauzer geschürzt, sorgenvoll. Er weiß genau was mit mir los ist, sieht das nahezu leere Blatt vor mir liegen. Ich würde ihm so gern imponieren, ein einziges Mal mit einer gelungenen Klausur glänzen, vor ihm wäre mir das noch wichtiger als vor meinem Vater, weil ich weiß, dass er sich wirklich für mich interessiert, für mich als Menschen. Auch ohne Mathe. Aber gerade deshalb. Wenn ich in Mathe meine Leistungen verbessern könnte, wäre das auch eine Bestätigung für ihn als Lehrer. Er hätte es so verdient.

Die zehn Minuten sind um. Paul überfliegt seine Bögen und nickt zufrieden, ein paar von den anderen blicken verzweifelt auf, dann ist die Stunde um und der Raum leert sich. Am liebsten würde ich einfach an Brückner vorbeigehen, ohne ihn anzusehen, es ist mir alles so peinlich, er gibt sich so viel Mühe mit mir, hat sich extra meine Bilder angesehen und ich bin in seinem Fach eine solche Null. Aber es geht nicht. Und heute Abend wird mich Papa erneut nach dem Termin fragen. Seinen Termin, an dem er meinen Lieblingslehrer zur Wurst machen will, und ich kann es nicht verhindern. Wenn ich noch einmal nach Hause komme und sage, ich hätte es vergessen, wird mein Vater Herrn Brückner anrufen und dann würde alles noch schlimmer, weil seine Stimmung entsprechend aufgeheizt ist. Es geht nicht. Paul wartet vor der Tür auf mich, ich beeile mich, Herrn Brückner den Terminvorschlag für morgen auszurichten, den mein Vater aus seinen spärlichen »Zeitfenstern« für ihn »freigeschaufelt« hat. Brückner nickt, fragt nichts weiter.

»Richten Sie ihm aus, dass ich mich auf das Gespräch freue«, sagt er und bringt mich zur Tür. »Und nehmen Sie eine vergeigte Klausur nicht so tragisch, Maximilian. Wir finden Ihren Weg schon, glauben Sie daran. Ganz fest. Wir finden ihn gemeinsam.«

»Danke«, antworte ich, noch immer wie benommen, die Niederlage sitzt tiefer als mein Lehrer es wahrnimmt, ich weiß ja, dass er mir helfen will, aber es ist vergebens, immer wieder, ich kann Mathe nicht, aber ich muss. Etwas anderes wird mein Vater nicht dulden. Keine Kunst, nicht Kinderbuchillustrator oder Grafiker werden. Jurist oder Arzt, darunter machen wir es gar nicht erst, mein Sohn, etwas Seriöses, das dir zu Ansehen verhilft, keine kindlichen Spinnereien.

Paul wartet auf mich und mit ihm Annika. Ich trete auf die Straße und atme tief durch. Heute ist es mild draußen und fast windstill, die Luft riecht bereits nach den ersten Blüten im Frühling, ich fülle meine Lungen damit und warte auf das befreiende Gefühl, das sich normalerweise in solchen Augenblicken in mir ausbreitet. Aber es kommt nicht. Alles in mir bleibt eng, beklommen, ich kann mich nicht freuen, nicht darüber, dass Schulschluss ist, nicht über meine Freundin, die tröstend ihren Arm unter meinen schiebt. Immerhin. Kein Augenrollen, kein genervtes Aufstöhnen, ich müsste das doch endlich mal packen. Jetzt wäre ich gern mit ihr allein, brauche Trost, würde Annika gern erzählen, wie es in mir aussieht. Ganz in Ruhe, ohne ihr oder mir oder irgendwem sonst etwas beweisen zu müssen. Würde ihr auch gern von dem Gespräch mit Brückner erzählen. Vielleicht versteht sie mich.

»Kommst du noch mit zu mir?«, frage ich sie deshalb leise. Drücke ihren Arm fest, es tut gut, ihre Wärme zu spüren. Aber Annika blickt zweifelnd.

»Was ist dann mit Paul?«, fragt sie. »Er hat auch extra gewartet. Ich dachte, wir könnten zusammen was essen gehen, Pizza oder zum Mittagsbüfett beim Inder. Alle drei, dann hättest du ein bisschen Ablenkung.«

Alle drei. Sie will wieder Paul dabei haben, dann können wir es gleich lassen. Paul checkt bereits mit der Suchfunktion seines Handys ab, welche Restaurants im Umkreis der Schule jetzt geöffnet haben.

»Lass mal.« Ich winke ab und löse mich aus Annikas Griff. Wenn sie sowieso an Paul klebt, braucht sie sich auch nicht an meinen Arm zu hängen. »Ich hab Kopfschmerzen und bin alles andere als hungrig. Geht einfach ohne mich.«

7.

Die beiden müssen so perplex gewesen sein, dass sie nicht mal widersprochen haben. Im nächsten Augenblick tut es mir leid, dass ich Annika erneut so habe stehen lassen, aber jetzt kann ich nicht mehr zurück. Sie hat nicht gemerkt, wie es in mir aussieht, wie dringend ich sie gebraucht hätte. Dass sie mal ganz für mich da ist. Nur für mich.

Meine Mutter hat Ratatouille gekocht, frisches Biogemüse mit Vollkornreis und Hackfleisch, sie weiß, dass dies eigentlich zu meinen Leibgerichten gehört. Natalie ist noch nicht da, nach den drei Stunden Klausur hatte ich keinen Unterricht mehr, sie hingegen hat heute neun Stunden, also fangen wir an. Aber schon nach den ersten paar Gabeln krampft sich wieder mein Magen zusammen und noch immer pocht es in meinen Schläfen. Es würgt mich fast, ich bringe kaum etwas hinunter. Meine Mutter beobachtet mich beim Essen, wartet auf ein Kompliment, aber ich kann es ihr nicht geben, wenn mir fast jeder Bissen vorkommt, als müsste ich Kartoffelklöße im Ganzen schlucken, es geht nicht. Mit ihrem Essen kann sie auch nicht jedes Problem aus der Welt schaffen, denke ich und spüre einen unbändigen Zorn in mir aufsteigen. Am liebsten würde ich meinen Teller vom Tisch fegen oder noch besser, diese ganze weiß gestärkte Tischdecke mit einem Ruck herunterziehen, sodass alles am Boden zu einer rötlichen Soße verläuft und wie Blut in den Teppich sickert, zusammen mit diesem ganzen Getue, alles dreht sich nur darum, dass ich ein bombastisches Abi hinlege, um die Etikette meiner Eltern zu wahren. Ich selber komme in ihren Plänen nicht vor. Der Traumsohn kommt drin vor, aber nicht der Junge, den sie wirklich zum Sohn haben. Mit einer lahmen Bewegung schiebe ich meinen Teller von mir.

»Ich leg mich hin«, sage ich und stehe auf. »Ich glaub, ich hab mir ein Virus zugezogen. Wenn es besser wird, stelle ich meinen Teller abends noch mal in die Mikrowelle. Es ist wirklich lecker, danke.«

Meine Mutter will noch etwas erwidern, ich spüre ihre besorgten Blicke auf mir, aber auch sie lasse ich stehen, genau wie Annika und Paul vorhin, ich weiß sowieso, dass sie enttäuscht sein wird, wenn sie hört, wie ich heute wieder versagt habe. Ich enttäusche sie doch alle nur.

Minuten später liege ich auf meinem Bett und starre an die Decke, versuche nicht zu blinzeln, bis ich fast aufhöre zu denken. Aus meinen Stereoboxen dröhnt düsterer Metal, »Join Me In Death« von HIM. Ich habe das ewig nicht mehr gehört, eigentlich ist es Natalies CD, ich habe sie mir irgendwann mal gebrannt. Heute passt sie, an diesem Nachmittag, an dem sich vor meinem Fenster die ersten kräftigen Sonnenstrahlen dieses Frühjahrs in den zartgrün leuchtenden, noch winzigen Blättern der Linde vor meinem Fenster verfangen und wahrscheinlich die halbe Stadt auf den Beinen ist, um in Straßencafés, bei Waldspaziergängen und ersten Picknicks auf dem Rasen die weiche, milde Luft zu genießen. Mir wäre es lieber, es würde Eisregen und ein scharfer Wind durch die Straßen peitschen, denn ich bin nicht dabei, habe keinen Anteil an dieser Welt, ich liege hier nur, liege wie tot. Die düstere, schwere Musik zieht mich fort und lässt mich verschwinden, ich atme so flach ich kann, um diesem Gefühl nachzuspüren, liege lange so, reglos, stelle mir vor, nie mehr aufstehen zu müssen. Begraben zu sein. Meine Augen sind geschlossen, und ich spüre mich fast nicht mehr, solange die Musik alles betäubt, aber irgendwann ist die CD zu Ende. Ich rühre mich nicht, aber um mich herum kommt alles wieder näher, die Sonnenstrahlen verfinstern die Welt um mich herum weiter, weil sie mich nicht dort lassen, wo ich sein will, sondern mein Zimmer golden einfärben, die Schatten der Äste und Zweige tanzen an meiner Wand, lebendig. Ich will das nicht, diese Sonne scheint mich die ganze Zeit zu beschwören, auf mich einzureden, geh raus, Max, du verpasst das Leben, es lohnt sich doch, du bist jung, mach es wie die anderen Jugendlichen, wie Paul, wie Annika, du musst rausgehen, lachen, unter Leute kommen, aktiv sein. Alle sind draußen, schließ dich nicht aus.

Ich bin aber ausgeschlossen, und jetzt schließe ich die Welt aus. Stehe auf und lasse die Jalousie herunter, bis kein Lichtschimmer mehr in den Raum dringt, dann lege ich mich wieder hin. Noch einmal die CD, Ville Valos Stimme lockt mich, zieht mich an, zieht mich erneut in die Tiefe, es ist gut so, gut. Nur in der Finsternis finde ich meinen Frieden. Ich will diese Welt nicht. Nicht heute. Ich weiß nicht, wann wieder.

Es klopft an der Tür, meine Mutter tritt ein und beugt sich über mich.

»So schlecht geht es dir?«, fragt sie und legt ihre Hand auf meine Stirn. »Fieber hast du keines, dann scheint es Migräne zu sein. Hättest du doch was gesagt, ich war gerade einkaufen und hätte noch zur Apotheke gehen können. Möchtest du irgendetwas haben?«

»Lass mal.« Ich rappele mich hoch. »Es geht schon wieder. Ich war ein bisschen kaputt nach der Schule und wäre fast weggedämmert.«

»Bei der lauten Musik?« Sie dreht meine Anlage leiser. »Möchtest du jetzt vielleicht etwas essen?«

Ich schüttle den Kopf. Sie soll gehen, aber ich kann es ihr nicht sagen, sie meint es gut mit mir und hätte es nicht verdient, dass ich ruppig zu ihr bin.

Mama tritt ans Fenster und zieht die Jalousie wieder hoch, reißt das Fenster auf. Wieder die klare, unerwartet milde Aprilluft, aber die Schatten draußen sind schnell länger geworden, es wird nicht mehr lange dauern, bis es endlich dunkel wird.

»Ich wollte dich eigentlich bitten, für mich zur Gärtnerei zu fahren.« Mamas Stimme klingt beinahe schüchtern, entschuldigend. »Vor dem Wochenende möchte ich so gern meine Stiefmütterchen auf dem Balkon pflanzen, die vertragen auch noch mal leichten Nachtfrost. Aber es muss nicht jetzt sein, wenn dir nicht gut ist. Ich dachte nur, dann hättest du etwas Ablenkung von dem ganzen Schulstress und ein wenig frische Luft.«

»Mach ich schon«, antworte ich. Der Blick auf meinen CD-Wecker verrät, dass mein Vater bald kommt; jede Minute, die ich nicht seinem Kreuzverhör ausgeliefert bin, kann nur gut für mich sein. »Wie viele Pflanzen brauchst du?«

»Sechzehn. Kartons zum Transportieren bekommst du sicher dort, und parken kannst du auf dem Hof. Hier ist das Geld, das genügt auf jeden Fall.« Sie drückt mir ein paar Scheine in die Hand.

»Willst du nur Stiefmütterchen oder auch noch was anderes?«

»Etwas anderes dazwischen kann vielleicht noch aparter aussehen. Aber nicht zu viel verschiedenes durcheinander, am besten du lässt dich beraten. Ist es dir auch wirklich nicht zu viel?«

»Ich mach das gern.«

Ich war lange nicht mehr in der Gärtnerei, vor einem halben Jahr vielleicht, als ich mit meiner Mutter zusammen die Herbstblumen gekauft habe. Die wollte sie selbst aussuchen, sie geht richtig auf darin, zu jeder Jahreszeit den Balkon neu zu gestalten, und tatsächlich wirkt er auch immer wie ein richtiger kleiner Stadtgarten mit den weißen, eleganten Möbeln, antik wirkenden Blumentöpfen und Amphoren, die sie alle so platziert, dass jedes einzelne Stück und jede ihrer Fuchsien, Margeriten und was sie sonst noch so alles pflanzt, zur Geltung kommt wie auf einem Gemälde oder in einer Filmkulisse. Einer der Kästen ist immer ihr Kräutergarten, den hegt und pflegt sie besonders, damit sie alles, was sie kocht, vitaminreich würzen kann. Das Ende des Sommers stimmt Mama jedes Mal traurig, da will sie immer nur ein pflegeleichtes Gewächs, einen sanften Farbtupfer im Wintergrau, Erika oder Christrosen. Mamas Zeit ist der Sommer.

Langsam rolle ich mit meinem Auto auf den Parkplatz der Gärtnerei. Es dämmert bereits und außer mir scheint keine Kundschaft mehr da zu sein; einen Moment lang befürchte ich sogar, sie könnte schon geschlossen haben. Aber der verglaste Verkaufsraum ist noch erleuchtet, etwas bewegt sich darin, sicher jemand vom Personal. Ich steige aus und schließe den Wagen ab, atme tief ein und eine Sehnsucht nach Freiheit kommt in mir auf, fast bin ich meiner Mutter dankbar, dass sie mich mit diesem Auftrag losgeschickt hat. Ablenkung von all dem Stress, und wenn es nur ist, um eine Stunde unterwegs zu sein und Balkonblumen zu kaufen. Ein wenig streife ich an den draußen aufgestellten Pflanztischen vorbei, Stiefmütterchen gibt es hier reichlich und in allen üblichen Farben, ich weiß bloß nicht, was noch dazu passt und bei Frost auf dem Balkon ebenfalls nicht eingeht. Die Tür des Verkaufsraums geht auf und eine junge Frau kommt heraus, auf den Armen stemmt sie eine Kiste mit leeren Blumentöpfen aus Ton. Sie lächelt und nickt mir zu.

»Ich komme gleich«, sagt sie etwas außer Atem. »Muss nur schnell die Kiste hinten beim Gewächshaus abstellen, danach bin ich für dich da.«

»Die kann ich doch nehmen«, beeile ich mich zu sagen. Mit zwei Schritten bin ich neben ihr und nehme ihr die Kiste ab.

»Nicht nötig, das schaffe ich schon. Aber neben dem Eingang stehen noch mehr. Wenn du wirklich helfen willst.«

»Super«, sage ich und beeile mich, ihr zu helfen, greife mir auch eine Kiste mit Tontöpfen und trabe hinter ihr her. Bis zum Gewächshaus sind es nur ein paar Meter, aber die ganze Zeit lang kann ich meinen Blick nicht von der Frau wenden. Von hinten sieht sie aus wie ein Junge, ihre ausgewaschene Latzjeans umspielt lässig ihre Beine, ihr durchgestufter rötlicher Kurzhaarschnitt endet über ihrem Halstuch, und in ihren robusten Boots wirkt ihr Gang schwer für ein Mädchen. Aber als sie sich jetzt umdreht, treffen mich ihre munter blitzenden grünen Augen, dunkel umrahmt und mit getuschten Wimpern, dezent nur, aber gerade dadurch umso wirkungsvoller. Ihr breiter, fröhlicher Mund mit vollen Lippen und geraden weißen Zähnen lacht mich an, und die leichte Röte auf ihren Wangen kommt nicht aus dem Schminkkasten, sondern von der frischen Luft hier draußen, am Stadtrand, nicht weit vom Wald und dem kleinen See, an dem ich ganz selten mal beim Joggen vorbeikomme. Das Licht der Laterne verfängt sich in einem winzigen Strasssteinchen, das sie im linken Nasenflügel trägt. Noch zweimal gehen wir zum Laden zurück, um weitere Blumenkübel zu tragen, dann klopft sie sich ihre Hände an ihrer grünen Jacke ab und bedankt sich erneut bei mir.

»Normalerweise bin ich für die Kunden da, nicht umgekehrt«, lacht sie. »Nochmals vielen Dank also. Was kann ich denn jetzt für *dich* tun?«

Sie macht mich nervös, ihr Strahlen macht mich nervös, ihre Augen. Gar nichts, antworte ich in Gedanken. Du musst gar nichts tun. Es genügt, dass du da bist und mich so anlächelst. Ganz anders als Annika. Ganz anders als alle anderen Mädchen, die mir je begegnet sind. Ich finde sogar ihre Hände schön, die in Wollhandschuhen mit abgeschnittenen Fingern stecken, schmuddelig von der Blumenerde und mit kurzen Nägeln; am liebsten möchte ich sie in meine nehmen und warm hauchen. Sie ist so echt, so zupackend, solche Mädchen kenne ich sonst überhaupt nicht, bei uns in der Schule sind nur Püppchen. Ich schäme mich nicht mal, dass ich so über sie denke, für diese paar Minuten blende ich sogar meine Freundin einfach aus, sie und mein ganzes Leben. Nur für die paar Minuten, solange ich hier bin. Nur jetzt.

8.

»Ich soll für meine Mutter Stiefmütterchen kaufen«, bringe ich mühsam hervor. Ganz toll, Max, denke ich sofort, geht es noch dämlicher? Der Satz klingt wie von einem Zweitklässler, den die Mama zum Kaufmann an der Ecke geschickt hat, weil sie keine Eier mehr im Haus hat, damit er mal übt, alleine einkaufen zu gehen und das Geld nicht in Süßigkeiten umzusetzen.

»Also, diese Blumen meine ich«, füge ich schnell hinzu. Noch bekloppter. »In verschiedenen Farben.«

»Stiefmütterchen, gerne.« Das Mädchen nickt, als wäre ihr nichts Peinliches aufgefallen und führt mich zu einem ausladenden Pflanzentisch am anderen Ende des Grundstücks, der sich unter den großen, kräftigen Exemplaren dieser Blume beinahe biegt. »Die kaufen jetzt die meisten Kunden, weil es einfach das unkomplizierteste Gewächs in dieser Jahreszeit ist. Wie viele brauchst du?«

Ich nenne ihr die Zahl. »Und noch irgendwas dazu, dass man sie immer abwechselnd pflanzen kann. Was nimmt man da am besten?«

»Soll es für eine Grabbepflanzung sein? Da würde ich etwas Immergrünes empfehlen, kleine Buchsbaumstauden oder einen Bodendecker. Haben wir gleich dort drüben ...«

»Nein«, korrigiere ich überrascht. »Nicht für ein Grab, das ist für unseren Balkon. Wie kommst du auf Grab?«

»Oh, nichts, einfach so. Vergiss es, entschuldige bitte.« Sie sieht aus, als ob sie sekundenlang aus der Fassung geraten ist, fängt sich jedoch schnell wieder, aber auch ich fühle mich ertappt. Als sie nach der Grabbepflanzung gefragt hat, war mir, als hätte sie mich vorhin beobachtet, als ich bei Ville Valos düsterer Musik auf meinem Bett gelegen habe und mir vorstellte, wie es wäre, tot zu sein. Natürlich ist das ausgeschlossen, aber vielleicht gibt es eine tiefe Verbindung zwischen uns, von der wir beide nichts geahnt haben.

»Im Balkonkasten machen sich zwischen den Stiefmütterchen zum Beispiel Narzissen sehr gut«, fährt sie fort, spricht jedes Wort langsam und bedächtig aus, als müsse sie sich noch fangen, sich wieder neu konzentrieren. »Die passen auch von der Höhe der Pflanzen her gut, es wirkt abwechslungsreicher, als wenn du nur Blumen von gleicher Höhe nimmst. Sonst könntest du natürlich auch Primeln nehmen.«

Ich schüttle den Kopf. »Die Narzissen«, sage ich und wische mir unauffällig die Hände an den Hosenbeinen ab. »Immer so abwechselnd gepflanzt, das gefällt meiner Mutter bestimmt.«

»Da machst du nichts falsch«, stimmt sie mir zu. »Nehmen wir also von jeder Sorte die halbe Anzahl, und von den Stiefchen nur die weißen, blauen und violetten? Dann sticht das Gelb der Narzissen schön heraus. Wie lauter kleine Sonnen. Man bekommt dabei sofort gute Laune.«

Lauter kleine Sonnen. Unsere Blicke verschränken sich ineinander, ich spüre den Puls in meiner Halsschlagader hämmern, die Sonne sehe ich eher in ihren Augen als in diesen gelben Blumen, die mich nie interessiert haben, aber ich begreife genau, was sie meint. Den Blick auf etwas anderes richten als nur das Alltags-Einheitsgrau. Spontan fällt mir ein alter Beatles-Song ein:

There were birds in the sky
But I never saw them winging
No I never saw them at all
Till there was you

Then there was music and wonderful roses
They tell me in sweet fragrant meadows of dawn and dew

Vor ein paar Stunden noch »Join Me In Death«, und jetzt Blumen, die ich nie wahrgenommen habe – wie verrückt die Welt ist. Ich nicke wortlos, und gemeinsam wuchten wir gefühlte Unmengen von Blumen in mein Auto. Das Mädchen wirkt so stark, beinahe kann sie mehr schleppen als ich, aber sie ist es natürlich gewohnt, macht das ja jeden Tag für ihre Kunden. Ich muss mich zusammenreißen, sie nicht immerzu anzustarren, ihre lebhaften grünen Augen, die silbernen, breiten Creolen in ihren Ohrläppchen, das Piercing in ihrer kleinen, geraden, ganz leicht aufstrebenden Nase, der Schimmer, wenn die Sonne sich in ihren festen, leicht verstrubbelten Haaren verfängt. Ich möchte noch bleiben. Bei ihr bleiben.

»Die Kasse ist im Laden«, sagt sie, nachdem wir auch die letzte Pflanze in meinem Kofferraum verstaut haben. Die Hälfte mussten wir auf den Rücksitz packen. Im Laden duftet es nach Rosen, Blumenfrischhaltemittel und kühler Luft. Das Mädchen tippt den Preis für Mamas Balkonpflanzen in die Kasse und ich ziehe mein Portemonnaie aus meiner Hosentasche. Bleiben, noch bleiben. Wie kann ich sie in ein Gespräch verwickeln, was soll ich sagen? Bei Annika war ich nie so schüchtern, aber durch die Schule teilen wir den Alltag, haben immer etwas zu quatschen.

»Ich brauche eine Quittung«, äußere ich beinahe schüchtern, wenigstens das ist mir noch eingefallen. »Mein Vater rechnet das immer als Blumenschmuck für sein Büro ab.«

»Verstehe«, lacht sie, als würde das nicht total versnobt

rüberkommen, sondern sei das Normalste von der Welt. Aber vielleicht verfahren wirklich viele Firmen auf diese Art. Sie zieht eine Schublade auf und hebt verschiedene Dinge darin an, dann zuckt sie mit den Schultern und wendet sich wieder mir zu, mit diesen funkelnden Augen. »Ich kann den Quittungsblock nicht finden, muss mal hinten nachsehen. Kommst du kurz mit? Dann schließe ich rasch ab, damit niemand mehr kommt, wir machen gerade zu. Aber so viel Zeit muss sein, dass dein Vater noch seine Quittung bekommt.«

Ich wage nicht, ihr zu sagen, dass er eigentlich immer einen richtigen Ausdruck in DIN A4 haben möchte, den er ordnungsgemäß abheften kann. Dann muss es eben auch mal ein gewöhnlicher Quittungsblock tun.

»Ich bin übrigens Delia«, sagt sie und reicht mir ihre Hand, während sie um die Ladentheke herum kommt. Der Druck ihrer kleinen Hand fühlt sich fest und warm an, wie der eines Menschen, der sich so schnell nicht unterkriegen lässt. Sie führt mich am Kassenbereich vorbei in einen kleinen Raum, der nur durch einen Flattervorhang vom Laden getrennt ist.

»Setz dich kurz.« Sie deutet auf ein beigefarbenes Sofa in grobem Cordsamt, aus den siebziger Jahren vielleicht, jedenfalls hat es die besten Jahre schon hinter sich, doch als ich mich darauf fallen lasse, habe ich das Gefühl, nie wieder aufstehen zu wollen. Delia. Der Name passt zu ihr und ihrem Blumenjob, gibt es nicht auch eine Blume die so heißt? Ich setze mich hin, nicht nur weil sie es mir angeboten hat, sondern vor allem, weil mir die Knie weich werden. Delia wühlt in einer Schublade und ich beobachte sie dabei, ihre gelassenen Bewegungen, ihr Kopfschütteln, als sie nicht sofort findet, was sie sucht, ihren Rücken, den sie mir zuwendet, während sie ein Regal durchforstet. Im Nacken hat sie einen lustigen Wirbel, den man nicht sehen würde, wenn sie die Haare länger trüge. Ich stelle mir vor, mit dem Zeigefinger diesen Wirbel entlang zu fahren, durch ihre dichten rötlichen Haare zu wuscheln, ihren Nacken zu küssen, bis sie eine Gänsehaut bekommt und mehr will. Vielleicht zeichne ich sie, wenn ich wieder zu Hause bin, überlege mir bereits, wie ich dieses lebendige Funkeln in ihren Augen einfangen kann. Das und ihre Rätselhaftigkeit, die in denselben Augen aufflackerte, als das Thema Tod plötzlich zwischen uns schwebte.

»Hier ist er«, verkündet Delia triumphierend und hält grinsend einen ziemlich zerfledderten Block in DIN A6 in die Höhe, beugt sich erneut über den zerschrammten Schreibtisch und füllt einen der Vordrucke aus. Ich rühre mich nicht, sondern sauge jede ihrer Bewegungen in mir auf, möchte die Zeit anhalten, aber jetzt hat sie die Quittung für meinen Vater unterschrieben, den Firmenstempel der Gärtnerei aufgedrückt und ist gerade dabei, den Block wieder zu verstauen. Ich muss mir noch etwas überlegen, Zeit gewinnen, auf keinen Fall kann ich jetzt schon fahren, zurück in mein spießiges Zuhause, in dem sich alles um Leistung und Noten dreht. Nicht im Traum hätte ich damit gerechnet, dass mir heute noch so etwas passiert, aber ich habe Delia gefunden, habe jemanden getroffen, der ganz anders ist, ganz anders als ich und mir vielleicht doch ein bisschen ähnlich, irgend einen Grund muss es ja haben dass sie mich so anzieht, ich mich so wohlfühle in ihrer Gegenwart. Ich muss sie in ein Gespräch verwickeln, worüber nur, ich kenne sie ja nicht, weiß nicht, womit sie sich beschäftigt und wofür sie sich interessiert. Von Blumen verstehe ich nichts, das hat sie längst gemerkt. Rasch blicke ich mich im Raum um, ob ich nicht irgendetwas entdecke, wo ich nachhaken kann, einen Aufhänger. Aber ich finde nichts, alles was hier herumhängt und steht, hat mit der Gärtnerei zu tun, Fachzeitschriften, Fotos von Gestecken und Sträußen für Feierlichkeiten von Kunden, ein paar Kaffeetassen. An einer Pinnwand Todesanzeigen, bestimmt haben sie für die darin angekündigten Beerdigungen auch die Kränze geliefert. Ich sehe Fotos von Hochzeitspaaren, Bräute in Weiß mit zierlichen Blumensträußen in der Hand, Taufkinder, Jugendliche in Konfirmationskleidung. Was kann ich aufgreifen oder soll ich sie doch nur fragen, auf welche Musik sie steht und was sie in ihrer Freizeit macht?

Mein Blick fällt auf die einzige Jacke am Garderobenständer in der Ecke, sie kann nur Delia gehören. Ich frage mich, wann sie geht und was sie nach Feierabend vor hat, aber das wirkt so abgedroschen.

Delia lächelt mich an, klappt den Block zu und schiebt ihn samt Stift zurück in die Schublade, reicht mir die Quittung.

»Alles finanzamttauglich ausgefüllt«, verkündet sie. »Da müsste dein alter Herr zufrieden sein.«

»Danke«, sage ich einfallslos und stehe auf, schlurfe lahm auf die Tür zu, sie folgt mir zurück in den Verkaufsraum, in ihrer Hand klimpert ein Schlüsselbund.

»Ich hoffe, ich hab dich jetzt nicht aufgehalten«, bemerke ich. Sie lacht und schüttelt den Kopf.

»Ach was. Viele Kunden wollen solche Belege haben, das ist doch normal. Der Chef hat bloß vergessen, einen neuen Block nach vorne an die Kasse zu legen, nachdem der alte leer war. Ich räume jetzt nur noch ein bisschen draußen auf, dann haue ich auch ab.«

»Draußen aufräumen?«, wiederhole ich, um irgendwas zu sagen. Ich will noch nicht weg.

»Ein paar Pflanzenkästen müssen noch reingeschafft werden. Viel ist es nicht.«

»Ich kann dir helfen«, beeile ich mich zu sagen, und dann sind wir auch schon draußen und schleppen gemeinsam die Blumenkästen, die Delia mir zeigt, in den Verkaufsraum und ins Gewächshaus. Es klappt so gut mit ihr, wir arbeiten zusammen, als hätten wir unser Leben lang nichts anderes getan, jeder von uns reagiert auf die Handgriffe des anderen, wir machen es uns gegenseitig leichter, halten uns Türen auf, reichen uns Dinge zu, manche Kästen müssen wir gemeinsam tragen. Die ganze Zeit lachen und plaudern wir dabei, necken uns, und von Minute zu Minute spüre ich, wie meine Schüchternheit Delia gegenüber abfällt wie eine Fessel, die sich durch stetige Bewegung allmählich lockert. Immer wieder sehe ich fassungslos zu, wie selbstverständlich Delia auch schwerere Lasten stemmt, ohne zu jammern. Wie tatkräftig sie wirkt, immer noch mit einem Lächeln auf den Lippen, als würde ihr Spaß machen, Gewichte zu heben wie ein Mann, als genieße sie es, sich selbst zum Kräftemessen herauszufordern. Sie bewegt sich, als wäre sie zum ersten Mal nach langer Zeit der Gefangenschaft wieder draußen und könnte dieses Glück kaum fassen. Immer wieder hält sie in ihrer Tätigkeit inne und füllt ihre Lungen mit der sauberen Waldluft, atmet ein, als wäre es das letzte Mal. Ich werde nicht schlau aus ihr, warum ist sie so? Sie ist so anders als alle Menschen, die ich kenne, wirkt so unbesiegbar, vor allem aber so in sich ruhend, so gefestigt, als würde sie genau das Leben führen, das sie sich immer gewünscht hat, und nichts in der Welt könne sie davon abbringen. So anders als ich. Ich tanke auf in diesen Minuten, die ich hier bin, Delias Art färbt auf mich ab. Manchmal treffen sich unsere Blicke und sie zwinkert mir zu. Es fühlt sich an, als würden Millionen winziger Stromstöße durch meinen Körper gejagt. Erst als wir fertig sind und sie alles abgeschlossen hat, greift Delia sich in den Rücken.

»Danke«, japst sie. »Du warst echt eine Hilfe. Ohne dich hätte es mindestens doppelt so lange gedauert.«

»Ich kann öfter kommen und dir helfen, wenn du willst«, schlage ich vor. Delia hebt die Schultern.

»Ich bin abends nicht immer die Letzte, die geht«, erklärt sie. »Das war eher eine Ausnahme, normalerweise packt der Chef mit an. Und dass der im Moment einen Schülerjob zu vergeben hat, kann ich dir nicht versprechen.«

»Ich will keinen Job«, beeile ich mich zu versichern. »Also, keine Kohle, meine ich. Das liegt nicht am Geld, wirklich nicht.«

»Verstehe.« Delia blickt zwischen mir und meinem Auto hin und her, auf das wir langsam zugeschlendert sind. Vor Kurzem bin ich durch die Waschanlage gefahren, unter der Laterne auf dem Parkplatz glänzt sein Lack, als wäre es nicht schon über drei Jahre alt. Ein junger Gebrauchter, den ich schon vor meiner Führerscheinprüfung hatte. »Sohn reicher Eltern, wie?«

»Reich ist relativ«, erwidere ich. Auf einmal hat sich meine Schüchternheit verkrümelt, ich denke nicht mehr darüber nach, was ich sage oder sagen könnte, ich rede einfach. »*Du* bist reich«, sage ich und bleibe stehen, ganz dicht verharren wir auf einmal voreinander, noch etwas zögerlich strecke ich meine Hand aus und fahre mit dem Daumen über ihre Wange, streiche eine Haarsträhne aus ihrem Gesicht, der Gedanke an Annika streift mich wie der Flügelschlag einer Mücke, mehr nicht, ich blende sie einfach aus, blende alles aus, meine Familie, die Schule, meine Freunde. »Du kannst immer hier draußen sein, bei deinen Blumen und Pflanzen, hast mit Menschen zu tun und keinen Schulstress mehr. Du ruhst so in dir. Ich beneide dich.«

Ganz langsam ebbt Delias Lächeln ab. Für einen Moment schließt sie die Augen und scheint meine Berührung zu genießen, doch als sie sie wieder öffnet, wirkt ihr Blick wie aus weiter Ferne oder als ob sie gerade etwas erlebt hat, das sie nachdenklich macht und noch nicht wieder zurück ist, zurück im Hier und Jetzt. Sie hält meine Hand fest.

»Du hast recht«, sagt sie leise. »Damit, dass du meinst ich sei reich, meine ich. Ich denke nur zu selten daran. Jetzt muss ich leider wirklich gehen, mein Hund ist schon so lange allein zu Hause. Und deine Mutter wartet auf ihre Balkonblumen. Aber ich freue mich, wenn du mir morgen wieder hilfst. Kommst du wirklich?«

Ich muss trocken schlucken.

»Klar«, bringe ich hervor, meine Stimme fühlt sich auf einmal rau an, »so um dieselbe Zeit wie heute?«

»Bring ein bisschen Zeit mit«, bittet sie. »Dann zeige ich dir was.«

Delia lässt meine Hand los und legt ihre ganz kurz auf meinen Arm, dann dreht sie sich um und entfernt sich. Als ich in meinem Auto sitze und vom Hof fahre, sehe ich sie im Rückspiegel, im selben Moment dreht sie sich um und blickt mir nach. Dieses Leben in ihr, diese blitzenden Augen. Ich fahre auf Wolken nach Hause.

9.

Den nächsten Nachmittag kann ich kaum abwarten. Ich werde Delia wiedersehen, sie hat zugestimmt, ich werde wieder in ihrer Nähe sein, werde mich wieder so gut, so gelöst fühlen wie schon gestern in ihrer Gegenwart. Den ganzen Vormittag lang in der Schule muss ich an sie denken, nur mit Mühe gelingt es mir, im Unterricht einigermaßen bei der Stange zu bleiben und in den Pausen nicht nur Schwachsinn zu labern, sobald Paul oder Annika mich ansprechen.

Zum Glück versucht keiner von beiden nach der letzten Stunde, mich zu einem Treffen zu überreden. Wahrscheinlich wäre ich an der Reihe, etwas vorzuschlagen, und da ich es nicht tue, sondern Annika nur einen flüchtigen Kuss auf die Lippen drücke und in Pauls erhobene Hand einschlage, ehe ich mich auf mein Rad schwinge und wie gejagt in die Pedalen trete, haken sie nicht nach. Zu blöd, dass ich morgen mit meiner Präsentation in Deutsch dran bin, ich habe erst ungefähr die Hälfte geschafft, aber ich kann jetzt noch einiges tun, weil Delia sowieso erst um sechzehn Uhr im Laden anfängt zu arbeiten, und notfalls lege ich hinterher eine Nachtsitzung ein. Ich muss sie sehen. Mit ihr zu reden, war gestern für mich wie eine neue, nie gekannte Lebensquelle, ich könnte süchtig werden nach diesem Gefühl.

Meine Mutter ist nicht da, als ich nach Hause komme. Auf der Arbeitsplatte in der Küche liegt ein Zettel, *Im Backofen steht Gemüseauflauf, er müsste noch warm sein, wenn Du nach Hause kommst. Am besten, Du isst mit Nati zusammen, sie hatte eine Stunde eher Schluss und wartet sicher auf Dich. Bin mit Papa unterwegs, Besorgungen machen. Kuss Mama.*

Sie sind beide nicht da, sehr gut. Ich klopfe an Natis Zimmertür, doch niemand antwortet, vorsichtig öffne ich einen Spalt, im selben Moment ertönt das Kurzmitteilungssignal meines Handys in der Hosentasche. *Bin noch mit ein paar Leuten aus meiner Klasse beim Türken, Döner essen, wartet nicht auf mich. Gehen vielleicht noch ins Kino. Bis später, N.*

Noch besser. Nichts gegen meine Schwester, aber heute bin ich froh, die ganze Wohnung für mich zu haben. Den Auflauf nehme ich mit in mein Zimmer und setze mich gleich an den Computer, öffne die Datei mit meiner Präsentation, Thema Vergleich der Werke Faust 1 von Goethe und Woyzeck in Bezug auf Verführer und Verführung. Noch während ich meinen bisher geschriebenen Text durchlese, um nahtlos daran anknüpfen zu können, spüre ich, dass es nicht nur Delia ist, auf die ich mich freue wie ein kleiner Junge auf den Rummelplatzbesuch. Es ist auch die Arbeit dort draußen. Kisten schleppen, an der Luft sein, den nahe gelegenen Wald einatmen. Die Stärke meiner Armmuskeln spüren, etwas tun, das nicht mit dem Schreibtisch, dem Bildschirm und der Schule, dem Abistress zu tun hat. Meinen Körper spüren, mich bewegen, Pflanzen berühren, Blütenblätter durch meine Finger gleiten lassen, über ihre samtene Oberfläche streichen. Denken, was ich will, nicht was ich muss. Nichts über Faust und seine erfundenen Probleme von vor über zweihundert Jahren lernen, sondern Delia zuhören, die alle Blumen zu kennen scheint und vielleicht die Geschichten der Menschen kennt, für die sie Sträuße gebunden und Gestecke angefertigt hat. Draußen malen, irgendwann einmal. Das habe ich schon ewig nicht mehr getan.

Verführer und Verführung. Meine Gedanken schweifen ab, natürlich sehe ich bei diesen Worten Delia vor mir, stelle mir ihren Körper nackt vor, ich schließe die Augen und male mir aus, wie es sein muss, sie zu streicheln, mit meiner Hand über ihren bloßen Rücken zu fahren, ihren Hals zu küssen, die frohen, lachenden Lippen. Minutenlang lasse ich mich fallen in diese Fantasie, dann versuche ich wieder, mich auf meine Arbeit zu konzentrieren, jedes geschriebene Wort, das auf dem Display meines Laptops erscheint, bringt mich näher zu ihr.

Das Schloss unserer Wohnungstür, Schritte im Korridor. Ein Schlüsselbund landet unsanft in dem Porzellanschälchen auf dem Schuhschrank, in das wir alle immer unsere Schlüssel legen. Vaters Räuspern, das geräuschvolle Schließen der Badezimmertür, kurz darauf das Rauschen des Wasserhahns, wieder hat er ihn viel zu weit aufgedreht, wie immer, wenn er sich aufregt. Ich schüttle meinen Kopf wie ein Labrador, der aus dem Wasser steigt und starre krampfhaft auf den Bildschirm, versuche mich wieder zu sammeln, zu konzentrieren. Doch ehe ich wieder registriere, was ich lese und irgendetwas davon sich seinen Weg in mein Gehirn bahnen kann, wird die Tür zu meinem Zimmer aufgestoßen und mein Vater steht im Raum, die Brust gestrafft. Sein Gesicht wirkt verzerrt wie eine Fratze.

»Es ist nicht zu fassen«, poltert er. »Dieser Herr Brückner hätte lieber in einer Baumschule arbeiten sollen, statt dass man ihn auf die künftige Elite unserer Gesellschaft loslässt. Der Mann ist komplett ungeeignet für seinen Beruf! Andernfalls hätte der Herr wohl kaum tatenlos zugesehen, wie mein Sohn langsam aber gewiss sein Abitur in den Sand setzt.

Deine Note in Mathematik ist kaum noch zu retten, weißt du das, Maximilian? Weißt du das?«

Brückner, er war bei Brückner, schießt es durch meinen Kopf. Ich hätte es verhindern sollen, um jeden Preis, hätte Herrn Brückner warnen müssen.

»Ich weiß, dass ich im Moment nicht gut stehe«, antworte ich wie hinter einem Nebel. »Aber vor dem Abi schreiben wir noch einen Test, und wenn ich den packe und mich im Mündlichen steigere, haut es bestimmt noch hin.«

»So, meinst du.« Mein Vater durchmisst den Raum mit langen Schritten, zum Glück hört man es auf meinem Wollteppich nicht so penetrant wie auf dem Parkettboden im Wohnzimmer. »Da habe ich aber andere Informationen. Du müsstest mindestens dreizehn Punkte erreichen, um in der Gesamtnote keinen Leistungsausfall zu kassieren. Alles darunter bedeutet ein Aus für dein Abitur. Und das sagt der Mann mir jetzt! Jetzt, wo alles schon so gut wie verloren ist, und dabei redet er auch noch immerfort von deiner Kritzelei, ganz als ob er sich in den Kopf gesetzt habe, dir eine Begabung einzureden. Dir Flausen in den Kopf zu setzen, du könntest damit etwas erreichen. Mit *Bildern*.« Er spricht dieses Wort aus, als spucke er auf den Boden. »In der heutigen Zeit ist das ein Ding der Unmöglichkeit.«

»Ich war nicht das ganze Jahr über so schlecht wie jetzt. Ein paar Punkte sind da schon zusammengekommen.«

»Aber es reicht nicht aus, Maximilian! Du brauchst dreizehn Punkte, das wäre eine Eins Minus, die du mit einer Drei in diesen kleinen Tests hier und da nie hinbekommst! Du weißt doch, was das bedeutet?«

»Ich versuche es zu schaffen. Wirklich.« Nur jetzt nicht, flehe ich stumm mit einem Blick aus dem Fenster. Nur jetzt nicht, bitte zwing mich jetzt nicht, Mathe zu pauken, wo ich diese Präsentation in Deutsch fertig machen muss, die sich auch nicht von selber schreibt, aber vor allem will ich zu Delia, ich brauche sie, brauche ihre zuversichtliche, anpackende Art, gerade jetzt. Wenn ich Delia gesehen, mit ihr geredet habe, nur heute noch, fällt mir bestimmt alles viel leichter. Dann kann ich auch wieder lernen, wenn es sein muss, die ganze Nacht.

»Ich werde gegen den Mann eine Dienstaufsichtsbeschwerde beim Schulamt einreichen«, schließt Papa und lehnt sich gegen mein Fensterbrett, im Gegenlicht erkenne ich kaum noch seine Gesichtszüge, weil sich gerade die letzten Sonnenstrahlen dieses Nachmittags in meiner Gardine verfangen.

»Du willst *was*?« Ich starre ihn an. Kann meinen Blick nicht von ihm wenden, wie er da steht, sich mit der Hand durch sein Haar fährt, an der Krawatte ruckelt, dann die Arme vor der Brust verschränkt. Sogar sein feines Jackett hat er noch an, maßgeschneidert, ich sehe ihn vor mir, wie er darin Herrn Brückner gegenüber gesessen hat, mein Lehrer in Jeans und Freizeitblazer, die grauen Locken schon etwas wirr nach dem langen Unterrichtstag. Er muss sich unterlegen gefühlt haben vor meinem Vater, der ihn bestimmt niedergeredet hat, ihm Zahlen und Statistiken um die Ohren gepfeffert hat wie mir immer, ihn mundtot gemacht hat mit seiner Arroganz, seiner Besserwisserei, seinen Gesetzen und Drohungen. Eine Dienstaufsichtsbeschwerde. Mein Vater weiß oder ahnt zumindest, wie sehr ich Brückner mag, aber es ist ihm egal, es interessiert ihn nicht, er bügelt einfach darüber hinweg. Gefühle zählen nicht, nicht einmal Sympathie. Nur Leistung, belegbare Erfolge. Zahlen. Ich könnte ihn schütteln, er begreift nichts, er kann doch nicht mit Menschen umgehen, als wären sie Gegenstände, Maschinen.

»Das machst du nicht«, zische ich. »Wenn du das wagst...«

»Er hat es nicht anders verdient«, unterbricht mich mein Vater. »Wer es nicht schafft, einen seiner begabtesten Schüler so zu motivieren, dass er mühelos eine vorzeigbare Abiturnote erreicht, und nicht nur das«, er legt seine Stirn in Falten und schüttelt erneut den Kopf, »sondern auch noch versäumt, uns Eltern zu einem angemessenen Zeitpunkt darüber zu informieren, dass es Schwierigkeiten gibt, der hat seinen Beruf verfehlt. Dessen Leistungen als Studienrat müssen eindeutig überprüft werden, das steht außerhalb jeglicher Diskussion.«

»Wir sind fast alle volljährig, da werden nicht mehr wegen jeder Kleinigkeit die Eltern kontaktiert. Die Lehrer regeln alles mit uns allein, und das ist auch gut so.«

»Gut so? Das sehen wir doch gerade!«, ereifert er sich. »Maximilian, du hast überhaupt noch nicht begriffen, worum es geht! Was alles auf dem Spiel steht, wenn du so weiter machst wie bisher! Wenn sich nichts ändert! Und der werte Herr Brückner auch nicht mit seinem stümperhaften, unprofessionellen Gewäsch. So was von naiv! Eventuell würde er einen passablen Sozialarbeiter abgeben, aber keinen Studienrat an einem Elitegymnasium. Aber gut – die Konsequenzen wird er ja nun zu spüren bekommen, das geht jetzt alles seinen Gang, damit musst du dich nicht belasten, das ist eine andere Baustelle. Da müssen Vorgesetzte ran. Wir beide setzen uns jetzt erst mal hin und gehen deinen Mathematikhefter durch. Ich hole mir nur rasch einen Stuhl aus dem Esszimmer.«

»Ich kann nicht«, entgegne ich schnell und deute auf den Bildschirm, bewege die Maus, damit der Bildschirmschoner meiner geöffneten Präsentation weicht. »Ich muss das hier zu morgen fertig haben, und es ist nicht so einfach, wie du vielleicht denkst. Danach muss ich dringend noch mal weg.«

»Wohin?«

»Ich bin verabredet.«

»Dann bring Paul mit her. Er soll seinen Hefter auch mitbringen und dann gehen wir alle Aufgaben durch, die in diesem Schuljahr dran waren. Und zwar so lange, bis du sie alle verstanden hast. Du musst sie so sicher beherrschen, dass ich dich nachts wecken kann und du mir die Lösungswege samt Ergebnissen wie aus der Pistole geschossen vorlegen kannst. Anders wird das nichts, Junge, ist dir das klar? Anders wird das nichts!«

»Ich gehe nicht zu Paul.«

»Meine Güte, dann muss Annika eben mal warten. Eine Freundin zu haben ist schön und gut, ich weiß, dass ihr Jungs Wert darauf legt. Man steht bei den Kumpels besser da und alles. Aber die Schule geht immer noch vor. Ich weiß, dass ihre Eltern das genauso sehen, die werden froh sein, wenn ihr Töchterchen auch mal in die Bücher schaut, statt herumzuziehen.«

Ich sehe meinen Vater an wie einen Fremden. Er versteht so wenig. Es geht nicht um Annika und es geht nicht um Paul. Es geht nicht mal um meine Mathezensur im Abi. Es geht darum, dass ich einen Menschen getroffen habe, zu dem ich mich mehr hingezogen fühle als jemals vorher zu irgendjemandem sonst. Jemanden, an deren Seite ich den ganzen Stress vergessen kann, zumindest beim ersten Mal ist es so gewesen, und ich will unbedingt herausfinden, ob Delia dieses Gefühl auch heute wieder in mir auslöst. Ein zweites Mal und vielleicht immer wieder. Vielleicht kann ich auftanken bei ihr. Der Vater, den ich jetzt bräuchte, würde stutzen bei meinen Worten, fragen was los sei, und ich würde ihm antworten und alles erzählen, anfangs noch stockend, weil es mir unangenehm ist, doch dann würde es nur so aus mir herauspurzeln. Dass ich drauf und dran bin, zwischen zwei Mädchen zu stehen und nicht weiß, was ich tun soll. Dass ich zum ersten Mal seit Monaten richtig glücklich bin. Wie sehr die Schule mich belastet und was meine Träume sind. Dass ich keinen Sinn im Leben sehe, wenn ich nichts davon umsetzen kann, sondern vom Ende der Schulzeit an nur nach einem vorgegebenen Schema leben soll. Der Vater, den ich jetzt bräuchte, würde mir zuhören, bis ich ausgeredet hätte und mir dann seine Sicht der Dinge darlegen, ruhig, besonnen und mich ernst nehmen. Vielleicht würden wir noch keine Lösung finden, und sicher wäre er nicht in allem mit mir einer Meinung. Vielleicht würde er mir sogar den Kopf waschen, mir ernsthaft und eindringlich versuchen klarzumachen, was geht und was nicht. Aber er würde mich nicht verurteilen; mich nicht und nicht die Menschen und Dinge, die mir wichtig sind. Der Vater, den ich jetzt bräuchte, wäre trotz allem für mich da. Gerade jetzt.

Aber so einen Vater habe ich nicht. Meiner verschwindet kurz durch die Tür und kommt mit einem Stuhl wieder zurück, fegt mit der flachen Hand über die Sitzfläche und rückt seinen Gürtel zurecht, ehe er Platz nimmt.

»Also.« Er räuspert sich. »Klick das da weg, das machst du eben später, ich habe meine Zeit auch nicht auf der Straße gefunden. Was kommt in der Abiklausur dran?«

10.

Drei Stunden später hämmert es in meiner linken Schläfe, als würde jemand mit eisenbeschlagenen Springerstiefeln auf meinen Kopf treten, immer und immer wieder, so wie es neulich auf einem U-Bahnhof in Berlin passiert ist, jemand drehte da durch und malträtierte ein völlig willkürliches Opfer krankenhausreif. Bei mir ist es kein Unbekannter, sondern mein Vater, der mich mit Worten an den Schreibtisch fesselt, nicht locker lässt, mir immer noch eine Aufgabe stellt und noch eine. Er erklärt, fragt, insistiert, beharrt, mahnt, resigniert, fordert, bis ich nicht mehr antworten kann, nicht mehr rechnen, nicht schreiben. Wo ist bloß Natalie, denke ich. Sie kann doch nicht immerzu Bandprobe haben, ich stelle mir vor, wie sie in ihrer lässigen Kluft, die Papa ein Stachel im Auge ist, im Türrahmen lehnt und sagt, es sei doch krank, so viele Stunden zu pauken. Ich brauche sie jetzt. Wie ein Joch um meinen Hals drückt mich der Gedanke an meine Präsentation in Deutsch, die er mich nicht fertigstellen lässt, immer wieder beobachte ich die unaufhaltsam vorrückenden Zeiger der überdimensionalen Armbanduhr, die an meiner Wand hängt, so ein Retro-Teil aus den Achtzigern, ein abgefahrenes Ding, das mir Paul zum letzten Geburtstag geschenkt hat. Die ganze Zeit denke ich daran, dass ich das alles nachts nachholen muss, mit der Präsentation bin ich morgen dran, und wenn ich sie nicht halten kann, gilt dies als nicht erbrachte Leistung, für die es null Punkte gibt, dann sinkt mein Gesamtdurchschnitt noch weiter ab, das kann mein Vater nicht wollen. Und ich denke an Delia, die in der Gärtnerei auf mich wartet, hoffentlich auf mich wartet. Bis Ladenschluss sind es jetzt nur noch gute zwanzig Minuten – wenn ich sofort losfahre, erwische ich sie vielleicht noch, sofern sie auch heute wieder länger im Laden ist.

»Die eine Aufgabe noch, Maximilian.« Mein Vater tippt mit dem Zeigefinger in mein Mathebuch. »Mach nicht jetzt schon schlapp, komm. Später im Studium kommt noch ein ganz anderes Pensum auf dich zu. Besser du gewöhnst dich gleich ans Arbeiten.«

»Ich habe Kopfschmerzen«, entgegne ich und will meinen Karoblock zuklappen, doch er legt seine Hand dazwischen.

»Was glaubst du, wie oft ich mit Kopfschmerzen weiterarbeiten muss? Das ist normal, Junge, sieh dich doch mal um in der Welt! Wenn jeder beim kleinsten Wehwehchen schlappmachen und alles stehen und liegen lassen würde, könnte dieses Land einpacken! *Du* bist die Generation, die das alles hier irgendwie voranbringen soll, aber das erfordert *Einsatz*, hörst du? Von nichts kommt nichts, du willst doch mal Geld verdienen, und ich gehe davon aus, dass du mindestens eine vergleichbare Gehaltsklasse anstrebst wie ich! Oder?«

Ich schweige und sehe ihn von der Seite an. Wie viel verdient Delia in der Gärtnerei? Wie wenig ein Tischler? Ein Maler, ein Bildhauer? Ein Designer, Grafiker? Ist Geld und Wohlstand wirklich alles für meinen Vater? Diese Anzüge aus feinstem Merino, die edlen weißen Hemden, der BMW vor der Tür? Er wirkt nicht glücklich. Delia wirkt glücklich. Ich will zu ihr, sonst drehe ich durch.

Aber ich rechne die Aufgabe noch, habe keine andere Wahl. Zweimal, dreimal, ich weiß nicht wie oft. Irgendwann stimmt sie. Mein Vater sieht grau im Gesicht aus, als ich mein Schreibzeug wegräume. Aus der Küche höre ich meine Mutter Möhren raspeln.

»So langsam wird es was«, bemerkt er nach einem Räuspern und klopft mir auf die Schulter. »Wäre doch gelacht, wenn wir beide das nicht hinbekommen. Aber der Herr Brückner, mit dem bin ich noch nicht fertig. Der wird sich noch wünschen, nie geboren zu sein. Du willst also noch mal los?«

»Ich habe Annika schon so oft vertröstet, weil ich lernen musste«, lüge ich. »Außerdem brauch ich frische Luft.«

»Das ist mein Sohn. Wenn es draußen nicht so regnete, würde ich dir glatt raten, das Fahrrad zu nehmen, ein wenig Bewegung schadet nie und fegt dir den Kopf wieder frei. Aber wir wollen ja nicht, dass du wegen einer Erkältung flachliegst und zu viel Stoff versäumst.«

»Schon gut.« Ich beeile mich, alles in meiner Schultasche zu verstauen. »Ich nehm das Auto und bleibe auch nicht lange.«

Draußen halte ich mein Gesicht in den peitschenden Regen. Der Asphalt glänzt vor Nässe und ein schneidender Wind ist aufgekommen. Die Gärtnerei hat längst zu, bestimmt ist Delia schon weg, ich fühle vor Zorn das Blut in mir kochen, balle meine Hände zu Fäusten und möchte drauflos schlagen, irgendetwas, irgendjemanden, mich selbst, es ist ganz egal, ich will prügeln, prügeln, treten, könnte meinen eigenen Vater bis zur Besinnungslosigkeit schlagen, ihn am Kragen packen und schütteln, gegen die Wand schmettern, bis sein Gesicht nicht mehr vor lauter Verachtung verzerrt ist, sondern vor Angst, Furcht vor mir, vor meiner Kraft, gegen die er mit seinen elitären Sprüchen nicht ankämpfen kann. Aber ich bin nicht so, ich habe mich noch nie geprügelt, ich schreie meine Wut nur in die Nacht, schreie alles heraus, trete gegen einen x-beliebigen Baum am Straßenrand, trommle mit Fäusten gegen die zerfurchte Rinde, bis mir die Handkanten bluten, der Baum wehrt sich nicht und ist trotzdem stärker als ich, er bietet mir kein Gegenüber, aber umso unerbittlicheren Widerstand. Ich kann nur weiter gegen ihn schlagen und treten, tränenblind und schluchzend, bis ich schließlich entkräftet aufgebe und mich mit dem Rücken an ihn lehne, in die Knie sinke, an seinem Stamm hinunter rutsche, mit meinen Füßen im Matsch, vielleicht in Hundedreck, es ist mir egal, Delia wird schon weg sein, ich werde sie nicht sehen, alles nur wegen meines Vaters, ich komme nicht an gegen ihn, er wird mich immer beherrschen, immer.

Völlig durchnässt rappele ich mich irgendwann hoch. Ich weiß nicht, wie lange ich an der Kastanie gelehnt habe. In meiner Hosentasche drückt der Autoschlüssel gegen meinen Oberschenkel und erinnert mich daran, was ich eigentlich vor hatte, ich ziehe ihn heraus, drücke auf die Fernbedienung und sinke in den Fahrersitz, zünde den Motor. Meine Hände zittern ein wenig von der Wut in mir, die noch nicht abgeebbt ist. Mit dem Auto gegen den Baum fahren. Nicht mehr da sein. Das Gaspedal durchtreten bis zum Anschlag, die Lichter der Stadt an mir vorbeifliegen lassen, hektisch, bunt, flirrend.

Der Schein der Straßenlaternen reflektierte auf den CD-Hüllen, verfinge sich vielleicht in meinen Augen und dann würde der Bruchteil einer Sekunde genügen und ich käme von der Straße ab, überschlüge mich, bliebe irgendwo liegen wie ein vergessener Mistkäfer, der auf dem Rücken vergeblich strampelt, es ist vorbei, ich wüsste es genau, während Öl aus meinem Wagen sickerte und vielleicht bald in Flammen aufginge, und vielleicht würde ich noch schreien vor Schreck, vor Angst und Schmerz, während meine Haut anschmurgelte, die Haare, aber niemand könnte mich hören und ich wäre ohnehin nicht mehr zu retten. Die Hitze der Feuerglut würde mich verschlingen, bis der Schmerz irgendwann verginge und mein Körper nur noch eine verbrannte Hülle wäre, unwichtig, zu Abfall geworden. Vielleicht würde ich durch einen Tunnel gezogen, an dessen Ende jene überwältigend schöne weiße Helligkeit auf mich wartete, von der Menschen mit Nahtoderfahrungen so oft erzählen. Ein Licht mit einer Anziehungskraft, der man sich nicht entziehen kann, man ist dann schon drüben und will nicht mehr zurück, das ganze irdische Dasein erscheint einem unbedeutend, lächerlich im Vergleich. Das bisschen Erde, die paar Menschen, die man zu lieben geglaubt hat, Mutter, Vater, Geschwister, die große Liebe oder eben keine. Sie alle wären auf einmal so egal.

Ich fahre los. Delia sehen. Wenigstens dort vorbeifahren, wo sie arbeitet, das Gelände sehen, auf dem sie heute wieder gewesen ist. Den Hauch ihrer Nähe spüren, zu wissen, sie war da und ist vielleicht noch nicht lange fort. Allein der Gedanke an sie richtet mich ein wenig auf.

Im Ladenraum brennt noch Licht. Ich lenke meinen Wagen extra so, dass das Abblendlicht die Glasscheiben streift, so nimmt sie mich vielleicht wahr. Außer meinem parkt kein anderes Auto mehr im Hof, also bleibe ich einfach irgendwo stehen, steige aus und eile auf die Tür zu, natürlich ist sie abgeschlossen. Mit der flachen Hand schlage ich gegen das kalte Glas, rufe Delias Namen, muss aufpassen, dass ich mich beherrsche in meiner Verzweiflung, sie muss da sein, ich brauche sie. Mit den Händen bilde ich Scheuklappen um meine Augen und spähe ins Ladeninnere, tatsächlich, es bewegt sich etwas, der Streifenvorhang vor dem Hinterzimmer, in dem wir gestern nach dem Quittungsblock gesucht haben. Sie kommt. Delia trägt nicht ihre Arbeitsklamotten, sondern eine normale Jeans und eine schwarze Strickjacke über einem weinroten Top. Ihre kurzen Haare sehen geschickt frisiert aus, ein paar Strähnen sind wie zufällig ins Gesicht gezupft. Ihre Augen lächeln. Lächeln mich an. Sie schließt die Tür von innen auf. Ich bin zu Hause.

»Max«, stößt sie hervor, als wir endlich voreinander stehen. »Was ist denn passiert, warum kommst du jetzt erst, wie siehst du aus... komm rein.« Sie zieht mich in den Laden und gleich weiter nach hinten, in dem kleinen Zimmer ist es warm, der Raum kommt mir geradezu überheizt vor, aber ich spüre, wie ich innerlich aufzutauen beginne. Wasser rinnt aus meinen Haaren in den Kragen. Delia nimmt meine Hand, ich zucke zusammen.

»Hab ich dir wehgetan?«, fragt sie und sieht nach, mustert meine Hände, findet die aufgeschrammten Stellen.

»Du blutest«, stellt sie fest und macht sich sofort an einem kleinen Medizinschränkchen zu schaffen, das an der Wand hängt, nimmt Mullbinden und Heftpflaster heraus, dazu eine kleine Glasflasche mit Jod.

»So was haben wir immer hier«, erklärt sie, während sie mich mit einer Kopfbewegung auf das Cordsofa dirigiert. Mit geschickten Griffen desinfiziert und verbindet sie meine Hände, schnell und konzentriert, dann brüht sie für jeden von uns einen Becher Tee auf, allein schon der Duft beruhigt mich, der Duft und Delias sichere, geübte Bewegungen.

»So«, sagt sie schließlich und setzt sich neben mich, nippt vorsichtig an ihrer Tasse, probiert, ob der Tee noch zu heiß zum Trinken ist, ohne mich dabei aus den Augen zu lassen. »Jetzt erzählst du mir mal, weshalb du so zerzaust aussiehst und verletzte Hände hast. Warum du so durchnässt bist, als wärst du kilometerweit durch den Regen gerannt, obwohl du mit dem Auto gekommen bist. Und warum du geheult hast.«

»Das sieht man noch?« Mit dem Pulloverärmel wische ich mir über die Augen und ziehe ein wenig die Nase hoch. Meine triefende Jacke habe ich ausgezogen, Delia hat sie an den Fenstergriff gehängt, darunter bollert der Heizkörper – bis ich gehe, wird sie fast trocken sein. Es ist mir unangenehm, dass sie mich durchschaut hat, aber ich habe auch nichts getan, um meine Verzweiflung zu verbergen.

»Ist doch keine Schande«, erwidert sie. »Ich mag Jungs, die Gefühle zeigen können. Was war los?«

Ich lege die Hände fester um meinen Becher, alles hier ist so warm und tut so gut, ich will nie mehr hier weg. Gefühle zeigen.

Ich blicke auf meine Oberschenkel und weiß nicht, wie ich beginnen soll. Delia wirkt so lebendig, so tatkräftig, steht schon mitten im Leben, ihrem eigenen, an dem sie Spaß hat, ist nicht am Schulstress zugrunde gegangen. Was muss sie von mir denken, wenn ich ihr jetzt erzähle, dass ich eben noch auf eine Jahrzehnte alte, mächtige Kastanie oder Eiche eingeprügelt habe und mir nichts sehnlicher gewünscht habe, als an ihrem Stamm zu zerschellen. Ich weiß nicht, ob ich ihr sagen kann, warum. Eigentlich habe ich das Gefühl, ich könnte ihr alles sagen.

»Musst du noch nicht gehen?«, frage ich zögernd. Sie schüttelt den Kopf.

»Erzähl ruhig«, ermutigt sie mich. »Auf den Hund passt heute meine Mutter auf. Wir haben nicht das allerbeste Verhältnis zueinander, aber den Hund liebt sie und er ist gern bei ihr.«

Ich trinke einen Schluck Tee, spüre nach, wie er warm und wohlig meine Kehle hinunter rinnt. Dann, stockend zunächst noch, fange ich an. Fange an zu erzählen, wie gern ich zeichne und wie gut meine Bilder oft bei anderen ankommen. Erzähle von meinen Hassfächern in der Schule, von den Schwierigkeiten in Mathe. Von Herrn Brückner, der trotzdem immer zu mir hält und mein Lieblingslehrer ist. Und ich erzähle von meinem Vater, am meisten von ihm. Dass er Brückner eine Dienstaufsichtsbeschwerde anhängen will, statt wie er trotz allem an mich zu glauben und mit mir zusammen meinem Leben eine Richtung zu geben, in der ich auch vorkomme. Mein Vater merkt nicht einmal, was er allein mit seinem Vorhaben alles zerstört. In mir, in unserem Verhältnis zueinander. Es ist ein solcher Vertrauensbruch, so absurd.

Delia hört mir zu. Unterbricht mich nicht, fragt nichts, lacht nicht über mich, nicht über meine Unfähigkeit, mich aufzulehnen. Sie ist einfach da und lässt mich reden.

Inzwischen bin ich schon viel länger weg als die halbe Stunde, von der ich zu Hause geredet habe, aber es ist mir egal, es gibt kein Zuhause für mich außer diesem Raum hier, dieser kleinen, engen Abseite einer Gärtnerei, hier bei Delia, die mir fast unbekannt ist und doch so vertraut erscheint. Sie ist da für mich. Irgendwann bin ich fertig, leer geredet, erschöpft. Um mich herum ist alles ruhig. Ich lehne mich zurück und schließe die Augen, ich könnte jetzt einschlafen wie ein Kind.

Lange sitzen wir so da, dicht aneinander gelehnt, und schweigen. Ein wenig schäme ich mich, jetzt kommt es wieder zurück, dieses Gefühl, neben Delia wie ein kleiner Junge zu wirken, ich komme mir unbeholfen vor. So wichtig sind meine Probleme nicht, vielleicht hätte ich gar nichts sagen sollen. Ein Mädchen wie Delia steht vielleicht mehr auf Typen, die schon richtig im Leben stehen, arbeiten, etwas leisten. Ich habe sie lange genug belagert mit meinen Problemen, ich sollte gehen. Gleichzeitig möchte ich nirgendwo sein als nur hier, nur hier bei ihr.

»Jetzt weißt du alles von mir«, sage ich schließlich. »Tut mir leid, dass ich dich mit meinem Kram behelligt habe. Sag' ruhig, ich soll mich gegen meinen Vater durchsetzen, weil ich längst volljährig bin und es mein Leben ist, nicht seines. Und dass es behämmert ist, sich deswegen selber zu verletzen. Sag's nur. Das bin ich gewohnt. Trotzdem kann ich es nicht.«

Aber Delias Augen blicken mich noch immer warm an.

»Quatsch«, sagt sie, lehnt sich zurück und schmiegt sich mit dem Kopf so eng an meine Schulter, dass ich ihr Shampoo riechen kann. »Du warst verzweifelt und bist durchgedreht, und das ist nur verständlich. Hauptsache, es bleibt dabei, dass du nur Bäume verprügelst.«

Sie ahnt es nicht, denke ich erleichtert. Sie hat keine Vorstellung davon, dass ich den armen alten Baum nicht nur mit meinen Fäusten bearbeitet habe, sondern am liebsten dagegen gerast wäre. Gut so, gut. Niemand könnte das verstehen, vielleicht nicht einmal sie.

Delia nimmt mir meine Teetasse weg und stellt sie auf den kleinen Tisch vor unseren Knien, greift nach meiner Hand und zieht mich hoch. »Komm, Max«, sagt sie, »ich zeig dir was.«

Im nächsten Augenblick stehen wir vor der Pinnwand, die ich gestern schon wahrgenommen habe. Delia reißt eine alte Rechnung ab und deutet auf die Zeitungsausschnitte darunter. Todesanzeigen, sonntags erschienen. Jetzt erkenne ich, dass die ganze Pinnwand voll davon ist, und neben jeder Anzeige hängen Fotos von Kränzen und Blumengestecken, üppig geschmückt, mit Schleifen zum letzten Gruß, *Unvergessen – deine Tanja* lese ich; *Ruhe sanft, in Liebe dein Mann Heinz und deine Kinder Robert und Marina*, und auch: *Kleines, wir sehen uns wieder. Deine Mami.* Mir ist unbehaglich zumute und doch kann ich meinen Blick nicht davon abwenden, spüre Delias Körperwärme neben mir, höre sie atmen, Schulter an Schulter stehen wir und sind beide ganz still. So viele tote Menschen. Ich habe mir nie viele Gedanken über Beerdigungen gemacht, war auch fast noch nie auf einer, nur einmal mit zwölf oder dreizehn Jahren, als ein Großonkel gestorben war, den ich kaum kannte. Danach habe ich mit einem entfernten Cousin gespielt und nicht mehr darüber nachgedacht, was gerade passiert war. Erst in letzter Zeit kommen immer wieder diese Gedanken an den Tod in mir hoch. Gedanken an Ruhe. Mich ausklinken. Die Welt sich ohne mich weiterdrehen lassen.

»Ich hab' noch mehr davon«, gesteht Delia nach einer Weile. Sie zieht die Schiebetür eines metallenen Büroschranks auf, nimmt einen dicken Aktenordner heraus und öffnet ihn. In Klarsichthüllen liegen weitere Traueranzeigen vor mir, ordentlich hineingeschoben, auf der Rückseite die dazu gehörigen Bilder des Grabschmucks, opulente Kränze aus den teuersten Edelrosen, aber auch zarte Sträuße, die nicht mehr als ein paar Euro gekostet haben können; Maiglöckchen, Freesien, einzelne Gerbera mit Gräsern arrangiert und gebunden, wirkungsvoll gerade in ihrer Bescheidenheit. Wir setzen uns wieder hin und ich blättere den Ordner durch, betrachte ein Bild nach dem anderen, lese die Traueranzeigen dazu, ein beklemmendes Gefühl beschleicht mich, ich atme nur noch flach, wage nicht, Delia anzusehen. So etwas sammelt sie also. Sie weiß nicht, wie nahe sie mir ist. Beim Umblättern spüre ich noch das Brennen meiner Wunden, die Hände fühlen sich starr an unter den fest gewickelten Verbänden.

»Hast du die alle gemacht?«, frage ich. Delia nickt.

»Den Blumenschmuck *und* die Fotos«, erläutert sie. »Wir sind ja hier die nächstgelegene Gärtnerei für den Friedhof, da bekommen wir ständig solche Aufträge. Aber das mit den Fotos ist eine Macke von mir, ich kann nicht anders. Zu jedem Kranz, Strauß oder Gesteck, das ich für eine Beisetzung binde, muss ich die Anzeigen aufheben, und wenn mich ein Todesfall besonders tief berührt, schreibe ich es in mein Tagebuch. Aber das habe ich zu Hause.«

»So intensiv beschäftigst du dich damit?«

Delia nickt. »Ziemlich plemplem, oder? Sieh mal, alles ist chronologisch geordnet, die unterste Hülle ist von vor knapp einem Jahr, als ich hier angefangen habe zu arbeiten. Die oberste stammt von letzter Woche ... Dienstag, ja. Am Dienstag war das. Ein verunglückter Motorradfahrer, auf nassem Laub ausgerutscht und in den Gegenverkehr gekracht. Knapp sechsundzwanzig Jahre alt, drei Tage vor seinem Geburtstag. Seine Freundin konnte kaum sprechen, als sie ihre Blumen hier bestellt hat, so sehr hat sie geweint. Und seine Mutter habe ich auch gesehen.«

»Krass«, bringe ich hervor, meine Stimme klingt belegt, ich muss mich räuspern. Rote Rosen, ein Gesteck aus samtigen dunkelroten Rosen. Verlust der Liebe. Vielleicht nie wieder ein sonniger Tag. Ich blättere weiter, sehe Vergissmeinnicht auf Urnengräbern, Sonnenblumen auf einem Kindergrab, und zu jedem Bild, jeder Anzeige weiß Delia noch die Geschichte, erzählt davon wie über alte Freunde, Menschen, die sie lieb gewonnen hat.

»Oder hier, das war für einen Surfer, fast gehörlos war er, und hat einen Katamaran zu spät wahrgenommen. Seine Familie wollte eine Seebestattung, weil das Wasser ihm alles bedeutet hatte. Wir haben Streublumen in kleinen Körben arrangiert wie für eine Hochzeit. – Du bist also nicht der Einzige, der merkwürdige Sachen macht, das siehst du ja jetzt«, meint sie nach dem letzten Bild, der letzten Traueranzeige, und klappt den Ordner zu.

»Aber warum machst du das alles?«, frage ich. Ich schäme mich angesichts der vielen Todesfälle, fein säuberlich in einem Ordner dokumentiert, meinen Tod herbeigesehnt zu haben. »Du wirkst auf mich eher wie jemand, der mit dem Tod nichts zu tun haben will.«

»Will ich auch nicht.« Delia steht auf und schiebt den Ordner wieder zwischen die anderen in den Schrank. »Dazu war ich schon viel zu dicht dran. Ich habe ihm in die Augen geschaut und beschlossen, noch ein bisschen zu bleiben. Hier zu bleiben. Tja, und dann ... habe ich gekämpft.«

»Du wärst schon mal fast gestorben?«

Sie nimmt ihre Tasse wieder auf und trinkt sie in einem Zug leer.

»Ich hatte eine schwere Blutvergiftung, einen septischen Schock«, antwortet sie nach einigem Zögern. »Da war ich achtzehn, wie du heute. In jenem Sommer bin ich mit meinem damaligen Freund nach Marokko, eine total verrückte Nacht-und-Nebelaktion aus Protest gegen meine Mutter, von der ich mich immer bevormundet gefühlt habe, egal was ich tat, das war ganz ähnlich wie bei dir und deinem Vater. In Marokko war ich so schlau, mir in irgendeinem Schuppen ein Tattoo stechen zu lassen.« Sie schiebt ihren Pulloverärmel hoch und zeigt mir das ziemlich verschmierte Bild einer Feder, die sich nach einer Seite öffnet wie ein sich aufrollendes Farnblatt; mehrere angedeutete Schwalben fliegen heraus. Ein tolles Motiv, aber stümperhaft gearbeitet, das sieht man gleich.

»Es war verdammt knapp«, fährt Delia fort. »Aber ich habe gekämpft und wahrscheinlich sehr, sehr viel Glück gehabt. Glück, meine Zuversicht und gute Ärzte.«

»Deine Zuversicht.« Ich blicke sie an, taste sie mit meinen Augen ab, zärtlich, bewundernd. Blutvergiftung. Wenn Delia daran gestorben wäre, hätte ich sie nie kennengelernt. Du weißt nicht, was morgen noch kommt. »Gibst du mir was davon ab?«

Ein Lächeln huscht über ihr Gesicht. Jetzt streckt sie behutsam ihre Hand aus und streichelt meine Wange, fährt durch mein zerzaustes Haar und mit dem Daumen über meine Lippen.

»Bin doch schon dabei«, flüstert sie.

Ihr Kuss schmeckt nach Himbeertee, nach Trost und Nähe. Nach Angekommensein. Endlich.

11.

Zu Hause wartet Nati hinter der Wohnungstür auf mich. Aus dem Wohnzimmer dringt die monotone Stimme eines Fernsehnachrichtensprechers. Sie ist die Einzige, die ich jetzt sehen will, aber eigentlich ist selbst meine Schwester mir zu viel. Um etwas Zeit zu gewinnen, hänge ich meine Jacke umständlich an den Garderobenhaken, knote mir die Schuhbänder auf, tue so, als säße einer besonders fest. Gehe ins Bad, um mir gründlich die Hände zu waschen, obwohl ich sie eigentlich nie mehr waschen möchte. Noch immer spüre ich Delias Kuss auf meinem Mund, und ich bin vollkommen durcheinander, muss erst klarkommen, in die Realität zurückfinden. Es war wie ein Traum mit ihr, wie eine Zuflucht. Jetzt bin ich wieder hier und muss das irgendwie meistern.

Natalie steht immer noch da, als ich wieder in den Korridor trete. Mit einer stummen Kopfbewegung gebe ich ihr zu verstehen, dass sie mir in mein Zimmer folgen soll.

»Wo hast du gesteckt?«, fragt sie. »Du glaubst nicht, was hier los war! Wir haben längst gegessen, und drei Mal hat Annika hier angerufen und nach dir gefragt! Hast du Papa wirklich erzählt, du wärst bei ihr?«

»Er hat nicht mal zugehört. Zu ihr oder zu Paul, das ist das Einzige, was er halbwegs hingenommen hat.«

»Aber du warst nicht bei Annika!«, flüstert sie. »Das weiß er jetzt. Hast du dein Handy nicht dabeigehabt?«

»Scheint so«, sage ich, ich will jetzt nicht reden, nicht einmal mit ihr. Irgendwann erzähle ich ihr alles, aber jetzt muss ich erst mal in der Wirklichkeit ankommen. Und mein Magen knurrt. Ich schiebe mich an meiner Schwester vorbei und gehe in die Küche.

Während ich mir ein paar Salamibrote mache, kommt mein Vater herein. Ich will ihn nicht sehen. Ihn hinter mir zu spüren, lähmt meinen Atem, aber ich darf mir nichts anmerken lassen. Wenn er mich jetzt wegen Annika anblafft, fällt mir schon was ein.

»Hallo«, sage ich also und sehe ihm kurz ins Gesicht.

Mein Vater antwortet nicht. Dicht neben mir steht er am Kühlschrank und blickt an mir vorbei, tut so, als suche er konzentriert nach etwas, greift nach einer Bierflasche. Zieht eine Schublade auf und wühlt nach dem Öffner, ohne meinen Gruß zu erwidern. Als seine Schulter mich beinahe streift, zucke ich zusammen. Etwas später begegne ich ihm noch einmal im Korridor auf dem Weg ins Bad, um mir die Zähne zu putzen – er schweigt noch immer. Im Wohnzimmer antwortet er nicht auf meinen Gutenachtgruß. Meine Mutter dagegen erwidert ihn besonders eifrig, als müsse sie sein Schweigen kompensieren. In meinem Bett liege ich noch lange wach, weil die Gefühle in mir wie wild gegeneinander kämpfen; auf der einen Seite dieses neue, unwirklich berauschende Gefühl, das sich in mir ausbreitet, sobald Delias Gesicht vor meinem inneren Auge auftaucht; auf der anderen die Schwere, die Vaters Schweigen in mir verursacht.

***

Am nächsten Morgen verlässt mein Vater die Küche, sobald ich sie betrete.

»Lass ihn«, flüstert meine Mutter mir zu. »Er hat im Moment ein bisschen Stress in der Firma. Du bist volljährig, da ist es ganz normal, wenn du mal nicht zum Abendessen zu Hause bist.«

»Eben«, stimmt Nati ihr zu und belegt sich ein Brot üppig mit Putenbrust, einem Salatblatt und Frischkäse, klappt es zusammen und wickelt es in Alufolie ein. Und ohne ihre Stimme zu dämpfen, fügt sie hinzu: »Wenn es Papa nicht passt, dass Max sein eigenes Leben hat, und er nur eine jüngere Ausgabe von sich selbst akzeptiert, muss er sich klonen lassen.«

Auch an diesem Morgen holen wir Annika mit dem Auto

ab. Als ich sie küssen will, hält sie mir nur ihre Wange hin und blickt während der ganzen Fahrt aus dem Fenster, bei heruntergekurbelter Scheibe, der Wind verweht ihre langen Haare, andere Jungs würden durchdrehen bei dem Anblick. Ich denke an Delia. Die Todesanzeigen an der Pinnwand. Ihren Kuss. Annika hat nicht gefragt, warum meine Hände verbunden sind.

»Tut mir leid wegen gestern«, versuche ich, irgendwie ein versöhnliches Gespräch zu beginnen. »Nach dem vielen Lernen brauchte ich frische Luft und habe beim Spazierengehen die Zeit vergessen. Hast du heute Nachmittag Zeit? Ich lade dich ein, wohin du willst.«

»Weiß ich noch nicht«, antwortet Annika knapp, ohne ihren Kopf zu mir zu wenden. Vor der Schule steigt sie aus und eilt fort, ohne das Fenster auf der Beifahrerseite wieder hoch zu kurbeln, damit macht sie mich wahnsinnig und das weiß sie genau. Ich parke ein, löse meinen Anschnallgurt und kurbele umständlich das Fenster hoch.

»Zicke«, zischt Natalie. »Was hält dich eigentlich noch bei ihr, die nutzt dich nur aus.«

»Ich kann aber nicht so einfach Schluss machen. Ich will ihr nicht wehtun«, erwidere ich, obwohl ich selbst merke, wie absurd das klingt, mit meinen noch so frischen, neuen, mich aufwühlenden Gefühlen für Delia.

»Wo warst du gestern eigentlich?« Nati legt ihre Unterarme von hinten auf beide Rückenlehnen und blickt mich grinsend an.

»Ich muss los«, weiche ich aus. »Es klingelt gleich. Aber ich erzähle es dir bald, versprochen.«

In der ersten Doppelstunde haben wir Mathe. Herr Brückner verschont mich mit Fragen, nimmt mich nur zwei Mal dran, als ich die Antworten sogar weiß. An die Tafel muss ich nicht. Beim Klingeln zur großen Pause verständigen wir uns mit einem Blick, und so bald ich kann, entferne ich mich von

Paul, um vor dem Lehrerzimmer auf ihn zu warten. Mein Herz hämmert, ich weiß nicht, ob ich das Richtige tue, vielleicht will er mich gar nicht sprechen, vielleicht stehe ich umsonst hier herum, während Trauben von Schülern an mir vorbei die Treppen hinunter zum Schulhof gehen. Gerade als ich mich verziehen will, öffnet sich die Tür von innen und unsere Deutschlehrerin Frau Melberg erscheint mit einem Beamer unter dem Arm.

»Maximilian«, begrüßt sie mich. Ich mag sie ganz gern, sie gibt sich viel Mühe mit uns, lebt aber ein bisschen an unseren Bedürfnissen vorbei, handelt immer nach ihrer Gesinnung, ein bisschen wie meine Mutter, zu fürsorglich, zu bemüht, übersieht dabei gern, was wirklich in uns vorgeht und was wir brauchen. »Wollten Sie zu mir? Ich habe gerade wenig Zeit, muss das Gerät schnell noch vor dem Unterricht in der neunten Klasse anschließen. Wenn Sie mir dabei helfen, können wir währenddessen Ihr Anliegen besprechen. Geht es um Ihre Präsentation?«

Die Präsentation. Heute soll ich sie halten, aber gestern Nacht habe ich nicht mehr daran gearbeitet, habe es glatt vergessen durch die Wirbelstürme, die zurzeit in mit toben. Ich könnte mich ohrfeigen, habe doch stundenlang wach gelegen, mindestens bis zwei Uhr früh – in der Zeit hätte ich die Arbeit locker schaffen können. Aber ich habe es völlig vergessen, nicht die kleinste Gehirnzelle hat sich noch daran erinnert. Null Punkte, hämmert es in mir. Eine Sechs. Die Kurve sinkt weiter.

»Die habe ich noch nicht fertig«, gestehe ich unter Herzrasen. »Können wir den Termin nicht verschieben?«

Frau Melberg denkt nach. »Ich kann Simon fragen«, schlägt sie vor. »Er meinte neulich schon, er wäre mit seiner Präsentation fast fertig. Vielleicht haben wir Glück. Aber übermorgen ist dann der letzte Termin, Maximilian. Alles andere wäre ungerecht Ihren Mitschülern gegenüber.«

»Danke«, keuche ich. »Jetzt wollte ich eigentlich noch zu Herrn Brückner. Aber danach kann ich kommen und Ihnen mit dem Beamer helfen, wenn die Pause dann noch nicht zu Ende ist.«

»Raum 34«, informiert sie mich. »Aber überschlagen Sie sich nicht, ich schaffe das schon.« Dann ruft sie ins Lehrerzimmer hinein nach Herrn Brückner, nickt mir noch einmal lächelnd zu und verschwindet.

Brückner wirkt erschöpft, als er endlich kommt. Unter seinen Augen entdecke ich dunkle Ringe und neue Falten, die ich vorhin im Unterricht noch nicht wahrgenommen habe, sein Gang wirkt schleppend. Mit der rechten Hand fährt er sich über die Stirn, vielleicht hat er Kopfschmerzen. Aber er lächelt, als er mich sieht.

»Maximilian«, sagt auch er. »Gut, dass Sie kommen. Ich habe etwas für Sie, das Sie vielleicht interessieren wird.« Er reicht mir einen zusammengefalteten Zettel. »Es ist die Adresse einer Fachoberschule mit dem Schwerpunkt Gestaltung. Sie könnten dort ein Fachabitur in dem Bereich machen, der Ihnen so sehr liegt. Ich glaube, das könnte vielleicht etwas für Sie sein. Ein Link zur Webseite der Schule ist auch dabei.«

Ich falte den Zettel auseinander und starre darauf. Die Schule trägt den Namen eines Malers, den ich so sehr bewundere, dass mir schwindlig wird bei dem Gedanken, seinem Andenken durch den Besuch einer nach ihm benannten Schule näher zu sein. Roy Lichtenstein, für mich der größte Pop-Art-Master aller Zeiten, sein berühmtes Bild »Look Mickey!« hängt als gerahmtes Poster in meinem Zimmer, und zum 16. Geburtstag schon hat mir Natalie ein Buch mit seiner Biografie geschenkt. Viele Male habe ich versucht, seinen Rasterstil mit den farbigen Punkten zu kopieren; irgendwo in meinem Skizzenbuch muss sich noch ein unvollendetes Bild finden, das die besorgten, mitfühlenden Augen meiner Mutter darstellen soll. Ich war nicht ganz zufrieden damit, doch jetzt drängt es mich, daran weiterzuarbeiten. Es ist kaum zu glauben.

»Um Mathematik kommen Sie dort leider auch nicht herum«, fährt Herr Brückner fort und zwinkert mir zu. »Aber die Bewertung in diesen Fächern läuft dort nicht so streng ab wie hier. Für Sie dürfte es kein Problem sein, das zu bestehen.«

Um mich herum dreht sich alles. Die Schule wechseln, jetzt. Neu anfangen an einem Ort, der meine Begabung ernst nimmt. Wo man daran glaubt, dass ich Zukunftsaussichten habe und nicht nur ein Träumer bin. Zeichnen und Malen, viel dazulernen, gefördert werden, Prüfungen ablegen, mich mit anderen messen. Es erscheint so wunderbar, so aufregend. Mein ganzes Leben scheint sich auf einmal umzukrempeln; ich habe Delia kennengelernt, und jetzt kommt Herr Brückner mit der Roy-Lichtenstein-Fachoberschule für Gestaltung. Ich will da hin. Ich will, unbedingt. Heute noch werde ich alle Bewerbungsformulare ausfüllen und abschicken, die verlangt werden.

»Danke«, stammele ich. »Danke, Herr Brückner. Das ist ... das ist ganz unglaublich. Ich wusste gar nicht, dass es in dieser Stadt so eine Schule gibt.«

»Nun wissen Sie es.« Sein Gesicht sieht wieder etwas frischer aus als noch vor ein paar Minuten, die Falten sind wieder an ihren Platz gerückt, Lachfalten. »Ich drücke Ihnen von ganzem Herzen die Daumen.«

Damit schickt er sich an zu gehen. Im selben Moment fällt mir etwas ein.

»Eine Fachoberschule – das bedeutet doch sicher, dass man nach der zehnten Klasse dort anfängt, oder? Ist ein Wechsel in der Zwölften überhaupt noch möglich?«

Herr Brückner nickt, legt mir die Hand auf die Schulter und schiebt mich fort von dem Trubel an der Tür zum ersten Fenster in dem langen Gang.

»Ich kenne den Schulleiter recht gut«, sagt er. »Im Referendariat waren wir am selben Gymnasium tätig – lange her. Ich habe ihn angerufen, Hans Perlitz ist sein Name. Grüßen Sie ihn bitte ganz herzlich von mir, wenn Sie sich dort vorstellen. Er sagt, ausnahmsweise würde er Sie auch zum nächsten Schuljahr noch aufnehmen, vorausgesetzt natürlich, Sie bestehen die Aufnahmeprüfung. In dem Fall würden Sie das Jahr wiederholen, eine andere Möglichkeit gibt es nicht. Es ist Ihre Entscheidung, Max, ob Sie das möchten.«

Das Jahr wiederholen. Für mich wäre das kein Problem, die bald endende zwölfte Klasse am Gymnasium hier war auch verlorene Zeit.

Noch am selben Nachmittag klemme ich mich hinter den PC und rufe die Webseite der Roy-Lichtenstein-Schule auf, klicke mich durch die verschiedenen Bereiche und bin von Anfang an fasziniert. Allein schon die Profilfächer: Gestaltungslehre und Kunstbetrachtung, Technisches Zeichnen, Informatik, Medien und Wirtschaft. Die Texte dazu lesen sich wie eine Offenbarung, wie ein Angebot, das genau auf mich zugeschnitten ist. In Wahlkursen werden Bühnenbilder angefertigt und Innenräume gestaltet, mit speziellen Computerprogrammen werden architektonische Grundrisse, z. B. eines Konzertsaales oder eines Museums, auf dem Computerbildschirm in dreidimensionale Raumkörper umgesetzt. Auch einen Filmkurs gibt es. Praktika werden in Werbeagenturen, bei Designern, in Druckereien, in Ateliers freiberuflicher Künstler, Fotografen und Bildhauer durchgeführt, aber auch in Theaterwerkstätten, Filmstudios, Schreinereien und Modeateliers, Kunstschmieden usw. Die Fotos vom Gebäude gefallen mir, es wirkt hell, modern und großzügig. Am meisten aber faszinieren mich die abgebildeten Werke der Schüler, ihre Skulpturen, Bilder und architektonischen Entwürfe sehen bereits so professionell aus. Doch ich habe sofort das Gefühl, dort mit den entsprechenden Kenntnissen mithalten zu können. Papa müsste das alles nur mal sehen, denke ich aufgeregt, während ich alles um mich herum vergesse und immer weiter klicke, lese, mir Notizen mache. Er müsste sich nur ein einziges Mal die Zeit nehmen, mir zuzuhören und mit mir diese Webseite studieren, dann könnte er sicher nicht anders, als meinem Schulwechsel zuzustimmen. Hier würde er erkennen, dass gestalterische Begabung viel mehr bedeutet als nur Bilder zu malen. Im Zeitalter der digitalen Technik weiß das eigentlich jeder. Es wundert mich, dass mein Vater, der sich so schlau vorkommt, in dieser Hinsicht so schmalspurig denkt. Aber selbst wenn ich ihn überzeugen könnte – eine Wiederholung der zwölften oder sogar elften Klasse würde er niemals dulden. Das käme für ihn einem Versagen gleich, ausgeschlossen für ein Mitglied seiner Familie. Also muss ich alles heimlich machen.

Nachdem ich alles gesehen habe, suche ich aus meinen Unterlagen die geforderten Dokumente für die Anmeldung zusammen und setze das Anschreiben und den Lebenslauf auf. In einem anderen Fenster habe ich dennoch meine Deutschpräsentation geöffnet, zu der ich schnell wechseln kann, falls jemand mein Zimmer betritt. Jetzt nur noch schnell die Bewerbung ausdrucken, danach brauche ich nur noch an unserem Faxgerät die letzten beiden Zeugnisse kopieren und alles in eine Bewerbungsmappe zu legen.

Ich fühle mich, als ob ich schwebe bei der Vorstellung, wie der Direktor der Roy-Lichtenstein-Schule sie in seinen Händen hält, den Anruf von Herrn Brückner noch in seinen Ohren. *Der Junge MUSS was im Gestaltungsbereich machen, Hans, sonst geht er unter. Und er ist so talentiert. Du wärst ein Narr, wenn du ihn nicht aufnehmen würdest.*

Feierlich schiebe ich alles zusammen in einen großen Umschlag. Vielleicht wird doch noch alles gut, mein Vater kann mir nicht ein Leben lang böse sein. Wenn ich erst studiere und später einen Beruf habe, der meiner Begabung entspricht, wird er mich verstehen, weil ich gut sein werde. Ich werde so gut sein, wie er es sich von mir immer gewünscht hat, und dann wird er mich endlich akzeptieren, seinen Sohn, und stolz auf mich sein. Er wird gar nicht anders können, weil jeder ihm sagen wird, wie gut ich bin. Er wird es selbst sehen. Endlich.

12.

Die Anmeldeunterlagen bringe ich zur Roy-Lichtenstein-Schule, als bei uns einmal die ersten drei Stunden ausfallen, so wird es von niemandem zu Hause bemerkt. Ich schleiche zum Gebäude und die Treppen hinauf, als würde ich etwas Verbotenes tun, leicht geduckt und den Kopf gesenkt, wage kaum, mich umzusehen. Im Amtszimmer wirft die Sekretärin einen kurzen Blick auf meine Zeugnisse, dann verkündet sie, ich werde in einigen Wochen einen Brief erhalten, aus dem ich das weitere Vorgehen entnehmen könne. Mehr passiert nicht. Ich schleiche wieder hinaus und fahre zu meiner Schule.

Danach beginnt die Zeit des Wartens. Ich halte es kaum aus, versuche die Zeit irgendwie zu nutzen, habe Natalie eingeweiht. Zum Glück ist sie auf meiner Seite.

»Das *machst* du!«, zischte sie sofort, leise, damit unsere Eltern uns nicht hören konnten. »Da gehst du hin, und wenn sie uns dafür gleich beide enterben! Versprich mir, dass du das machst! Ich passe auch mit auf die Post auf, damit keiner sie vor dir findet.«

***

In der nächsten Zeit treffe ich mich mit Paul zum Sport, mit Annika zum Essen, längst überfällig, sie lässt mich spüren, dass sie nicht vor Begeisterung zurück in meine Arme fliegt, nur weil ich sie in die Pizzeria einlade und mit ihr zum Schlittschuhlaufen gehe. Die Stimmung zwischen uns ist höflich-distanziert, belanglos. Die ganze Zeit über nehme ich mir vor, mit ihr Schluss zu machen, weil ich immer an Delia denken muss, wenn Annika an meiner Seite ist. Ich denke an sie, wenn ich beim Bummel durch die Innenstadt Annikas Hand halte, und ihr Gesicht schiebt sich zwischen uns, wenn wir uns halbherzig küssen. Ich frage mich, ob Annika nicht spürt, dass ich nicht ganz bei ihr bin, wenn ich immer wieder mein Handy nach E-Mails checke, um zu sehen, ob schon eine Antwort von der Fachoberschule für Gestaltung eingegangen ist. Oder von Delia. Aber das ist es nicht, weshalb sie sich beschwert. Sie stellt mich nicht zur Rede, weil sie nichts weiß. Dafür hat sie anderes an mir auszusetzen.

»Du bist so langweilig«, wirft sie mir vor, nachdem ich ihr beim Italiener das edelste Gericht bezahlt habe und hinterher ein Dessert und Kaffee. »Glaubst du, es macht mir Spaß, hier mit einem Typen zu sitzen, aus dem nur noch die Luft raus ist? Mach doch mal irgendwas Cooles, lern E-Gitarre oder Schlagzeug, zieh dich anders an, engagier dich meinetwegen in der Schulpolitik, irgendwas!«

»Ich bin unmusikalisch und unpolitisch«, entgegne ich. »Dafür hängen meine Bilder überall in der Schule aus. Es sind eben nicht alle Menschen gleich.«

»Dann erzähl wenigstens irgendwas. Ich kann nicht jedes Wort aus dir herauslocken wie eine Schlangenbeschwörerin, die vor dem Korb sitzt und flötet. Mit Paul habe ich immer was zu quatschen, der schweigt mich nicht an wie eine Primadonna, wenn wir in der Cafeteria sitzen. Johanna findet auch, dass man mit ihm richtig Spaß haben kann!«

Delia und ich schweigen uns auch nicht an, denke ich. Jetzt, jetzt könnte ich sagen, dass es nicht mehr geht. Dass das mit uns keinen Sinn mehr hat, sie merke es doch selbst. Es hat sich totgelaufen. Aber als ich mir endlich die Worte zurechtgelegt habe und schon meine Lippen öffne, steht sie auf und zieht ihre Jacke an. Danach gehen wir Schlittschuhlaufen, wie es vereinbart war. Annika zückt weder an der Kasse der Eisbahn noch am Wochenende darauf im Kino ihre eigene Geldbörse. Diese Nachmittage auf meine Kosten stehen ihr zu, sie nimmt sie sich, und ich gebe sie ihr, um meine Entscheidung aufzuschieben, die ich mich nicht zu treffen wage, noch nicht, sondern vor mir herschiebe wie ein Kind, das etwas angestellt hat und dies nicht zugeben kann.

Dabei bin ich nicht so einer, bin kein Arschloch Mädchen gegenüber. Ich fühle mich nicht toll, weil ich zwei Mädchen treffe, es macht mir Schuldgefühle. Nur Delia löst diesen Sturm in mir aus, wenn ich bloß an sie denke, aber Annika kann nichts dafür, sie hat mir nichts getan. Vielleicht passen wir wirklich nicht zusammen, so wie Natalie es immer wieder feststellt, aber Annika ist kein schlechter Mensch. Es liegt an mir, dass ich sie langweile.

Zu Delia zieht es mich immer wieder. Fast jeden Abend fahre ich zu ihr in die Gärtnerei, um ihr beim Wegräumen der Blumenkästen zu helfen. Ihr habe ich auch von meiner heimlichen Bewerbung erzählt.

»Mach das«, hat Delia gesagt. »Mach das unbedingt, Max. Du wirst sehen, wie viel es dir bringt. Wie anders sich dein ganzes Leben anfühlen wird, wenn du erst dem nachgehen kannst, was dir wirklich liegt und was du machen willst. Das Leben ist zu kurz, um es mit Tätigkeiten zu vergeuden, die dir keinen Spaß machen.«

Dann haben wir weiter Kisten geschleppt und den Laden aufgeräumt, und die ganze Zeit habe ich mir dieses Leben ausgemalt, von dem sie gesprochen hat, frei und unabhängig von zu Hause, mein Leben mit Delia, tagsüber würde ich mein Zeichentalent weiter entwickeln und ihr abends in der Gärtnerei helfen, später als Künstler leben, der vielleicht nicht so viel verdient wie mein Vater, aber dafür glücklich ist, weil er lieber mehr Freizeit hat, als tagein, tagaus, dem Geld nachzujagen, um sich Dinge anschaffen zu können, um die er sich dann kümmern muss.

Irgendwann bemerkt mich der Inhaber der Gärtnerei und fragt Delia, wer der junge Mann sei, der ihretwegen immer wieder auftauche, und sie antwortet: »Mein Freund.« In diesem Moment bin ich der glücklichste Mensch. Der Chef zwinkert mir zu und verschwindet.

Am selben Abend schlafen wir zum ersten Mal miteinander. Ein prasselnder Hagel wütet über der Stadt, wir haben es gerade noch geschafft, die Pflanzen vorher in Sicherheit zu bringen. Unsere Hände sind rot und wie steif gefroren, ich nehme ihre in meine und hauche sie warm, fahre mit meinen Lippen über ihren Handrücken, wandere weiter aufwärts über ihre Schulter und ihren Hals, bis unsere Münder sich finden und lange, lange nicht voneinander lassen.

»Ich weiß, was wir jetzt machen«, sagt sie, strebt auf die verglaste Eingangstür zu und lässt die Rollläden herunter, bis dahin habe ich nicht einmal wahrgenommen, dass sie existieren. Anschließend kocht sie wieder Tee, und als wir uns richtig aufgewärmt haben, zieht sie die Wolldecke vom Sofa des Hinterzimmers ab und trägt sie in den Verkaufsraum, breitet sie aus und rollt unsere Jacken zu Kopfkissen zusammen. Trägt Vasen mit Rosen und Töpfe mit Margeriten heran und stellt sie rings herum auf, sammelt Kerzen und Teelichter aus Schubläden und Schränken ein, die sie ebenfalls um die Decke herum verteilt. Ich wage kaum zu atmen, kann ihr nicht einmal helfen bei all den Vorbereitungen. Als Delia fertig ist, legt sie ihre Arme um mich.

»Aber nur, wenn du es auch willst«, flüstert sie.

Ich packe sie aus wie ein Geschenk, lege sorgsam und Stück für Stück ihre Kleider ab und dann meine. Jede Berührung von Delia fühlt sich an, als stünde ich unter einem Heer von Wunderkerzen. Sie ist verrückt, denke ich immer wieder, dieses Mädchen ist so herrlich verrückt, so etwas kann es nicht geben, es ist geradezu unerträglich schön.

Jetzt liegen wir immer noch aneinander geschmiegt unter der Wolldecke. Delia lässt ihre Finger durch mein Haar gleiten, immer wieder, streicht mir den Pony aus der Stirn und zerwuschelt ihn wie bei einem kleinen Jungen, fährt mit dem Daumen meine Schläfen entlang. Ich fühle mich so zu Hause bei ihr, so angenommen. So am Ziel. Ich suche nicht mehr, in diesem Augenblick, da wir Wange an Wange die Hagelkörner beobachten, die noch immer gegen die kleine Fensterscheibe prasseln, gibt es nur uns beide, sie und mich. Die Welt lassen wir einfach draußen.

»Meinst du das ernst?«, frage ich sie. »Dass ich dein Freund bin? Sind wir jetzt richtig zusammen?«

»Ich bin keine Frau, die mit jedem ins Bett geht.« Delia stützt sich auf ihren Ellbogen und sieht mich an, ohne zu lächeln. »Solche halben Sachen gibt es bei mir nicht, es ist zu intim, um mich an jeden x-Beliebigen zu verschleudern. Außerdem stehen die wenigsten Jungs auf Mädchen wie mich. Langhaarig müssen sie sein, figurbetont angezogen, und ein winziges bisschen zickig. Ich bin den meisten zu burschikos.«

»Mir nicht«, beteuere ich und küsse ihre Lippen, ihre Augenlider. »Bleib so, bleib auf jeden Fall ganz genau so, wie du bist.«

»Und du?«, fragt Delia und pikst ihren Zeigefinger in meine Seite. »Gibt es kein Mädchen in deiner Schule, das deine Nähe sucht? Keine Grüppchen von Girlies, die kichernd vor dem Unterrichtsraum stehen, wenn du in die Pause gehst?«

Heißes Blut schießt mir bis unter die Haarwurzeln, ich bin froh, dass es so dunkel im Raum ist.

»Diese Rolle fällt eher Paul zu, meinem Kumpel«, antworte ich. »Ja, da ist... war ein Mädchen. Aber wir sind eigentlich nicht mehr zusammen.«

Delia setzt sich auf. »Eigentlich«, wiederholt sie. »Das heißt, du hast noch gar nicht mit ihr Schluss gemacht?«

»Das muss ich nicht«, verteidige ich mich. »Annika weiß genauso gut wie ich, dass es vorbei ist. Wir gehören nur noch zur selben Clique.«

Delia hört dennoch auf, mich zu streicheln.

»Aber du«, beginne ich von Neuem, um von Annika und mir abzulenken, zu uns zurückzufinden. »Was findest du an mir? Wieso gerade ich?«

Sie zögert mit ihrer Antwort.

»Ich glaube, etwas an dir erinnert mich an mich selbst«, äußert sie schließlich. »Beide kämpfen wir um unser Leben, ich bin darin nur ein bisschen weiter als du, weil ich die Krankheit hinter mir habe. Aber dieser Hunger nach Leben, einem selbstbestimmten Leben, keinen Vorschriften mehr ausgesetzt – dieser Hunger steckt auch in dir. Das liebe ich so an dir, dieses Feuer, den unbedingten Willen, deinen Weg zu gehen. Ich habe die Krankheit gebraucht, um herauszufinden, was ich wirklich will – du musst dich gegen andere Schwierigkeiten durchsetzen. Aber im Grunde ist es das Gleiche, und deshalb fühle ich mich mit dir verbunden.«

»Bin ich dir nicht zu jung?«

»Ich bin einundzwanzig und du achtzehn, wenn mich nicht alles täuscht. Das ist doch so was von egal. Viel wichtiger ist, dass wir uns nahe sind. Und dass wir uns aufeinander verlassen können. Du musst die Trennung von Annika aussprechen, Max. Eine klare Linie ziehen. Ich will nicht mit einem Typen zusammen sein, für den ich nicht die Einzige bin.«

»Mach ich«, verspreche ich ihr. »Es ist nur noch ein Wort, aber wenn es dir so wichtig ist, mache ich das, klar.«

Mein Blick fällt auf das Fenster in den nachtdunklen Himmel, der Wind jault durch einen schmalen Spalt. Sie hat gesagt, sie liebt etwas an mir. Das heißt beinahe, Delia liebt mich. Ich müsste auf diesem Sofa herumspringen und jubeln, mein Glück in die Welt hinaus schreien, weil es so unglaublich ist. Aber ich kann nicht, gerade jetzt fühle ich mich, als ob sich eine Glasglocke um mich schließt, um meine Gefühle. Ich muss mit Annika Schluss machen, vorher verdiene ich Delia nicht. Eigentlich wäre es der leichteste Schritt auf dem, was sie meinen Weg nennt.

»Was hast du?«, fragt Delia und nimmt meine Hand. »Ist irgendwas?«

»Hast du dir damals... oder jemals... wie soll ich sagen... deine eigene Beerdigung vorgestellt?«

Delia lacht leise. »Oft genug«, sagt sie. »Damals, als ich so schwer krank war. Die Anzeigen und Fotos und die Arbeiten für Begräbnisse sind meine Art, das alles zu verarbeiten. Wie kommst du jetzt darauf?«

»Hat dir die Vorstellung gefallen?«

»Sie hat mich in panische Angst versetzt«, antwortet sie. »Ich hänge zu sehr am Leben, um sterben zu wollen. Die frische Luft draußen, die Blumen, Menschen und Tiere, dieses Aprilwetter jetzt. Freundschaften und die Liebe. Irgendwann auch wieder reisen. Das soll nicht schon vorbei sein.«

»Ich habe mir den Tod schon oft schön vorgestellt. Dunkel und friedlich, wie ein warmes Bad bei Kerzenlicht. Wie fester, tiefer Schlaf unter einer großen, weichen Daunendecke, und dabei beglückende Träume zu haben. Ruhe, vor allem Ruhe.«

»Ich verstehe dich«, sagt sie leise. »Du stehst so unter Druck. Versuche daran zu denken, dass es nur eine Phase ist, es geht vorbei. Ganz, ganz sicher kommen bessere Zeiten, du wirst sehen.«

»Es könnte so schön sein«, flüstere ich und starre weiter hinaus, sehe dem Hagel zu, der noch immer gegen die Scheibe trommelt. Wende mein Gesicht wieder ihr zu. »Stell dir vor, wir wären für immer zusammen, du und ich.« In wenigen Sätzen vertraue ich ihr an, was ich mir vorhin bei der gemeinsamen Arbeit ausgemalt habe. »Das wäre so traumhaft.«

»An mir soll es nicht liegen.« Delia küsst mich auf die Nase. »Meinen Teil trage ich schon dazu bei. Jetzt bist du dran. Oder zweifelst du etwa?«

Ich zögere mit meiner Antwort. Natürlich zweifle ich. Jetzt, in diesem Augenblick, erscheint es mir, als könnte ich alles schaffen, was ich mir in den Kopf gesetzt habe. Als wäre ich stark und unabhängig, schon jetzt, als gäbe es wirklich nur Delia und mich auf der Welt. Wie sie in meine Augen eintaucht, ein wenig prüfend, liebevoll, abwartend, die Pupillen glänzend und geweitet, ich entdecke helle Sprenkel in dem intensiven Grün ihrer Iris. Ihr voller Mund, der immer zu lächeln scheint. Ein Schneidezahn schimmert glitzernd zwischen ihren Lippen hindurch.

»Kannst du sie nicht einfach wegküssen?«, frage ich rau, muss schlucken, mich räuspern, ziehe die Wolldecke höher über unsere Schultern. Habe zu frieren begonnen, ich muss bald gehen. »Die Zweifel, meine ich?«

Delia drückt mir einen Schmatzer auf die Wange.

»Das hilft so lange wie ein Bonbon dem kleinen Jungen hilft, wenn er sich das Knie aufgeschlagen hat«, lacht sie. »Und jetzt stehen wir auf. Du hast noch viel vor, oder nicht?«

Sie ahnt nicht, wie recht sie hat. Zu Hause wartet Natalie in meinem Zimmer auf mich, ihr Laptop auf dem Schoß, sie surft im Internet, chattet. Der Drucker rattert schon wieder, spuckt einen Bogen nach dem anderen aus, sicher ein Referat für die Schule. Als sie mich sieht, springt sie auf und schließt die Tür hinter uns.

»Der Brief ist da«, flüstert sie und schiebt so verstohlen ein Kuvert in meine Hand, als würden unsere Eltern jeden Moment hereinplatzen. »Von der Lichtenstein-Schule. Ich hab ihn abgefangen und Papa seine Rechnungen auf den Tisch gelegt, die beiden wissen also von nichts. Ich gebe ihn dir aber nur, wenn du mir endlich sagst, was du jeden Nachmittag machst. Lange kann ich hier nicht mehr die Stellung für dich halten und Mamas Fragen abfangen. Irgendwann will ich auch mal wieder meine Sachen machen.«

Wieder versuche ich krampfhaft, mich zu sammeln; gleichzeitig brausen Gedanken, Gefühle, Ängste und Erwartungen in meinem Gehirn los wie ein plötzlicher Orkan. Ich bin noch nicht so weit, von Delia erzählen zu wollen. Nicht einmal meiner Schwester.

»Erst mal der Brief«, weiche ich aus. »Das wird der Termin für die Aufnahmeprüfung sein. Oh Mann, so vieles auf einmal.« Ich versuche mich zu sammeln, schließe die Augen und atme tief durch. Was ist, wenn ich von vornherein abgelehnt worden bin? Meine Noten sind einfach zu durchschnittlich, und Brückner mit seiner Freundschaft zu Herrn Perlitz kann auch keine Wunder vollbringen. Aber was mache ich dann? Was mache ich jetzt gleich? Soll ich dann weitermachen wie bisher, mich durchs Abi quälen, vielleicht wegen Mathe durchfallen und dann praktisch ohne etwas dastehen? Ohne Zukunft, wie Papa es bestimmt knallhart feststellen würde? Mach dich nicht verrückt, Max, beschwöre ich mich selbst. Du hast Delia und du hast Nati. Und eigentlich auch Paul. Noch ist nicht alles aus.

»Los«, drängt Natalie. »Mach ihn auf.«

Mein Puls rast bis in meine Schläfen hinauf und in den Poren meiner Handflächen sammelt sich kalter Schweiß. Gleich weiß ich es, gleich, und jetzt hält mich nichts mehr zurück, ich presse meine Lippen aufeinander und reiße den Umschlag auf, falte den Brief auseinander.

»Am Montag soll ich zum Vorzeichnen kommen«, verkünde ich, nachdem ich den Brief gelesen habe. »So bald schon. Vielleicht gehe ich gar nicht hin. Ich hätte das alles nicht machen sollen, Brückner behelligen und diese Bewerbung.«

»Jetzt spinnst du wirklich«, bemerkt Natalie. »Das bisschen Pinseln packst du doch locker.«

»Meinst du? Hier geht es weiter: *Zu den von der Schule*

gestellten Themen sind zwei Arbeiten anzufertigen: eine Arbeit nach der sichtbaren Wirklichkeit und eine aus der Vorstellung. Die Arbeitszeit für jede der beiden Aufgaben beträgt 120 Minuten. – Mir ist jetzt schon schlecht, da sitzen bestimmt lauter Freaks, die das alles besser draufhaben als ich. Was mache ich, wenn mir nichts einfällt? Bei dem Fantasiebild, meine ich?«

»Hör auf zu jammern, das ist *die* Chance für dich!«, erinnert sie mich, jetzt reiche ich ihr den Brief und sie nickt, als stünde darin eine Bestätigung ihrer Aussage. »Ein Freak bist du doch selber, so ein blödes Stillleben oder was da verlangt wird, das packst du mit dem linken kleinen Finger. Erzählst du den Eltern davon?«

»Ich kann mich beherrschen«, erwidere ich und spüre, wie sich jetzt doch ein breites Grinsen über mein Gesicht zieht. »Es genügt, wenn ich die Bombe platzen lasse, sobald ich wirklich aufgenommen bin. Aber Herr Brückner – dem erzähle ich es gleich morgen früh, damit er mir die Daumen drücken kann. Er glaubt an mich! Ich will mich unbedingt bei ihm bedanken.«

13.

Morgens in der Schule treffe ich Paul gleich unten vor dem Vertretungsplan.

»Brückner ist krank«, verkündet er und tippt auf die Scheibe des Glaskastens, in dem die ausfallenden Stunden für heute aushängen. »Wir sollen uns selbst Stoff aneignen, für heute gibt es noch keine Vertretung. Wenn du willst, erkläre ich dir den Stoff der letzten Doppelstunde – wenn ich es richtig beobachtet habe, hast du nicht viel davon mitbekommen.«

»Brückner ist krank?«, wiederhole ich und starre ihn an,

ohne auf sein Angebot einzugehen. »Wie lange denn, weißt du, was er hat?«

»Bin ich ein Prophet?« Paul lacht. »Wird schon nicht so schlimm sein, ist ja immer noch kein Sommer, da nimmt sich jeder Lehrer mal seine Triefnasentage, ist doch nichts Neues. Cafeteria oder Kursraum, was ist dir lieber?«

Wenig später sitzen wir über den Hefter gebeugt, jeder von uns mit einem doppelten Cappuccino vor sich. Paul redet über Stochastik und Fakultäten, kritzelt eifrig Zahlen, Buchstaben und Ausrufezeichen in Kästchen, redet schnell, sieht mich ab und zu an, ohne wirklich abzuwarten, ob ich ihm folgen kann, schreibt weiter, rechnet, streicht durch, fragt mich etwas. Brückner ist krank, er sah letztens schon so mitgenommen aus, als er mir von der Fachoberschule erzählte. Aber ausgerechnet jetzt, wo ich die Aufnahmeprüfung vor mir habe – ich wollte ihm doch davon erzählen. Paul fragt erneut, ich habe nicht zugehört, er fragt noch einmal. Am Montag ist die Aufnahmeprüfung, hoffentlich ist Brückner dann am Dienstag wieder da. Auf jeden Fall soll er da sein, wenn ich die Nachricht erhalte, ob ich angenommen worden bin.

»Wo hast du denn deinen Kopf?«, fragt Paul plötzlich und boxt gegen meinen Oberarm. »Ich rede und rede hier und du glotzt aus dem Fenster! Wenn du keine Lust hast, kann ich meine Freistunde auch anders verbringen, klar? Ich wollte eigentlich noch in die Bücherei, das hab ich dir zuliebe jetzt sausen lassen.«

»Sorry.« Ich schüttle meinen Kopf wie ein nasser Hund, als könnte ich damit meine Gedanken aus dem Kopf vertreiben, sehe ihn an, Paul hat die Augenbrauen zusammengezogen und sein Mund ist verzerrt, seine Miene erinnert mich an meinen Vater. Paul ist mein Freund, vielleicht sollte ich ihn einweihen. Nicht das von der Fachoberschule für Gestaltung, noch nicht, er würde es nicht verstehen. Jemand wie Paul will Banker werden, irgendeine Art von Manager, ähnlich wie mein Vater, der Salesmanager bei einer großen Computerfirma ist. Paul will ein Hochschulstudium mit Bestleistungen abschließen, und das in kürzester Zeit. Aber ich könnte mit ihm über Delia reden. Ich weiß nicht, ob es ein Fehler wäre.

»Tut mir wirklich leid, Paul«, sage ich also. »Ich bin nicht ganz bei der Sache.«

»Stress mit Annika?«, hakt er nach. »Sie kann ja manchmal eine kleine Zicke sein. Aber eine Süße, nimm ihre Launen einfach nicht so ernst.«

»Es geht nicht um Annika«, murmele ich. »Oder doch ... ich weiß nicht. Ich bin einfach ein bisschen durch den Wind, ist nix Besonderes.«

Aber Paul legt den Stift hin.

»Das merk ich doch«, sagt er. »Und nicht erst heute, ich bin nicht blöd. Erzähl mal, was los ist, komm. Mir kannst du sowieso nichts vormachen, dazu kennen wir uns viel zu lange.«

Also beginne ich, vorsichtig von Delia zu erzählen. Wie ich sie kennengelernt habe und was ich so an ihr mag. Ihre überstandene Krankheit lasse ich weg, das geht Paul nichts an. Die meiste Zeit, während ich rede, blicke ich auf meine Hände, knicke Eselsohren in meinen Mathehefter, zerre eine eingerissene Stelle im Buchumschlag weiter auf. Ab und zu huscht mein Blick über sein Gesicht, Pauls Mimik verrät eine Mischung aus Unverständnis und Faszination. Als ich fertig bin, bläst er Luft aus seinen Backen.

»Eine andere Braut«, fasst er zusammen. »Wie alt ist sie, sagst du? Schon über zwanzig?«

»Im August wird sie zweiundzwanzig.«

Paul pfeift leise durch die Zähne, sieht mich an, als nehme er mich zum ersten Mal bewusst wahr. Der kleine Max hat sich eine Ältere geangelt, sieh mal einer an. Das muss man erst mal schaffen. Nicht schlecht, der Junge.

Aber dann rückt er sein Gesicht wieder zurecht.

»Du meinst ernsthaft, sie steht auf dich?«

Die Art, wie er diese Bemerkung in der Luft hängen lässt, ärgert mich, sie klingt so, als ab das vollkommen abwegig wäre.

»Steht auf mich ist noch untertrieben«, bekräftige ich also und straffe ein wenig meine Brust. Delias Berührung, ihre Küsse. Ihre Augen. Wenn er nur wüsste.

Paul klickt immerfort auf den Drücker seines Kugelschreibers, kritzelt undefinierbare Striche aufs Papier.

»Mag ja sein«, sagt er. »Aber wie soll es jetzt weitergehen, hast du dir das mal überlegt? Mit so einer Frau ... entschuldige, Kleiner, aber ich stelle mir gerade die Erdklumpen unter ihren Fingernägeln vor ... in unseren Kreisen, alles angehende Wirtschafts- und Medienstudenten. Angehende Ärzte und Juristen. Meinst du ernsthaft, da passt sie hin? Ganz abgesehen davon, dass du gerade so richtig deine Freundin bescheißt. Du musst dich entscheiden, Mann, du kannst nur *eine* Puppe haben.«

»Es ist alles noch frisch«, weiche ich aus. »Ich hab nur gesagt, Delia fasziniert mich. Ich weiß doch auch nicht, ob das was Festes wird. Aber vielleicht geht es mir so gut mit ihr, weil es mal *nicht* darum geht, was man nach der Schule mal wird, wer die Eltern sind, in welcher Klausur man wie viele Punkte erreicht hat und was man auf der nächsten Party anzieht. Wen man alles kennt, wohin es im nächsten Skiurlaub geht. Golf oder Audi, Malediven oder Seychellen, Microsoft oder Apple. Das ist alles so oberflächlich. Mit Delia rede ich über ganz andere Sachen.«

»Mit einer Gärtnerin? Entschuldige bitte, Max, aber die kann höchstens einen mittleren Schulabschluss haben. Worüber redet ihr?«

Über den Tod und das Leben, denke ich und schweige. Noch nie habe ich mit jemandem so tiefe Gespräche führen können wie mit ihr. Ich sehne mich nach ihr, doch ich spüre, wie das, was ich versuche Paul klarzumachen, an ihm abprallt, ich kann es nicht vermitteln, meine Worte verpuffen, noch ehe ich sie ausgesprochen habe. Was ich fühle, erreicht ihn nicht, und mir fehlen die richtigen Worte. Stattdessen ertappe ich mich dabei, wie ich mir Delia an meiner Seite vorstelle, so wie Paul es fantasiert hat, in ihren einfachen, robusten Klamotten, dem Kurzhaarschnitt, ihrer unkomplizierten, zupackenden Art. Mit ihr an meiner Seite wäre ich nicht mehr einer von ihnen, ich wäre draußen, hätte zwar Delia, wir hätten einander, und doch wäre ich einsam, wenn auch auf eine andere Art als jetzt. *Das ist die, mit der er Annika hintergangen* hat, höre ich sie jetzt schon flüstern. Ich müsste mich entscheiden: meine alte Clique mit Paul und Annika, Johanna, daneben noch Leute wie Simon und Marie-Luise aus unserem Jahrgang, oder für Delia. Ich war noch nie ein Typ, der unerschrocken allein gegen den Rest der Welt kämpft.

»Vielleicht wird das mit Delia nur eine Freundschaft«, lenke ich also ein. »Du hältst doch dicht, Paul, oder? Sag um Himmels willen Annika nichts davon. Ich hab dir das im Vertrauen erzählt, weil ich im Moment nicht ganz rund laufe. Kann gut sein, dass ich bald wieder runterkomme.«

»Davon gehe ich aus.« Paul nickt. »Ich werde nichts sagen. Aber krieg dich wieder ein, ja? Du kannst Annika nicht ewig hintergehen, die kleine Gärtnerin kann es unmöglich wert sein, dass du eure Beziehung ihretwegen aufs Spiel setzt.«

»Schon klar«, versichere ich und atme aus, fühle mich mies, so als hätte ich Delia verraten, und eigentlich habe ich das auch. Ich muss endlich wieder klarkommen, alles sortieren. Nichts überstürzen, erst mal warte ich ab, wie die Aufnahmeprüfung in der Roy-Lichtenstein-Schule läuft. Darauf muss ich mich jetzt konzentrieren, alles andere findet sich danach. Entweder ich krempele mein ganzes Leben um oder alles geht weiter wie bisher. Ich weiß nicht, wovor ich mehr Angst habe.

Ich trinke einen Schluck von meinem Cappuccino, er ist kalt geworden, ich verziehe mein Gesicht.

»Ich bestelle mir einen neuen«, verkünde ich und zücke mein Portemonnaie. »Danke, dass du mir dein Ohr geliehen hast. Willst du auch noch einen? Danach würde ich gerne wissen, was es mit dem Binominalkoeffizienten auf sich hat. Hast du das geschnallt?«

Paul verdreht die Augen. »Na los«, stöhnt er. »Alles noch mal von vorne.«

* * *

Am Wochenende bleibe ich zu Hause, obwohl ich mich mehr als je zuvor nach Delia sehne. Wir schreiben uns wilde SMS, auch von ihr kommen liebevolle Sätze, in denen sie schreibt, wie sehr sie sich darauf freue, mich wiederzusehen. Aber wir sehen uns nicht, im Moment will ich alles tun, um vor allem bei meinem Vater kein Misstrauen zu erwecken. Also spiele ich den Traumsohn, hole am Samstag morgens Brötchen, sehr zur Freude meiner Mutter, die früh aufgestanden ist und sich an den Computer gesetzt hat. Seit einem halben Jahr schreibt sie an einem Sachbuch über Osteopathie, der Abgabetermin ihres Manuskripts ist in sechs Wochen, sie muss sich beeilen.

Nach dem Frühstück fahre ich Papas Wagen durch die Waschanlage, sauge es von innen aus, übe Klavier, bis auch sein Lieblings-Ragtimestück »Maple Leaf« von Scott Joplin richtig sitzt. Während ich das spiele, hellt sich sein Gesicht sogar auf, er schnippt mit den Fingern im Takt dazu, und hinterher schlägt er vor, dass wir zusammen joggen gehen.

Also laufen wir am Sonntagvormittag durch den Wald, einem leichten Nieselregen trotzend, mein Vater im grauen Sweater und seinem vom Wind und Regen zerzausten dunklen Haar ist ein ungewohnter Anblick für mich. Mit jedem Kilometer, den wir hinter uns lassen, scheint auch er Ballast abzuwerfen, wirkt lockerer, befreiter als zu Hause, wenn er nach der Arbeit noch den Anzug trägt. Wir haben zu einem gemeinsamen Lauftempo gefunden, ohne übertriebenen sportlichen Ehrgeiz, fallen in gemütlichen Small Talk, die Stimmung zwischen uns ist friedlich wie nie, hin und wieder lachen wir sogar zusammen, er sieht jetzt beinahe so jung aus wie auf unseren alten Urlaubsfotos. Ich stelle mir vor, wie er den nachgiebigen Waldboden unter den Sohlen seiner Laufschuhe fühlt und was ihm dabei durch den Kopf gehen mag, hier draußen, wo er schon ewig nicht mehr gewesen ist, in bequemer Kleidung und ohne an die nächste Verkaufsverhandlung in der Firma denken zu müssen. Diese Seite von Papa muss ich noch einfangen und in meinem Bild von ihm festhalten, erst dann ist es komplett, denke ich und überlege bereits, wie ich ihn zeichnen werde. Vielleicht könnte ich jetzt sogar alles erzählen, von der Fachoberschule, von Delia. Von meiner Fantasie über ein glückliches Leben, in dem ich einfach ausbreche aus dem, was mich einengt und fremdbestimmt. Ich müsste mich nur trauen.

»Die letzten hundert Meter«, verkündet er und deutet nach vorn, tatsächlich sind am Ende des Weges bereits die Häuser zu erkennen. Irgendwo dort steht das Auto. »Sprinten wir die um die Wette?«

Schon startet er, das ist unfair, weil er mir kein Signal gegeben hat. Aber heute fühle ich mich siegessicher, erreiche ihn mit wenigen Schritten und überhole ihn, und als ich ihn passiert habe, breite ich meine Arme aus wie Adlerschwingen und rufe: »Ich fliiiiiieeegeeee!« So habe ich zwar mehr Luftwiderstand als er, bin aber dennoch reichlich vor ihm am Ziel. Während er sein Tempo auf den letzten Metern verlangsamt und keucht, strecke ich bereits die Hand aus, um seinen Autoschlüssel entgegenzunehmen, doch er scheint es nicht zu bemerken, beugt sich vor und stützt seine Hände auf die Knie, versucht zu einem ruhigen Atem zurückzufinden.

»Mach dir nichts draus«, sage ich und klopfe ihm auf die

Schulter. »Für dein Alter hast du super durchgehalten! Machen wir das bald mal wieder?«

Mein Vater richtet sich wieder auf. Blickt an mir vorbei, zurück auf den Weg, den wir gelaufen sind, dann wieder nach vorn. Er scheint mit sich zu ringen, schwankt zwischen beleidigt sein und wohlwollendem väterlichem Einlenken. Der herbe, enttäuschte Zug um seinen Mund, den ich so gut kenne, schimmert durch sein gewolltes Lächeln, doch dann strafft er seinen Körper, reißt sich zusammen. Er streckt seinen Arm aus und strubbelt mir durch die Haare.

»Solange du dich nicht so albern benimmst wie gerade eben«, meckert er.

»Entschuldige.« Ich lache ein wenig verschüchtert. »Ich bin heute einfach gut drauf, es hat Spaß gemacht mit dir zu joggen. Also was ist?«

Mein Vater schweigt, ich sehe, wie es in ihm arbeitet. Diese winzige Niederlage gegen mich passt nicht zu seinem Selbstbild. Dann jedoch gibt er sich einen Ruck und sieht mich an.

»Von mir aus gern«, stimmt er zu. »Es ist schon schön, jetzt einen großen Sohn zu haben, mit dem ich mich messen kann. Das nächste Mal gewinne ich gegen dich, verstanden?«

»Das werden wir sehen«, lache ich und denke dabei nicht ans Joggen. Der Augenblick, in dem wir kurz davor waren, eine Art von Nähe miteinander zu haben, ist verstrichen, mit ihm reden kann ich jetzt nicht mehr. Einen großen Sohn haben. Seine Worte hören sich an, als hätte er die Zeit davor kaum mitbekommen.

Noch lange bevor wir seinen Wagen wirklich erreicht haben, öffnet mein Vater die Türen mit der Fernbedienung des Schlüssels, gleitet kurz darauf in seinen Sitz, während ich neben ihm Platz nehme. Beim ersten Starten knarzt das Getriebe, er nimmt den Fuß vom Kupplungspedal und versucht es erneut, zwingt sich selbst zur Gelassenheit, es gelingt ihm nur schwer, aber schließlich steuert er doch den Wagen aus der Parklücke, gibt mehr Gas, als es nötig gewesen wäre.

»Dann wollen wir mal nach Hause, essen«, äußert er, seine Stimme auf Heiter gestellt. »Und danach, was machst du noch Schönes? Hast sicher noch zu lernen, wie? Aber lass nur, das härtet ab. Später im Berufsleben gibt es auch kaum noch ein richtiges Wochenende. Hast du zu Montag noch viel an Hausaufgaben auf?«

Montag gehe ich gar nicht hin, denke ich, aber das weißt du nicht. Und ein Berufsleben ohne richtiges Wochenende, nur um dem Geld nachzujagen – nein. Nicht mit mir.

»Paul hat mir Mathe erklärt«, berichte ich deshalb. »Ich schau mir das noch mal an, ich glaube, da ist jetzt der Knoten geplatzt. Und für Deutsch muss ich was lesen, *Irrungen, Wirrungen* von Fontane. Darüber schreiben wir die nächste Klausur.«

»Ein großartiges Werk«, sagt mein Vater. »Dann streng dich mal an. Wenn du Fragen hast – ich sitze bis abends an meinem Schreibtisch.«

»Danke.« Ich richte meinen Blick auf die Straße, genau wie er. Dann nicht, denke ich trotzig. Dann eben nicht, wenn nur Leistung zählt und für dich nichts anderes als meine Hausaufgaben interessant sind. Ich bin nicht der Einzige von uns beiden, der soeben eine Chance verpasst hat. Eine, die sich so schnell nicht wieder bieten wird. Ich bin wieder auf mich gestellt. Wenn ich Fragen an ihn habe, sollen die sich bitte nur auf den Lernstoff beziehen, nicht auf Persönliches. Nicht auf das, was wirklich in mir vorgeht, oder sogar in ihm. Dann eben nicht.

14.

Als ich am Montag ins Foyer der Fachoberschule trete, hämmert mein Herz hart gegen meine Brust. Ich habe morgens im

Sekretariat meiner eigenen Schule angerufen und mich krankgemeldet, Annika eine SMS mit derselben Lüge geschickt, ebenso Paul. Natalie und ich haben abgesprochen, dass sie etwas von Brechdurchfall erzählt, falls einer fragt. So was geht schnell vorbei und ich kann morgen problemlos wieder hingehen. Meine Eltern haben zum Glück nichts gemerkt, weil ich zur selben Zeit das Haus verlassen habe wie immer, um fünfzehn Minuten nach sieben.

Und jetzt will ich nicht an zu Hause denken und nicht an meine alte Schule. Alte Schule, das denke ich jetzt wirklich, so als gehöre ich schon hierher, in die Roy-Lichtenstein-Fachoberschule für Gestaltung. Schon das lang gestreckte Gebäude bildet einen starken Kontrast zu meiner alten Lernstätte. Erst dieses Mal nehme ich mir ein paar Atemzüge lang Zeit, alles auf mich wirken zu lassen. Während wir in einem imposanten Altbau des Jahres 1910 büffeln, bin ich hier geradezu geblendet von der Helligkeit, die mich umfängt. Die Wände sind fast bis zum Boden verglast; beim Vorbeigehen an einem offenen Unterrichtsraum bemerke ich, dass sogar Oberlichter in die Decke eingelassen sind. Nach den langen Regentagen scheint heute die Sonne und wärmt mein Gesicht und meinen Nacken, ich spüre, wie ich innerlich auftaue. Hier fühle ich mich sofort wohl, die Architektur des Baus verrät, hier wird Wert auf Kunst gelegt, hier wird die Begabung der Schüler nicht belächelt, sondern gezielt gefördert, hat eine Bedeutung, von der man am normalen Gymnasium nur träumen kann. Überall sind Schülerarbeiten ausgehängt, professionell mit Bilderleuchten und Leisten wie in einer Galerie. Auch bildhauerische Arbeiten und Fotografien sind ausgestellt, immer mit dem Namen des Künstlers oder der Künstlerin daneben. Die Vorstellung, bald selbst hier zu sein und eigene Arbeiten präsentieren zu dürfen, lässt mich beinahe schwindlig werden vor Glück. Ich will hier hin, ich will unbedingt!

In der Mitte des großzügigen Foyers bleibe ich stehen, weil

ich auf einer Tafel ein Schild entdeckt habe: »Für die Aufnahmeprüfung bitte im Sekretariat 1. Etage melden«, steht darauf. Das Sekretariat kenne ich ja bereits, nenne der Sekretärin, einer Mittvierzigerin im teuren Schlabberlook meinen Namen und dass ich auf Empfehlung meines Tutors komme, der mit Herrn Perlitz bekannt sei.

»Für das Bestehen der Prüfung spielt das keine Rolle«, informiert sie mich und sieht mich über ihren Brillenrand hinweg an. »Wir haben fünfzig Plätze für das kommende Schuljahr zu vergeben, aber mehr als dreihundert Bewerber. Also zählt allein das Ergebnis der Aufnahmeprüfung. Die Hürde des bisherigen Notendurchschnitts haben Sie ja bereits genommen, sonst wären Sie nicht eingeladen worden.«

»Es geht nicht ums nächste Schuljahr«, stammele ich und spüre, dass ich rot werde. »Ich bin schon in der zwölften Klasse, und mein Tutor hat mit Herrn Perlitz abgesprochen, dass ich mich zurückstellen lassen kann, wenn ich hier angenommen werde. Natürlich nur, wenn in der Elften noch ein freier Platz ist.«

Die Sekretärin blättert in ihren Unterlagen, scheint meine Bewerbung zu finden, nickt.

»Jetzt erinnere ich mich. Na, dann drücke ich Ihnen die Daumen, dass es klappt! Es gibt zwischendurch immer mal Abgänge, wenn jemand merkt, dass ihm unsere Fachrichtung doch nicht so liegt wie erhofft. Aber wir haben natürlich eine Warteliste. Jetzt gehen Sie erst mal hoch in die zweite Etage. Der große Kunstsaal hat die Raumnummer zweihundertundeins, dort bekommen Sie Ihre Aufgaben und erfahren alles Weitere.«

Den Kunstsaal finde ich schnell, ich muss nur dem Stimmengewirr folgen, das bis ins Erdgeschoss hinunter schallt. Es kommt mir vor, als würden Hunderte von Mitbewerbern im Lichthof bereits darauf warten, dass es endlich losgeht, einige unterhalten sich, scheinen sich bereits zu kennen, andere hocken auf Heizkörpern und Treppenstufen und scheinen noch schnell zu üben. Ganz in sich selbst versunken zeichnen sie in Skizzenbücher und auf Klemmbretter. Ich stelle mich dicht neben die Tür und warte.

Wenig später öffnet sich die Tür des Saales und ein Lehrer in Jeans und schwarzem Rollkragenpullover bittet uns herein. Eilig verteilen wir uns an die Tische, die wie bei einer Klausur weit auseinander stehen. Nach einer Begrüßung und Erklärung des Ablaufes dürfen wir endlich loslegen. Die erste Aufgabe, das »Zeichnen aus der Wirklichkeit«, soll eine Bleistiftzeichnung von einem Glas mit Wasser werden. Es ist ein achteckiges hohes Glas, wie es oft in Cafés für Latte macchiato verwendet wird; das Licht bricht also an mehreren Stellen. Am liebsten würde ich gleich wieder abhauen. So etwas habe ich bisher kaum jemals versucht zu zeichnen, das bekomme ich nie hin. Zwei Stunden habe ich Zeit, danach ist die nächste Aufgabe dran, bei der wir ein Thema vorgegeben bekommen, dieses aber frei gestalten dürfen. Ich dachte, zwei Stunden wären viel, aber jetzt kann ich unmöglich gleich auf dem guten Zeichenpapier beginnen, das weiß und mahnend vor mir liegt, sondern muss erst einmal ein paar Entwürfe in meinen Skizzenblock machen, den ich zum Glück dabeihabe. Nur so kann ich sehen, ob ich überhaupt eine Chance habe, dieses Glas mit seinen Facetten und noch dazu das Wasser darin halbwegs gelungen zu Papier zu bringen. Verstohlen blicke ich zu den Nachbartischen hinüber; die meisten starten sofort und sind bereits nach wenigen Minuten ganz vertieft in ihre Arbeit. Ich nehme meinen Skizzenblock vor und zeichne ein paar Striche, probiere Lichteinfall und Schattierungen aus, so schlecht wird es gar nicht, nur die Perspektive bekomme ich nicht so gut hin, das Glas vor mir steht auf einer Blumensäule, leicht erhöht. Mehrmals muss ich radieren, bei der Arbeit nachher muss ich dies nach Möglichkeit vermeiden, weil es das Papier verdirbt. Zum Glück habe ich meine weichen Bleistifte und einen Radiergummi bester Qualität dabei, wenigstens da bin ich abgesichert.

Ich schaue auf meine Armbanduhr, fast eine halbe Stunde ist bereits vorbei, ich muss anfangen, sonst reicht die Zeit nicht aus. Vorsichtig versuche ich, das, was mir in der Skizze gelungen ist, in der Reinzeichnung noch besser zu machen, arbeite mich Strich für Strich, Lichtpunkt für Lichtpunkt vor. Es wird gut, ich glaube es wird gut. Je länger ich zeichne, desto mehr Spaß finde ich daran, endlich ist es wieder da, dieses Gefühl, beim Zeichnen selbst zu verschwinden und in der Arbeit aufzugehen. Das ist es doch, was ich kann, Zeichnen, ich liebe es doch, genau das ist es, was ich immer wollte und immer noch will. Meine Hand beginnt zu schmerzen, und ich lege den Bleistift kurz hin um sie auszuschütteln, dabei blicke ich mich im Saal um und lasse ihn auf mich wirken. Hier will ich sein. Die Vorstellung, jeden Tag hierher kommen und zeichnen zu dürfen, berauscht mich. Dieser weite, helle Raum, um mich herum nur Leute, die Ähnliches erreichen wollen wie ich, das bedeutet bestimmt viel Konkurrenz, aber vielleicht auch neue Freundschaften – man wird sehen. Erneut beuge ich mich über mein Blatt. Als die Zeit abgelaufen ist, bin ich mit meinem Ergebnis zufrieden. Es sieht fast aus wie eine Schwarz-Weiß-Fotografie eines gefüllten Wasserglases.

Die zweite Aufgabe weckt sofort den Drang in mir, meiner Fantasie freien Lauf zu lassen. Sie lautet »Blick in einen Vogelkäfig« und wir sind sogar vollkommen frei in der Materialauswahl für dieses Bild. Also breite ich neben den Bleistiften auch Ölkreide und Kohlestifte aus, ich spüre, wie es in mir zu lodern beginnt. Vogelkäfig, das erinnert mich an mich selbst, an mein eigenes Gefühl von Gefangensein. Also zeichne ich als Erstes den Käfig, einen schönen, geschwungenen, komfortabel ausgestatteten. Im Körnerfutterbehälter platziere ich ein kleines Hinweisschild mit der Aufschrift »Biodoping-

Müsli – mit Liebe gemixt für Hochbegabte«. Zur Beschäftigung des eingesperrten Federtiers, das ich selber bin, kommt eine Truhe mit schillernden, farbigen und weißen Federn zum Schmücken auf den Käfigboden, ein Spiegel mit der Gravur »Immer schön stylish bleiben«, einige winzige Sportgeräte für die körperliche Ertüchtigung des Vogels – Stufenbarren, Hanteln, vor allem ein rasantes Skateboard darf nicht fehlen. Einen Schreibtisch mit Drehstuhl davor zeichne ich, klein wie in einer Puppenstube, darauf ein turmhoher Stapel Lehrbücher, Papier und Hefte, ein Bildschirm mit Tastatur. Einen Fernseher mit Ohrensessel und ein Klavier zur Zerstreuung. Ein Paradies hinter Gitterstäben – nein, ein Ort der Gefangenschaft, um die Erwartungen anderer zu erfüllen. Ein Mix aus beidem. Die Klappe zum Öffnen des Käfigs ist durch ein Schloss verhängt: du kommst hier erst raus, wenn wir alle zufrieden mit dir sind. Der Flug in dein eigenes Leben kostet fünfzehn Punkte in allen Fächern.

Aber dann zeichne ich zwei Gitterstäbe, die auseinandergebogen sind. So weit, dass der Vogel hindurchschlüpfen kann, sogar die daneben liegenden Stäbe sind in Mitleidenschaft gezogen. Der Gefangene, ein Exemplar einer seltenen, leuchtend blauen Tukanart hat es geschafft, mit seinem kurzen, kräftigen Schnabel die Stäbe auseinander zu biegen. Nächtelang hat er daran gearbeitet, aber schließlich ist es so weit, er ist frei, und noch ehe seine Bewacher etwas davon mitbekommen können, hüpft er hinaus, breitet seine Flügel aus und entfaltet die Schwingen, und ohne einen Blick zurück hebt er ab, ich zeichne von ihm nur die Schwanzfedern und die Krallen, ein kleines Stück vom Rumpf, ganz oben am Bildrand, in meinem kräftigsten Ultramarinblau aus Ölkreide, den Rest des Bildes habe ich in gedeckten, pastellartigen Farben gehalten, die Schriften, mit Ausnahme der Spiegelgravur, in schwarzem Scriptol.

Ich habe mich richtig in Trance gezeichnet und fahre zusammen, als der Lehrer vorn ankündigt, es wären nur noch zehn Minuten Zeit. Aber ich bin auch so gut wie fertig. Also halte ich mein Bild auf Armeslänge von mir ab und betrachte es, ich habe ein gutes Gefühl, Perspektive, Lichteinfall und die anderen technischen Dinge scheinen auch hier gelungen, dazu hat die Zeichnung etwas Außergewöhnliches, weil sie symbolische Dinge enthält, in die der Betrachter etwas hineininterpretieren kann, sich vielleicht selbst darin wiederfindet. Und weil sie von mir erzählt. Das ist auch so ein Bild, was ich eines Tages, wenn ich mal sehr viel Mut habe, meinem Vater zeigen müsste. Vielleicht wage ich es nie.

Dann ist die Zeit abgelaufen, und als ich von meinem Stuhl aufstehe, merke ich erst, wie geschafft ich bin. Ich habe so konzentriert gearbeitet, dass ich mich fühle wie nach einer dreistündigen Matheklausur, nein doch nicht, dieses Gefühl jetzt ist anders, ich bin zufriedener, es ist, als wäre ich wirklich mit meinem blauen Tukan abgehoben und hätte mich freigearbeitet. Ich strecke meinen Körper, dann nehme ich meine beiden Blätter vom Tisch auf und gehe nach vorn, um sie abzugeben.

Dabei versuche ich, ein paar Blicke auf die Arbeiten der Anderen zu erhaschen. Verflixt, denke ich, es ist genau wie ich gedacht habe, es sind richtige Freaks darunter, die offenbar nie etwas anderes tun als Zeichnen und Malen. Einer hat eine ganze Berglandschaft mit Seen und Flüssen in seinen Käfig gezeichnet – geniale Idee, um auf Umweltprobleme hinzuweisen. Ein Mädchen dagegen zeichnet die letzten Striche eines ganz normalen Käfigs mit zwei Wellensittichen darin, der unglaublich realistisch aussieht – war das vielleicht die eigentliche Aufgabe? Haben ich und der andere Junge das Thema verfehlt; ging es nur darum, das Können an sich zu beweisen? Sie hat es sogar geschafft, die knotigen Finger einer alten Dame zu zeichnen, die in die Gitterstäbe greifen, um einem der beiden Vögel über das Gefieder zu streichen. Ich beneide sie.

Auch die meisten anderen Zeichnungen, auf die ich im Vorbeigehen noch einen Blick erhaschen kann, wirken so durchdacht und gekonnt und dabei doch so fantasievoll, dass ich zutiefst verunsichert den Raum verlasse. Gegen all diese Künstler habe ich bestimmt keine Chance, sie zeichnen alle so viel besser als ich, haben sich bestimmt längst mit berühmten Künstlern verschiedener Epochen und deren Stil befasst, sich mit Kunstgeschichte beschäftigt, vielleicht bereits kleine Jobs in Werbeagenturen oder Verlagen angenommen. Ich habe nur die Kenntnisse aus dem Kunstunterricht in der Schule und zeichne immer, was mir gerade in den Sinn kommt. Also rechne ich mir keine besonders großen Chancen aus. Mit einem Kopfnicken verabschiede ich mich vom Lehrer, der uns nur einen ungefähren Zeitraum nennt, bis zu dem wir per Post erfahren werden, ob wir an der Schule angenommen worden sind oder nicht. Dann verlasse ich das Gebäude und blicke nicht einmal zurück, aus Angst, es zu sehr zu wollen und später enttäuscht zu sein, wenn nichts daraus wird.

15.

In dieser Woche fühle ich mich ständig gehetzt. Zur Schule, dem Lernen zu Hause und dem regelmäßigen Klavierunterricht ist nun noch die Nachhilfe in Mathe hinzugekommen, die mein Vater für mich gebucht hat. Bei diesen Stunden bin ich manchmal so müde, dass ich es kaum schaffe, die Augen offen zu halten. Auch verstehe ich den Stoff nicht richtig, weil die Lehrerin ganz anders erklärt als Herr Brückner. Abends muss ich meinem Vater alle Unterlagen und Mitschriften vorlegen und ihm erklären, was ich gelernt habe, deshalb versuche ich aufzupassen, so gut es geht. Es gelingt mir nicht immer, und dann versucht er mir den Stoff einzutrichtern, oft bis spät in den Abend.

Dafür tanke ich bei Delia auf. Fast jeden Tag versuche ich, zumindest eine Stunde zwischendurch für uns beide herauszuschlagen, helfe ihr im Laden oder hole sie ab, wenn sie Pause hat. Wir gehen spazieren oder Essen, ich genieße es, mit ihr in Schnellimbisse zu gehen oder Kuchen und belegte Brötchen zu holen. Wenn es nicht regnet, picknicken wir an einem der vielen verschwiegenen Plätze, die Delia kennt, essen und reden, sind zärtlich zueinander. Einmal fahren wir mit den Fahrrädern am Kanal entlang und legen uns unter eine Trauerweide, zum ersten Mal ist es warm genug, um die Schuhe ausziehen zu können. Ihr Mischlingshund Robby, ein bunt gescheckter mittelgroßer Rüde, den sie nach ihrer Krankheit aus dem Tierheim geholt hat, ist auch dabei. Sobald Delia ihn ableint, schießt Robby los und schnüffelt überall herum, als könne auch er es noch nicht fassen, wieder lockeren Erdboden und die ersten Gänseblümchen zu riechen.

»Endlich wieder die Füße im Gras«, schwärmt Delia, und sie hat recht, es fühl sich toll an. Sie nennt es ihr »Ostergefühl«, wie ein neu erwachender Herzschlag. Ich küsse sie und stecke ihr eine Sumpfdotterblume ins Haar. Delia holt Apfelkaugummis aus ihrer zerfransten Stofftasche, deren Geschmack mich an meine Kindheit erinnert; an endlose Sommerferien, ans draußen Spielen mit meinen Freunden. Als ich mich auf den Rücken lege, um die Nachmittagssonne auf meinem Gesicht zu genießen, schleicht sie ans Ufer und schöpft Wasser in ihre Hände, um es mir ins Gesicht zu schütten. Ich springe auf und jage sie, wir balgen und albern herum, bis wir uns schließlich erschöpft in die Arme fallen und in einem langen Kuss versinken.

In Augenblicken wie diesen ist meine Todessehnsucht weit weg, Delia verweht sie einfach mit ihrer ansteckenden Fröhlichkeit und ihrem Entschluss, leben zu wollen. Nur wenn ich mit ihr Zukunftspläne schmieden will, blockt sie ab, und ich weiß, worauf sie wartet. Delia fragt mich nicht mehr nach

Annika; ich bin derjenige, der verkünden muss, dass Annika und ich kein Paar mehr sind. Dass ich nur mit ihr zusammen bin. Delia hätte es verdient. Sie fragt mich nicht. Ich weiß, dass sie wartet.

***

»Du hast kaum noch Zeit«, beklagt sich Annika dafür am Freitagmittag, als wir nach der letzten Stunde mit Johanna, Marie-Luise, Paul, Simon und Justus noch vor dem Haupteingang stehen. Die anderen schmieden Pläne für das Wochenende, Paul und Justus wollen angrillen, die Mädchen haben vorgeschlagen, zum Frühlingsfest in der Innenstadt zu gehen, einem Rummelplatz am Stadtrand, der jedes Jahr Mitte April eröffnet wird. Das ganze Wochenende lang soll das Wetter schön bleiben. Mir ist dennoch unbehaglich zumute, denn eigentlich bin ich mit wieder mit Delia verabredet, was ich natürlich nicht sagen kann. »Dieses eine Mal wirst du ja wohl mitkommen können. Allmählich habe ich fast das Gefühl, du meidest mich.«

»Ich muss was für die Schule tun«, versuche ich mich herauszureden. »Du weißt doch, wie mein Vater drauf ist. Klavier geübt habe ich in letzter Zeit auch kaum noch.«

Paul wirft mir einen Blick zu, der verrät, dass er mir nicht ein Wort glaubt.

»Aber doch nicht das ganze Wochenende!«, erwidert Annika. »Wir sind heute und morgen jeweils zwei oder drei Stunden unterwegs, da bleibt noch genug Zeit zum Pauken. Das müssen wir schließlich alle. Oder willst du nicht mit uns zusammen sein, mit mir?«

Wieder ein Blick von Paul. Ich hätte ihm nichts erzählen sollen, niemals.

»Doch«, lenke ich ein und spüre, wie sich mein Puls beschleunigt und meine Kehle trocken wird. Rasch lege ich meinen Arm um Annikas Schultern und ziehe sie enger an mich.

»Natürlich will ich das. Du hast recht, ich kann auch vorher oder nachher noch lernen.«

Zu Hause, sobald ich ungestört bin, rufe ich Delia an, um unser Treffen abzusagen.

»Schade«, sagt sie. Mehr nicht.

»Wir können uns am Sonntag noch treffen, wenn du willst«, schlage ich vor. Versuche schon jetzt, mir Argumente und Ausreden zurechtzulegen, die ich zu Hause vorbringen kann, wenn ich auch dann noch mal weggehen möchte, ich muss vorher lernen und danach, auch heute noch und möglichst viel am Samstag, so könnte es klappen.

»Sonntag geht nicht«, erwidert Delia. »Da bin ich den ganzen Tag zum Hundetraining. Ein Tagesseminar.«

»Ich kann dich begleiten, wenn du willst.«

»Lass mal, Max. Das ist alles zu viel für dich. Mach dir um mich keine Gedanken, ich komme schon zurecht. Genieß dein Wochenende. Kommst du nächste Woche mal wieder in die Gärtnerei?«

»Natürlich. Gleich am Montag, wenn du willst.« Montags habe ich Nachhilfe, schießt es mir durch den Kopf; ich muss danach zu Delia. Alles irgendwie schaffen, ohne dass jemand misstrauisch wird. Niemanden enttäuschen, am aller wenigsten Delia.

»Es hat keinen Sinn, dass du dich meinetwegen abhetzt«, sagt Delia. Ihre Stimme klingt anders als sonst, distanzierter, als wäre ein Stück Wärme aus ihr gewichen, diese Wärme, die ich so an ihr liebe. Ich kann es ihr nicht verübeln.

»Ich komme auf jeden Fall«, verspreche ich ihr.

Innerlich bin ich noch verwirrt, als ich mit den anderen über den Rummelplatz streife.

»Ist das herrlich«, schwärmt Paul, als wir beim Riesenrad anstehen. Er blickt in den Himmel und ich folge seinen Augen, er hat recht, fast alle Bäume zeigen endlich ihr zartes hellgrünes Laub an den Zweigen, und keiner von uns trägt mehr seine dicke Jacke. In der Gondel kuschelt sich Annika an mich, sie leidet ein wenig unter Höhenangst, zeigt sich aber tapfer, ich versuche, ihre Nähe zu genießen. Ich muss Schluss mit ihr machen, beschwöre ich mich fortwährend. Du bist ein mieser Typ, wie feige ist das eigentlich, was du hier abziehst. Ich denke an Delia, viel lieber wäre ich jetzt bei ihr, aber ich kann jetzt nicht mit Annika reden, wir sind nicht allein.

Am Schießstand erzielt Paul eine Rose und hält sie in die Höhe, lachend fragt er die Mädchen, wer sie haben möchte, und ich warte schon darauf, dass Annika sie nimmt, aber sie tut es nicht, Johanna nimmt sie und bedankt sich bei Paul mit einem Kuss auf die Wange, danach versuche ich eine für Annika zu schießen. Natürlich treffe ich nicht.

Später zerrt sie mich ins gläserne Labyrinth, das ich von allen Attraktionen am wenigsten mag. Diese Enge in den gläsernen Wänden. Die ganze Zeit versuche ich, mein Unbehagen zu überspielen, es gelingt mir kaum, ich will raus hier, da vorn muss es weitergehen, die Luft ist stickig hier drin, ein paar Glasscheiben weiter sehe ich andere Besucher, die sich lachend vorantasten und auch nicht den Ausweg finden, die Enge, um mich herum ist alles schon eng genug, dieses Labyrinth verstärkt noch mein Gefühl, dass sich das Leben immer enger um mich zieht wie eine Schlinge, ein Strudel.

»Tapferer Max«, lacht Annika, als wir endlich wieder im Freien sind. »Jetzt hast du dir einen Liebesapfel verdient.«

»Ich mag die Dinger nicht«, protestiere ich schwach, doch da hat sie schon einen gekauft, der Süßwarenstand ist gleich neben dem Labyrinth.

»Schau mal, wie rot meine Lippen sind!«, ruft sie und fährt mit dem Apfel über ihren Mund. Dann knutscht sie mich ab. Ich muss mit ihr Schluss machen. Wenn ich nur wüsste wie. Wenn ich mich nur trauen würde.

16.

Herr Brückner fehlt wochenlang. Die Randstunden bei ihm fallen aus, der Rest wird irgendwie vertreten, richtigen Matheunterricht haben wir nicht.

»Hoffentlich ist er bald wieder da«, stöhne ich in einer kleinen Pause. Paul, Annika und ich stehen im Flur vor dem Chemielabor am Fenster mit Blick auf die Straße, ich schaue auf den Platz, wo Brückners dunkelgrüner Kombi meistens steht.

»Was ist denn in dich gefahren?«, wundert sich Paul. »Sonst bibberst du vor jeder Mathestunde und jetzt wimmerst du nach Brückner? Sei doch froh, musst du mal keine Angst haben und kannst endlich ein bisschen chillen! Oder pauken, damit du vor ihm glänzen kannst, wenn er wieder auftaucht. Das freut ihn bestimmt!«

»Mach ich ja«, antworte ich lahm. Ich habe wieder fast jeden Abend mit meinem Vater gelernt, er lässt ja nicht locker. Falls nächste Woche der Brief kommt, brauche ich jemanden, der mir Mut macht, weil ich es dann meinen Eltern sagen muss. Dafür genügt weder Natalie mit ihrer rebellischen Art noch Delia, die mir immer wieder versichert, wie sehr sie an mich glaube. Brückner würde mir helfen, Argumente zurechtzulegen. Ruhig, besonnen, väterlich und vernünftig. Er *muss* wiederkommen.

»Weißt du eigentlich, was er hat?«, fragt Annika beiläufig, an Paul gerichtet. Ihre Freundin Johanna gesellt sich zu uns und begrüßt Paul und Annika jeweils mit einem Küsschen auf beide Wangen; mir nickt sie wortlos zu.

»Daraus wird doch immer ein Staatsgeheimnis gemacht«, antwortet Paul. »Von wegen Privatsphäre der Lehrer. Selbst wenn einer ein halbes Jahr fehlt, erfährt man nie den Grund.«

»Ich habe aber keine Lust, mir mein Abi versauen zu lassen, nur weil wir jetzt dauernd Vertretung haben«, mischt sich Marie-Luise aus unserem Kurs ein. »Zehn Doppelstunden

Mathe sind jetzt schon ausgefallen. Mein Vater ruft heute beim Schulamt an. Die müssen sich was einfallen lassen, ein Leistungskurs in der Zwölften muss eins zu eins vertreten werden, und zwar im selben Fach und genau da, wo wir stehen geblieben sind.«

Ich spüre, wie mich die Wut packt.

»Mach dich bloß nicht so wichtig«, motze ich sie an. »Brückner ist echt selten krank, da gibt es ganz andere, den Stoff holen wir schon irgendwie auf.«

»Pfff«, macht Marie-Luise. Sie hat sich schnell wieder gefangen und mustert mich mit spöttisch geschürzten Lippen von oben bis unten. »Das sagt der Richtige. Wenn du nicht bei Paul abschreiben kannst, bist du doch aufgeschmissen.«

»Max«, entrüstet sich auch Annika. »Was ist denn in dich gefahren? Komm mal wieder runter, du benimmst dich ja wie der letzte Proll.« Sie tritt neben mich und will mich am Arm von Marie-Luise wegziehen, dabei habe ich der gar nichts getan. Ich schüttle ihre Hand ab, ohne Marie-Luise aus den Augen zu lassen.

»Er kommt bestimmt bald wieder, klar? Er kommt wieder! Dein Alter kann sich seinen beschissenen Anruf und sein Geschleime beim Schulamt sonst wohin stecken! Er braucht sich gar nicht so aufzuspielen! Brückner ist nicht so einer, der alle Nase lang blaumacht, nur weil er Arbeiten korrigieren muss oder der gleich zusammenbricht, wenn ihm mal einer dämlich kommt. Brückner ist zäh, ich wünschte, ich wäre nur einen Bruchteil so wie er.«

Paul schiebt sich zwischen die Mädchen und mich und scheint beschwichtigend auf mich einreden zu wollen, doch im selben Moment spüre ich den Vibrationsalarm meines Handys. In der Hosentasche. Rasch entferne ich mich ein paar Schritte von der Gruppe, vielleicht hat Delia mir eine SMS geschickt und will mich sehen. Unwillkürlich muss ich lächeln und werfe einen kurzen Blick aus dem Fenster, heute ist es fast schon sommerlich warm, Delia und ich könnten Schwimmen gehen, ein paar Freibäder haben schon auf. Danach vielleicht zu ihr nach Hause, ich war noch nie dort, obwohl sie mich schon oft eingeladen hat, bei ihr zu übernachten. Bisher habe ich gezögert, damit niemand misstrauisch wird, Annika oder meine Eltern. Noch immer habe ich nichts von Delia erzählt – es wird Zeit, dass ich endlich den Mut dazu finde.

Aber dann sehe ich, dass die Nachricht nicht von Delia ist. Mein Vater hat mir geschrieben, das tut er fast nie. Meine Fingerspitzen gefrieren und mein Mund trocknet aus, ehe ich auf den virtuellen Briefumschlag drücke. Für freundliche, harmlose Nachrichten nimmt sich mein Vater nie die Zeit.

KOMM NACH DER SCHULE SOFORT NACH HAUSE, brüllt mich das Display an.

Nein, denke ich. Nein, nicht so. Der Brief. Er muss den Brief von der anderen Schule gefunden haben. Aus irgendeinem Grund ist er früher zu Hause als sonst, und er wird nicht eher wieder verschwinden, als bis ich ihm alles gebeichtet habe. Natalie, ich muss Natalie finden. Sie muss dabei sein, muss mir beistehen, alleine packe ich das nicht. Ohne mich noch um die anderen zu kümmern, stürme ich durch den langen Flur und die Treppe hinauf zum Musikraum, sie hat in der 7. und 8. Stunde Schulorchester, aber heute muss sie es ausfallen lassen, ich packe das nicht ohne sie. Von draußen höre ich bereits die klagenden, lang gezogenen Töne eines Cellos, das gerade gestimmt wird, dazwischen Natalies Saxofon, sie spielen sich warm, noch haben sie nicht angefangen zu proben, noch kann sie gehen. Ich reiße die Tür auf und bleibe einen Schritt dahinter stehen, keuchend, verschwitzt. Natalie erkennt sofort, was los ist. Vorsichtig legt sie ihr Saxofon auf den im Raum stehenden Flügel und eilt auf mich zu.

»Du bist so bleich wie eine Wasserleiche«, stellt sie fest, ihre Augen flackern, während sie mein Gesicht mustert. »Schlechte Nachrichten?«

»Ich glaube eher gute«, stoße ich hervor und erzähle ihr von Papas SMS. »Aber er wird toben. Kannst du dich hier loseisen?«

Sie spielt mit der Zunge an ihrem Lippenpiercing.

»Wieso ist er überhaupt schon zu Hause?«

»Keine Ahnung. Mama hat neulich etwas von Problemen im Job gesagt. Irgendwas stimmt da nicht.«

»Probleme im Job, bei Papa? Der tut doch immer so, als ginge da nichts ohne ihn.«

»Was weiß ich«, entgegne ich ungeduldig. »Was ist also, kommst du mit?«

»Mist, gerade jetzt«, flüstert sie schließlich. »Gerade jetzt kann ich auf keinen Fall weg. Herr Schindler will uns bei *Jugend musiziert* anmelden, wir wollen gleich alles besprechen.«

»Warst du deshalb in letzter Zeit so oft weg?«

»Öfter als du wohl kaum«, kontert sie. »Schindler hat mir noch ein paar Tricks gezeigt, wie ich meine Fingerarbeit verbessern kann, im Einzelunterricht sozusagen. Das nützt mir auch in der Band eine Menge. Stell dir vor, Max, vorhin hat er gesagt, in mich setzt er die größten Hoffnungen, das Ding zu gewinnen! Was sagst du dazu?«

»Super«, antworte ich. »Klar gewinnst du das. Aber ich brauch dich jetzt, könnt ihr nicht später weiterreden? Nur eine halbe Stunde, und nur dieses eine Mal!«

Natalie blickt auf ihre Armbanduhr, so eine dicke, sportliche mit zerschlissenem schwarzem Lederarmband.

»Eine halbe Stunde«, wiederholt sie. »Dabei bleibt es nie im Leben, wenn Papa erst mal in Fahrt kommt. Gute zehn Minuten fahren wir jeweils mit dem Auto. Die Doppelstunde hier geht also komplett drauf! Meinst du wirklich, du schaffst das nicht alleine?«

»Mir ist jetzt schon schlecht«, gestehe ich. »Du weißt doch, wie er mich immer totredet, und von Mama habe ich auch keine Hilfe zu erwarten. Komm doch mit, bitte, nur dieses eine Mal noch! Wenn wir das hinter uns haben und ich auf die neue Schule gehen kann, wird sowieso alles anders. Dann kann er mir gar nichts mehr, du wirst sehen, Nati.«

Meine Schwester schüttelt den Kopf, blickt verzweifelt. »Max, ich habe auch nur diese eine Chance. Schindler hält viel von mir, und das ist auch nicht selbstverständlich, die meisten Pauker sehen doch nur meine schwarzen Klamotten und meine Sicherheitsnadeln und schon haben sie Vorurteile. Aber er nicht, er zählt auf mich, und wenn ich jetzt abzische, kann ich das knicken!«

»Ich kann ihn einweihen«, schlage ich vor. »Wenn er wirklich so prima ist, wird er dich gehen lassen.«

Natalie überlegt, blickt auf ihre Füße, zurück in den Musiksaal, dann zu mir. Sie schüttelt den Kopf, zuerst zaghaft, dann ganz entschieden.

»Sorry, Max«, sagt sie schließlich. »Ich weiß, ich hab's dir versprochen, und normalerweise würde ich alles liegen lassen, um dir beizustehen, allein schon um unserem Alten zu zeigen, dass er so nicht mit dir umspringen kann. Aber Jugend musiziert – das bedeutet mir genauso viel wie dir dein Zeichnen. Ich kann das jetzt nicht hinschmeißen.«

Wir schweigen beide. Jemand ruft aus dem Saal nach Natalie.

»Hey, du packst das«, sagt sie leise. »Ganz sicher, Max. Da musst du jetzt eben durch, denk einfach daran, was danach Tolles auf dich wartet. Du musst ihn nicht um Erlaubnis bitten, vergiss das nicht. Sei auch mal stur, so wie er!« Sie umarmt mich. »Ich muss wieder rein. Schick mir hinterher auf jeden Fall 'ne SMS, wie es gelaufen ist, ja? Ich komme, so schnell ich kann.«

Mein Vater sitzt am Esstisch, als ich die Wohnung betrete. Vor ihm ein Brief, den er kopfschüttelnd und mit zusammengezogenen Augenbrauen liest, daneben eine leere Espressotasse. Meine Mutter huscht durch die Wohnung, auf den Armen einen Korb mit nasser Wäsche. Ihr Gesicht sieht blass aus, sie ist ungeschminkt. Also hat sie meinen Vater noch nicht erwartet. Als sie mich sieht, stellt sie den Korb auf den Boden.

»Matthias ist ganz außer sich«, platzt sie mit gedämpfter Stimme heraus. »Nimm nicht alles persönlich, was er sagt, in der Firma haben sie gerade die Hälfte der Belegschaft entlassen. Alles betriebsbedingte Kündigungen. Jetzt ist seine Stelle natürlich auch in Gefahr, er ist ja erst seit fünf Jahren in der Firma.«

»Deshalb zitiert er mich hierher? Er hätte es uns doch abends sagen können, wenn auch Nati da ist.« Meine Gedanken wirbeln durcheinander wie Herbstlaub in einem Orkan, in mir tobt eine Mischung aus Erleichterung, weil ich also nicht der Grund für sein erregtes Gemüt bin, und Fassungslosigkeit. Mein Vater, arbeitslos.

»Nicht nur deswegen«, flüstert meine Mutter. »Er hat einen merkwürdigen Brief gefunden und behauptet, du hättest dich an einer Fachoberschule beworben?«

Ich blicke zu Boden. Das passt jetzt überhaupt nicht, wo meine Eltern ganz andere Sorgen haben. Ich konnte es nicht ahnen.

»Warum hast du denn nicht mit uns gesprochen, Junge?«, flüstert meine Mutter weiter. »Was hast du dir nur dabei gedacht? Oder war das nur aus einer Laune heraus? Du hast es doch gut in deiner Schule.«

»Sag ich euch gleich«, murmele ich, hänge meine Jacke auf und gehe rüber ins Wohnzimmer, eigentlich müsste ich dringend zur Toilette und Durst habe ich auch, doch ich spüre, dass mein Vater keinen Aufschub dulden würde. Meine Mutter stellt mir ein Glas naturtrüben Apfelsaft hin. Ich setze mich meinem Vater gegenüber. Jetzt ist es also so weit, denke ich.

Jetzt muss ich da durch, genau wie Natalie gesagt hat. Seine Augen fahren noch einmal über den Brief, dann sieht er mich an.

»Ich warte«, sagt er. Gibt mir den Brief nicht, erzählt mir nicht den Inhalt. Ich soll anfangen. Ich räuspere mich, meine Kehle ist trocken, mein Shirt klebt nass an meinem Rücken, ich hätte mir doch die Zeit nehmen sollen, zuerst ins Bad zu gehen. Mir die Hände waschen, mich kämmen, das Gesicht mit kaltem Wasser abspülen. Mit voller Blase kann man ein solches Gespräch schlecht führen. Ich wage nicht einmal, einen Schluck aus dem Saftglas zu nehmen, räuspere mich erneut.

»Ist der Brief von... von der Roy-Lichtenstein-Schule?«, erkundige ich mich sicherheitshalber nach endlosen Sekunden.

»Allerdings«, bestätigt mein Vater. Verrät nichts, hält den Brief jetzt so, dass ich nicht einen Blick auf die Buchstaben werfen kann, selbst wenn es mir gelänge, sie auf dem Kopf zu lesen. Verdammt, er soll mir sagen, was sie geschrieben haben. Ob ich angenommen bin. Mir ist klar, dass es ihm darum nicht geht, und dass er weiß, wie sehr ich nach dieser Antwort lechze. Er weiß es, sieht es mir an. Und er genießt es, darüber zu schweigen, alles quälend in die Länge zu ziehen. Zuzusehen, wie ich vor Spannung beinahe verrückt werde.

»Herr Brückner hat mir die Adresse gegeben«, beginne ich also. »Diese Schule wäre eine ganz neue Chance für mich. Mathe hätte ich da zwar auch, aber die Anforderungen an den Notendurchschnitt sind nicht ganz so hoch wie an den meisten anderen Gymnasien.«

Mein Vater stößt Luft aus der Nase. Schweigt weiter. Meine Mutter zieht sich lautlos einen Stuhl heran und setzt sich neben mich.

»Du kennst doch Herrn Brückner«, versuche ich fortzufahren. »Er würde mir nie zu etwas raten, was mir schaden würde, denn er kennt meine Leistungen nach all den Jahren. Was Mathe betrifft, habe ich meine Grenzen erreicht, ich kann nur noch anstreben, dass die Note kein Ausfall wird. Aber Kunst – das ist meine Welt, das begeistert mich. In der Roy-Lichtenstein-Schule könnte ich meine Neigung weiter ausbauen und trotzdem ein ganz normales Abitur hinlegen. Meinst du nicht, dass das optimal für mich wäre?«

Mein Vater lässt den Brief auf die Tischplatte fallen und schlägt mit der flachen Hand auf den Tisch.

»Optimal für dich? Ich habe dir bereits gesagt, was ich davon halte, wenn du glaubst, du bräuchtest nichts weiter zu tun als dich den ganzen Tag auf deinem Zeichenblock auszutoben wie ein Vorschulkind. Auch meine Meinung über den werten Herrn Brückner habe ich dir nicht vorenthalten. Darum geht es nicht, Maximilian. Du wirst diese Einrichtung nicht besuchen und Punkt. Was ich von dir verlange, ist eine Erklärung dafür, dass du dich meinen Anweisungen widersetzt hast, dich konzentriert auf deine Abiturprüfungen am Gymnasium vorzubereiten, und dich stattdessen an dieser... Malschule bewirbst. Hinter meinem Rücken.«

»Ich muss dir nicht alles sagen«, wehre ich mich. »Ich bin volljährig. Außerdem war es nur ein Versuch. Wenn ich nicht angenommen worden bin, ändert sich nichts.«

»Trotzdem, Max.« Mama schiebt das Saftglas näher zu mir hin, ich rühre es nicht an. »Solche Dinge bespricht man in einer Familie doch miteinander. Du kannst dich doch nicht einfach mir nichts, dir nichts irgendwo bewerben, ohne uns etwas davon zu sagen. So haben wir dich doch nicht erzogen, Kind.«

Ich streife sie kurz mit meinem Blick und sehe, dass Tränen in ihren Augen schimmern. Das habe ich nicht gewollt. Meine Mutter enttäuschen, ihr wehtun. Mit ihr hätte ich vielleicht reden sollen.

»Es tut mir leid, Mama«, sage ich matt. Sie legt ihre Hand

auf meine, ist mir nicht böse. Das macht es keineswegs besser.

»Und dieser Brückner.« Vater faltet jetzt den Brief zusammen und schiebt ihn in den Umschlag zurück, noch immer weiß ich nicht, was drin steht. »Dieser Amateur von einem Lehrer! Er war schon so stur, als ich meine Unterredung mit ihm geführt habe, aber was er sich hier geleistet hat, schlägt dem Fass den Boden aus. Eine Unverschämtheit, meinem Sohn derartige Flausen in den Kopf zu setzen! Ihn dazu anzustiften, seine Eltern zu hintergehen! Wann hast du das nächste Mal bei ihm Unterricht?«

»Hoffentlich am Montag. Kurz nachdem du bei ihm warst, ist er krank geworden, seitdem fehlt er.«

»Das passt ins Bild«, schnaubt er. »Kaum bekommt er auch nur einen Hauch von Gegenwind, meldet er sich krank und ruht sich erst mal schön auf dem Rücken seiner Schüler aus, statt Haltung zu zeigen und weiter zu unterrichten, wobei er sich wahrlich nicht kaputtmacht. Ist ja auch ein Beamter, die können sich das leisten! In der freien Wirtschaft wäre so einer längst draußen, längst! Da kann man nicht bei der leisesten Kritik schlappmachen und alle Bezüge bis zum Sankt Nimmerleinstag weiter kassieren.«

In mir brodelt es. Am liebsten würde ich mein Glas nehmen und den Saft gegen sein arrogantes Gesicht pfeffern, zusehen, wie er an ihm heruntertropft, auf sein exakt gebügeltes Hemd, die Bügelfalten seiner Hose aufweicht. Ihm ins Gesicht brüllen, dass es nicht meine Schuld sei, wenn er vielleicht demnächst seinen Job verliert und er seine Launen nicht an mir auslassen soll. Ich sei nicht auf der Welt, um das zu werden, was er selber nicht ist. Danach möchte ich ihm den Brief entreißen, um endlich zu erfahren, was darin steht, mit meiner Mutter allein weiter reden, das würde ich schon hinbekommen. Ihr alles in Ruhe erklären.

Aber ich bleibe sitzen. Stumm und wie erstarrt.

»Die Dienstaufsichtsbeschwerde gegen ihn läuft bereits.« Vater nimmt das Kuvert wieder auf und lässt es mit der Kante auf den Tisch fallen, mehrere Male. »Aber jetzt kann er sich auf etwas gefasst machen. Und du, mein Sohn«, wendet er sich an mich. Aber jetzt straffe ich doch meine Brust. Ich will nicht in ein paar Minuten vom Tisch aufstehen ohne einen Funken Hoffnung. Ich will nicht immer klein beigeben, wo ich es nicht müsste. Wenn Natalie kommt, will ich ihr sagen können, ich habe es durchgestanden, ich gehe auf die Roy-Lichtenstein-Schule, ich verfolge meine künstlerische Laufbahn weiter. Ich will Delia davon erzählen, es würde ihr imponieren. Und ich will feiern, mich selber einmal feiern, statt mich immer nur in alle Richtungen zu verbiegen.

»Sag mir wenigstens, was drinsteht«, unterbreche ich ihn also. »Was sie geantwortet haben. Bitte.«

»Das steht überhaupt nicht zur Debatte.« Vater lehnt sich zurück. »Natürlich haben sie zugesagt, alles andere wäre vollkommen absurd, sie nehmen wahrscheinlich jeden x-beliebigen Schulverweigerer, um ihre Quote auch nur einigermaßen voll zu bekommen. Darum geht es nicht, du wirst diese Schule nicht besuchen. Trotzdem wird auch dein Verhalten Folgen haben. Deine Malsachen kommen in den Keller, bis du wieder vernünftig geworden bist. Haben wir uns verstanden?«

Seine letzten Sätze rauschen an mir vorbei wie der Transrapid. Sie haben zugesagt. Ich bin angenommen. Angenommen an meiner Traumschule. Maximilian Rothe, zukünftiger Absolvent der Roy-Lichtenstein-Fachoberschule für Gestaltung. Ich darf hingehen, ich darf wirklich hingehen. Ich denke an all die Freaks, die viel besser zeichnen konnten als ich. Von denen ich den Eindruck hatte, sie hätten die gestellten Aufgaben verstanden, im Gegensatz zu mir. Es stimmt nicht, dass sie jeden nehmen. Fünfzig Plätze auf dreihundert Bewerber, hatte die Sekretärin gesagt. Ich bin dabei. Sie wollen mich.

»Zeig her«, sage ich und höre selbst, wie meine Stimme

plötzlich lebendiger klingt, nach Aufbruch, ganz deutlich sehe ich mein Ziel vor Augen. Herr Brückner, ich muss es ihm unbedingt sagen, am Montag gleich, am Montag. »Das muss ich sehen.«

»Es gibt nichts zu sehen, du gehst da nicht hin!«, widersetzt mein Vater. »Und eines kannst du dir gleich hinter die Ohren schreiben: Solltest du auf die absurde Idee kommen, dich meinen Anweisungen zu widersetzen, werde ich dir in Zukunft jegliche Unterstützung verweigern. Egal in welche Schwierigkeiten du dich hineinmanövrierst, und auch finanziell. Haben wir uns verstanden?«

Er hat mich getötet. Ich sacke in meinem Stuhl zusammen.

»Gut.« Mein Vater tut so, als bemerke er nichts davon.

Ein letztes Mal versuche ich aufzubegehren.

»Gib mir trotzdem den Brief, bitte. Ich will ihn lesen, er ist an mich adressiert.«

»Verabschiede dich von deinen Hirngespinsten.« Mit einer verächtlichen Handbewegung schiebt er das Kuvert quer über die Tischplatte. »Ich habe bereits dort angerufen und abgesagt. Man hat es zur Kenntnis genommen und deinen Platz jemandem auf der Warteliste gegeben. Noch einmal: Solltest du dich meinen Anweisungen widersetzen, habe ich keinen Sohn mehr.«

»Matthias!«, ruft meine Mutter, Entrüstung in ihrer Stimme, nicht stark genug, um ihn zum Einlenken zu bringen.

»Maximilian hat mich schon verstanden«, entgegnet mein Vater und steht auf.

17.

Delia und ich spazieren über den Friedhof hinter der Kirche.

»Du warst noch nie hier?«, fragt sie schon zum zweiten Mal, kann kaum glauben, dass ich bisher kaum jemals auf

Beerdigungen war. Heute habe ich es ihr vorgeschlagen, und sie hat sofort eingewilligt, für Delia ist nichts dabei, fast jeden Tag bringt sie Blumen und Kränze in Kirchen, Kapellen und zu frischen Gräbern. Es ist ihre Art, sich mit dem Tod auseinanderzusetzen, die frischen Blumen vertreiben den Gedanken an die Endlichkeit, sagt sie. Aber manchmal verstärken sie ihn auch, in solchen Momenten muss sie aufpassen, sich nicht von der Angst überrollen zu lassen. Der Angst vor dem Tod, dem sie schon ins Gesicht gesehen hat. Heute ist sie still, wirkt in sich gekehrt, seit ich sie von zu Hause abgeholt habe, vielleicht hätten wir nicht hierher kommen sollen. Ich habe ihr von dem Brief erzählt, von meinem Vater, meiner Mutter. Davon, dass ich nicht mehr weiß, was ich tun soll, weil ich zwischen allen Stühlen sitze. Zerrissen zwischen dem Drang, auszubrechen und zu tun, was ich will, und der Angst, dann alles zu verlieren. Den letzten Rest Liebe meines Vaters, den Rückhalt meiner Mutter. Delia schiebt ihren Arm unter meinen. Viel hat sie nicht gesagt, zwischendurch hatte ich sogar das Gefühl, sie schweift ab mit ihren Gedanken. Sie hakt nicht nach, fragt nichts, äußert kaum ihre Meinung. Umarmt mich nicht, macht mir keinen Mut. Unter ihren Augen entdecke ich bläuliche Schatten, und als ich beim Gehen meine Hand unter ihre weinrote kurze Lederjacke schieben will, weicht sie zurück.

»Ich will dir etwas zeigen«, sagt sie leise und führt mich an der Kapelle vorbei, dann vom Hauptweg fort auf schmalere Sandwege, hier werden auch die Gräber kleiner, bescheidener, manche von ihnen wirken bereits vergessen, die Grabsteine brüchig und mit Moos überzogen, die Beete nur noch von wucherndem Efeu bedeckt, die Umrandungen schief, als hätte jemand dagegen getreten. Vor einem frischen Grab bleibt sie stehen. Der Ort wirkt friedlich, das Grab liegt ein wenig abseits von den anderen unter dem langen Schatten einer bereits zart belaubten Platane mit einer weißen Sitzbank darunter, gestiftet von einem Privatmann. Kein Kranz liegt auf der frisch aufgeschütteten Erde, nur ein verloren wirkendes mageres Gesteck mit einer schwarzen Schleife daran, »Bis wir uns wiedersehen, meine Einzige« steht darauf. Aber die Blumen wirken liebevoll zusammengestellt, drei leuchtend gelbe Freesien, ein paar Gräser und zarte Maiglöckchen, eine einzelne rote Rose in der Mitte, fünf Kornblumen. Delia verharrt davor, schweigt. Als ich sie verstohlen von der Seite ansehe, sehe ich eine Träne in ihren Wimpern hängen. Mit einer unwilligen Geste wischt sie sie fort.

»Sie ist neunundachtzig geworden«, sagt sie mehr zu sich selbst. »Ihr Mann, also ihr Witwer jetzt, ist fast auf den Tag genauso alt. Er hatte nur ganz wenig Geld, hätte sich eigentlich nicht mal die Rose leisten können. Sie waren siebzig Jahre verheiratet. Ich wollte ihm helfen.«

»Kanntest du ihn?«

Delia schüttelt den Kopf. »Er hat sie so geliebt.«

»Deshalb hast du ihm diesen besonderen Strauß gebunden. Man sieht, wie viel Mitgefühl du in die Arbeit gelegt hast.«

»Er wird auch bald sterben.« Noch immer achtet sie nicht auf mich, nicht auf das, was ich sage. Geht in die Hocke, um den Strauß so hinzulegen, dass er noch besser zur Geltung kommt. Die frisch aufgeschüttete Erde darunter ist noch feucht. »Ich muss immer an ihn denken«, fährt sie fort. »Wie soll er die Tage nur ohne sie überstehen, bis es so weit ist. Jetzt sitzt er da ganz allein, zum ersten Mal nach so langer Zeit.«

»Es muss schrecklich für ihn sein.«

»Sie waren immer zusammen.« Delia richtet sich wieder auf, streift mich nur kurz mit ihrem Blick. »Von so einer Liebe träume ich auch. Von jemandem, der bei mir bleibt bis zum Tod und nie aufhört, mich zu lieben. So eine Liebe ist etwas Kostbares, ich glaube, da vermisst man gar nichts. Auch wenn um einen herum alle mit ihren vielen Erfahrungen angeben. Das ist alles so unwichtig im Vergleich zu so einer Liebe.«

»Finde ich auch«, beeile ich mich zu sagen, wie konnte ich die ganze Zeit immer nur von mir reden, fast immer ist es so, wenn wir zusammen sind, ich hätte viel mehr auf sie eingehen sollen, Delia hat viel Schlimmeres hinter sich als ich.

Noch einmal versuche ich zaghaft, meinen Arm um ihre Schulter zu legen. Dieses Mal lässt sie es geschehen, lehnt sich jedoch nicht an mich, erwidert meine Berührung nicht. Ein paar Minuten lang verharren wir so, ich wage kaum zu atmen. Ein milder Frühlingswind fährt unter die Blätter der Rose und lässt sie erzittern.

»Ich hab dich gesehen, Max«, bringt Delia schließlich hervor, ohne mich anzusehen. »Am Samstag. Deine Freundin war bei dir.«

In meinem Kopf rattert es. Samstag, Annika und ich. Das Frühlingsfest, ich war nicht einmal besonders lange dort, und ich war froh, als ich gehen konnte. Der Vorwand, noch etwas für die Schule tun zu müssen, zählt immer. Nein, jagt es mir durch den Kopf. Nein, lass Delia nicht ausgerechnet diese Minuten beobachtet haben.

»Du warst beim Frühlingsfest?«, frage ich.

»Auf dem Riesenrad«, bestätigt sie. »Ich war allein dort, wollte die Welt von oben sehen. Lieber wäre ich mit dir gegangen, aber du hattest ja für Samstag abgesagt, ich konnte nicht wissen, dass du auch auf dem Rummelplatz bist. Vom höchsten Punkt aus habe ich gesehen, wie ihr euch unten am Süßwarenstand geküsst habt.«

»Es war alles so anders, als es vielleicht aussah«, versuche ich zu erklären. »Annika und ich ...«

»Genau das ist es.« Delia dreht sich zu mir um. »Annika und du. Ich kann das nicht mehr, Max, der Anblick hat mir wehgetan. Du wolltest mit ihr Schluss machen, hast behauptet, du liebst sie nicht mehr. Dann sehe ich, wie ihr zusammen an einem kandierten Apfel knabbert, Spaß mit euren Freunden habt. Vielleicht habe ich zu viel von dir verlangt. Du hast

Stress mit deinen Eltern, in der Schule. Jetzt bin da auch noch ich, die von dir eine Entscheidung verlangt, die du nicht fällen kannst. Du kommst von deiner Freundin nicht los. Ich nehme es dir nicht übel, aber dann bin ich nicht die Richtige für dich. Für mich heißt Leben, entweder ganz oder gar nicht, die lebensbedrohliche Krankheit hat mich geprägt. Deshalb brauche ich einen Freund an meiner Seite, der nur mich will und sich auch vor seinen Leuten zu mir bekennt. Es ist besser, wir sehen uns nicht mehr.«

Ich starre sie an. Das kann sie nicht sagen, ich bin doch schon fast so weit. Nur das mit dem Schulwechsel jetzt noch, dabei wird mir Herr Brückner helfen, und wenn ich zu Hause alles klar habe, ordne ich auch das mit den Mädchen. Es kommt nicht auf ein paar Tage an, gerade bei uns beiden, Delia und mir. Sie weiß doch, dass wir zusammengehören.

»Nein«, stoße ich hervor, es ist, als ob ich aus mir heraus trete, aus meinem Körper, das hier passiert nicht wirklich, nicht zwischen mir und Delia, das kann sie nicht machen. »Hab noch ein paar Tage Geduld, Delia, ja? Du bist älter, weißt mehr vom Leben als ich, und gerade deshalb weißt du doch auch, dass nicht immer alles so klappt, wie man gerne möchte. Ich habe nur noch nicht den passenden Moment abgepasst, aber... verlass mich nicht, Delia. Nicht ausgerechnet jetzt.« Ich nehme ihr Gesicht in meine Hände und blicke ihr in die Augen, so tief ich kann, versuche darüber hinwegzusehen, dass sie in meinen Blick nicht eintaucht wie ich in ihren. »Ich will mit dir zusammen sein, so wie die beiden Alten, für die du Blumen gebunden hast. Für immer, hörst du? Für immer.«

Sie dreht ihren Kopf zur Seite. »Das ist Unsinn, Max. Du kannst dich nicht jetzt schon für immer binden, das war mir von Anfang an klar.«

»Von Anfang an? Also hast du nur mit mir gespielt?«

»Dazu sind wir beide nicht gemacht, und dazu verbindet

uns auch schon viel zu viel. Aber es war ein Fehler von mir, mich so tief mit dir einzulassen. Die Beständigkeit, die ich brauche, kannst du mir noch nicht geben. Du bist gerade erst volljährig, auf der Suche nach dem richtigen Weg für dich, und das gegen tausend Widerstände. Ich sehe doch, wie wahnsinnig anstrengend das für dich ist. Ab und zu tankst du bei mir auf, aber das reicht nicht auf die Dauer.«

»Doch«, stammele ich hilflos. »Danach fühle ich mich jedes Mal viel besser, wirklich. Ich wollte nur eines nach dem anderen machen. Das mit Annika zu klären, wäre der nächste Schritt gewesen, auf jeden Fall.«

Jetzt umarmt sie mich doch, ganz kurz nur, dann schüttelt sie den Kopf, strafft ihren Körper und lässt ihre Arme wieder sinken.

»Max, du bist nicht mal mit der Schule fertig, willst Spaß haben. Mit Freunden durch die Gegend ziehen, unbeschwert sein. Das ist mir klar geworden, als ich dich mit deiner Clique beobachtet habe. Und mit Annika. Du und ich, wir empfinden viel füreinander. Aber wenn wir jetzt auf Krampf zusammen sein wollen, auch wenn es von vorne bis hinten nicht passt, kann das nicht gut gehen. Ich habe zu viel Angst, dass das mit uns irgendwann ganz schlimm endet. Und deshalb ist es besser, wenn wir uns trennen.«

Die Bilder vor meinen Augen fangen an zu wabern, ich taste nach hinten und greife nach der Lehne einer Bank, neben der wir stehen.

»Lass uns Freunde bleiben, Max«, schließt sie. »Du kannst mich jederzeit im Laden besuchen und mit anpacken, wenn dir danach ist, ich freu mich drauf. Aber als festen Freund brauche ich jemanden an meiner Seite, der offen zu mir steht, keinen Jungen, der außer mir noch eine andere hat. Keine Entscheidung ist auch eine Entscheidung.«

Sie drückt mir einen Kuss auf die Wange, streicht mir übers Haar wie einem kleinen Jungen. Dann versinkt sie noch einmal in dem Anblick des frischen, bescheidenen, von ihr gestalteten Grabes, ehe sie sich einen Ruck gibt und geht, und alles an ihrer aufrechten Körperhaltung verbietet mir, ihr zu folgen. Ich sehe ihr nach, bis sie hinter der Kapelle verschwunden ist. Sie kommt nicht mehr zurück.

18.

Mitten in der Nacht schrecke ich hoch. Mein T-Shirt klebt nass an meinem Körper, obwohl ich im Schlaf meine Decke vom Bett gefegt habe. Verwirrt blicke ich mich um und keuche, als hätte ich einen Tausend-Meter-Lauf hinter mir, mein Kopf noch voll von den Bildern eines Albtraums, der mich gepeinigt hat.

Um mich herum schwanken noch die Wände meines Zimmers, doch allmählich gelingt es mir, mich zu beruhigen. Mein Herzschlag verlangsamt sich, mein Atem geht flach. Ich stehe auf und nehme ein frisches T-Shirt aus meinem Schrank, ziehe mich um und lege mich wieder hin, und da fällt es mir wieder ein, dass Delia mich verlassen hat. Es gibt uns nicht mehr, nicht unsere gestohlenen Stunden, von denen nur wir etwas wussten und die mich am Leben hielten. Ohne sie gibt es nur noch Druck.

Egal ob ich wieder einschlafe oder für den Rest dieser Nacht wach liege, wird es keine Freude geben, wenn ich am Morgen aufstehe. Meine Zeit sehe ich an mir vorüberziehen wie Ware auf einem Fließband, gleichförmig, unauffällige Massenproduktion, sortiert, verpackt und zum Verbrauch ausgeliefert, es ist nichts Besonderes daran, es ist egal, wer ich bin und was ich tue. Den lebendigen Max, der fühlen kann, gibt es nicht mehr.

***

Am Montag steht ein neuer Mathelehrer von uns. Jünger als Herr Brückner. Seine dunklen Haare hat er mit einem öligen Zeug nach hinten gekämmt, unter den Achseln zeichnen sich an seinem hellblauen Hemd Schweißflecken ab, die auch noch riechen. Die Mädchen tuscheln und ziehen verstohlen Gesichter über seine leicht aufgeworfenen Lippen, auf jeden Fall sieht sein Lächeln schmierig und unecht aus, als er uns begrüßt. Und er trägt Slipper an den Füßen, ich bin gespannt, was Annika dazu sagt. Kein Mensch trägt heutzutage mehr Slipper.

»Mein Name ist Bollschweiler«, stellt er sich vor. »Ich übernehme bis auf Weiteres die Unterrichtsstunden von Herrn Brückner, der langfristig erkrankt zu sein scheint. Gehen Sie also davon aus, dass Sie auch die Abiturprüfungen bei mir ablegen werden. Selbstverständlich fließen die Vornoten, die Sie von Ihrem früheren Lehrer erhalten haben, in die Gesamtbewertung mit ein.«

Früherer Lehrer. Er redet, als würde Brückner nie wieder kommen, als könnte man ihn ablegen wie ein unmodern gewordenes Kleidungsstück, nur weil er länger krank ist.

»Was hat er denn?«, will Marie-Luise wissen, sie ist eine der Besten in Mathe.

»Selbst wenn ich es wüsste, dürfte ich es Ihnen nicht sagen, und ich möchte es auch gar nicht. Fangen wir also gleich an. Die Wahrscheinlichkeitsrechnung, davon gehe ich aus, haben Sie abgehakt. Unser neues Thema heißt also...«

Ein verhaltenes, entrüstetes Raunen wandert wie eine Woge durch den Raum. So kann er auf keinen Fall mit uns umspringen, er kennt uns nicht und ist nicht bereit, wenigstens die ersten zehn Minuten ein paar persönliche Worte mit uns zu wechseln. Die Mädchen tuscheln erneut, Marie-Luise meldet sich noch einmal.

»Bitte.« Bollschweiler hebt die Augenbrauen und reckt seinen Körper leicht in die Höhe, er ist bestimmt einen halben Kopf kleiner als ich.

»Erzählen Sie uns doch erst mal ein bisschen über sich«, bittet sie ihn. »Immerhin sind Sie jetzt auch unser Tutor, oder nicht?«

»Allerdings. Ich wüsste jedoch nicht, weshalb wir deshalb privat werden sollten.«

»Es muss nicht privat sein.« Marie-Luise schüttelt sich leicht. »Sagen Sie einfach nur, an welcher Schule Sie vorher waren oder ob Sie gerade erst Examen gemacht haben, welche Fächer Sie sonst noch unterrichten ... na ja, und die anderen Lehrer haben uns durchaus erzählt, welche Interessen sie in ihrer Freizeit verfolgen.«

»Das gehört nicht hierher«, wiederholt Bollschweiler. »Wenn Sie dann bitte alle Ihr Mathematikbuch hervorholen würden – Seite einhundertvierzehn, das uneigentliche Integral. Aufgabe eins, wer von Ihnen ist so freundlich und liest die Aufgabenstellung vor?«

Der Einzige, der sich meldet, ist Paul. Während er liest, wird in allen Ecken leise gemurmelt, Protest und Verwirrung dringen sicher auch bis zu Bollschweilers Ohren durch. Als die Unruhe ansteigt, greift er jedoch nicht ein, sondern richtet seinen Blick starr auf Paul. Erst als dieser zu Ende gelesen hat, lässt Bollschweiler seinen Blick durch die Reihen wandern.

»Ehe wir weiterarbeiten, möchte ich eines klarstellen«, sagt er. »Sie befinden sich in der zwölften Klasse, wollen in wenigen Wochen Ihre Reifeprüfung bestehen. Ferner gehe ich davon aus, dass Sie alle volljährig sind und keine Kinder mehr, und demzufolge wissen, dass Sie nicht für mich, sondern für sich selbst lernen. Wie Sie sich in meinem Unterricht verhalten, ist Ihre Angelegenheit – Sie sind selbst dafür verantwortlich, ob Sie hier etwas lernen oder nicht. Wenn Sie meinen, Sie müssten sich während der Mathematikstunden privat unterhalten, können Sie das gern tun. Die entsprechende Note im Mündlichen haben Sie sich dann selbst zuzuschreiben.«

Wir alle tauschen nur noch Blicke untereinander aus, dann wird es still, und Bollschweiler unterrichtet. Noch nie habe ich einen Lehrer erlebt, der mit einem derart leeren Blick monologisiert, seinen Stoff herunterleiert, mechanisch Fragen stellt, unbeteiligt auf die Antworten seiner Schüler reagiert. Nur wenige versuchen mitzuarbeiten, allen voran Paul. Die anderen, darunter auch ich, lehnen sich zurück, die Arme vor der Brust verschränkt. Bollschweiler jedoch lässt sich auch weiterhin nicht beeindrucken. Er schreibt das Smartboard voll und redet – sagt nicht, ob wir mitschreiben sollen, auch das überlässt er uns, stellt Fragen und ruft nur die Schüler auf, die sich melden, anfangs ist es tatsächlich nur Paul, doch nicht einmal die Hälfte der Stunde ist vergangen, als die Ersten einknicken. Noch etwas zögerlich werden Karoblöcke aufgeschlagen und das heutige Datum notiert, verunsicherte Blicke wandern durch den Raum, treffen einander, treffen meinen, richten sich dann nach vorn, versuchen zu begreifen. Einer nach dem anderen beugt sich schließlich über den Block und beginnt mitzuschreiben, zunächst nur wenige Zahlen und Wörter, innerlich noch immer unter Protest. Doch als Bollschweiler seine Seite abwärts scrollt, greift Hektik um sich. Mädchenstimmen flehen, er möge ihnen etwas mehr Zeit geben, danach gibt es kein Geräusch mehr außer dem übereifrigen Kratzen und Schaben von Stiften auf Papier. Schließlich bin ich der Letzte, der noch immer regungslos auf seinem Platz verharrt, selbst wenn ich wollte, könnte ich jetzt nichts mehr notieren, geschweige denn verstehen. Es ist alles so sinnlos ohne Brückner. Heute Nachmittag wird mich mein Vater verhören, wird interessiert aufhorchen, wenn ich von Bollschweiler berichte. Wird einen Termin mit ihm vereinbaren, seine Qualitäten als Lehrer abklopfen. Beide werden die Zügel straffer anziehen, was mich betrifft. Noch straffer. Am Lasso reißen, bis ich bewegungsunfähig bin, mich in den Strudel zerren wie das Meer letzte Nacht in meinem Albtraum.

Vorne reißt Bollschweiler irgendeinen Witz, ich habe nicht zugehört. Meine Mitschüler lachen höflich, erleichtert. Wenn der Lehrer Scherze macht, auch wenn sie noch so dämlich sind, kann es nicht so schlimm werden. Bollschweiler jedoch wird schnell wieder ernst und zieht seinen Stoff weiter durch, die Stunde nähert sich dem Ende, ich starre auf meine Armbanduhr und zähle die Sekunden als Countdown mit. Als es endlich klingelt, fährt er so unbeirrt fort, als wäre er taub. Die kleine Pause dauert zehn Minuten – erst nach sechsen nickt er uns mit einer knappen Bewegung zu, doch bis wir begriffen haben, dass wir uns jetzt erholen dürfen, ist die Pause fast um. In der zweiten Hälfte des Blocks geht es genau so weiter, er referiert herunter, was in seinen Unterlagen steht, beschäftigt sich mit den leistungsstärksten Schülern, ignoriert die anderen. Verständnisfragen beantwortet er in herablassendem Ton, hält nicht inne, um sich zu vergewissern, ob alle mitgekommen sind.

»Der ist ja klasse«, entfährt es Paul, sobald Bollschweiler verschwunden ist, schlägt mit der Hand auf meine Schulter und lacht. »Total cooler Typ, bei dem lernt man wenigstens was! Und vor allem ist er jung, die anderen Lehrer sind doch alle schon kurz vor dem Rentenalter. Jetzt geht's raketenartig nach oben mit unseren Leistungen, was meinst du, Max? Endlich mal frische Farbe in dem verstaubten Laden hier!«

»Ich finde, er kann nicht erklären«, erwidere ich.

»Was heißt erklären?« Paul schüttelt den Kopf. »Im Grunde war es doch nur eine Wiederholung, was er heute durchgezogen hat. Das hatten wir alles längst – na gut, vielleicht hat er ein bisschen drauf aufgebaut, aber das war nichts wirklich Neues, wenn man einigermaßen logisch mitdenken kann. Außerdem sind wir keine Grundschüler mehr – wo er recht hat, hat er recht. Wir sind alt genug, um uns den Stoff selber anzueignen! Der Mann nimmt uns endlich mal ernst. Kopf hoch, Max, wir packen das. Schlag ein!« Er hebt seine Hand.

Lahm klatsche ich meine dagegen. »Tut er nicht. Als Menschen sind wir ihm so was von egal, das hat er mit jedem Satz heraushängen lassen.«

Einige von den anderen, die sich mit uns durch die Tür geschoben haben, nicken und murmeln eine Zustimmung, aber niemand äußert sich offen, nur Marie-Luise pflichtet Paul bei.

»Meine Güte, Max, werd endlich erwachsen«, stöhnt sie. »Später in der Uni läuft das genauso ab, was hast du denn gedacht? Da werden Vorträge gehalten, und du sitzt mit deinem Laptop oder Schreibblock im Hörsaal, und was du in der Vorlesung nicht raffst, musst du zu Hause nacharbeiten! Einer wie Bollschweiler bereitet uns genau darauf schon vor, davon haben wir viel mehr als von einem lieben Opi wie Brückner, der doch auch nur so tut, als wären wir ihm wichtig. Wenn der Feierabend hat, weiß er auch nicht mehr, wie du heißt, das kannst du aber glauben.«

»Vielleicht will ich nicht studieren«, entgegne ich. Marie-Luise sieht mich an, als hätte ich verkündet, ich würde noch einmal als Abc-Schütze beginnen wollen.

»Ich dachte, du wirst das, was auch dein Vater macht«, meint sie. »Salesmanager ist doch ein top Beruf. Studierst du BWL, das ist doch interessant und soll gar nicht so schwer sein.«

Annika kommt und schlingt ihre Arme um mich, ich lasse sie gewähren, verscheuche den Gedanken an Delia, der nur schmerzt. Jede körperliche Nähe erscheint mir wie ein Trost, wie eine Zuflucht. Aber sie drückt mich nur kurz und lässt mich gleich wieder los.

»Hattet ihr auch bei Bollschweiler?«, platzt sie heraus. »Der ist eine harte Nuss, oder? Ab jetzt werde ich nur noch lernen, sonst bekomme ich da kein Bein auf den Boden. Bei uns im Grundkurs war es in seiner Stunde so still, da hättet ihr hören können, wenn eine Schuppe vom Kopf auf den Tisch fällt! Auf keinen Fall will ich bei dem durchrasseln, das überlebe ich nicht.«

Das überlebe ich nicht, hämmert es weiter in meinem Kopf, während sich eine Traube von Schülern um Annika, Paul und Marie-Luise bildet, um über Bollschweiler zu diskutieren. Das überlebe ich nicht. Ab heute jeden Tag Bollschweiler, von Montag bis Freitag und dann durch die Prüfungen. Ohne Delia als Lichtblick, ohne irgendjemanden. Mit einem Vater, der mir jede Unterstützung verweigert, sofern eines meiner Ziele von seinem abweicht, und einer Mutter, die zwischen ihm und mir hin und her schwimmt wie ein Fisch in einem viel zu kleinen Aquarium, hierhin, dorthin, aber an keiner Seite gibt es einen Ausweg. Niemand bemerkt mich, als ich mich von der Gruppe entferne und den grauen Flur entlang zum Ausgang gehe, schlurfe, nach Hause oder nicht nach Hause, es ist so egal.

Ich könnte zur Roy-Lichtenstein-Schule fahren. Erklären, dass die Absage ein Irrtum war. Dass mein Vater andere Vorstellungen von meiner Zukunft hat als ich selbst. Dass er überreagiert hat. Ich brauche seine Unterschrift nicht. Vielleicht ist mein Platz noch nicht vergeben, vielleicht habe ich Vorrang vor jedem Nachrücker auf der Warteliste, trotz allem. Ich habe die Aufnahmeprüfung bestanden, ich. Niemand hat mir dabei geholfen, das habe ich endlich einmal allein geschafft.

Dann könnte ich vielleicht ab morgen schon ganz hingehen. Nie wieder diese Schule hier betreten, nie mehr. Bollschweiler nicht sehen, nicht Paul, Marie-Luise, nicht Annika – würden sie mein Fehlen überhaupt bemerken? Jetzt bemerken sie es nicht, niemand eilt mir nach oder ruft nach mir. Morgen schon in diesem hellen, weiten Kunstsaal sitzen. Über einer Aufgabe brüten, aber ganz anders, es würde *meine* Aufgabe sein. Für mich selber lernen, es klingt so platt. Aber Zeichnen und Malen. Alles andere auch, natürlich. Alles hat seinen Sinn, wenn es dazu dient, eines Tages als Künstler arbeiten zu können.

Morgen schon hinfahren hieße aber, nicht Brückner davon erzählen zu können. Nicht Delia. Nicht einmal Natalie, denn dann würden es auch die Eltern merken, sie merkten es sowieso. Ohne sie alle. Delia, Delia. Sie fehlt mir so sehr, dass es in meiner Brust reißt und zerrt. Mit Annika Schluss machen. Ich kann nicht auf die Lichtenstein-Schule, ganz auf mich gestellt packe ich das nicht. Zu Delia gehen. Ein Versuch noch. Lass uns Freunde bleiben, Max. Es hat keinen Sinn.

Zu Hause lasse ich mir nichts anmerken. Esse mit Mutter und Natalie. Meine Schwester berichtet von ihrer Probe, nicht nur der Lehrer hat sie gelobt. Jemand von der Regionalpresse war da und nannte sich »Talentscout«, eigentlich fällt sie auf so was nicht rein. Nati soll in seiner Profiband vorspielen, sie sei die Entdeckung überhaupt. Ein gepierctes Mädchen am Saxofon, keine noch so coole Band kommt auf so eine Idee.

»Willst du bei *Keep Out* aussteigen, wenn sie dich haben wollen?«, frage ich sie.

»Ich will mich weiterentwickeln«, antwortet sie, so anders als ich, sofort gibt sie Mama mit einem einzigen Blick zu verstehen: Fang jetzt nicht mit dem Neffen von Papas Chef an, der mich damals zu *Keep Out* geholt hat. Der ist eh so gut wie draußen, unzuverlässig wie er sich gibt. Wieder diese Mischung aus Skepsis und Bewunderung in Mamas Blick. Gleich nach dem Dessert stehe ich auf.

19.

»Der Mann gefällt mir«, urteilt mein Vater wenige Tage später, der natürlich gleich einen Termin mit Bollschweiler vereinbart hat, nachdem ich von ihm erzählt habe. »Endlich einmal das, was man sich unter einem Dozenten junger Erwachsener vorstellt. Jetzt weht ein anderer Wind im Leistungskurs! Natürlich habe ich ihm versichert, dass wir gemeinsam alles daran setzen werden, dass du deine Rückstände in Mathematik aufholst, wieder zu deinen gewohnten Leistungen zurück findest.«

»Das hättest du dir sparen können. Der interessiert sich null für uns.«

»Da hatte ich einen anderen Eindruck. Wie läuft es im Nachhilfeinstitut?«

»Passt schon«, antworte ich und lege ihm ungefragt die Aufgaben vor, die ich dort bearbeitet habe.

»Na bitte«, sagt er, »wird doch. Weiter so, Junge, wir Rothes lassen uns doch nicht unterkriegen, wie? Du packst das schon.« Er klopft mir auf die Schulter, dann entlässt er mich und ich trotte in mein Zimmer zurück.

Kann man ganz allein auf der Welt sein? Ich habe das Gefühl, wie ein Geist durch alle hindurch zu laufen. Zu Hause, wo ich in Ruhe gelassen werde, sobald ich den Eindruck erwecke, ich würde lernen. In der Schule, wo Bollschweiler den ganzen Jahrgang in Panik versetzt hat, düstere Aussichten an die Wand malt, wie rasant es mit uns abwärts gehen werde, sollten wir nicht mit einer Eins vor dem Komma das Abi bestehen. Jeden Tag muss ich sein Gesicht sehen anstelle der gütigen, warmherzigen Augen Herrn Brückners, der immer ein aufmunterndes Lächeln oder ein Wort des Lobes für uns übrig hatte. Ich vermisse ihn so. Bollschweiler dagegen scheint sich jedes Mal fast zu freuen, wenn einer von uns einen Fehler macht. Er versteht es wie kein anderer, mit feinsten Nadelspitzen in die Wunden jedes Einzelnen zu stechen und auch, uns bei Versagen vor dem ganzen Kurs bloßzustellen. Nicht nur ich bin ein willkommenes Opfer für ihn, besonders gern verletzt er die Mädchen. Philine zum Beispiel, die neben Marie-Luise sitzt, ein sehr ruhiges, immer etwas ängstlich wirkendes

Mädchen. Den ganzen Vormittag lang sitzt sie heute mit rot geweinten Augen im Unterricht, sie tut mir so leid. Niemand wusste, was mit ihr los war, sie verrät es nicht, aber dass sie zu verzweifelt ist, um erfolgreich mitzuarbeiten, kann niemand übersehen, nicht einmal Bollschweiler. Er jedoch holt sie nach vorn und lässt sie vorrechnen – natürlich bekommt sie nichts hin.

»Entschuldigung«, flüstert sie nach dem dritten vergeblichen Versuch, die Gleichung zu lösen. »Ich kann mich heute nicht konzentrieren. Darf ich mich bitte wieder setzen?«

Bollschweiler mustert sie von oben bis unten. Lange. Lässt seine Augen über ihr verweintes Gesicht wandern, über ihre Brüste, die Beine, zurück zum Gesicht.

»Sind Sie vielleicht schwanger?«, fragt er.

Alle müssten aufstehen gegen ihn, ihre Empörung herausschreien, protestieren. Keiner sagt etwas. Philine wird so blass, dass ich minutenlang befürchte, sie kippt gleich um, doch dann scheint sie sich plötzlich zu fangen. Mit versteinertem Gesicht setzt sie sich auf ihren Platz und richtet ihren Blick starr nach vorn, wo sich längst jemand anderes abmüht, ebenfalls verkrampft, doch am Ende erfolgreich. Als Philine sich über ihren Block beugt, um die Aufgabe zu übertragen, sehe ich eine Träne auf die Tinte tropfen.

Etwas später ruft Bollschweiler mich auf, ohne dass ich mich gemeldet hätte. Auch ich stammele vor dem Smartboard herum, als wäre ich in Mathe auf dem Stand der dritten Grundschulklasse. Bollschweiler wartet, wartet lange. Versucht nicht, mich mit gezielten Fragen zu unterstützen, der Lösung seiner Aufgabe schrittweise näher zu kommen, bis ich die Lösung gefunden habe. Im Rücken spüre ich die Blicke der anderen Kursteilnehmer. In jedem Flüstern höre ich Spott, die Stille dazwischen lässt mich vermuten, dass hinter meinem Rücken Grimassen geschnitten, Augen verdreht und Zettelchen geschrieben werden, mit denen sie sich über meine

Unfähigkeit lustig machen. Aus dem Augenwinkel bemerke ich, wie Bollschweiler dem Kurs Blicke zuwirft, sie bedeuten: Sehen Sie, so geht es, wenn man nicht begreift, dass das Abitur kein Spaß mehr ist. So kann ich mich nicht konzentrieren.

»Ich komm nicht weiter«, murmele ich schließlich und händige ihm den Touchpen aus. »Nehmen Sie lieber jemand anderes dran.«

»Sie geben also auf?«, vergewissert er sich, die Augenbrauen hochgezogen, erneut ein spöttisches Grinsen in die Runde schickend, es entgeht mir nicht, dass es von einigen erwidert wird.

»Ich habe keine andere Wahl«, antworte ich. »Ich versteh die Aufgabe nicht.«

»Maximilian, Sie können alles im Leben erreichen, nur keinen Erfolg.« Bollschweilers Stimme klingt eisig. »Sie sind vollkommen unbegabt im logischen Denken, die Fleisch gewordene Pisa-Studie. Paul, machen Sie weiter.« Mit einer scheuchenden Handbewegung schickt er mich auf meinen Platz zurück.

Ich setze mich auf meinen Platz. Es ist, als ob Wände aus Beton sich wie eine Eierschale um mich schließen, ich schäme mich so, ich wünschte, ich wäre nicht hier. Wie von einer Welt, die mich nichts mehr angeht, dringen die Stimmen von Bollschweiler und Paul, der jetzt weiterrechnet, sicher und mit geübter Methode auf den Bildschirm bringt, was ich nicht zustande bekommen habe. Ich blicke auf die Tischplatte vor mir und rühre mich nicht, es hämmert in meinem Schädel. *Sie können alles im Leben erreichen, nur keinen Erfolg.* Das sitzt. Und alle haben es gehört.

Ich blicke nicht auf, versuche nur weiter gegen die aufsteigenden Tränen anzukämpfen, beuge mich hinunter und binde einen meiner Schuhe zu, der nicht einmal offen gewesen ist, nur damit niemand bemerkt, was mit mir los ist; Max hat Pipi in den Augen.

Die Stunde geht weiter, als wäre nichts geschehen. Anfangs habe ich noch gehofft, jemand von den anderen würde sich entrüsten, etwas gegen Bollschweilers Sprüche sagen, der gegen Philine war mindestens ebenso unangemessen wie der gegen mich. Irgendjemand müsste etwas sagen, jemand, der keine Angst vor ihm hat, jemand wie Paul, dessen Noten nicht in Gefahr sind. Aber Paul steht nur vorne, rechnet, erklärt, schreibt an. Holt sich sein Lob ab. Niemand ergreift Partei für mich, auch er nicht, dabei hätte er eine Chance, ihm hört Bollschweiler zu, wenn er etwas sagt. Ab und an dringt verhalten beifälliges Lachen an meine Ohren wie von der Lachmaschine einer Sitcom im Fernsehen, sobald Bollschweiler einen weiteren Witz versucht. Ich höre nicht hin, verfolge auch den Unterricht nicht mehr, es hat keinen Sinn.

Nach der Stunde verziehe ich mich in eine stille Ecke, die nächste Stunde schwänze ich. Ich zücke mein Handy und lasse das Telefonbuch durchlaufen, B wie Brückner. Er hat gesagt, ich könne mich jederzeit bei ihm melden, wenn was ist. Jetzt ist was. Mein Finger kreist über der Anrufen-Taste, aber ich schaffe es nicht, vielleicht würde ich ihn stören, ihn unnötig aufregen. Als er das gesagt hat, war er noch gesund.

Meine Mutter sitzt an ihrem Manuskript, als ich die Tür aufschließe.

»So früh?«, fragt sie. »Nachdem Herr Brückner schon krank ist, habt ihr doch hoffentlich nicht noch mehr Unterrichtsausfall?«

»Nichts fällt aus. Mir war nicht gut, das ist alles.« Ich schiebe mich an ihr vorbei und verschwinde in meinem Zimmer, lege mich aufs Bett, doch wenige Minuten darauf ist sie wieder bei mir und stellt mir mundgerecht geschnittenes Obst und einen Becher dampfenden Kräutertee hin.

»Du siehst blass aus«, bemerkt sie. »Mir tut es ja auch leid, wie viel Stress ihr heutzutage in der Schule habt. Leider konnten wir uns das mit dem achtjährigen Gymnasium nicht aussuchen ... für einen sensiblen Jungen wie dich wäre es sicher besser gewesen, ein Jahr länger für den ganzen Stoff zur Verfügung zu haben. Jetzt fehlt auch noch dein Lieblingslehrer.« Sie streicht mir mit der Hand über die Stirn. »Aber da müssen wir jetzt durch, hm?«

»Was ist mit Papas Arbeit?«, frage ich sie. »Wird er tatsächlich demnächst zu Hause sitzen?«

»Damit sollst du dich nicht belasten«, weicht sie aus. »Bei seiner Qualifikation wären sie dumm, Matthias zu entlassen. Aber jetzt strengt er sich natürlich noch mehr an und macht unentwegt Überstunden, um die Firma zu retten. Weißt du was, Max – wenn du alles überstanden hast, den ganzen Stress in der Schule, dann gönnst du dir mal wieder etwas richtig Schönes. Dann verreist du mal mit deiner Annika. Du wolltest doch so gern einmal auf die Malediven, einen Tauchkurs belegen.«

Mit Annika in Urlaub fahren. Mama weiß nichts von Delia, nichts davon, dass mein Herz sich noch immer anfühlt wie eine aufgerissene Wunde, pulsierend bis der Körper leer ist und nur noch eine farblose Hülle übrig bleibt.

»Vielleicht«, sage ich. Ich will, dass sie geht.

»Oder du nimmst an einem Ruderwochenende teil«, fährt meine Mutter fort. »Das hast du doch früher so gerne gemacht, und die frische Luft wird dir gut tun, nachdem du zurzeit so viel in den Schulräumen und in deinem Zimmer bist. Mach den ganzen Sommer lang nur, wozu du Lust hast, Max. Du wirst sehen, das Studium packst du danach mit ganz frischen Kräften.«

***

In unserer Familie stehen die nächsten Wochen ganz im Zeichen von Natalies Musikwettbewerb. Zu Hause sehe ich sie nur selten, und wenn, verschwindet sie nach den gemeinsamen Mahlzeiten meist sofort in ihrem Zimmer, um Saxofon zu üben. Einerseits bin ich erleichtert, dass unsere Eltern während dieser Zeit ein wenig ihren Blick von mir wenden und mit ihr fiebern, andererseits hätte ich gern mit ihr über Bollschweiler geredet. Die trotzige, rebellische Art meiner Schwester hätte mir vielleicht Auftrieb gegeben, auch in mir einen Kampfgeist geweckt. Aber ich will Nati nicht mit meinen Problemen belasten, sie braucht ihre Energie für sich selbst, muss sich voll konzentrieren können, bei jeder Probe, jeder Übungsstunde zu Hause. Meine Mutter geht vollkommen darin auf, ihr jeden Wunsch von den Augen abzulesen, kocht alles, worauf sie Appetit hat, hat Bachblütentropfen gegen das Lampenfieber besorgt. Papa lässt sich jeden Abend von ihr die Stücke vorspielen, die sie auf die Bühne bringen wird, hat immer etwas zu kritisieren, nie spielt sie seiner Auffassung nach gut genug.

»In deinem Sicherheitsnadel-Look kannst du da nicht hingehen, das ist dir hoffentlich klar«, belehrt er sie wenige Tage vor dem Wettbewerb beim Abendessen. »Ich hoffe wirklich, dass du dir bis dahin einen Fundus an etwas erwachseneren Kleidern zulegst, du lebst schließlich nicht in einem besetzten Haus oder bist in der Gosse gelandet. Kleider machen Leute, Natalie, lass dir das gesagt sein. Ich möchte nicht, dass du dir wegen deines kindlichen Trotzes, den du zweifelsohne mit deiner Aufmachung zur Schau trägst, den Sieg vermasselst. Damit würdest du dir selbst am meisten schaden.«

»Für wie blöd hältst du mich eigentlich, Papa?«, gibt Nati zurück, doch ihre Stimme klingt nicht mehr so kämpferisch und souverän wie sonst, allmählich scheint er auch sie einzuschüchtern. »Ich gehe im Faltenrock und weißer Bluse, ist doch klar.«

»Matthias hat recht«, wirft Mama ein. »Der optische Eindruck macht bei solchen Wettbewerben viel aus. Aber wir finden schon etwas Geeignetes, nicht wahr, Nati? Mutter und Tochter können durchaus mal wieder zusammen shoppen gehen. Ich weiß gar nicht, wann wir das zum letzten Mal gemeinsam getan haben.«

»Und du, Maximilian?« Vater richtet seinen Blick auf mich. »Wir als Natalies Familie sollten auch standesgemäß gekleidet sein, wenn wir zu ihrem Auftritt bei *Jugend musiziert* gehen. Ich gehe davon aus, dass du aus deinem Konfirmationsanzug herausgewachsen bist und in Jeans und Pullover ... das geht auf keinen Fall. Immerhin steht ja auch deine Abiturfeier bevor, also brauchst du ohnehin etwas Neues.«

»Ich besorg mir was«, versichere ich. »Damit musst du wirklich nicht deine kostbare Zeit vergeuden, Papa.«

»Gut so.« Seine Gesichtszüge entspannen sich leicht, er nimmt einen tiefen Schluck aus seinem Bierglas. »So langsam fange ich an, mich auf diese Familienereignisse zu freuen.«

Wenn du wüsstest, denke ich. So viel zu freuen gibt es da nicht.

20.

Am Sonntag kaufe ich mir auf einem Flohmarkt einen gebrauchten dunklen Anzug, nicht mehr modern, ein wenig verschlissen, aber der Zettel von der letzten Reinigung hängt noch dran, der feine, glatte Stoff lässt darauf schließen, dass er früher mal ein edles Stück war. Zu Hause stelle ich fest, er sitzt ganz gut, nur an den Schultern hängt er etwas und die Hose fällt ein wenig zu locker. Dennoch macht er mich erwachsener, zumindest äußerlich, ein Anzug für alle Gelegenheiten. Ich ziehe ihn mit einem weißen Hemd darunter an, binde einen Schlips dazu, danach eine Fliege. Probiere das Jackett offen mit einem Shirt und meinen ausgetretenen Sneakers an den Füßen. Selbst Annika müsste zufrieden sein, wenn ich ihn trage, an Pauls achtzehntem Geburtstag, beim Abiball, zu Hochzeiten, Taufen. Zu Natalies Musikwettbewerb und dem anschließenden Empfang. Bei meiner eigenen Beerdigung. Ich gehe ins Bad und schaufele mir kaltes Wasser ins Gesicht, rubbele es mit einem frischen Handtuch trocken und creme mich ein. Benetze auch meinen Kamm mit Wasser und kämme mir die Haare nach hinten, streiche mit den eingecremten Händen darüber. Eine Frisur wie die eines Bankangestellten oder Managers, die mich ebenfalls älter erscheinen lässt. Mit diesem Look entdecke ich die optische Ähnlichkeit mit meinem Vater wieder. Wenn ich so alt werden würde wie er, ob ich dann auch so drauf wäre? Vom Leben enttäuscht, anderen gegenüber unerbittlich wie zu sich selbst? Keine Sorge, Max, sage ich zu mir selbst, so alt wirst du nicht. Du machst dich vorher aus dem Staub. Ich beuge mich vor, näher an den Spiegel heran, und versuche meine Augen so weit zu schließen, dass ich mich gerade noch durch die Wimpern hindurch sehen kann. Auch meine Lippen schließe ich und höre auf zu atmen, kein Hauch beschlägt das Spiegelglas und mein Gesicht ist ohnehin immer blass, nur der wächserne, gelbliche Anschein der Haut eines Verstorbenen fehlt.

Erst als ich wieder atmen muss, wende ich mich ab und gehe zurück in mein Zimmer, doch jetzt dringen Geräusche von der Wohnungstür zu mir. Meine Eltern kehren von einem Ausflug zurück. Ich will sie nicht sehen, also springe ich auf und schlüpfe in meine Sneakers, ehe ich versuche, aus dem Zimmer zu schlüpfen. Im Flur pralle ich beinahe mit meinem Vater zusammen.

»Wohin so schnell?«, fragt er und mustert mich. »Alles für die Schule schon erledigt?«

Meine Mutter tritt hinzu und wirft mir einen anerkennenden Blick zu. »Sonst hätte er sich kaum so schick gemacht«, meint sie und zwinkert mir zu. »Wir müssen nicht alles wissen, nicht wahr, Max? Komm nicht so spät zurück, morgen musst du wieder früh raus.«

»Bestimmt nicht«, verspreche ich und jage weiter, nur

nach draußen, nur fort von hier, fort von ihren Fragen. Ich renne, bis ich in meiner Lunge schmerzende Nadelstiche spüre, aber nun bin ich schon fast beim Friedhof angekommen, bei Delias Friedhof, die Sehnsucht nach ihr hat mich vor Kurzem noch so sehr geschmerzt, dass es mich innerlich zu zerreißen drohte. Jetzt spüre ich nichts mehr, versuche mir ihr Gesicht vorzustellen, sehe sie jedoch nur wie hinter einem Schleier, höre ihre Stimme nicht mehr. Vielleicht ist sie hier.

Am Eingang kommen mir Friedhofsbesucher entgegen, zumeist ältere Damen, ich stelle mir vor, wie dankbar sie für die Grabpflege sein müssen, die ihrem langen, einsamen Sonntag eine Struktur gibt, eine Unterteilung, vorher kann man zur Kirche gehen, Mittag essen, einen Blick in die Zeitung werfen, dann zum Friedhof, um das Grab zu harken und eine stumme Zwiesprache mit dem Ehemann oder der Schwester zu halten, später zurück nach Hause, zu Kaffee und Kuchen, danach ist der Tag bald vorbei, der Montag ist leichter zu ertragen, man kann besser unter Menschen gehen, sich in das Treiben auf den Straßen und in den Geschäften mischen. Auch mein Sonntag hört nicht auf.

Ich suche das Grab, das Delia mir bei unserem letzten Treffen gezeigt hat, habe aber den Weg vergessen. Weit hinten, fast schon an der Friedhofsmauer entdecke ich ein frisch ausgehobenes Grab, die aufgehäufte Erde links und rechts davon ist noch dunkel vor Feuchtigkeit. Ich bleibe dicht davor stehen und blicke hinein, erschrecke ein wenig darüber, wie tief die Gruft ist, schon morgen wird jemand darin liegen, jemand, der vielleicht vor wenigen Tagen noch gelaufen ist und gesprochen hat, gegessen und getrunken, geliebt, sich geärgert, gelacht und geweint. Die Beerdigung steht fest, morgen rückt die Verwandtschaft an, Kollegen, Nachbarn. Vielleicht wird Delia Blumen binden und Kränze stecken. Ich stelle mir vor, es wäre mein eigenes Grab, ich selber würde im Sarg hinuntergelassen werden, um mich ist alles dunkel, ich spüre nichts mehr, nicht hier, weil ich längst woanders bin, in einer anderen Welt, wo mich nichts mehr belastet, wo es keinen Schmerz gibt, keine ungestillte Sehnsucht, kein Vermissen und keine Verzweiflung. Mein Körper liegt im Dunkel, und nachdem die Menschen um mich etwas Erde auf meinen Sarg geworfen haben, vielleicht ein paar Tränen geweint, wenden sie sich ab und gehen, und ich bleibe allein in der Tiefe liegen, während ihre Schritte sich entfernen, zögernd zunächst, doch bald schon entschlossener, zurück in ihr eigenes Leben, das weitergeht, weiter ohne mich, *es muss ja,* werden sie sagen. Ich bin nicht mehr dabei, sie können mir nichts mehr tun, in der Erde liegt nur mein Körper, ich bin weg.

Die Tiefe der Gruft zieht mich an. Rasch blicke ich mich um, um mich zu vergewissern, dass mich niemand beobachtet, dann hocke ich mich auf den Boden, drücke die Hände in den kühlen Sand und springe ab, abwärts, es fühlt sich noch tiefer an als es aussah. Unten lege ich mich auf den Rücken, bereits nach kurzer Zeit spüre ich die feuchte Kälte der Erde in der Tiefe durch den Stoff meines Anzugs kriechen, blicke nach oben, steil und hoch ragen die Seitenwände neben mir auf, aber über mir ist der Himmel, blau und zartrosa, von fedrigen Schleierwolken durchzogen. Ich liege lange und beobachte sie, wie sie weiterziehen, unbeeindruckt von meinen schwarzen Gedanken und meiner Einsamkeit hier unter ihnen, ich liege und warte, aber es kommt niemand, es sucht niemand nach mir, die offene Gruft schluckt die meisten Geräusche, es ist friedlich hier drin. Bald wird die Dämmerung hereinbrechen und die Nacht den Tag vertreiben. Ich könnte noch bleiben.

»Was hast du denn da an?«, fragt mich Annika gleich am Montag, als Nati und ich sie wie üblich von zu Hause abholen. »Einen Anzug? An einem ganz normalen Montag?« Sie mustert mich vom Beifahrersitz aus, ihr Blick verwundert, doch es schwingt auch verhaltene Anerkennung darin mit.

»Mir war so danach«, antworte ich und ringe mir ein verkrampftes Grinsen ab. »Du wolltest doch, dass ich meinen Look ändere, also hab ich's getan. Gefällt es dir nicht?«

»Total übertrieben«, urteilt sie. »Was willst du denn anziehen, wenn es wirklich einen Anlass für den Anzug gibt?«

»Ich find's cool«, wirft meine Schwester ein, die wieder hinter uns sitzt. »Der Anzug steht ihm super und er hebt sich damit von der breiten Masse ab. Man braucht nicht immer für alles einen verdammten Anlass.«

Annika stößt einen zweifelnden Laut aus. Eine Antwort von mir wartet sie gar nicht erst ab, fängt stattdessen an, von einem Kinofilm zu erzählen, den sie gestern mit Johanna und Marie-Luise gesehen hat. Sie plappert, bis wir vor der Schule angekommen sind. Während ich wenig später neben ihr und Natalie zum Haupteingang gehe, bemerke ich auch von den anderen verwunderte Blicke, aber niemand spricht mich auf den Anzug an, keiner scheint zu ahnen, weshalb ich ihn trage und was er bedeutet. Die Stimmung in unserem Jahrgang ist angespannt, alle wirken erschöpft und ausgelaugt, nicht nur in Bollschweilers Stunden.

»Oh, der Herr Rothe heute als Broker«, äußert er, als er mich sieht, lässt seine Augen an mir herauf und herunter wandern. »Sehr dekadent. Zu schade, dass Sie nicht in der Lage sind, Ihre Leistungen entsprechend anzupassen. So wird es nichts mit Ihrer Karriere – es sei denn, als Komparse in einem Stummfilm.«

Ich versuche, seinem Spruch an mir abprallen zu lassen, rede mir ein, dass einer wie er mich nicht verletzen kann. Bollschweiler weiß nicht, dass ich in meinem Anzug schon den Himmel gesehen und unter meinem Rücken die feuchte, dunkle, klebrige Kälte der Erde eines frisch ausgehobenen Grabes gespürt habe. Dass er meine Schutzuniform gegen ihn ist und gegen alles andere, was ich nicht mehr ertrage. Dass er mein Totenhemd ist. Niemand weiß davon. Es gab keinen Bollschweiler im Grab. Es gab nur Frieden.

Am Nachmittag treffe ich mich mit Annika in der Stadt, sie hat darauf bestanden, dass wir zu meinem Anzug passende schwarze Schuhe kaufen. Hinterher landen wir in einem Schnellrestaurant.

»Du bist die ganze Zeit so still«, bemerkt Annika, als wir fast aufgegessen haben.

»Bin ich doch immer«, weiche ich aus.

»Wieder Stress mit Bollschweiler?«, hakt sie nach. Ich habe keine Lust, über ihn zu reden und nicke nur.

»Meine Güte, dann wehr dich doch endlich mal!«, ruft sie. Ein paar Leute von den umstehenden Tischen blicken zu uns herüber. Annikas Blick verrät Ungeduld, sogar Verachtung schwingt darin mit. »Du bist selber schuld, wenn du dir alles gefallen lässt! Für das, was er zu dir gesagt hat, könnte man ihm glatt ein Disziplinarverfahren anhängen! Sag es deinem Vater, der wird ihn sich schon vorknöpfen!«

Ich zucke mit den Schultern. »Das sagst du so leicht. Das Abi ist für mich sowieso gelaufen.«

»Du bist ein Schaf, Max. Bollschweiler beleidigt dich, und du lässt es einfach auf dir sitzen? Du bist echt peinlich, tut mir leid.«

»Du stellst dir das so einfach vor«, erwidere ich. »Aber wir sind gerade mitten in den Abiprüfungen, als Nächstes habe ich die Schriftliche in Mathe. Wenn ich mich jetzt mit Bollschweiler anlege, bekomme ich die Quittung direkt aufs Zeugnis.«

»Jetzt pass mal auf.« Annika beugt sich vor, sieht mir eindringlich in die Augen. Sie nimmt sogar meine Hand und drückt sie zwischen ihren schmalen, kühlen Fingern. »Da war doch auch dieser Spruch Philine gegenüber. Bestimmt seid ihr nicht die Einzigen, die er so niedergemacht hat. Wenn sich ganz viele zusammenfinden und gegen ihn aussagen, schaffen wir es vielleicht, dass er gehen muss! Ich wette, dann kannst du dich auch wieder besser auf den Lernstoff konzentrieren.«

Einen Augenblick lang denke ich nach. Bollschweiler, wie er fliegt. Vorher noch Termine mit dem Schulrat, Gespräche, in denen er sich verantworten muss. Erklären, wie er dazu käme, solche Worte gegenüber seinen Schutzbefohlenen, den Schülern zu verwenden. Zusehen, wie er sich windet, versucht sich herauszureden, alles herunterzuspielen, ohne Erfolg. Auf seinen Kopf zu spucken, vom Fenster aus, wenn er aus dem Eingangsportal tritt, seine hässliche Aktentasche unter dem Arm und dazu einen Karton mit den persönlichen Sachen aus seinem Fach im Lehrerzimmer, unter Mühen wird er versuchen, alles auf einmal zu seinem spießigen Kombi zu tragen, damit er nicht zweimal gehen muss, nicht noch einmal zurückkehren in unsere Schule, in der er als Pädagoge und Studienrat so was von versagt hat, egal wie hoch er seine Nase getragen hat. So etwas wie Hoffnung keimt in mir auf.

»Erzähl mir jetzt nicht, dass du kneifst«, warnt Annika mich. »Sei endlich mal ein Mann.«

Ich spüre, wie ich blass werde, verstohlen wische ich meine nassen Handflächen an der Hose ab. Ein Mann. Ein Mann wie Paul. Wie der Typ, mit dem Delia vielleicht längst abhängt.

»Ich frag ein paar von den anderen, ob sie mitmachen«, verspreche ich, ohne selbst daran zu glauben. »Würdest du mir denn beistehen, wenn es hart auf hart kommt? Wenn ich gegen Bollschweiler doch den Kürzeren ziehe und er mich dann erst recht schikaniert?«

Annika zieht ihre Hand aus meiner und räumt unser beider Pappgeschirr auf dem Tablett zusammen.

»Tu erst mal was«, sagt sie und steht auf. »Dann sehen wir weiter.«

Aber ich spüre selbst, wie schwach ich rüberkomme, als ich

drei Tage später endlich wage, Simon und Paul anzusprechen. Ich schlage nicht einmal vor, wirklich etwas gegen Bollschweiler zu unternehmen, sondern werfe nur nebenbei ein, seine Bemerkungen gegen uns Schüler wären oft grenzwertig, da merke ich bereits, wie alles verpufft.

»So schlimm ist es doch gar nicht«, meint Paul, und Simon nickt. »Du musst dir einen Panzer wachsen lassen, später kommen noch ganz andere Gegenwinde auf uns zu. Aufwachen, Mäxchen, Brückners Schmusekurs ist vorbei! An deinem Anzug sieht man doch schon, dass du dich nicht mehr unterbuttern lassen willst. Bollis Sprüche steckst du doch in die Hosentasche, oder?« Er schlägt mir auf die Schulter und schiebt mich in den Kursraum. Das war's.

21.

In den folgenden Wochen werden wir zu Robotern. Die meisten aus Bollschweilers Leistungskurs haben immer Kopfschmerztabletten in ihrer Schultasche, schlucken fast in jeder Pause eine. Marie-Luise stöhnt, sie könne kaum noch schlafen vor Angst angesichts der bevorstehenden Abiprüfungen. Simon gesteht, er sei vorübergehend aus dem Tennisverein ausgetreten, bis die Prüfungen überstanden seien. Tage, an denen ausnahmsweise mal eine Doppelstunde ausfällt, werden nicht zu gemeinsamen Essen in der Mensa oder zum Sonnen im nahe gelegenen Park genutzt, sondern jeder sieht zu, dass er so schnell wie möglich nach Hause kommt, um dort allein weiterzulernen. Aus Freunden und Schulkameraden sind Leidensgenossen geworden, vor allem aber erbitterte Konkurrenten. Mir bietet nicht einmal Paul noch an, mit ihm gemeinsam zu lernen, in den letzten Tagen ist er wortkarg geworden und seine Schwärmerei für Bollschweiler ist einem bleichen Duckmäusertum gewichen. Er meldet sich unentwegt in dessen Unterricht, versucht immer der Beste zu sein, und wenn er etwas nicht weiß, formuliert er geschickte, intelligente Fragen, deren Antworten oft dem gesamten Kurs weiterhelfen. Dennoch fühlt sich niemand hinterher wirklich sicherer, weil Bollschweiler sich nie zu einem Lob oder einem Wort der Anerkennung hinreißen lässt. Richtige Antworten in Mathe sind für ihn eine Selbstverständlichkeit. Wer diese nicht oder nicht oft genug bringt, fällt durch sein Raster. Ich verabscheue ihn.

»Wenn wir das beide geschafft haben«, stöhnt Paul nach einer besonders nervenaufreibenden Stunde, wir stehen in der Cafeteria unserer Schule nach einem Cappuccino an. »Die Abiklausur meine ich, und beide da irgendwie durchgekommen sind und eine passable Note hingelegt haben, dann lassen wir es so richtig krachen, was meinst du, Max? Wir werden uns so frei fühlen wie schon ewig nicht mehr, und dann feiern wir bis zum Umfallen. Was meinst du?«

»Ich weiß gar nicht mehr, wie das ist«, sage ich mehr zu mir selbst als zu ihm. »Mich frei fühlen. Ist irgendwie schon ewig her. Im Moment ist doch alles nur blöd.«

Paul stutzt. Er sieht mich an, als wäre ich gerade erst von einer langen Reise zurückgekehrt und hätte ihm vier Wochen lang weder eine SMS, eine Mail noch eine Postkarte geschrieben. Nur allmählich klart sich sein Blick auf.

»Ach so«, stottert er. »Mensch ja, dir geht's gerade nicht so gut, ich weiß doch. Du vermisst dein Blumenmädchen immer noch, wie? Und jetzt auch noch Bolli, der ist echt nichts für schwache Nerven. Aber was mich betrifft, ich habe jetzt so viel gepaukt, dass kaum noch was schiefgehen kann. Nur die paar Wochen noch, und dann haben wir es hinter uns! Dann wird gefeiert! Hast du eigentlich schon einen Studienplatz?«

Ich schüttle den Kopf.

»Meine Bewerbung läuft auch noch«, versucht er mich zu

trösten. »Komm, Max, Kopf hoch. So schlimm ist es doch alles gar nicht. Diese Delia war doch nicht wirklich deine Kragenweite, du hast Annika, und wenn alles zusammenbricht, bin ich als dein alter Kumpel auch noch da. Hey, zusammen schaffen wir das, und nach dem Abi sind erst mal Ferien, die nie zu Ende gehen, denn das Semester fängt ja erst im Oktober an! Wollen wir nicht zusammen wegfahren? Sechs, acht Wochen Amerika, da mit einem Wohnmobil herumgondeln, und nichts kann uns aufhalten? Das wär doch super.«

»Ich denk drüber nach«, verspreche ich ihm und versuche, mir nicht anmerken zu lassen, wie verzweifelt ich versuche, so etwas wie Freude zu spüren. Der Gedanke ist nett von Paul, er verdient es, dass ich seine Begeisterung teile, auch wenn er nicht mal an meiner Oberfläche kratzt, sondern meinen Kummer mit einem losen Spruch vom Tisch fegen will. Er meint es nicht böse, es ist eben Paul, der nur die ungetrübten Seiten des Lebens kennengelernt hat. Er hätte es verdient, dass ich zusage. Aber in mir ist nur diese undurchdringliche graue Watte, die jedes Gefühl abfängt..

»Mach das.« Er nickt mir zu und scannt den Raum nach einem freien Tisch. Ein paar Neuntklässler, die am Fenster sitzen, stehen hektisch auf, als er sich wortlos vor ihnen aufbaut. Mit einem erleichterten Seufzer lässt er sich auf den ersten frei gewordenen Stuhl fallen und grinst mich noch einmal an, ehe er sein Handy aus der Hosentasche zieht, um seine Mails zu checken. Ich trinke meinen Cappuccino aus, danach stehe ich bald wieder auf und sage, ich müsse noch etwas erledigen. Paul nickt, ohne von seinem Display aufzublicken. Wenn ich nicht mit ihm verreise, wird er jemand anderes fragen oder neue Pläne machen.

Im Auto lasse ich die Scheiben heruntergekurbelt. Der Duft von Flieder hängt in den Straßen, vor prachtvoll sanierten Altbauten und in Villenvorgärten steht er in voller Blüte, unwillkürlich muss ich an Delia denken. Flieder passt zu ihr, sie ist wie der üppige, verschwenderische Duft dieses Blütenstrauches, so voller Leben, eine Pflanze, die eine Zeit lang alles gibt, ich will nicht daran denken, wie schnell er verblüht, nicht daran, wie kurz unsere Liebe in ihrer Heftigkeit war.

Wie von selbst steuere ich mein Auto zu ihrer Gärtnerei. Unter einer alten Platane an der gegenüberliegenden Straßenseite bleibe ich stehen. Mein Herz hämmert bis in meine Halsschlagader, meine Schläfen, ich spüre, dass ich Kopfschmerzen bekomme. Kopfschmerzen vor Sehnsucht nach ihr, vor Liebeskummer, vor Angst, sie könnte mich entdecken. Jetzt, wo Delia zum Greifen nah erscheint, ich nur aussteigen und zu ihr in den Laden gehen müsste, scheint sich ein Eisenring um meinen Schädel zu legen. Früher war sie es, die ihn lösen konnte.

Es könnte wieder so sein. Die Ladentür steht offen, dahinter nehme ich eine Bewegung wahr, im nächsten Augenblick tritt sie heraus, zwei schwere Gießkannen in der Hand, natürlich, bei der verschwenderischen Maihitze jetzt muss sie die Blumen und Pflanzen oft wässern. Aber doch nicht mittags, fährt es mir durch den Kopf. Mittags gießt man keine Blumen, weil sie verbrennen könnten, sobald die Wassertropfen zu winzigen Brenngläsern werden. Schon als Kind habe ich das gewusst. Hat Delia keine Ahnung? Oder ist sie ebenso verwirrt wie ich, seit wir uns nicht mehr sehen? *Weil* wir uns nicht mehr sehen? Ich steige aus.

Das Geräusch der zuschlagenden Wagentür lässt Delia in ihrer Bewegung innehalten. Mir wird beinahe schwindlig, so vertraut ist mir der Anblick ihres Gesichts, selbst aus der Entfernung. Sie kennt meinen Wagen, erkennt mich. Stellt ihre Gießkanne ab, eilt zum Straßenrand, blickt nach links und rechts, kommt herüber, geht um den Wagen herum und rutscht auf den Beifahrersitz. Ich habe das Gefühl, fast den Verstand zu verlieren, weil sie jetzt plötzlich hier ist, neben mir, so nah und doch unerreichbar, weil ich nicht weiß, was ich sagen soll. Wir haben uns lange nicht gesehen.

»Du trägst einen Anzug«, stellt sie fest, ohne zu lächeln. Ich blicke an mir herunter, mir fällt auf, wie schmuddelig er wirkt, seit mehr als einer Woche habe ich ihn jeden Tag an, der Stoff ist zerknittert, Staub und Schuppen haften an ihm, zum Glück sieht Delia nicht die lehmigen Spuren des ausgehobenen Grabes an meinem Rücken.

»Ach der«, winke ich ab. »Den hab ich jetzt fast immer an. Ist mal was anderes als immer Jeans.«

Aber Delias Blick verrät, dass meine Antwort sie nicht zufriedenstellt. Sie ahnt mehr, weiß mehr. Weiß, was ein Anzug bedeuten kann. Nicht muss, aber sie kennt mich. Niemanden habe ich jemals so tief in mein Inneres blicken lassen wie sie. Aber was hat es gebracht, außer mich noch verletzlicher zu machen?

»Du warst lange nicht hier«, bemerkt sie.

»Zu viel Stress in der Schule, du weißt ja, wo es da bei mir hakt.«

»Das ist nicht alles«, beharrt sie.

»Es ist auch das mit uns«, gebe ich zu. »Nur Freunde bleiben – ich weiß nicht, ob ich das packe.«

»Freunde bleiben ist kein NUR. Wir sind füreinander ganz wichtige Menschen gewesen, und das können wir immer sein. Ich freu mich, wenn du herkommst. Du musst dich nicht einigeln, Max, wirklich nicht. Dazu gibt es keinen Grund.«

Doch, denke ich, doch, den gibt es. Der Grund ist, dass ich dich an mich ziehen und küssen möchte, mit dir in den Laden gehen, in das kleine Zimmer, das einmal unser Geheimversteck war. Mein Zufluchtsort, wo ich mich sicher gefühlt habe und wo ich für ein paar Stunden alles vergessen konnte. Das will ich. Dich dort lieben, Delia, nichts spüren als unsere Nähe zueinander.

Aber dann stünde sofort wieder die Frage im Raum, ob ich mich von Annika getrennt habe. Ob ich ein verlässlicher fester Freund für Delia sein kann. Ich bin nicht mal zu mir selbst verlässlich. Bin zu feige, meinen Weg als Künstler zu gehen, weil ich es nicht schaffe, meinem Umfeld die Stirn zu bieten.

Aber immerhin, sie will mich sehen. Ich könnte den Moment genießen, ohne an morgen zu denken. Nur jetzt.

»Ich kann dir jetzt gleich helfen, wenn du willst«, biete ich an und quäle mir ein schiefes Grinsen ab. »Ist ja bestimmt viel liegen geblieben in den letzten Wochen ohne mich.« Vielleicht kommen wir uns wieder näher. Versuchen könnte ich es.

Aber Delia blickt aus dem Fenster zum Laden hinüber.

»Jetzt...? So schlimm ist es gar nicht, weißt du. Ich muss auch gleich wieder rein. Aber nächste Woche, wenn du Mathe hinter dir hast? Komm doch danach vorbei und erzähl mir, wie es gelaufen ist.«

Ohne zu antworten, folge ich ihrem Blick. Aus dem Laden tritt ein Mann, größer als ich und älter, ein enges T-Shirt umspannt seine Armmuskeln und die straffe Brust. Mit breitbeinigem Gang schlendert er auf einen der Pflanztische zu und hebt einen Kasten mit Geranien hoch, trägt ihn zum Ausgang. Als er Delia durch die heruntergekurbelte Scheibe sieht, nickt er ihr lächelnd zu. Öliges Haar, denke ich, was für fettiges, öliges Haar er hat, fast wie Bollschweiler. So ein Typ passt noch weniger zu Delia als ich.

»Hilft er dir jetzt?«, frage ich, ohne sie anzusehen.

»Das musst du nicht falsch verstehen«, versichert sie. Ich will nicht wissen, wie weit das geht.

»Ich muss los«, sage ich, spüre Wut in mir hochkochen, unbändige, zitternde Wut. Delia legt ihre Hand auf meine, aber ich ziehe sie weg und starte den Motor. Beim Aussteigen stolpert sie beinahe, weil ich schon anfahre, ehe sie ganz draußen ist.

»Mach keinen Scheiß!«, ruft sie noch, und ich versuche, nicht darüber nachzudenken, ob sie diese Aktion eben meint oder nur mich. Ich trete das Gaspedal bis zum Boden durch. In meinem Rückspiegel schrumpft Delia schnell auf Ameisengröße.

22.

Als der Tag gekommen ist, an dem wir die Abiklausur in Mathe schreiben, habe ich keine Angst mehr. Ich frühstücke, packe meine Sachen zusammen, lasse die guten Wünsche meiner Mutter und die Hinweise meines Vaters über mich ergehen. An diesem Morgen fahre ich allein, Natalie und Annika haben wegen unserer Prüfungen frei, an so einem Tag muss es in der Schule ruhig sein. Ich bin froh, mit niemandem reden zu müssen.

Im Kursraum wird kaum gesprochen, einige Schüler beugen sich noch einmal über ihre Unterlagen, leises Seufzen ist zu hören. Als Bollschweiler hereinkommt, werden die Bücher und Hefte eilig in die Taschen und Rucksäcke zurückgeschoben. Alle setzen sich aufrecht hin, den Blick nach vorn gerichtet wie immer bei diesem Lehrer, der jede Abweichung von ungeteilter Aufmerksamkeit mit abfälligen Bemerkungen und Nichtachtung bestraft.

»Die Regeln und Maßnahmen bei etwaigen Täuschungsversuchen kennen Sie bereits«, äußert Bollschweiler knapp. »Ferner händigen Sie mir bitte umgehend Ihre Mobiltelefone aus, sofern Sie die Dummheit besessen haben, sie heute mit sich zu führen. Die Dauer dieser Klausur beträgt 255 Minuten. Ihre Pausenbrote nehmen Sie bitte nach Möglichkeit geräuschlos während des Schreibens zu sich; Toilettengänge sind nur außerhalb der Pausen gestattet und dürfen fünf Minuten nicht überschreiten. Fragen hierzu?«

Schweigen. Alle wollen möglichst bald die Aufgaben lesen, um beginnen zu können. Ich merke schon jetzt, dass ich so gut wie nichts verstehe. Fast alle hängen nach wenigen Minuten ihre Köpfe über die Blätter, kurz darauf hört man kaum noch ein Geräusch außer Atmen, gelegentlichem Husten und dem emsigen Kratzen von Kugelschreibern und Füllern auf Karopapier. Als die erste Stunde um ist, habe ich die erste Aufgabe halb gelöst und die zweite begonnen, ehe ich ins Stocken komme. Insgeheim hoffe ich, eine andere Lehrkraft würde vielleicht kommen und Bollschweiler ablösen, etwa Frau Melberg oder Herr Brückner. Herr Brückner! Aufsicht zu führen ist nicht so anstrengend wie unterrichten, das könnte er machen, auf diese Art würden wir uns wenigstens noch einmal sehen, vielleicht würde es meine Arbeit beflügeln. Bollschweiler jedoch bleibt. Die volle Klausurzeit über macht er uns wahnsinnig mit seinen langsamen, gemessenen Schritten, mit denen er den Raum durchwandert, sich wieder ans Lehrerpult setzt, erneut durch den Raum streift. Ab und zu blicke ich mich um und beobachte die anderen aus dem Kurs: Paul, der so konzentriert schreibt, dass er kein einziges Mal aufblickt und glatt vergisst, etwas zu sich zu nehmen. Marie-Luise, die sich immer wieder Tee aus einer Thermoskanne einschenkt. Philine, die still und blass nur alle paar Minuten etwas notiert. Simon und Justus, die ab und zu aufstöhnen und sichtlich Schwierigkeiten mit den Aufgaben haben.

Nach zwei Stunden weiß ich, dass ich nicht mehr weiterkomme. Ich tue so, als ob ich schreibe, doch stattdessen zeichne ich Bollschweiler auf meine Karos, fange seinen aufgeblasenen, verächtlichen Gesichtsausdruck ein, seine Fischlippen, seine blassen Augen, das hochgereckte Kinn, mit dem er unbewusst seine geringe Körpergröße zu überspielen sucht. Es ist das beste Porträt, das ich je gezeichnet habe, zusammen mit dem Bild von meinem Vater. Kurz entschlossen falte ich meine Blätter vorschriftsgemäß zusammen, lege sie in einen Aktendeckel und gehe nach vorn, um sie ihm auszuhändigen. Meinen Rucksack habe ich bereits umgehängt. Bollschweiler blickt auf. Anders als andere Lehrer hat er diese Stunden, in denen er Aufsicht führen musste, nicht genutzt um Arbeiten zu korrigieren, sondern uns wirklich die ganze Zeit beobachtet.

»Schon fertig, Herr Rothe?«

Dieser kalte Blick. Diese Wasserpupillen, denen jede Wärme fehlt. Ich nicke. Natürlich versucht er nicht, mich dazu zu überreden, meine Klausur noch einmal durchzusehen, auf Fehler zu überprüfen. Es interessiert ihn nicht. Und was ich von ihm halte, wird er sehen, sobald er glaubt, er werde jetzt meine Klausur korrigieren. Bollschweiler wird in den Spiegel schauen.

»Ich habe getan, was ich kann«, antworte ich, leise, um die anderen nicht zu stören, die noch schreiben. Er weiß nicht, dass ich damit das Zeichnen meine. Das kann ich, er wird es sehen. Stirnrunzelnd nimmt er meine Klausur entgegen, legt sie aber gleich auf den Tisch, statt hineinzusehen. Ich verabschiede mich nicht von ihm. Was sollte ich auch sagen? Auf Wiedersehen?

Zu Hause zeichne ich mich selbst in mein Skizzenbuch. Mein Selbstporträt misslingt, ich radiere darauf herum, was alles nur noch schlimmer macht. Ich sehe noch unauffälliger, noch nichtssagender aus als in Wirklichkeit. Das Einzige, was perfekt geworden ist, ist die Ähnlichkeit mit meinem realen Gesicht. Max, unverkennbar, so wie mir jeden Tag mein Spiegelbild entgegenblickt, erloschene Augen, fahle Gesichtshaut mit zu vielen Pickeln, strähniges Haar ohne Schnitt, ausdrucksloser Mund. Aber ich mag das Bild nicht. So viel ich auch zu verbessern versuche, es wird nur schlimmer, ich mag es nicht, mag mich nicht. Beim Heraustrennen zerreißt das Blatt. Ich knülle die abgetrennte Hälfte zu einer Papierkugel zusammen und pfeffere sie in den Papierkorb. Volltreffer. Ich kann nicht mal mehr zeichnen, nicht einmal das, was immer das Einzige war, worin ich allen überlegen war. Ich kann nicht rechnen und keine Geometrieaufgaben lösen, bin keine Sportskanone und auch sonst niemandem wegen herausragender Leistungen im Gedächtnis geblieben. Nicht einmal am Klavier bin ich überdurchschnittlich gut. Im Grunde kann ich nicht einmal lieben, bin nicht imstande, ein Mädchen zu halten. Delia ist gegangen, mit Annika war es nie das, was sich jeder von uns erträumt hat. Und jetzt nicht einmal mehr das Zeichnen. Ich spüre, wie diese Wut in mir wieder zu brodeln beginnt, kochendes Blut steigt in mir auf, ich kralle meine Finger in die Handflächen, bis es wehtut, dann löse ich sie und packe erneut das Skizzenbuch, knicke es in der Mitte und schleudere es durch mein Zimmer, ich weiß nicht, wo es landet, ich glaube in der Ritze zwischen meinem Bett und dem Fernseher, es ist mir egal.

Am späten Nachmittag steht Annika plötzlich in meinem Zimmer, wir sind nicht verabredet. Ich blicke kaum von meinem Laptop auf, mit dem ich auf dem Bett sitze. Was kann Annika schon wollen.

»Paul hat gesagt, du hast deine Klausur schon nach knapp zwei Stunden abgegeben«, berichtet sie vorsichtig. »Da wollte ich nach dir schauen. Du hast das ja kaum getan, weil du ... in allen Aufgaben sicher warst.«

Ich brumme anstelle einer Antwort nur vor mich hin. Annika setzt sich neben mich.

»Ich kann mir vorstellen, wie blöd das für dich ist«, versucht sie es noch einmal. »In Latein hatte ich auch schon mal so ein Blackout. Aber du hattest doch noch Zeit. Vielleicht wäre die Aufregung irgendwann verflogen und du hättest doch noch was geschafft. Wenigstens ein paar Aufgaben.«

»Glaub' ich nicht.« Ich sehe sie noch immer nicht an, starre weiter auf den Bildschirm. »Da ging gar nichts.«

Annika schweigt, lehnt sich an die Wand, wartet ab. Ich

habe gerade ein paar Fotos hochgeladen, muss mich konzentrieren.

»Soll ich wieder gehen?«, will sie wissen. Zum ersten Mal seit langer Zeit klingt ihre Stimme sanft, nicht mehr fordernd, es schwingt kein unzufriedener, nörgelnder Unterton darin. Sie fragt so, als ob sie glaube, dass es für *mich* besser wäre, allein zu sein.

»Bleib ruhig«, antworte ich deshalb. »Ich bin bald fertig.«

Ich höre sie durchatmen, fühle ihre Fingerspitzen auf meinem Oberschenkel.

»Was machst du gerade?«, erkundigt sie sich und beugt sich leicht vor, um mit mir auf den Bildschirm zu schauen. »Studierst du Kleinanzeigen? Was willst du denn kaufen?«

»Nichts. Ich stell meine Malsachen im Internet ein, um sie zu versteigern.«

»Oh.« Annika löst ihre Hand von mir und legt sie auf ihren Mund, ganz kurz blicke ich sie an, ihre Augen sind geweitet und auf mich gerichtet. »Willst du das Malen aufgeben?«

»Scheint das Vernünftigste zu sein.«

Sie lehnt ihren Kopf an meine Schulter.

»Manchmal würde ich die Schule am liebsten abschaffen«, gibt sie zu. »Kaum einer hat mehr Zeit für seine Hobbys. Du malst nicht mehr, gehst nicht mehr mit Paul zum Rudern, und am Klavier hast du mir schon ewig nichts mehr vorgespielt, dabei höre ich so gerne die *Ballade pour Adeline*.«

»Die ist nichts Besonderes«, wende ich ein. »Jeder Klavierschüler bekommt sie irgendwann aufgebrummt, und es gibt leichte und kompliziertere Versionen davon. Der Laie hört den Unterschied kaum.«

»Trotzdem ist es eines meiner Lieblingsstücke, weil es einfach romantisch ist. Weißt du noch, wie ich dich angehimmelt habe, als du sie in der Elften mal in der Schule vorgespielt hast? Es wurmt mich einfach, dass wir alle fast nur noch für die Schule leben. Früher war ich in der Theater-AG, hatte

Ballettunterricht... da kannten wir uns noch nicht. Meine Ballettlehrerin ist halb durchgedreht, wenn ich mal gefehlt habe, weil ich lernen musste. Also habe ich aufgehört. Und so ist es bei fast allen.«

»Hilft ja nichts«, sage ich und fange an, die Artikelbeschreibung zu formulieren. Es ist alles dabei: Aquarellblöcke, Farben und Pinsel, noch unbenutzte Leinwände, Bleistifte in allen Stärken, erstklassige Radierer, Ölkreiden, hochwertiges Papier. Eine Staffelei, die ich selten benutzt habe.

»So viele Utensilien«, bemerkt Annika. »Eigentlich ist das doch schade, die Sachen werden ja nicht schlecht, wenn du sie bis nach dem Abi aufhebst. Höchstens die angebrochenen Tuben können eintrocknen, oder? Du kannst doch wieder malen, wenn du alles hinter dir hast.«

Ein letztes Mal lese ich durch, was ich geschrieben habe, verbessere einige Tippfehler. Ein auffälliger Button mit der Aufschrift »Jetzt einstellen« prangt unten rechts auf der Seite, ich klicke darauf. Meine Mal- und Zeichensachen stehen zum Verkauf.

»Und du?«, frage ich sie. »Fängst du nach den Prüfungen wieder mit dem Ballett an?«

Annika schüttelt den Kopf. »Ich bin schon zu lange raus«, meint sie. »Neben den anderen Mädchen in meiner Altersklasse würde ich mich nur blamieren. Und mein Studium wird mir auch kaum Zeit dafür lassen.«

»Siehst du«, sage ich und fahre das System herunter. »Dann ist es bei dir auch nicht anders. Es gibt so viele, die besser zeichnen und malen können als ich. Also lasse ich es lieber sein und konzentriere mich auf...«

Worauf? Mir fällt nichts ein.

»Auf was?« hakt Annika nach, und endlich wende ich den Blick von dem jetzt dunklen Bildschirm. Auch das Lüftungsgeräusch meines Laptops ist erstorben, jetzt gibt es nur noch uns beide hier drin, Annika und mich, zum ersten Mal seit einer Ewigkeit entsteht fast so etwas wie Nähe zwischen uns. Sie singt nicht laut vor sich hin, sie kritisiert mich nicht, sie stellt mir niemanden als leuchtendes Beispiel hin. Annika ist ganz bei mir, und obwohl ich unwillkürlich an Delia denken muss und sofort wieder diesen leisen, feinen Stich in mir spüre, wenn ihr Gesicht vor meinem inneren Auge auftaucht, genieße ich Annikas Gegenwart. Den Laptop stelle ich auf dem Boden ab, dann lege ich meine Mal- und Zeichenutensilien beinahe feierlich in einen Karton, den ich sorgfältig schließe und unter mein Bett schiebe. Danach strecke ich mich rücklings auf dem Bett aus, und sie legt sich auf die Seite in meinen Arm, mir zugewandt, keiner von uns beiden redet noch, ich starre an die Decke und spüre die Wärme ihres Körpers neben mir, es drängt mich nicht, mit ihr zu schlafen, und auch sie versucht nichts in dieser Richtung, wir liegen einfach nur da und schweigen.

Irgendwann steckt meine Mutter ihren Kopf zur Tür herein. Vermutlich brennt sie bereits den ganzen Tag darauf, zu erfahren wie die Klausur für mich gelaufen ist. Sie weiß es, sobald sie uns sieht, und mir entgeht nicht, wie ihr angespanntes, aufmunternd lächelndes Gesicht zusammenfällt. Ich sehe auch, wie erleichtert sie ist, dass sie Annika und mich so nah beieinander sieht wie sonst selten. So schlecht wird es ihm schon nicht gehen, wenn er sein Mädchen im Arm hält. Später höre ich sie vor der Tür leise flüstern, dazwischen Vaters Stimme, ich bin ihr dankbar, dass sie versucht ihn davon abzuhalten, mich jetzt mit Fragen zu bestürmen.

»Vielleicht bekomme ich richtig viel Geld für den ganzen Kram«, sage ich, als es draußen zu dämmern beginnt. »Dann lade ich dich davon zu etwas Schönem ein. Du hast freie Auswahl.«

»Musst du nicht«, antwortet sie und räkelt sich ein wenig, legt ihren Arm um meine Hüfte. »Außerdem hast du doch immer Kohle.«

»Aber wenn wir das Geld von meinem Malzeugs auf den Kopf hauen, hätte es was Symbolisches. Ein neuer Anfang, losgelöst selbst von einem alten Hobby, das mich nicht weiterbringt. Das Abi kann ich knicken, und jetzt auch noch das Malen aufgegeben zu haben – einerseits zerreißt es mich, aber irgendwie ist es auch toll. Ich hab alles hinter mir gelassen. Ab heute blicke ich nur noch nach vorn, und das mit dir zusammen. Da kann es nur noch besser werden, meinst du nicht?«

***

Von nun an bessert sich meine Stimmung ein wenig. Die schriftlichen Prüfungen in meinem Deutsch-Leistungskurs und im Grundkurs laufen besser, und ich versuche mich an die Hoffnung zu klammern, dass ich vielleicht doch nicht durchfalle. Ganz knapp mein Abi bestehe. Wenigstens das – über den Durchschnitt regt sich mein Vater vielleicht nur am Anfang auf. Er hat andere Sorgen, und meine Mutter schafft es mit ihrer versöhnlichen, beschwichtigenden Art, ihn und mich voneinander fernzuhalten, soweit es geht, und er scheint ihr abzunehmen, alles sei in Ordnung. Vielleicht ist er auch nur froh, sich nach seinem langen Arbeitstag nicht auch noch mit mir beschäftigen zu müssen.

Natalie hat bei *Jugend musiziert* den zweiten Platz belegt.

»Bist du enttäuscht?«, habe ich sie nach dem Konzert gefragt, aber sie hat nur entschieden den Kopf geschüttelt und sich gegen die Stirn getippt.

»Ich mach mich doch nicht von einem Wettbewerb abhängig«, bekräftigte sie. »Ich weiß, was ich kann, und diese gestelzte Atmosphäre da stört mich sowieso. Ab sofort wird wieder in Clubs und auf Partys gerockt.«

»Aber unser Daddy hätte dich gerne als Siegerin gesehen«, zog ich sie auf, aber Nati boxte mich nur in die Rippen und lachte. Danach wurde sie wieder ernst und sah mich an.

»Ich hab mich viel zu lange auf diesen Wettbewerb fixiert«, gestand sie. »Wie hinter Scheuklappen, das lasse ich so schnell nicht mehr mit mir machen. Aber du, was ist mit dir ... geht's dir einigermaßen?«

»Mit Mathe bin ich durch«, berichtete ich. »Jetzt heißt es erst mal warten. Besonders toll sieht es nicht aus. Und dann kommen ja noch die mündlichen Prüfungen.«

»Wir stehen das durch«, versprach meine Schwester. »Irgendwie wird es schon weitergehen. Jetzt bin ich ja wieder ansprechbar.«

Ganz allmählich beginne ich, mir wieder eine Zukunft vorzustellen. Ich denke nicht über die kommenden Jahre nach, aber ab und zu über die Zeit nach dem Abi. Ich könnte, statt sofort ein Studium beginnen, auch ein Jahr lang etwas anderes machen. Praktika in verschiedenen Betrieben, einen Auslandsaufenthalt, ein freiwilliges soziales Jahr. Erst mal zur Ruhe kommen und schauen, was ich selber will. Meiner Mutter gegenüber habe ich so etwas bereits angedeutet, und sie hat versprochen, mich zu unterstützen, wenn es so weit ist, dass ich meine Pläne Papa unterbreiten will. Sie habe auch bald wieder mehr Zeit, der Erstentwurf ihres Manuskripts sei fertig und habe im Lektorat großen Anklang gefunden. Vielleicht ist noch nicht alles vorbei.

Annika und ich haben angefangen, wieder mehr Zeit miteinander zu verbringen. Zwischen den Prüfungen findet kaum noch Unterricht statt, und so nutzen wir die Vormittage manchmal, um gemeinsam zu frühstücken, gehen abends ins Kino oder treffen uns mit Paul und anderen aus der Schule. Es ist nicht so, dass wir wieder verliebt übereinander herfallen wie ein Pärchen, das sich frisch kennengelernt hat, und ich fühle zu ihr auch keine so tiefe Nähe, wie ich sie zwischen Delia und mir gefühlt habe. Keiner von uns macht dem anderen Liebeserklärungen, wir schreiben uns weder heiße SMS noch sehnsuchtsvolle Mails, und wir knutschen nicht auf dem

Schulhof herum. Aber es ist gut, dass sie da ist, Annikas Gegenwart beruhigt mich ein wenig, vielleicht gerade durch ihre leicht distanzierte Art, die wenig Zuwendung gibt, aber auch nicht verlangt. Ich bin nicht ganz allein.

23.

Schließlich kommt der Tag, an dem wir die Ergebnisse der schriftlichen Abiturprüfungen mitgeteilt bekommen. »Bei einigen von Ihnen hatte ich gar nichts zu korrigieren«, verkündet Bollschweiler. Maximilian Rothe zum Beispiel. Null Punkte, eine glatte Sechs, anders habe nicht einmal ich es erwartet.«

Es ist mir egal, beschwöre ich mich immer wieder selbst. Bollschweiler kann mich mal, es interessiert mich nicht, was er von sich gibt. Er kann mich nicht mehr treffen, nicht verletzen. In den Hosentaschen balle ich meine Hände zu Fäusten und spüre, wie meine Zähne aufeinander knirschen, in meinem Magen vibriert es, am liebsten würde ich aufspringen und ihn zusammenschlagen. Aber außer dass ich mich lächerlich mache, käme nichts dabei heraus, also lasse ich sein Gelaber an mir vorbeirauschen, höre nicht hin, welche Noten die anderen bekommen haben. Wenigstens die anderen Fächer werden auch bei mir besser ausgefallen sein. Erst als Bollschweiler Pauls Namen nennt, horche ich wieder auf.

»Fünfzehn Punkte!«, jubelt Paul, als wir nach der Bekanntgabe aller Noten wieder draußen stehen, und reißt seine Arme in die Höhe. »Kann das wahr sein? Leute, kann das wahr sein? Ich glaube es einfach nicht, das ist eine Eins Plus!« Er blickt in die Runde, das Gesicht gerötet, immer wieder fährt er sich mit der Hand durchs Haar. Überrascht stelle ich fest, dass sich an seinen Schläfen Schweiß gebildet hat, dabei war es klar, dass er sich keine Sorgen machen musste. Aber

Pauls Augen leuchten wie die Scheinwerfer eines Ferrari, und er bekommt das Strahlen und Grinsen nicht mehr aus seinem Gesicht, es hält auch noch an, als wir später nebeneinander auf die Straße treten. Annika wartet bereits auf uns, Paul tritt auf sie zu, umarmt sie und wirbelt sie im Kreis herum. Johanna und Marie-Luise kommen neugierig dazu.

»Das muss gefeiert werden!«, jubelt Paul. »Fünfzehn Punkte bei Bolli, das ist so unglaublich! Seid ihr dabei, heute Abend im *Crystal Palace*? Ich schmeiß 'ne Runde, es wäre so perfekt, wenn ihr mitkommt!«

Annikas Freundinnen kichern und sagen sofort zu, ernten dafür jede gleich einen Kuss. Annika singt die ersten Takte des Refrains von »Fame«; Paul strahlt sie an und fällt mit einer zweiten Stimme ein, auch Johanna singt mit. Ich muss mich zusammenreißen, um nicht auf ihn loszugehen.

»Ich könnte die ganze Welt abknutschen«, schwärmt Paul weiter. »Was ist mit euch beiden? Sagt jetzt nicht, ihr habt was anderes vor, das wird alles gecancelt! Heute Abend lassen wir es krachen!«

Annika sieht mich an. »Bisher haben wir nichts geplant«, meint sie. »Ein Abend im Club, ein bisschen feiern – das hätte was. Zum Glück ist heute Freitag, das passt doch, Max?«

Ich rolle genervt mit den Augen. Paul hat gut lachen, mit einer Eins Plus würde ich jetzt auch feiern wollen. Bei ihm ging alles immer nur bergauf, ich bin abgerutscht, unaufhaltsam und gründlich. Er muss doch wissen, dass mir nicht nach Party zumute ist. Nicht gleich heute.

»Lass mal«, winke ich also ab. »An einem anderen Tag gerne, aber heute muss ich allein sein.«

»Komm schon.« Paul tritt auf mich zu und legt seinen Arm um meine Schulter. »Bei dir ist es blöd gelaufen, aber hey, auch du hast es hinter dir und kannst jetzt nach vorne schauen. Ohne dich will ich nicht feiern, komm und lass dich nicht so hängen. Gerade du musst auf andere Gedanken kommen.

Endlich was anderes sehen als immer nur dein Zimmer und die Lehrbücher.«

»Vielleicht komme ich später nach«, versuche ich auszuweichen.

»Das machst du sowieso nicht«, wirft Annika ein. »Ich kenne dich doch. Kannst du nicht dieses eine Mal über deinen Schatten springen und wenigstens uns zuliebe mitkommen? Paul kann nichts dafür, dass du ein leeres Blatt abgegeben hast.«

»Es war nicht leer«, korrigiere ich.

»Trotzdem. Es gibt so selten einen Anlass zum Feiern.«

»Ich würde lieber warten, bis wir das Abi ganz hinter uns haben. Dann ist es wenigstens auch meine Feier. Und Paul, du hast doch bald Geburtstag. *Keep Out* spielen dann im *Twenty-Five*, das hat mir Natalie versprochen.«

»Heute ist auch mein Tag, und ich will, dass mein bester Kumpel ihn mit mir teilt. Genügt das nicht?« Paul strahlt noch immer. »Außerdem haben wir jetzt kaum noch Unterricht bis zu den mündlichen Prüfungen, da können wir ruhig mal eine Nacht versumpfen. Also was ist?«

Ich winde mich aus seinem Arm, zu schwer liegt er auf meiner Schulter. Was in mir vorgeht, zählt nicht, was ich sage, verhallt ungehört.

»Also gut«, lenke ich schließlich ein. »Ich fahre euch mit meinem Auto zum *Crystal Palace*, dann könnt ihr wenigstens einen heben. Zurück natürlich auch.«

»Aber was ist mit dir?« Paul lässt nicht locker. »Willst du nicht mit mir anstoßen? Wenn du als Einziger den ganzen Abend nüchtern bleibst, fehlt was.«

»Ich sage doch, ich hab keinen Bock zu feiern! Ich fahre euch und bleibe auch da, mehr ist nicht drin. Seid froh, dass ich überhaupt mitkomme.«

***

Zu Hause rollt Natalie mit den Augen, als ich ihr davon erzähle.

»Das sind doch alles Holzklötze«, sagt sie. »Wenn du willst, komme ich auch mit, dann hast du wenigstens einen normalen Menschen an deiner Seite. Wär dir das recht?«

Als wir am Abend aufbrechen, bin ich noch mieser drauf als nach der Schule. Natürlich hat mein Vater gleich mittags einen Anruf von Pauls überstolzem Dad bekommen und wusste auch über mich schon Bescheid, ehe er nach Hause kam.

»Nur Pauls wegen lasse ich dich heute Abend überhaupt fahren«, hat er zum Schluss gesagt, sein Gesicht grau und müde, wieder mit diesem bitteren Zug, den ich kaum noch ertrage. »Nur seinetwegen und damit wir vor seinen Eltern nicht als Komplettverlierer dastehen. Aber ich verstehe dich nicht, Maximilian, ich verstehe dich einfach nicht. Wie kann sich ein Abiturient deiner Herkunft und mit deinen Anlagen derart gehen lassen und in der schriftlichen Abiprüfung eine Sechs hinlegen? Kannst du mir darüber bitte Auskunft geben? Kannst du das?«

»Vielleicht weil es ihm beschissen ging?«, wirft Natalie ein. »Hundsbeschissen ging es ihm in den letzten Wochen, aber du bekommst ja nichts mit, weil du nur an die Arbeit denkst und dich Tag und Nacht in deiner wahnsinnig wichtigen Firma und hinterm Computer vergräbst! *Das* ist dein wahres *Baby*, nicht wir! Und was es dir genützt hat, siehst du ja jetzt.«

»Natalie«, mahnt Mama.

»Wieso, sie hat doch recht«, brause auch ich auf. Mein Handy klingelt, unwillig werfe ich einen Blick auf das Display, es ist Delia. Jetzt nicht. Ich drücke sie weg. »Nur weil er hart zu sich selber ist, muss er es noch längst nicht zu uns sein. Deine Rechnung geht nicht auf, Papa, dieses Mal nicht, das wirst du noch sehen. Auch jetzt wieder, es ist so typisch: Du gönnst mir Pauls Feier nicht, damit ich mich vom Abistress erholen und auf andere Gedanken kommen kann, so wie er selbst es ausgedrückt hat. Oh nein, du nicht! Dir geht es wieder nur um die Etikette. Die Außenwirkung. Immer zählt für dich nur dieser oberflächliche Mist! Aber so sind wir nicht, und so werden wir auch nie sein, weder Nati noch ich. Es ist verbrannt, Papa, *du* bist hier derjenige, der sein Klassenziel verfehlt hat, nicht wir! Du äußerst dich nicht mal zu der Eins Minus und der Zwei in meinen anderen Prüfungsfächern. – Komm, Nati, wir müssen los.« Ich nehme meine Schwester beim Arm und ziehe sie mit mir fort.

»Kinder, so geht es doch nicht!«, ruft meine Mutter, natürlich will sie wieder ausgleichen, vermitteln, aber wir gehen einfach weiter, ich habe genug gehört, daran kann sie nichts ändern. Doch als wir schon fast an der Wohnungstür sind, höre ich, wie mein Vater sich räuspert.

»Maximilian?«, fragt er. Ich drehe mich um. Vielleicht kommt es jetzt, das versöhnliche Wort, auf das ich glaube, mein ganzes Leben lag gewartet zu haben. Eine Chance hat er noch. Diese eine.

»Deinen Ausbruch hättest du dir sparen können«, sagt er. »Derartige Vorwürfe verbitte ich mir von dir, und zwar ein für allemal. Ich hoffe, wir haben uns verstanden.«

Ich lasse ihn einfach stehen.

***

Natalie taucht sofort in der Menge unter, als wir im *Crystal Palace* ankommen. Der Club ist bereits nahezu überfüllt, lauter Hip-Hop und zuckende Lichtblitze in allen Farben prügeln auf mich ein, am liebsten würde ich sofort wieder gehen. An der Bar bestelle ich mir eine Cola und verdrücke mich in eine Ecke. Außer Paul, Annika und den beiden anderen Mädchen scheint der halbe Jahrgang hier versammelt zu sein, natürlich hat Paul sie alle angerufen oder über die sozialen Netzwerke eingeladen. Ab und zu kommt er zu mir gestürmt, von Mal zu Mal betrunkener, nach zwei Stunden schwankt er bereits ein wenig. Ich sehe ihn kaum ohne ein Glas in der Hand: Bier,

Sekt, Cocktails. Auch Annika trinkt Sekt, lacht und redet mit den anderen, hin und wieder winkt mir jemand zu, aber sie versuchen nicht, mich auf die Tanzfläche zu lotsen, ich bin nicht mehr einer von ihnen, gehöre nicht zu denen, die Teil dieser Party sind, bin spätestens heute der Loser, der Sonderling, kein Junge, der zu Annika passt, zu diesen Kreisen. Ich bin gefahren, man duldet mich, der Max hat nie jemandem was getan, etwas merkwürdig war er, aber das sind andere auch, ohne dass sie gleich... Nicht so was denken, Max, nicht. Doch. Nein. Nur denken.

Paul tanzt Annika an, sie lacht und ruft ihm irgendetwas zu, er versteht nicht sofort, also beugen sich beide vor, so dass sie ihm ins Ohr schreien kann, was sie zu sagen hat. Sie lachen beide, dann löst sich Paul von Annika und kommt erneut zu mir. Sein Haar ist zerzaust, sein Hemd auf der Brust durchgeschwitzt, die Haut auf seiner Stirn glänzt.

»Alles klar bei dir?«, ruft er. »Eine Wahnsinnsstimmung ist das hier, das ist mein Abend und mein Club, yeah!« Schon ist er wieder verschwunden.

Neben mir wird ein Barhocker frei, beim Hinsetzen merke ich, dass mein Rücken wehtut, aber so halte ich es noch eine Weile aus. Auch ohne Alkohol habe ich das Gefühl, nicht mehr ganz bei mir zu sein, die dröhnende Musik umwabert meinen Kopf und entreißt mich meinem Gedankenkarussell, wenigstens das, meine Augenlider werden schwerer, bis ich nicht mehr weiß, ob ich überdreht oder müde bin. Es können Minuten oder auch Stunden vergangen sein, ehe plötzlich Annika vor mir steht.

»Ich brauch den Autoschlüssel«, sagt sie in den Krach hinein und streckt die Hand aus. Ich fühle den Schlüsselbund in der Tasche meiner Anzughose, klimpere damit, das hört sie nicht.

»Wozu?«, will ich wissen.

»Meine Kosmetiktasche«, erklärt sie. »Auf der Fahrt habe

ich mir die Lippen nachgezogen und sie dann auf dem Rücksitz liegen lassen. Jetzt brauche ich sie.«

Ihre Lippen. Die Farbe ist ab. Ich gebe ihr den Schlüssel, sie schenkt mir ein abwesendes Lächeln und steuert den Ausgang an. Mit meinen Augen suche ich die Tanzfläche nach Paul ab. Wenn Annika jetzt draußen ist, muss sie hinterher erst wieder in die ausgelassene Feierstimmung zurückfinden, vielleicht merkt sie, dass ihr die Füße wehtun in ihren hohen Schuhen, es könnte sein, dass es nicht allzu schwer wäre, sie zum Gehen zu überreden. Ich möchte schlafen, mich tief unter meiner Bettdecke vergraben und dieses Dröhnen im Kopf, das Stampfen der Musik und den schneidenden Ton meines Vaters langsam abebben lassen und dann einschlafen, nichts mehr denken, nicht einmal mehr träumen, es gibt keine Träume mehr. Aus dem Augenwinkel sehe ich, dass Paul ebenfalls zum Ausgang geht, dann muss ich nur noch Natalie finden, aber erst mal kläre ich das mit den beiden.

Mein Auto. Ich brauche eine Weile, ehe ich es gefunden habe, die Straßen und Plätze ringsum waren schon zugeparkt, als wir angekommen sind. Ich habe vergessen, wo es steht, weil ich die ganze Fahrt über noch so aufgebracht war. Die ganze Hauptverkehrsstraße tigere ich entlang und auch ein paar Nebenstraßen, und dann sehe ich es plötzlich, viel näher am Club, als ich dachte. Mein Auto steht direkt unter einer Straßenlaterne, die Scheiben sind beschlagen, diese Nacht ist wieder kühler als die Nächte davor, dann passiert das, wenn im Auto geatmet wird.

Ich muss nicht überlegen, warum Annika so lange braucht, um ihre Schminksachen zu holen, sondern reiße die hintere Tür auf der Gehsteigseite auf, Annika und Paul fahren auseinander. Beide starren mich an, ertappt.

»Max«, stößt Annika hervor.

Paul rückt sein Hemd zurecht, stopft es zurück in seinen Hosenbund. Setzt sich aufrecht hin, weiß nicht wie lächerlich er dabei wirkt, seine Augen können kaum noch geradeaus blicken. Der kontrollierte, selbstsichere, korrekte Paul. Traumsohn eines jeden Akademikers.

»Wir fahren«, bestimme ich. »Ihr könnt gleich so sitzen bleiben, ich hole nur schnell meine Schwester.«

»Max, warte«, fleht Annika noch einmal und will mir folgen, doch Paul hält sie zurück.

»Max, du willst doch gar nichts mehr von ihr«, sagt er. Im selben Moment eilt Natalie herbei, ihre flippige Hochsteckfrisur löst sich auf, einzelne Strähnen wehen hinter ihr her, ihre Lederjacke rutscht ihr von einer Schulter.

»Ich hab' dich überall gesucht, Max«, stößt sie hervor, dann erfasst sie die Situation mit einem Blick und rutscht auf den Beifahrersitz.

Ich starte den Motor,

»Fahr vorsichtig«, warnt mich Natalie,

Angst in ihrer Stimme wie eine Vorahnung

ganz besonnen parke ich aus und fahre los, äußerlich ruhig, gelassen.

Nach ein paar hundert Metern blicke ich in den Rückspiegel, wo Paul und Annika noch immer nebeneinander sitzen, nicht mehr so dicht, sie blicken in verschiedene Richtungen, aber vielleicht

halten sie sich an den Händen und ich spüre wieder

dieses Vibrieren in mir

diese hochkochende Wut, unbezähmbar, mit aller Macht

greife das Lenkrad fester und biege in die Landstraße ein

ein Wagen mit Fernlicht kommt mir entgegen und blendet mich, schrilles Lachen dringt aus den heruntergekurbelten Fenstern des anderen Autos zu mir herüber, ein Arm mit dem durchsichtigen Stoff eines Flatterkleides wedelt im Freien.

Der Fahrer beschleunigt und verschwindet im Dunkel

die Straße von Bäumen gesäumt

alte, knorrige Bäume – geradezu ideal.

»Pass auf, die Kurve!«, kreischt Natalie
was weißt du schon
wenn es drauf ankommt, bist du auch nicht da.
Im Rückspiegel mein Mädchen, an Paul gekrallt, das Gesicht von ihren langen Haaren verborgen
weich und blond
der Vollmond wie eine Leuchte über uns
ich packe das Lenkrad fester, spanne die Beinmuskeln an und trete das Gaspedal durch
wie neulich
Delia und dieser ölige Typ
Annika und Paul
Bollschweiler und mein Vater
meine Malsachen im Karton
vor mir die alte Eiche
»Nein!«, schreien sie alle drei
doch.

**Tagebuch von Delia Bauer, 21 Jahre,
Maximilians heimliche Liebe**

8. April

Heute hatte ich eine Begegnung im Laden, die mir nicht mehr aus dem Kopf geht, ich weiß selbst nicht, warum. Eine Begegnung mit einem Jungen. Er heißt Max und war irgendwie süß. Ein bisschen jünger als ich, vielleicht 18 oder 19. Volljährig aber auf jeden Fall, denn er kam ohne Begleitung mit dem Auto. Max wollte Balkonblumen für seine Mutter kaufen und stand ganz ratlos vor mir, also habe ich ihn ein bisschen beraten und ihm verschiedene Frühlingsblumen zusammengestellt, die man gut miteinander im Kasten kombinieren kann, verschiedene Höhen und Farben, wie man das eben so macht. Hinterher wollte er nicht mehr gehen. Er sah mich an, als hätte er eine Erscheinung oder als wäre ich mindestens das zehnte Weltwunder, blieb und blieb, immer wieder fiel ihm etwas Neues ein, weshalb er noch nicht gehen konnte. Ich hab mich drauf eingelassen, und so half er mir noch beim Aufräumen nach Ladenschluss, schleppte Kisten und Blumengefäße, als ginge es um sein Leben. Die ganze Zeit habe ich mich gefragt, was er davon hat, aber es schien ihm regelrecht gut zu tun, so mit anzupacken. Als ich mir heimlich seine Hände angesehen habe, wusste ich auch, warum. Max hat unglaublich schöne Hände, aber eben keine, die körperliche Arbeit gewohnt sind. Eher Künstlerhände, gepflegte, saubere Finger, die eine gute Feinmotorik verraten. Vielleicht spielt er ein Instrument. Klavier würde passen.

Als wir fertig waren und es wirklich nichts mehr zu tun

gab, fragte er sogar, ob er wieder kommen und mir helfen dürfte, nicht als Schülerjob, sondern einfach, weil es ihm Spaß macht. Dabei sah er mich an wie ein kleiner Junge, der seine Mami um ein Eis anbettelt. Also habe ich Ja gesagt, auch wenn ich mich ein bisschen gewundert habe, warum er das unbedingt tun will. Allzu oft erlebt man es nicht, dass jemand freiwillig und noch dazu umsonst irgendwo ackern möchte. Vielleicht lag es an mir. Vielleicht habe ich ihm gefallen, ich bin sogar ziemlich sicher, dass es so war. Max sah so glücklich aus, als ich eingewilligt habe.

Zu Hause habe ich dann etwas getan, das ich schon ewig nicht mehr gemacht habe. Im Bad habe ich mich vor den Spiegel gestellt und lange mein Gesicht betrachtet. Max hatte mich mit einem Blick angesehen, der mir sagte, dass er mich schön findet. Also habe ich versucht, mich durch seine Augen zu betrachten und darüber nachgedacht, was er wohl gemeint hat. Über mein Aussehen mache ich mir normalerweise weniger Gedanken, weil es in meinem Leben schon zu vieles gegeben hat, das mich weitaus mehr beschäftigt hat. Sicher hat Max sonst ganz andere Mädchen um sich.

Vielleicht sind es meine Augen, die er anziehend fand oder meine Lippen. Als Max mich so angesehen hat, habe ich mich dabei ertappt, wie ich mir vorstellte, ihn zu küssen. Einen Typen, der jünger ist als ich, das ist mir noch nie passiert. Seit ich von Dario getrennt bin, habe ich niemanden mehr so nah an mich herangelassen. Max ist der Erste, bei dem ich überhaupt wieder daran gedacht habe, dass es so etwas wie Liebe gibt. Meine Sehnsucht wieder gespürt habe. Ein Achtzehnjähriger, mit 21. Total verrückt.

Aber er hat sich auch so besonders verhalten, ganz anders als andere Jungs. Noch nie habe ich zum Beispiel über die Frage nachgedacht, was Reichtum bedeutet. Als ich Max mit seinem schicken Auto aufgezogen habe, das ihm bestimmt sein wohlhabender Stadtrandpapi spendiert hat, war er nicht etwa eingeschnappt, sondern strich mir mit einer so liebevollen Geste über die Wange, dass mir beinahe schwindlig wurde und sagte, dass diese Art von Reichtum nichts bedeute. Und noch viel mehr: Er bezeichnete *mich* als reich, weil ich jeden Tag bei den Blumen sein kann, draußen in der Nähe des Waldes und einem Job nachgehen, der mir Spaß macht. Das hat mich total berührt, nicht nur weil er recht hat, sondern weil er so sensibel ist. Max wächst bestimmt mehr als behütet auf, man sieht es an seinen Klamotten und dem Auto. Er sieht aus, als ob seine Eltern ihm jeden Wunsch von den Augen ablesen, aber in seinem Gesicht ist auch etwas Trauriges, so als ob ihm etwas fehlt, das er von ihnen nicht bekommen kann. Ich will herausfinden, was es ist. Zum Glück kommt er morgen wieder. Der Gedanke an ihn fühlt sich an wie eine kleine warme Kerzenflamme in meinem Bauch.

9. April

Er war wieder da. Und dieses Mal habe ich mich ihm noch näher gefühlt, als ich es je für möglich gehalten hätte, ich bin total verwirrt, vor allem deshalb, weil auch ich ihm Dinge anvertraut habe, die sonst kaum jemand von mir weiß. Es macht mich nervös, weil es sich anfühlt, als hätte ich mich vor ihm ausgezogen. Aber bei Max bin ich mir sicher, dass er meine Offenheit nicht ausnutzen wird. Zumindest hoffe ich es ganz stark. Aber jetzt der Reihe nach.

Den ganzen Nachmittag lang habe ich mich über mich selbst gewundert, weil ich so sehr darauf gewartet habe, dass Max endlich kommt. Immer wieder habe ich zur Ladentür gespäht, bei jedem Auto, das auf den Hof fuhr, hoffte ich, es wäre seins. Habe nachgerechnet, wie lange er allerhöchstens in der Schule sein kann und überlegt, ob er wohl zuerst lernt und Hausaufgaben macht oder gleich zu mir kommt. Aber es wurde immer später, und schließlich habe ich kaum noch daran geglaubt, dass er es wirklich ernst gemeint hat, als er gestern so inbrünstig versicherte, mir unbedingt wieder helfen zu wollen. Vergiss ihn, Delia, habe ich mich selbst beschworen; denk nicht länger an ihn, bis gestern hast du nicht mal gewusst, dass es ihn gibt, also wird dein Leben auch weitergehen, wenn alles, was zwischen uns war und was er gesagt hat, nur eine flüchtige Begegnung war, eine Laune, das kurze Aufflackern eines Gefühls von Vertrauen, das nicht echt sein kann, weil wir uns überhaupt nicht kennen, nichts voneinander wissen. Max hat Balkonblumen gekauft und wollte eine Quittung für das Finanzamt, das war alles, sagte ich zu mir selbst.

Aber dann, als es mir schon fast gelungen war, nicht allzu enttäuscht und traurig zu sein, stand er plötzlich da. Sofort erkannte ich, dass etwas passiert sein musste, denn Max war völlig aufgelöst, er hatte geweint, das konnte ich an seinen feuchten Wimpern erkennen. An den Händen blutete er, und obwohl er wieder mit seinem Auto gekommen war, war er völlig durchnässt, also musste er längere Zeit draußen im Regen unterwegs gewesen sein, bevor er sich auf den Weg machte. Ich holte ihn rein, versorgte erst mal seine aufgeschrammten Handkanten und kochte Tee, damit er wieder runterkam. Dass er geweint hatte, war Max so peinlich, tausend Mal entschuldigte er sich. Erst als ich ihm sagte, ich fände Jungs, die Gefühle zeigen besser als unnahbare Eisklötze, fing er an sich zu entspannen.

Und dann erzählte er. Je länger er redete, desto mehr wurde mir klar, dass ich mit meiner Vermutung, Max sei irgendwie unglücklich, gar nicht so verkehrt lag, jedenfalls möchte ich nicht mit ihm tauschen. Er steckt gerade mitten in den schriftlichen Abiprüfungen, und als ob das nicht schon stressig genug wäre, gängelt ihn sein Vater auch noch ständig, indem er immer meint, Max würde nicht genug für die Schule tun. Immerzu stellt der Vater Max' Freund Paul als Vorbild dar, der in allem immer ein wenig besser ist als er, und Max soll um jeden Preis auch so werden wie dieser Paul. Was für ein Schwachsinn! Es sind doch nicht alle Menschen gleich, Max ist nun mal kein Mathe-Crack, dafür hat er ganz andere Qualitäten und Begabungen, aber die scheinen den hohen Herrn nicht zu interessieren.

Komisch, dass ausgerechnet sein Mathelehrer ein ganz Toller sein muss. Wenn ich da an meinen früher denke... der schien es immer persönlich zu nehmen, wenn einer seine Erklärungen nicht auf Anhieb kapierte und konnte dann richtig sauer werden. Aber Max' Lehrer versucht immer wieder, ihn aufzubauen. Neulich hatte er ein Gespräch mit seinem Vater, und der will ihm eine Dienstaufsichtsbeschwerde anhängen, weil Max bei ihm keine bessere Note als höchstens eine Drei Minus bekommen kann, eher schlechter. Max selber sagt, die Note sei gerechtfertigt, aber für den Vater liegt es natürlich am Lehrer. Solche Eltern habe ich echt gefressen!

Max zeichnet lieber. Habe ich nicht gleich gesagt, dass er Künstlerhände hat? Ich würde so gern einmal eines seiner Bilder sehen, aber danach frage ich ihn besser beim nächsten Mal, wenn sich alles um ihn etwas beruhigt hat. Erst mal habe ich ihm einfach nur zugehört, damit er sich mal alles von der Seele reden kann. Ich glaube, es tat ihm ganz gut; als er fertig war, wirkte er richtig gelöst, als hätte er nach einem langen, anstrengenden Tag in der warmen Badewanne entspannt. Aber er entschuldigte sich wieder dauernd und vergewisserte sich x-mal, ob er mich nicht nerve. Dabei habe ich es so genossen, dass er da war. Alles war so vertraut, obwohl es ja erst das zweite Mal war, dass wir uns gesehen haben. Wir mussten gar nicht mehr viel reden, nachdem Max alles gesagt hatte, sondern saßen einfach nur dicht nebeneinander, ganz still, und ich glaube, er hat es genauso genossen wie ich. Eine solche Nähe habe ich nicht einmal zu Dario empfunden, glaube ich – nicht mal ganz am Anfang, als wir frisch zusammen waren. Ob es so was wie Seelenverwandtschaft wirklich gibt?

Mit der Zeit merkte ich aber doch, dass Max sich unbehaglich fühlte, weil er so viel von sich preisgegeben hatte. Deshalb tat ich etwas, das ich sonst nie mache, schon gar nicht, wenn ich jemanden noch nicht lange kenne: Ich habe ihm meine Sammlung gezeigt, den Ordner mit den Gräberfotos und den Todesanzeigen dazu, die ich seit meiner Blutvergiftung sammle, an der ich fast gestorben wäre. Ich wollte Max etwas zurückgeben, weil er mir so vieles anvertraut hat, um ihm zu zeigen, dass ich mich dadurch nicht belastet, sondern beschenkt fühle. Ganz kurz habe ich überlegt, ob ich zu viel von mir preisgebe und er vielleicht komisch über mich denken würde, aber ich hatte ein gutes Gefühl. Max hat sich richtig auf die Anzeigen und Bilder gestürzt, wollte alles über die Verstorbenen wissen, woran sie gestorben sind, wie die Beerdigung war usw. Vor allem natürlich, warum ich das alles aufgehoben habe, also habe ich ihm von meiner knapp überstandenen Krankheit erzählt. Damals, mit Dario in Marokko, wäre ich nie auf den Gedanken gekommen, ich würde mich durch das Tattoo an einer x-beliebigen Straßenecke in Gefahr bringen. Ich war verknallt und habe mich im Überschwang der Gefühle wohl für unsterblich gehalten. Aber unsterblich ist niemand. Als es mir so dreckig ging, habe ich panische Angst vor dem Tod bekommen, die ich nicht mehr loswerde. Die Traueranzeigen sind das Mittel, mit dem ich versuche, alles zu verarbeiten. Das alles habe ich versucht, Max klarzumachen, und ich glaube, er hat es verstanden. Auf jeden Fall hat er nicht über mich gelacht, im Gegenteil: Diese Nähe zwischen uns, die gestern schon da war, schien heute noch zu wachsen. Noch lange haben wir in dem kleinen Hinterzimmer der Gärtnerei auf dem alten, abgenutzten Sofa gesessen und geschwiegen, aber es war kein unangenehmes Schweigen, aus dem man sofort fliehen möchte, sondern hatte etwas Friedliches, Tröstliches, für uns beide. Wir haben uns an den Händen gehalten und uns gegenseitig gestreichelt, nur im Gesicht und in den Haaren. Max sagte, er wäre gern so zuversichtlich wie ich, und ich würde Stärke ausstrahlen. Dann hat er mich geküsst, so sanft und zärtlich, wie ein Junge nur küssen kann. Viel gefühlvoller als Dario, ehrlicher. Ich wusste sofort, es ging Max nicht um eine Eroberung oder darum, sich irgendetwas zu beweisen, sondern ihm ging es wirklich um mich. So wie ich bin. Für Max muss ich nicht aussehen wie ein Topmodel und mich nicht kleiden wie eine Schaufensterpuppe. Er mag mich in meiner Arbeitslatzhose und mit Blumenerde unter den Fingernägeln. Es hat so gut getan. Ein neuer Mensch ist in mein Leben getreten, zu dem ich offenbar eine ganz besondere, tiefe Beziehung haben kann. Unglaublich. Es fühlt sich ganz unglaublich an.

18. April

Inzwischen kommt Max fast jeden Tag zu mir in den Laden. Manchmal nur kurz, dann wirkt er unruhig und gehetzt, als hätte er Angst, sein Pensum nicht zu schaffen, was ihm durch die Schule und seinen Vater aufgebrummt worden ist. Ich habe ihm schon gesagt, dass es nicht schlimm ist, wenn er sich zwischendurch auch mal einen ganzen Nachmittag und Abend nur aufs Lernen konzentrieren will, aber da sah er mich ganz entsetzt an und sagte, nein, nein, auf jeden Fall wolle er kommen, so oft es nur geht, er wäre so gern hier bei mir. Er ist so süß. Ich freue mich ja auch immer, wenn er da ist, und es rührt mich zu sehen, wie sehr er jede Minute genießt. Bei der Arbeit mit den Blumen hängt er sich immer noch rein, als müsse er einen Preis gewinnen. Er ist so anders als alle Jungs, die ich kenne; die meisten hätten spätestens am dritten Tag die Lust verloren. Max dagegen ist immer motiviert.

Manchmal mache ich mir Sorgen um ihn. Wenn er so ruhelos wirkt, fast übertrieben fleißig ist und trotzdem den Eindruck erweckt, als sei er auf der Flucht oder müsse sich beeilen, weil es noch so viele Dinge gibt, die er schaffen will. Er blickt sich dann immer verstohlen um, als ob er Angst hätte, jemand könnte ihn bei mir sehen und ihm unangenehme Fragen stellen. An solchen Tagen bleibt er auch nicht so lange wie sonst. Bestimmt steckt sein Vater dahinter, der vielleicht nicht wissen darf, dass Max so oft zu mir kommt.

Aber die Gespräche mit Max sind schon toll. Wir reden oft über den Tod, und er hat zugegeben, dass er sich schon mal vorgestellt hat, wie es wohl sein muss, nicht mehr zu leben. Ich fand das ganz schaurig, weil ich gespürt habe, dass etwas in ihm steckt, das sich nach dem Tode sehnt. Natürlich mag ich es an ihm, dass wir so intensiv miteinander reden können – endlich mal ein Junge, der nicht nur von schnellen Autos, Computerspielen oder Sport quatscht. Mit Max könnte ich stundenlang reden, und jedes Mal kommt es mir dabei vor, als würden wir uns schon ewig kennen. Aber seine Todessehnsucht beunruhigt mich, weil ich das Gefühl habe, wirklich tot sein will er gar nicht. Es gibt nur zu vieles in seinem Leben, das ihn unglücklich macht, und deshalb wünscht er sich ein anderes. Ich will ihm dabei helfen, wenn ich kann. Max ist 18, da ist doch das Leben noch nicht vorbei, auch wenn er unter seinem ehrgeizigen Vater leidet. Ich habe versucht, ihm das klarzumachen, indem ich ihm erzählt habe, wie ich selber um mein Leben gerungen habe. Das hat ihm gefallen und imponiert, und ich wünsche mir so sehr, dass ein bisschen von diesem Kämpfergeist, den ich ihm dabei vermitteln wollte, auch wirklich auf ihn abfärbt. Max beneidet mich darum, dass ich sogar gestärkt daraus hervorgegangen bin und nur noch das mache, was mir auch wirklich guttut, so wie die Arbeit in der Gärtnerei, die ich einem trockenen Bürojob hundertmal vorziehe, der meinen Eltern für mich vorschwebte. Wenn man am eigenen Leib zu spüren bekommt, wie schnell das Leben zu Ende sein kann, ist man nicht mehr so leicht bereit, immer nur das zu tun, was andere von einem erwarten. Max soll das Leben führen, das er wirklich will und nicht seines wegwerfen. Ich will alles tun, damit er die Kraft dazu findet. Er ist es wert, es ist so angenehm, so entspannend, mit ihm zusammenzusein, weil ich merke, dass er meine Gegenwart genießt, statt mich fortwährend ändern zu wollen, so wie es Dario letztlich getan hat. Max würde gar nicht auf die Idee kommen, er ist so sanft, so dankbar. Er akzeptiert sogar meine Macke, Traueranzeigen zu sammeln. Mich beunruhigt daran nur, dass ihn die Bilder der frischen Gräber zu faszinieren scheinen.

20. April

Will ich mit Max richtig zusammen sein? Das habe ich mich immer öfter gefragt, seit ich ihn kennengelernt habe. Herzklopfen habe ich auf jeden Fall, wenn er kommt. Und wenn er nicht in meiner Nähe ist, muss ich pausenlos an ihn denken und habe schon angefangen, wie ein Teenie ständig mein Handy nach SMS von ihm zu checken. Aber noch nie haben wir darüber gesprochen, ob wir jetzt ein Paar sind. Max wünscht es sich bestimmt. Und ich?

Seit meiner Trennung von Dario hatte ich noch keine feste Beziehung. Was er mir angetan hat, möchte ich nicht noch einmal erleben, auch wenn ich weiß, dass es ungerecht ist, von ihm auf andere zu schließen. Es hat zu wehgetan, ich bin einfach vorsichtig geworden. Wenn man lebensgefährlich erkrankt ist, braucht man Menschen um sich, die einen vorbehaltlos lieben und zu einem stehen. Nur so kann man die

Kraft aufbringen, durchzuhalten und um das eigene Leben zu kämpfen. Man schafft das nicht gut, wenn man allein ist. Als ich mir nach dem Tattoostechen in Marokko die Blutvergiftung zugezogen habe, hat Dario die meiste Zeit durch Abwesenheit geglänzt, mich kaum im Krankenhaus besucht, und als er endlich mal auftauchte, weil ich mich nach Hause verlegen lassen wollte, meinte er nur, er wolle seinen Urlaub nicht abbrechen, schließlich hätten wir geplant, sechs Wochen zu bleiben. Mit »wir« meinte er also nicht mehr unbedingt sich und mich. Ich flog zurück und habe lange gebraucht, bis ich wieder ganz fit war. Vor allem aber habe ich meinen Freund vermisst, mit dem ich reden wollte. Über meine Todesangst, als ich die besorgten Blicke der Ärzte und Schwestern sah. Die Gedanken, die mich vor allem nachts nicht zur Ruhe kommen ließen. Die Einsamkeit im Krankenzimmer. Aber auch über den unbedingten Willen zu leben wollte ich sprechen. Darüber, was das Leben bedeutet, warum ich so daran hing, dass ich auf keinen Fall kampflos aufgeben wollte, nur wegen ein paar Bakterien, die in meinem Körper wüteten. Darüber, was der Tod ist und warum wir ihn so fürchten. Dario war nicht der Richtige dafür – er hat nicht gespürt, wie sehr ich mich durch die Krankheit verändert habe und was für Gedanken und Fragen in mir tobten. Er wollte mich möglichst schnell wieder so haben, wie er mich vorher gekannt hatte; abenteuerlustig, draufgängerisch, freiheitsliebend. Dass ich in Lebensgefahr geschwebt hatte, klammerte er völlig aus, der Tod passte nicht in seine Welt, Dario ist meinen Weg nicht mitgegangen. Auch als er von der Reise zurück und ich fast wieder gesund war, wich er meinen Fragen aus, sagte Verabredungen ab und rief nicht an. Bis ich ihn schließlich nach einem Arztbesuch in der Stadt mit einem anderen Mädchen entdeckte, eng umschlungen und in einen Kuss versunken. Da war es für mich vorbei, und als ich es ihm sagte, zuckte er nur mit den Schultern und dreht sich um.

Später erfuhr ich, dass er sie schon kennengelernt hatte, als ich noch im Krankenhaus lag, und auch in Marokko hatte er mich bereits betrogen. Ich beneidete das Mädchen nicht um ihn. Dennoch weinte ich tagelang vor Enttäuschung.

Und jetzt ist Max da. Max Rothe, mit dem ich all die Gespräche führe, die mit Dario nie möglich gewesen wären. Ich glaube, er würde mich nie so verletzen wie mein Ex es getan hat, aber ich kenne Max auch noch nicht lange. In seinen Augen sehe ich jedes Mal, wie sehr er es sich wünscht, mit mir zusammenzusein. Er brennt richtig für mich, und das tut mir so gut. Max tut mir gut. Er nimmt mich vorbehaltlos an, so wie ich bin. Kein Gemecker, ich solle mich anders anziehen, mir die Haare wachsen lassen, mich schminken. Kein Schielen nach anderen Mädchen. Er will mich, und das so sehr, so etwas habe ich noch nie erlebt. Ob ich es riskieren sollte? Bin ich überhaupt verliebt in ihn?

22. April

Ich glaube, ich schwebe. Ich bin vollkommen durcheinander, so etwas habe ich noch nie erlebt. Kein Junge hat so etwas je zuvor für mich getan.

Max hat mich gezeichnet. Er hat mir das Bild heute mitgebracht. Wie toll er die Ähnlichkeit hinbekommen hat! Es ist eine Bleistiftzeichnung, und ich erkenne mich darauf absolut wieder. Max hat all seine Gefühle für mich in das Bild gelegt, aber er hat mich auch gut beobachtet. So wie er meine Augen dargestellt hat, mein Lachen, erkenne ich meinen Lebenshunger darin wieder, der ein Teil von mir geworden ist, seit ich mich von der Blutvergiftung erholt habe. Max und ich haben uns gerade erst kennengelernt, aber er scheint mich besser zu kennen als irgendjemand sonst, besser als Dario jemals, besser als meine Mutter. Ich bin schlicht überwältigt. Das Bild sieht so aus, wie ich mich auch selbst gern sehen würde, aber ich weiß genau, dass es nicht nur ein Kompliment ist. Max sieht MICH. Er meint wirklich MICH. Was für ein Junge. Was für ein Freund. Den lasse ich nicht mehr los!

24. April

Ich hab's gewagt. Seit heute bin ich fest mit Max zusammen. Hui, das ging aber schnell, irgendwie bin ich noch ganz wirr im Kopf. Aber so scheint es im Leben zu laufen: Manchmal muss man Entscheidungen schnell treffen, ohne lange zu grübeln, und vielleicht ist das auch ganz gut so.

Eigentlich ist mein Chef daran schuld. Schon lange hat er mitbekommen, dass Max fast jeden Nachmittag da ist und mir hilft, und ich hätte mir denken können, dass er irgendwann nicht mehr nur grinst, sondern nachfragt, wer das eigentlich sei. Heute war es so weit, und weil ich Max' Verlegenheit spürte, habe ich ihn kurzerhand als meinen Freund bezeichnet. Max hat so gestrahlt, es fehlte nicht viel und ihm wären die Tränen gekommen.

Als wir später wieder allein im Laden waren, habe ich ihn verführt, und seitdem weiß ich, dass ich das Richtige getan habe. Nicht in meinen kühnsten Träumen habe ich geahnt, dass ein Junge so zärtlich, so gefühlvoll sein kann. Max hat alles um sich herum ausgeblendet, es gab nur noch uns beide, er wollte unbedingt, dass es richtig schön für mich ist. Ich bin sicher, gerade der Entschluss, zusammengehören zu wollen, hat die Gefühle füreinander und unsere Erregung erst richtig entfacht, wir konnten nicht genug voneinander bekommen. Trotzdem vergewisserte Max sich hinterher, ob ich mein Bekenntnis vor unserem Chef ernst gemeint habe. So was fragen sonst immer eher die Mädchen, man weiß ja, was Jungs ganz gern vor dem Sex alles versprechen. Aber ich glaube, ich konnte ihn beruhigen, und dann haben wir noch lange miteinander über unsere Ängste, den Tod und das Leben geredet. Dabei hat er mich allerdings ziemlich erschreckt, denn er hat wieder von seiner Todessehnsucht gesprochen. Dabei fangen wir doch gerade erst an zu leben. Miteinander, Max und ich. Aber als ich ihm erzählte, was ich für eine verdammte Angst hatte, als ich dem Tod ins Auge blicken musste, und wie unbedingt ich weiterleben wollte, hatte ich zum ersten Mal das Gefühl, ihn nicht wirklich zu erreichen. Er beneidete mich um meinen unbedingten Willen zu leben, aber er konnte ihn noch nicht teilen. Wenigstens für ein paar Stunden lang war er heute glücklich. Vielleicht schaffe ich es mit meiner Liebe, dass er diesen blöden Sog vergisst, den der Tod offenbar auf ihn ausübt.

25. April

Ich glaube, unser »erstes Mal« gestern hat Max Kraft gegeben. Heute hat er mir erzählt, dass er ganz neue Pläne habe. Max will nicht mehr sein Abi am Gymnasium machen, sondern an eine Fachoberschule für Gestaltung wechseln, um aus seinem künstlerischen Talent mehr zu machen. Sein Lieblingslehrer hat ihm den Kontakt vermittelt. Auf einmal hat Max so viele Träume. Es gibt ja auch unendlich viele Möglichkeiten, einen kreativen Beruf zu ergreifen. Grafikdesigner zum Beispiel, aber noch lieber würde Max später Kinderbücher illustrieren. Es wäre so traumhaft, wenn er das schaffen würde. Unsere Liebe und dazu sein Traumberuf, dann könnte alles gut werden. Dann müsste Max sich nicht mehr nach dem Tod sehnen, sondern würde leben wollen, so intensiv wie ich, wir beide würden jeden Tag auskosten wollen, ihn wie Champagner genießen. Sein Anmeldeformular hat er schon losgeschickt, jetzt fiebert er natürlich der Antwort entgegen, in der ein Termin zum Vorzeichnen stehen wird. Ich fiebere mit ihm.

Sorgen macht mir nur eines: Max hat sich dort heimlich beworben, also ohne seiner Familie etwas davon zu sagen. Ich darf gar nicht daran denken, weil mich dann sofort ein ungutes Gefühl beschleicht. Ich finde, er macht einen Fehler, er sollte mit seinen Eltern reden. Vielleicht zuerst mit seiner Mutter, die er immer als verständnisvoll und sanft beschreibt. Sie muss sich doch mal durchsetzen gegen ihren Mann, dieser Macho kann doch nicht Max' Leben zerstören, nur weil er sich einbildet, Max wäre hochbegabt und die Lehrer an seiner Schule alle unterbelichtet!

Aber davon will Max nichts hören. Er blockt sofort ab, wenn ich dieses Thema anspreche, und meint, wahrscheinlich werde er sowieso nicht an der Fachoberschule angenommen, weil die anderen Bewerber bestimmt noch viel talentierter seien als er. Hoffentlich geht das alles gut. Hoffentlich, hoffentlich.

28. April

Heute fühlt sich alles schwer an. Es ist Sonntag, und schon das ganze Wochenende bin ich allein. Max muss für die Schule lernen, für die schriftlichen und mündlichen Prüfungen, die bei ihm unmittelbar bevorstehen. Das verstehe ich ja, aber seit wir uns kennen, haben wir noch nicht einen einzigen Tag an einem Wochenende miteinander verbracht, nicht einmal einen Abend. Ich würde so gern einmal mit ihm ins Kino gehen, der neue Film mit Kate Winslet soll so toll sein, oder zur Langen Nacht der Museen, oder einfach eng umschlungen an einem See im Mondschein spazieren gehen, ganz normale Dinge tun, die andere Paare auch machen. Die Abende sind jetzt schon milder, von Tag zu Tag ist es draußen länger hell.

Wir könnten so viele tolle Sachen machen, auch mal was Verrücktes. Mitten in der Nacht an die Ostsee fahren, auf einem Rummel in die Geisterbahn steigen, zum Frühstück irgendwo picknicken. Ich verdränge den Gedanken daran, dass Dario und ich in unserer Anfangszeit so was alles gemacht haben. Das ging mit ihm, spontan und unternehmungslustig war er auf jeden Fall. Dario wollte das Leben in sich aufsaugen, jede Facette davon genießen, deshalb hat er mich anfangs auch magisch angezogen. Aber mit Max stelle ich mir das alles noch viel traumhafter vor, weil zwischen uns eben auch diese tiefe Nähe besteht, die tollen Gespräche, diese besondere Vertrautheit, die vom ersten Augenblick an da war.

Aber Max kommt immer nur in den Laden, ackert sich einen Wolf mit den Blumen und allem, was es sonst noch zu stemmen gibt, und will jedes Mal wissen, ob ich wieder neue Traueranzeigen und Gräberfotos in meinem Ordner habe. Wenn wir Ladenschluss haben, ist es noch nicht zu spät, um etwas zu unternehmen. Max könnte bei mir übernachten, zumindest am Wochenende, aber wann immer ich das vorschlage, weicht er aus und sagt, er müsse nach Hause. Mich macht das traurig, aber ich will ihn nicht drängen. Wir sind erst ganz kurz zusammen, da erwarte ich noch gar nicht, dass er mich jetzt schon seinen Eltern vorstellt, mir wäre das auch zu spießig. Aber warum wirkt er immer so gehetzt? Lernen könnte er auch bei mir, ich würde ihn bestimmt nicht stören, im Gegenteil. Ich würde Max gerne zeigen, wie gemütlich es hier in meiner Wohnung ist, auch wenn er bestimmt Edleres gewohnt ist als eine Einzimmerwohnung mit Schlafnische und einer Küche, in der man sich kaum drehen kann. Aber mein Balkon ist eine Oase, hier lebe ich meinen grünen Daumen aus. In ganz individuellen Gefäßen habe ich Frühblüher in verschiedenen Farben und Höhen arrangiert und statt langweiligen, harten Klappstühlen zwei wetterfeste Sitzsäcke auf den Boden gelegt. Ganz bestimmt würde es Max hier gefallen, nachmittags scheint hier schon fast drei Stunden lang die Sonne hin, so wie jetzt, wo ich hier sitze und in mein Tagebuch schreibe. Mein Hund Robby liegt neben mir und drückt seinen Kopf auf meine Beine, ich streiche ihm den Kopf. Auf dem zweiten Sitzsack könnte doch Max in seine Schulbücher schauen oder am Laptop arbeiten. Dann wären wir wenigstens zusammen. Es ist schon komisch – manchmal will Max Zukunftspläne schmieden, die bis in die nächsten Jahre reichen, aber dann wieder habe ich fast das Gefühl, er verheimlicht der ganzen Welt, dass es mich gibt.

Ganz am Anfang hat er mir mal kurz von seiner Exfreundin Annika erzählt, die immer noch zu seinem Freundeskreis gehört. In der Schule sieht er sie jeden Tag. Ob er ihretwegen so geheimnisvoll tut? Will er sie nicht verletzen? Oder ist da doch noch was zwischen den beiden? Ich kann ihn nicht danach fragen, so gern ich würde, um Klarheit zu bekommen. Max hat auch so schon genug Stress. Bei mir soll er auftanken können, dann regelt sich das schon.

29. April

Meine Güte, wie bestürzt er war! Ich muss immer noch in mich hineingrinsen, wenn ich daran denke, wie Max immer wieder beteuert hat, er wolle doch auch mehr mit mir machen und nur bei mir könne er sich so richtig entspannen und loslassen. Dann hat er den Chef bearbeitet, damit er uns früher gehen lässt und, und wir sind mit seinem Auto zum Picknicken in den Wald gefahren, ich kenne da eine romantische kleine Lichtung, die ich auf einem meiner vielen Spaziergänge mit Robby entdeckt habe. Max blühte richtig auf, als wir so ganz unter uns in der freien Natur lagen und meinte, die belegten Brötchen und Plunderstücke, die wir unterwegs vom Bäcker geholt haben, würden ihm viel besser schmecken als der »Biofraß« seiner Mutter, wie er es nennt. Es war so schön und für uns beide war es wieder wie eine kleine Flucht. Wir sind so lange geblieben, bis die Sonne hinter den Bäumen verschwand und ich auf dem Boden, der ja jetzt im April noch richtig kalt ist, total durchgefroren war. Max war so süß, er legt mir seine Lederjacke um die Schultern, so ein richtig tolles, handschuhweiches Stück, und im Auto drehte er die Heizung voll auf bis ich fast verglüht bin. Im Radio spielten sie eine Ballade nach der anderen, am liebsten wäre ich mit ihm bis ans Ende der Welt gefahren.

Aber als wir vor meinem Haus angekommen waren, strahlte er wieder diese Unruhe aus, hatte es eilig. Ich habe richtig gemerkt, wie er sich noch einmal ganz auf unseren Abschiedskuss konzentrierte, all seine Gefühle legte er hinein, damit ich nicht den Eindruck habe, er wolle mich schnell los sein. Ich weiß, dass er lieber mit mir zusammen ist, als so gejagt zurück nach Hause zu fahren, wo er die ganze Zeit nur die Erwartungen anderer erfüllen muss. Pünktlich am Tisch sitzen, Präsentationen und Vorträge für die Schule ausarbeiten, für die Prüfungen pauken, Klavier üben, der Etikette seiner Akademikereltern entsprechen. Wenn er von mir wegfährt, muss er jedes Mal die Zeit, die wir uns gestohlen haben, durch den dreifachen Fleiß wieder hereinholen, um sein Pensum zu schaffen. Auf die Dauer kann das nicht gut sein. Ich habe noch lange oben gesessen, Robbys weiches Fell gekrault und ins Leere gestarrt, weil ich nicht weiterwusste. Und das kommt bei mir selten vor.

2. Mai

Endlich! Endlich hat sich Max mit mir fürs Wochenende verabredet! Er hat vorgeschlagen, am Samstagnachmittag ins Erlebnisbad zu gehen, er wüsste eines etwas weiter draußen, das längst nicht so überfüllt sei wie alle anderen. Samstags gehen ja viele Familien mit Kindern schwimmen, da steht man immer ewig an der Kasse an. Erlebnisbad – das bedeutet, wir werden richtig lange zusammen sein, unter drei Stunden lohnt es sich nicht, wenn man auch in den Saunabereich geht, und das wollen wir auf jeden Fall. Ich freue mich so!

3. Mai

Max hat abgesagt. Er hat mich auf dem Handy angerufen und unsere Verabredung gecancelt. Ich bin so enttäuscht.

Angeblich muss er wieder lernen, den ganzen Samstag. Stattdessen will er mich am Sonntag treffen, aber da habe ich keine Zeit. Ich habe ja Robby noch nicht so lange, und da er mein erster Hund ist, gehe ich mit ihm noch regelmäßig zur Hundeschule, und genau für diesen Sonntag habe ich mich zu einem ganztägigen Kurs angemeldet. Was für eine Schnapsidee von Max, dorthin mitkommen zu wollen! Ich will nicht immer nur sein Notprogramm sein, das er zwischen seine ganzen Verpflichtungen zwängt. Verdammt noch mal, wir sind zusammen, ich bin seine Freundin und er ist mein Freund. Für mich ist er damit der wichtigste Mensch in meinem Leben, neben meinen Eltern und meinem Freundeskreis. Ich dachte, das wäre ich auch für ihn. Erwarte ich damit zu viel von ihm?

Einen Moment lang hatte ich am Telefon den Impuls, auszurasten und Max zu sagen, was ich davon halte. Aber dann tat er mir schon wieder leid, ich habe ja gemerkt, wie unangenehm ihm das alles war. Seine Stimme klang wieder so fahrig, er redete schnell, ich konnte richtig sehen, wie er sich wieder umsah, ob auch niemand lauschte. Er wollte es mir ja recht machen, sonst hätte er mir nicht den Sonntag als Alternative angeboten, aber auch alle anderen um sich herum musste er zufriedenstellen. Aber wer fragt zu Hause mal danach, was Max selber will? Und er setzt sich nicht durch, gibt immer nach, und das Ergebnis ist nichts als Stress. Irgendwann wird er krank davon, das kann auf die Dauer nicht gutgehen. Also kann ich ihn nicht auch noch unter Druck setzen.

Aber wo bleibe ich, wenn sich nichts ändert? Ich habe auch nur dieses eine Leben, und im Gegensatz zu Max weiß ich, wie kurz es sein kann und wie kostbar es nicht nur deshalb ist. Wenn er bei mir ist, bin ich glücklich. Aber ich bin keine Frau für halbe Sachen. Wenn ich mich auf jemanden einlasse, dann tue ich es ganz, und umgekehrt brauche ich das auch. Jemanden, der zu mir steht, statt mich zu verstecken. Der Mann, mit dem ich zusammen bin, muss nicht pausenlos für mich da sein oder mir jeden Wunsch erfüllen, bevor ich ihn aussprechen kann. Aber zu mir stehen muss er. Zum ersten Mal kommt in mir die Frage auf, ob das mit Max für mich reicht. Aber verflixt, ich will es doch. Ich bin doch schon längst viel zu verliebt, um mit ihm Schluss zu machen.

4. Mai

Max und ich. Max und Annika. Es gibt sie noch, er hat sich noch gar nicht von ihr getrennt. Ich habe sie zusammen gesehen.

Heute hätte ich mich eigentlich mit Max treffen sollen. Schon morgens nach dem Aufwachen war da diese Leere in mir, ich hatte mich so sehr auf den Tag mit Max gefreut. Eigentlich keine Katastrophe, ich habe schon viele solche Samstage erlebt. Normalerweise frühstücke ich dann ausgiebig und sehe dabei fern oder lese, gehe mit Robby raus, und in der Stadt muss sich samstags niemand langweilen, man kann immer bummeln gehen, Cafés und Ausstellungen besuchen, sich im Park sonnen, sofern es das Wetter erlaubt. Oft genug muss ich auch arbeiten, und wenn nicht, kann ich mich mit Freundinnen verabreden. Aber ich kann auch gut mit mir allein sein, spätestens während meiner Krankheit habe ich dies gelernt, es ängstigt mich nicht. Einsamer als damals im Krankenbett an der Schwelle des Todes kann ich mich nicht mehr fühlen, dagegen ist ein allein verbrachtes Wochenende ein Witz.

Aber dieses Mal traf es mich hart, wahrscheinlich weil ich es so sehr als ein Zeichen unserer Zusammengehörigkeit empfunden hatte, als Max mir zum ersten Mal ein Date am Wochenende vorschlug. Heute Morgen fühlte ich mich wie ein verlassenes Kind, hing in der Luft und wusste nicht wohin mit mir. Gleichzeitig ärgerte ich mich über mich selbst, denn es ist sonst gar nicht meine Art, mich so von anderen abhängig zu machen. Als Dario mich in Marokko hängen ließ, konnte ich noch einigermaßen klar überlegen, ob er dennoch der Typ sei, den ich an meiner Seite haben will, und mich dagegen entschließen. Und dann warf mich Max' Absage dermaßen aus der Bahn?

Ich wollte das nicht. Am Vormittag habe ich mich noch zu Hause beschäftigt, alles Mögliche erledigt, was ich während der Woche nicht geschafft habe, bin mit Robby ins Hundeauslaufgebiet gegangen, damit wenigstens er seinen Spaß hat. Aber als ich hinterher immer noch das Gefühl hatte, im Morast zu versinken, habe ich mich zusammengerissen und gedacht: Nein, du lässt dich jetzt nicht gehen. Es ist Frühling, die Sonne lockt alle Welt nach draußen, und du hast dir geschworen, dein Leben zu genießen, egal wie es kommt. Raus jetzt. Ich rief meine Freundin Paula an, die ich noch von meiner Tischlerausbildung her kenne und verabredete mich mit ihr auf dem Frühlingsfest. Weil sie direkt von der Arbeit kommen wollte, fuhr ich allein hin. Meine Stimmung hob sich sofort, als ich die vielen gut gelaunten Menschen um mich wahrnahm: Familien mit Kindern, Pärchen, Gruppen von

Jugendlichen, kaum jünger als Max. Ich versuchte den Gedanken zu verscheuchen, wie gern ich mit ihm dort gewesen wäre. Bunt verzuckerte Lebkuchenherzen kaufen, Lose ziehen, die verrücktesten Karussells fahren, den leckersten Imbiss stürmen. Mit Paula hatte ich mich am Riesenrad verabredet, ich war viel zu früh da, aber jetzt kribbelte es in mir. Ich wollte nicht die ganze Zeit an Max denken, der Tag war einfach zu herrlich für Sehnsucht und Liebeskummer. Ich wollte die Welt von oben sehen, einfach mal die Perspektive wechseln. Also strebte ich kurzerhand auf das Kassenhäuschen zu, kaufte mir ein Billett und stieg in die erste Gondel, die vor mir hielt. Als sich das Riesenrad in Bewegung setzte, kam ich mir vor wie ein Kind, wie früher in meiner Grundschulzeit, als solche Rummelplatzbesuche mich zu jeder Saison bereits wochenlang im Voraus in Hochstimmung versetzten. Schon immer habe ich es genossen, wie das Rad immer wieder anhält, damit neue Fahrgäste einsteigen können, und auch dieses Mal konnte ich es kaum abwarten, bis meine Gondel ganz oben war. Mir gegenüber saßen zwei Teenies, die jedes Mal kreischten, wenn die Gondel schwankte. Ich lachte mit ihnen und freute mich daran, wie die Welt unter mir immer kleiner wurde.

Dann war es endlich so weit. Unsere Gondel hielt an der höchsten Stelle, die Aussicht über die Stadt und die sie umgebenden Wälder und Flüsse war traumhaft bei dem klaren Wetter, die Geräusche des Rummels unten drangen nur noch leise an meine Ohren. Ich blickte hinunter und dachte, dass von oben auch alle Probleme zu schrumpfen schienen, was war schon schlimm daran, dass Max etwas dazwischengekommen war? Am Montag würde er wieder in die Gärtnerei kommen und alles würde wie immer sein, man muss wirklich nicht übertreiben. Das Leben ist zu schön, um sich über solche Kleinigkeiten zu ärgern. Ich kann immer noch mit Max herkommen, überlegte ich.

Dann beugte ich mich hinunter, um nach Paula Ausschau zu halten. Unter mir entdeckte ich einen Süßwarenstand und meinte, den Duft nach gebrannten Mandeln bis nach oben zu riechen. Unbedingt wollte ich mir später eine Tüte davon kaufen. Oder doch lieber Zuckerwatte?

Und dann sah ich ihn. Max. Meinen Max, der doch immer darauf brannte, jede freie Minute mit mir zu verbringen. Der sich vorher und hinterher abhetzte, nur damit wir uns sahen, egal wie sehr er zu Hause und in der Schule unter Druck geriet. Der manchmal schon von einer gemeinsamen Zukunft sprach. Genau dieser Max stand da unten, in seinem Arm ein Mädchen in seinem Alter, hübsch und zierlich mit langen, dunkelblonden Haaren, modisch angezogen, eine Traumfreundin. Neben ihnen ein weiterer Junge und noch ein Mädchen, aber Max und seine Freundin waren deutlicher ein Paar als diese beiden. Annika und er, nichts ist da vorbei. Es gibt sie noch, und er hat es mir die ganze Zeit verschwiegen. Kein Wunder, dass er sich nie offen zu mir bekannt hat; mich nicht seinen Freunden vorstellt, nicht den Eltern. Annika sieht nach einem Mädchen aus, wie es sein Umfeld wahrscheinlich von ihm erwartet, und so schlecht, wie er immer behauptet, scheint es zwischen ihnen nicht zu laufen. Max hatte offensichtlich gerade einen Liebesapfel gekauft, Annika und er schleckten daran herum, dann küssten sie sich. Ich schickte Stoßgebete zum Himmel, sie mögen weitergehen, ehe das Riesenrad diese Fahrt beendete und zum Stehen kam, damit Max mich nicht entdeckte. Mein Gebet wurde erhört. Annika drückte sich an Max' Seite, er legte ihr den Arm um die Schultern, dann gingen sie in Richtung PowerTower. Zum Glück kam Paula kurz darauf. Ich habe ihr nichts erzählt. Aber was mache ich jetzt nur?

11. Mai

Er kommt nicht mehr so oft in die Gärtnerei. Letzte Woche war er nur zwei Mal da, und er hat nicht versucht, das geplatzte Date nachzuholen. Drauf angesprochen habe ich ihn noch nicht, aber ich beobachte ihn. Glücklich wirkt er nicht. Wenn er da ist, redet er fast pausenlos von der Schule, er leidet total darunter, dass sein Lieblingslehrer so krank ist, dass er nicht mal zur Abiturprüfung anwesend sein wird. Die ganze Zeit wird mit Vertretungslehrern geflickschustert, und irgendwie versuchen alle, sich trotzdem auf die Prüfungen vorzubereiten. Max hat fast immer Kopfschmerzen. Ich kann ihm jetzt nicht noch zusätzlichen Stress bereiten, indem ich ihm Vorwürfe Annikas wegen mache. Noch hoffe ich, dass sich alles irgendwie von selbst regelt. Aber ist das überhaupt möglich?

13. Mai

Max muss lernen. Paula und ich gehen zu einer Demo, wo ich ihn und seine Annika garantiert nicht treffe. Es wird mir guttun, meinen Frust herauszuschreien, auch wenn dies sich eigentlich gegen die Regierung richten soll statt gegen meinen Freund. Merkt ja keiner. Vielleicht werfe ich sogar einen Stein gegen irgendein blödes Gitterfenster. Mir geht das Bild von den beiden nicht mehr aus dem Kopf. Kandierte Küsse.

16. Mai

Der Chef hat gemerkt, was los ist. Er ist so cool drauf, ich bin ihm so dankbar. Hat keine Fragen gestellt, sondern schickt mich jetzt einfach häufiger zum Friedhof, die Gräber pflegen, die uns in Auftrag gegeben worden sind. Das hilft mir ungemein. Ich liebe die Stille dort und die Beschäftigung mit den Blumen, die eine ganz andere ist als in der Gärtnerei. Ich kann mehr gestalten, auf den Gräbern Beete anlegen, meinen Gedanken nachgehen. Ich muss viel darüber nachdenken, wie es wohl ist, wenn man stirbt und vielleicht jemanden zurücklässt, den man liebt und mit dem man vorher irgendwie nicht im Reinen war. Wenn man zerstritten ist und alles noch ungeklärt ist in dem Moment, wo einer von beiden für immer geht. Oder auch, wenn gerade alles ganz toll ist und dann einer stirbt, an einem Unfall zum Beispiel. Ein Knall, und weg ist der Mensch, mit dem du dein Leben teilen wolltest. Wie schrecklich muss das sein! Eigentlich sollte man nie unversöhnt auseinandergehen, das kann doch nicht so schwer sein.

Ich sammle auch wieder Traueranzeigen und fotografiere frische Gräber. Heute zum Beispiel. Ich sollte das frische Grab einer alten Dame neu arrangieren, vier Euro konnte ihr Witwer uns nur dafür zahlen, er selber ist schon zu schwach, um sich selbst um das Grab zu kümmern. »Meine Liesel«, hat er immer wieder gesagt; »sie wartet da oben jetzt auf mich. Lange kann es ja nicht mehr dauern, dann sehen wir uns wieder. Versprechen Sie mir, junge Frau, dass Sie ihr bis dahin mit den Blumen jeden Tag zeigen, wie sehr ich meine Liesel liebe?«

Ich habe es ihm versprochen und mich richtig ins Zeug gelegt. Mir selbst hat es gutgetan, einen schönen Frühlingsstrauß für Liesel zusammenzustellen. Ich habe die Augen geschlossen und mir vorgestellt, wie sie wohl ausgesehen haben mag. Das Lied »Ende Dezember« von Annett Louisan fiel mir dazu ein, der Text ist einfach zu schön:

Er sitzt allein, so wie fast jeden Tag,
auf ihrer Bank an der Wiese im Park.
Augen wie Stahl und noch kein graues Haar.
Er blickt mich an
und erzählt mir von ihr.
Er sagt: Neulich saß sie noch hier.
Ging so schnell, wir haben's nicht mal geahnt,
noch so vieles geplant,
dann bricht er ab und weint.

Für mich ist es Ende Dezember
uns're Tage waren alle gezählt
und ich hab an so vielen von ihnen gefehlt.

Versäum keine Blüte im Frühling
und feier sie ganz unbeirrt,
denn das Leben geht gnadenlos weiter
auch wenn deine Freude daran stirbt.

So viel storniert und auf morgen vertagt,
so viel gedacht und so wenig gesagt,
so viel verschenkt, an den Nagel gehängt.
Er blickt mich an
und er sagt: Nimm dir Zeit,
solang dir welche bleibt,
ganz egal,
wozu du dich entschließt:
wer das Leben genießt,
der kann kein Versager sein.

Die Zeile »Augen wie Stahl« regte mich dazu an, mir Liesels Augen wie Kornblumen vorzustellen, also wählte ich sie aus und arrangierte damit ein zartes Gesteck in Verbindung mit Maiglöckchen und Freesien, die wirken so fröhlich; in die Mitte steckte ich eine prachtvolle dunkelrote Rose als Zeichen der ewigen Liebe ihres Mannes. Auf dem Grab stellte ich das Gesteck in eine Vase, damit es lange frisch blieb; sonst gab es keine Blumen darauf. Damit es nicht so kahl aussah, pflanzte ich noch Buschwindröschen als Bodendecker dazu, die sehen auch dann noch schön aus, wenn sie verblüht sind und nur noch das Grün übrig bleibt.

Liesel. Ein Name aus dem Anfang des vorigen Jahrhunderts, der Mann heißt Karl. Ich stelle sie mir als jung verliebtes Paar vor, die Augen noch nicht gelblich und trübe wie jetzt, sondern lebendig, glutvoll, dem gemeinsamen Leben entgegenblickend. Die beiden haben es durchgehalten, das ganze Leben lang. Meine Mutter hat mal gesagt, früher haben die Paare sich nicht so leicht getrennt, weil die Frauen meist finanziell abhängig von ihren Männern waren. Da habe man mehr Kompromisse geschlossen, man konnte nicht so leicht weg, das Gerede der Leute nach einer Scheidung kam auch noch dazu. Ich will nicht glauben, dass das alles war. Nicht bei Paaren wie Liesel und Karl. Es muss mehr geben als nur eine Zweckehe. Die große, ewige Liebe kann doch nicht nur in Romanen und Filmen geschehen wie eine Science-Fiction-Geschichte. Ich sehe es doch an diesen beiden alten Menschen, die bis zum Tod in Treue zusammengeblieben sind. Selbst im Tod schenkt Karl seiner Liesel noch rote Rosen. So eine Liebe will ich auch.

18. Mai

Heute war Max wieder da. Es geht ihm nicht gut. Ich weiß nicht, was ich machen soll. Weiterhin zurückstecken?

So wie heute habe ich ihn noch nie erlebt. Er war blass und wirkte verstört, konnte kaum zuhören, wenn ich versucht habe, mit ihm zu reden. Auf seiner Stirn und Oberlippe glänzten

Schweißperlen, dabei ist es noch gar nicht so warm. Zuerst habe ich gedacht, er hat herausgefunden, dass ich ihn auf dem Frühlingsfest mit seiner Annika beobachtet habe und wäre nun nervös, aber das war es nicht. Er war so durch den Wind, weil es jetzt feststeht, dass er sein Abi mit dem Vertretungslehrer absolvieren muss. Sein ehemaliger Mathelehrer, Herr Brückner, ist so ernstlich krank, dass er bis zum Schuljahresende fehlen wird. Er war der Einzige, dem Max vertraut hat, der ihn wieder aufbauen konnte, wenn er nicht die Leistungen gebracht hat, die von ihm erwartet werden. Dazu kommt seine Sorge um Brückner. Die Schüler erfahren ja nicht, was er hat, und Max denkt jetzt, sein Vater sei daran schuld, weil er Brückner neulich um eine Unterredung gebeten und ihn dann regelrecht fertiggemacht hat. Aber so muss es ja nicht sein.

In dieser Situation konnte ich ihm natürlich keine Vorhaltungen machen. Zuerst haben wir gearbeitet – Max hat sich fast noch mehr angestrengt als sonst, war aber auch schneller erschöpft. Danach habe ich ihn reden lassen, Tee gekocht und einfach abgewartet, bis die größte Anspannung gewichen war. Ich weiß auch nicht warum. Vielleicht liebe ich ihn mehr, als es mir bislang klar gewesen ist?

Zum Glück hat er sich an der Roy-Lichtenstein-Schule angemeldet, die nehmen ihn bestimmt, so toll wie er malt. Wenn er dorthin wechseln kann, macht er sein Ding. Daran habe ich ihn erinnert, und ihm immer wieder gesagt, dass ich an ihn glaube und dass er das alles schon packen wird, ganz sicher. Mehrere Male habe ich das gesagt, und dann irgendwann hat er mich geküsst, so zärtlich, dass mir fast schwindlig geworden ist vor Glück. In diesem Moment war er mir wieder so nah, wie ein Mensch es nur sein kann.

Aber ich werde das Bild von ihm und Annika nicht los. Was mache ich nur?

21. Mai

Heute habe ich mich in der Gärtnerei krankmelden müssen. Irgendwas habe ich mir eingefangen, einen Magen-Darm-Virus vielleicht, auf jeden Fall ist mir so schlecht, dass ich im Bett geblieben bin und mir einen Eimer daneben gestellt habe. Immer wieder muss ich mich übergeben, dazwischen versuche ich, schluckweise etwas Fencheltee zu mir zu nehmen, damit ich wenigstens etwas Flüssigkeit bekomme. So elend wie heute habe ich mich seit meiner Blutvergiftung vor drei Jahren nicht mehr gefühlt, aber ich schaffe es nicht einmal zum Arzt. Ich kann nur abwarten, bis das Schlimmste vorbei ist, dann kann ich Max fragen, ob er mich zum Arzt fährt. Sicherheitshalber habe ich ihm eine SMS geschrieben, damit er sich darauf einstellen kann. Bisher hat er nicht geantwortet.

Abends: Max hat sich den ganzen Tag nicht bei mir gemeldet. Bestimmt wieder Stress in der Schule und zu Hause. Oder er ist bei Annika. Verdammt, ich brauche ihn so. Ich will nicht jedes Mal allein sein, wenn es mir schlecht geht.

22. Mai

Wenigstens konnte ich gut schlafen, aber schlecht ist mir immer noch. Außerdem ist mir ein Gedanke gekommen, der mich seitdem fast wahnsinnig macht: Was ist, wenn ich schwanger bin? Schwanger von Max, der wahrlich schon genug Probleme am Hals hat? Bitte nicht, bitte, bitte nicht!! Ich bin schon die ganze Zeit am Rechnen, aber das kann ich mir genauso gut sparen, denn meine Regel kam noch nie wirklich pünktlich. Mein Zyklus schwankt zwischen 28 und 36 Tagen, er hat auch schon mal 38 Tage gedauert. Verdammt, ich hätte gleich mit der Pille anfangen sollen, nachdem ich zum ersten

Mal mit Max geschlafen habe. Wir verhüten immer mit Kondomen, und so oft haben wir es auch noch nicht getan. Wenn dabei doch etwas schiefgegangen ist? Ich darf gar nicht daran denken. Max flippt aus, wenn es wahr ist und er es erfährt. Aber eine andere Erklärung habe ich nicht, in der Gärtnerei ist der Kundenkontakt nicht so eng, als dass ich mich da mit einem Virus angesteckt haben könnte. Wenn es morgen nicht besser ist, kaufe ich mir einen Test in der Apotheke. Heute ist mein 31. Zyklustag.

Wenn sich bloß Max endlich melden würde ... das ist alles so seltsam.

23. Mai

Spät abends kam doch noch eine SMS von Max, ich war schon eingeschlafen, hatte aber den Ton nicht abgestellt für den Fall, dass er sich meldet:

Hallo Liebste, stell dir vor, ich bin angenommen! Trotzdem völlig fertig, mein Vater dreht total am Rad und will mich nicht wechseln lassen. Konnte mich deshalb nicht melden. Versuche es morgen, schlaf gut! Dein Max.

Dann hat er jetzt den reinsten Stress, natürlich konnte er sich nicht melden. Immerhin hat die Übelkeit ein wenig nachgelassen, und kleine Portionen Toast kann ich bei mir behalten. Ich bemühe mich, wieder klarer zu denken und stelle fest, dass es mich stört, wenn Max nur von sich redet oder schreibt und nicht mal auf die Idee kommt, zu fragen, wie es mir geht. Gut, er weiß nicht, dass ich gerade krank bin, und hellsehen kann kein Mensch. Aber Max schwimmt so sehr in seinen eigenen Problemen, seiner Zerrissenheit, seinen Zukunftsängsten, dass für mich vielleicht gar kein Platz in seinem Leben ist. Wenn ich jetzt schwanger bin ... es geht nicht. Vielleicht hätte ich mich nie auf ihn einlassen sollen, gar nicht versuchen, ihn an mich zu binden. Ich glaube, ich verlange zu viel von ihm, er schafft das nicht, diese Liebe zwischen uns. Was soll ich ihm antworten?

Mach dir keinen Kopf, tippe ich nach dem Frühstück in mein Handy. *Bin sowieso gerade lahmgelegt, blöder Virus wahrscheinlich. Du packst das schon, denk an meine Worte. Bis bald, deine Delia.*

In meinem Unterleib zieht und drückt es. Ist das schon die Gebärmutter, die jetzt stärker durchblutet wird und zu wachsen beginnt?

28. Mai

Ich bin nicht schwanger. Meine Regel ist gekommen, heute, am 35. Zyklustag. Was ich fühle? Erleichterung, vor allem Max wegen. Ich muss ihm nicht den zusätzlichen Stress zumuten, den sowohl ein Schwangerschaftsabbruch als auch ein Baby bedeutet hätte. Er wird auf seine Fachoberschule gehen und sich sicher eines Tages auch mit seinem Vater aussöhnen. Er wird mit Annika zusammenbleiben, weil sie besser in seine Welt passt als ich. Wir lieben uns, aber es kann keine Liebe von Dauer sein, wenn sie ihm nur Stress bereitet. Immer klarer sehe ich, dass das mit uns nicht funktioniert. Ich muss jetzt schon heulen bei dem Gedanken, dass ich es ihm bald sagen werde, aber ich glaube, es geht nicht anders. Wir stehen uns gegenseitig im Weg. Max hat mir so viel gegeben und ich ihm vielleicht auch, aber es reicht nicht. Wir tun uns gut und machen uns doch unglücklich.

Eine Nacht schlafe ich noch drüber, dann werde ich eine Entscheidung treffen. Eigentlich ist Max derjenige, der das tun müsste, weil er zwischen zwei Mädchen steht. Aber er wird es nicht tun. Ich muss es ihm abnehmen. Vielleicht können wir uns danach sogar ganz neu begegnen.

30. Mai

Gestern hat er mich angerufen, weil er wieder keine Zeit hatte, vorbeizukommen. Ich habe ihm erzählt, dass ich krank war und dass es mir jetzt besser geht; er war erleichtert. Mehr wollte er nicht wissen, nicht was ich hatte, nicht ob er mal vorbeikommen soll. Fragen konnte ich ihn nicht, ich bin sicher, er würde kommen, wenn er irgendeine Möglichkeit dazu sehen würde, so wie er es immer getan hat. Er kann nicht, weil alle an ihm zerren, die Schule, sein Vater, sein Freundeskreis. Ich kann das nicht auch noch tun und ich muss auch an mich denken. Ich wünsche mir jemanden an meiner Seite, für den ich nicht erst stattfinde, wenn alles andere abgehakt ist. Vielleicht ist er sogar ein wenig erleichtert, wenn es vorbei ist, einfach weil es einer weniger ist, der Erwartungen an ihn stellt.

Wir haben uns für morgen verabredet, zum Spazierengehen. Bei der Aussicht auf das Date klang Max so fröhlich, dass es mir fast das Herz gebrochen hat. Er ahnt nichts, aber ich glaube, ich muss das jetzt trotzdem durchziehen, auch wenn ich mich im Moment nur an den Gedanken klammere, dass ich ihn morgen sehen werde. Er hat mir gefehlt. Ich freu mich wie blöde auf Max, ich dumme Kuh.

31. Mai

Ich habe es ihm gesagt. Seit heute Nachmittag sind Max und ich getrennt. Scheiße, ich weiß nicht, ob das richtig war. Er hat überhaupt nicht damit gerechnet, war so bestürzt. Er hat mich angefleht, meinen Entschluss zurückzunehmen, hat mir alles Mögliche versprochen, meinte, er bräuchte noch Zeit. Aber ich konnte nicht mehr zurück. Ich hoffe, er wird mir eines Tages verzeihen und mich verstehen. Trotzdem fühle ich mich miserabel.

Wir sind zu »meinem« Friedhof gegangen, und ich habe ihm das Grab der alten Dame gezeigt, Liesels Grab, und ihm die Geschichte dieser großen, ewigen Liebe erzählt und habe ihm gestanden, dass ich auch von so etwas träume, und Max versicherte mir, dass er für immer mit mir zusammenbleiben will. Aber dann habe ich ihm erzählt, dass ich ihn auf dem Frühlingsfest mit Annika gesehen und ihren Kuss beobachtet habe. Max hat gar nicht erst versucht, es abzustreiten, das rechne ich ihm hoch an, aber er hat mir auch nicht versprochen, sich sofort von Annika zu trennen. Ich glaube ihm sogar, dass er nicht so ein Typ ist, der mehrere Mädchen gleichzeitig datet – Max tut das nicht, weil er sich wie ein toller Hecht vorkommt oder ein Don Juan sein will. Er war mit Annika und mit mir zusammen, weil er keiner von uns wehtun möchte, tut uns beiden aber mehr weh, als wenn er sich für eine entscheiden würde. Ich habe ihm versucht klarzumachen, dass es nur Krampf wäre, wenn wir zusammen blieben, obwohl wir beide etwas ganz anderes brauchen. Unsere Leben passen nicht zusammen, nicht jetzt. Max hat verzweifelt versucht, sich an all das Schöne zu klammern, das wir miteinander hatten, und das war auch wirklich sehr viel. Aber letztlich war es eine Affäre, immer heimlich, immer verborgen. Mich macht das kaputt, und ihn erst recht. Er hat mir nicht widersprochen.

Noch einmal haben wir uns umarmt, aber nicht mehr geküsst, nicht geliebt. Es hat mich ungeheuer viel Kraft gekostet, standhaft zu bleiben; ich habe seinen Körper an meinem gespürt, seine Wärme ein letztes Mal genossen. Am liebsten hätte ich alles rückgängig gemacht, ihn niedergeknutscht und danach bis ans Ende der Welt entführt. Aber ich hab's durchgezogen, seinetwegen und meinetwegen. Dann bin ich gegangen.

Und jetzt? Sitze ich zu Hause und heule, allein mit Robby, der seine Schnauze auf meine Oberschenkel gelegt hat und ganz genau zu wissen scheint, was mit mir los ist. Ich glaube immer noch, dass es richtig war, mit Max Schluss zu machen, aber es tut so unbeschreiblich weh. Das mit uns war doch auch etwas ganz Besonderes, Seltenes, und ich habe es einfach in den Wind gejagt, beendet, weggewischt. Max wird nicht mehr zu mir in die Gärtnerei kommen, es wird keine endlosen Gespräche mehr über den Tod, die Liebe und das Leben geben, die bei allen unterschiedlichen Ansichten doch von so tiefer gegenseitiger Übereinstimmung und großem Verständnis geprägt waren, dass ich es manchmal kaum glauben konnte. Er kommt nicht mehr. Ich werde wieder allein oder mit dem Chef nach Feierabend die Blumenkästen ins Innere tragen, vergeblich darauf horchen, ob sein Auto auf den Hof rollt, werde für mich alleine Tee kochen, es wird keine Küsse im Hinterzimmer mehr geben, wenn wir endlich allein sind. Ich kann es noch nicht glauben.

Robby kratzt an meinem Bein und will noch mal raus. Ich weiß, wo Max wohnt. Soll ich an seinem Haus vorbeigehen, in der Hoffnung, ihn zu treffen?

Nein. Es würde nicht wie zufällig wirken. Nicht schon heute. Ich gehe einen Weg, den ich mit Max nie gegangen bin.

2. Juni

Er fehlt mir. Er fehlt mir. Er fehlt mir. Die letzten beiden Tage in der Gärtnerei haben kein Ende genommen. Jeder Schritt während der Arbeit kam mir vor, als würden meine Füße in flüssigem Teer kleben bleiben. Immer habe ich gehofft, Max würde kommen und verkünden, er habe mit Annika Schluss gemacht, damit wir zusammen sein können. Dann hoffte ich es wieder nicht. Es ist leer ohne ihn.

4. Juni

Ich habe Paula von ihm erzählt. Alles, von Anfang an bis zu unserer Trennung. Es hat gutgetan. Paula sagt, sie hätte genauso gehandelt wie ich, nach allem, was ich durchgemacht habe. »Was willst du mit so einem Jüngelchen?«, meinte sie. Das trifft es aber nicht, ein Jüngelchen ist Max ganz und gar nicht. Das macht es so schwer. An der Wand über meinem Bett hängt noch immer seine Zeichnung von mir – es steckt so viel Liebe darin. Ich weiß nicht, ob ich so etwas je wieder finden werde. Einen Typen, der mich so ansieht, wie Max mich angesehen hat. Trotzdem glaube ich noch immer, dass mein Entschluss richtig war. Ich will Max, aber ich will ihn ganz für mich, ihn nicht mit einem anderen Mädchen teilen. In meinem Leben habe ich schon zu viel durchgemacht, um mich mit Halbheiten zufriedenzugeben. Der frühe Unfalltod meines Vaters, mein Auszug von zu Hause mit 17, die Tischlerausbildung und das endlose Suchen nach einem Arbeitsplatz danach, das Fiasko mit Dario in Marokko, die lebensgefährliche Blutvergiftung. Ich habe immer auf eigenen Beinen gestanden und brauche niemanden, der mich bedient. Angewiesen bin ich auf niemanden. Aber gerade deshalb möchte ich nur eine Beziehung, in der ich mich voll und ganz auf den anderen einlassen kann und er auf mich. Max ist damit überfordert. Wenn ich nur aufhören könnte, immer an ihn zu denken.

5. Juni

Der Chef hat eine neue Aushilfe eingestellt. Adrian, den Sohn eines Kumpels von ihm. Er packt gut mit an, aber ich gehe ihm aus dem Weg, Adrian interessiert mich nicht. Wenn er da ist, vermisse ich Max noch mehr. Es ist eben *nicht* jeder Mensch ersetzbar. Nicht für mich.

8. Juni

Heute habe ich Max wiedergesehen und mit ihm geredet, zum ersten Mal seit unserer Trennung. Es waren höchstens zehn Minuten, aber noch immer bin ich aufgewühlt und kann kaum einen klaren Gedanken fassen. Ich weiß nicht mal, was er eigentlich wollte, wahrscheinlich das Gleiche wie ich die ganze Zeit. Mich einfach nur sehen, ohne Erwartungen daran zu knüpfen. Aber es ist blöd gelaufen, richtig blöd.

Beim Blumengießen habe ich ihn plötzlich entdeckt. Er stand mit dem Auto am gegenüberliegenden Straßenrand und schien darauf zu warten, dass ich herauskomme. Zuerst habe ich mich erschrocken und mich gefragt, ob er da öfter steht und mich aus der Entfernung beobachtet wie ein Stalker. Aber das passt nicht zu Max. Jedenfalls habe ich sofort meine Gießkannen abgestellt und bin rübergegangen, habe mich auf den Beifahrersitz gesetzt. Plötzlich war alles so vertraut, auf diesem Platz habe ich ja so oft gesessen. Max hätte nur Gas geben und losfahren müssen, dann wären wir einfach abgehauen von allen Verpflichtungen und den Erwartungen anderer, es hätte nur noch uns beide gegeben, wie immer, wenn wir zusammen waren. Aber dann sah ich Max an und bemerkte, wie sehr er sich verändert hat, und das in der kurzen Zeit, seit wir nicht mehr zusammen sind. Max war blass und hat abgenommen, unter seinen Augen haben sich bläuliche Schatten gebildet, als ob er nachts nicht gut schläft. Seine Haare wirkten ungewaschen, aber das Unheimlichste war: Max trug einen Anzug. Mitten in der Woche, und ohne dass es etwas zu feiern gab. Ganz bestimmt hat das irgendeine Bedeutung, aber als ich ihn darauf ansprach, winkte er nur ab und meinte, er gefiele ihm einfach besser als immer derselbe einheitliche Jeanslook. Ich habe versucht, mich damit zu beruhigen, dass bei mir in der Schule auch manche von einem Tag auf den anderen mit den verrücktesten Klamotten ankamen. Meine Sitznachbarin in der 10. Klasse zum Beispiel kam von einem Tag auf den anderen nur noch in Kleidern aus den Zwanzigerjahren des vorigen Jahrhunderts, die sie auf Flohmärkten und über Internetauktionen aufgetrieben hat, sogar mit passenden Hüten dazu, total schräg, aber der Look stand ihr super. Insgeheim hoffte ich, dass das mit dem Anzug bei Max auch nur der Ausdruck einer Art Rebellion gegen das gängige Modediktat ist.

Aber da war eben auch dieses beklemmende Gefühl in mir, das ich nicht abschütteln konnte. Der Eindruck, dass irgendetwas nicht stimmte. Ich kenne Max, und ich wusste genau, dass er nicht glücklich war. Bestürzt musste ich feststellen, dass die Tatsache, dass ich ihm die Entscheidung zwischen Annika und mir abgenommen habe, nicht zu der erhofften Entlastung und Erleichterung bei ihm geführt hat. Doch als ich ihn darauf angesprochen habe, blockte Max total ab und stellte sich stur, redete wieder nur vom Schulstress. Immerhin gab er zu, dass er es nicht schafft, mit mir befreundet zu bleiben, wenn wir schon nicht zusammen sein können. Eine ganze Weile lang saßen wir so nebeneinander in seinem geparkten Auto und redeten nicht viel, und nach und nach schien ein wenig von seiner Fassade zu bröckeln. Max sah mich wieder fast so an wie früher und fragte schließlich sogar, ob er mir wieder im Laden helfen dürfe. Im selben Moment jedoch trat Adrian aus dem Laden, und Max bekam sofort alles in den falschen Hals, hielt ihn für meinen neuen Freund und wollte nur noch weg, verabschiedete sich hastig und ließ schon den Motor an, ehe ich ausgestiegen war. Hastig versuchte ich ihm zu erklären, wer Adrian war, aber Max wollte nichts hören und brauste davon.

Wenn er nur keinen Mist baut. Ich könnte durchdrehen vor Angst um ihn.

10. Juni

Max' Prüfungen. Er müsste doch jetzt irgendwann die Ergebnisse erfahren. Wie gern wäre ich dann bei ihm, würde vor der Schule auf ihn warten oder ihn nachmittags treffen, um ihn entweder zu feiern oder wieder aufzubauen. Er hat doch kaum jemanden, der das macht. Wirklich hilfreich für ihn ist wohl nur seine jüngere Schwester und manchmal sein Freund Paul. In Mathe bei diesem arroganten neuen Lehrer kann es nicht gut gegangen sein. Hoffentlich meldet er sich bei mir. Max weiß doch, dass er mir nicht egal ist, ganz gleich ob wir nun zusammen sind oder nicht. Er weiß, dass ich mich für ihn interessiere. Er soll sich melden, verdammt. Ich mache mir Sorgen.

12. Juni

Immer noch nichts. Verdammt, ich kann ihn nicht anrufen, vielleicht ist er nicht allein, und es weiß ja kaum jemand von mir. Seinen Mailaccount öffnet er fast nie, sagte er mal, also hat es auch wenig Sinn, ihn so zu kontaktieren. Vorhin habe ich ihm eine SMS geschickt, darauf antwortet er eigentlich immer, sobald die Schule aus ist. Keine Reaktion. Da stimmt was nicht. Er geht mir nicht aus dem Kopf mit seinem Anzug, der schlecht gesessen hat und schon leicht angeschmuddelt war; seinem blassen Gesicht. Ich hätte ihn nicht so unter Druck setzen dürfen wegen Annika. Max wollte nur Zeit, brauchte Zeit, und ich habe sie ihm abgesprochen. Wenn er bis morgen nicht antwortet, rufe ich ihn an.

13. Juni

Erst am Nachmittag habe ich Max erreicht, oder besser gesagt, sein Freizeichen auf dem Handy. Sprechen konnte ich nicht mit ihm, denn er hat mich weggedrückt. Bestimmt ist Annika bei ihm. Vielleicht habe ich mich getäuscht und es geht ihm besser als ich dachte. Vielleicht hat ihn nur unsere Begegnung durcheinander gebracht, weil er eigentlich nicht mit mir sprechen, sondern mich nur aus der Entfernung sehen wollte. Ich war es ja, die kurzerhand auf ihn zu kam und ins Auto gestiegen ist, dieser Moment hat uns beide aufgewühlt. Am besten, ich lasse ihn in Ruhe, bis der Schmerz nachgelassen hat, bei uns beiden. Es wird mir schwer fallen, aber ich glaube, es gibt keine andere Möglichkeit. Ich will ihn nicht noch mehr unter Druck setzen, Max leidet so darunter, weil er es immer allen recht machen will. Ich war immer schon diejenige, bei der er sich fallen lassen und ganz er selbst sein konnte, und das will ich auch wieder für ihn sein, wenn er sein Leben neu sortiert hat. Alles hat seine Zeit, und unsere ist noch nicht gekommen. Wir wollten es zu sehr, Max und ich, es ging zu schnell. Wenn Max soweit ist, wird er es mich wissen lassen, denn er weiß auch, dass ich mein Leben intensiv leben will, und eigentlich will er das auch. Ich hoffe so sehr, dass er es schafft, für uns beide, vor allem aber für ihn.

Er hat mich weggedrückt. Ein dummes Gefühl bleibt trotzdem zurück.

14. Juni, 00:43 Uhr

Ich kann nicht schlafen. Bestimmt liegt es an dieser hellen Vollmondnacht, da bin ich immer empfindlich, aber auch daran, dass Max noch immer durch meine Gedanken schwirrt. Ich muss aufhören, mein Handy zu hypnotisieren, jetzt mitten in der Nacht meldet er sich sowieso nicht mehr, auch wenn gerade Wochenende ist. Ich schalte es jetzt einfach aus und setze mich mit meinem Tagebuch aufs Fensterbrett, um den Nachthimmel zu genießen.

Wie gern würde ich diesen Anblick mit Max teilen. Ich bin sicher, er würde genauso empfinden wie ich, zusammen würden wir die Schönheit des leuchtenden Mondes auf uns wirken lassen, vielleicht versuchen, in den vielen verschiedenen Kratern etwas zu erkennen. Als Kind habe ich immer versucht herauszufinden, ob sich dort oben etwas bewegt, und oft genug hatte ich das Gefühl, es wäre wirklich so. Solche Sachen kann man nicht mit jedem machen, aber mit Max ginge das, da ist er wie ich. Wir könnten am Kanal spazieren gehen und dem leisen Gurgeln des schwarzen Wassers lauschen, der Mond würde sich in den sanften Wellen spiegeln, zusammen würden wir über das Gesicht des Mondes lachen, wie es sich darin verzerrt und Grimassen schneidet. Wir könnten im kühlen Gras liegen, eng umschlungen, und in die Sterne schauen – einen würden wir suchen, der »unserer« wäre, der hellste von allen. Vielleicht würden wir Sternschnuppen sehen, oder Fledermäuse, die vor den Bäumen ihre Nachtflüge begonnen hätten. Später würden wir zusammen übernachten, hier bei mir, er würde endlich einmal bleiben, und am Morgen würden wir zusammen den Sonnenaufgang beobachten, auf meinem Balkon, viel zu schnell würde sie als leuchtender, zunächst noch sanft verschleierter Feuerball hinter den Dächern der Stadt hervorkriechen, um dann aufzusteigen und uns schon bald mit ihren Strahlen zu wärmen, bis wir bereit wären für den neuen Tag. Keiner von uns müsste an den Tod denken, ich nicht aus Angst und er nicht aus Sehnsucht. Über uns würde die Sonne aufgehen, und den Tod würde es nicht mehr geben, sondern nur noch uns und das Leben. Durch die Nähe zueinander würden wir es spüren. Ich hoffe so sehr, dass wir eines Tages wieder zueinander finden. Selbst jetzt fühle ich mich ihm noch nah. Ich möchte so gern wissen, was er gerade macht und ob er auch an mich denkt.

7:10 Uhr

Mist, ich habe vergessen, meinen Wecker auszuschalten, dabei habe ich heute frei. Ausgerechnet heute, nachdem ich erst im Morgengrauen eingeschlafen bin, hat mich um halb sechs das Radio geweckt. In den Nachrichten haben sie was von einem schweren Unfall auf einer Landstraße erzählt. Ein Kleinwagen sei aus ungeklärter Ursache von der Fahrbahn abgekommen und gegen einen Baum geprallt, der 18-jährige Fahrer sei sofort tot gewesen, drei weitere Insassen hätten schwer verletzt überlebt. Max. Es darf nicht Max sein, bitte nicht. Ich bin völlig außer mir, meine Zähne schlagen unablässig aufeinander und meine Fingerspitzen sind wie gefroren. Ich kann nichts essen, nichts anfangen, nicht denken. Er muss es nicht sein, darf nicht. Ich habe solche Angst. Bitte, Max, melde dich. Sag dass du das nicht bist. Ich lieb dich doch, Max, das weißt du.

12:00 Uhr

Diese Ungewissheit macht mich verrückt. Die Nachrichten bringen immer dieselbe Meldung, in der Zeitung steht natürlich noch nichts. Im Internet nachsehen könnte ich. Ich will das Foto nicht sehen. Max' Handy ist ausgeschaltet, ich habe auf die Mailbox gesprochen. Er meldet sich nicht.

17:25 Uhr

Paula hat angerufen, ihre Stimme klang ganz eigenartig. Sie kommt gleich vorbei. Kann sie mehr wissen als ich? Und woher?

21:56 Uhr

Sie ist gerade gegangen. Und sie *hat* im Internet nachgesehen, weil sie bei den Nachrichten auch sofort an Max gedacht hat, ich habe ihr ja genug erzählt. Auf der Webseite einer Boulevardzeitung steht, bei dem verunglückten Fahrer handele es sich um den 18-jährigen Maximilian R.
 Max. Max Rothe. Er muss es nicht sein. Ich spüre aber, dass er es ist.
 Paula hat gefragt, ob sie bei mir bleiben soll, aber ich habe sie weggeschickt. Sie kommt morgen wieder, den Sonntag überstehe ich nicht ohne sie. Aber jetzt will ich allein sein. Allein mit Max. Ich spüre, dass er noch da ist, ganz in meiner Nähe. Ich zünde eine Kerze für ihn an und schicke ihm meine stummen Gedanken. Meine Liebe. Ich rede mit ihm. Vielleicht spürt er es noch, wo immer er auch ist.

25. Juni

Max' Eltern waren heute in der Gärtnerei, um den Kranz zu bestellen. Es war so eigenartig, sie zu sehen, mit ihnen zu sprechen. Ich kenne sie, aber sie kennen mich nicht, wissen nichts von mir. Die Mutter hätte ich am liebsten ganz fest in die Arme genommen, sie wirkte so zerbrechlich, war so gebrochen vom Schmerz, genau wie ich mich fühle, seit ich weiß, dass Max tot ist. Es muss so schrecklich für sie sein!

Der Vater wirkte sehr gefasst und genau so, wie Max ihn immer beschrieben hat. Nur der beste und teuerste Kranz ist für seinen Sohn gut genug, die seidigste Schleife, die schönste Schrift darauf. Es war so lächerlich, ich konnte Max vor mir sehen, wie er wieder den Kopf geschüttelt und die Fäuste geballt hätte. Mein Chef, der die Bestellung entgegengenommen hat, blieb zum Glück ganz gelassen und notierte alles, sprach sein Beileid aus, erkundigte sich nach weiteren Wünschen. Ich habe mich im Hintergrund gehalten. In den seriösen Zeitungen habe ich heute die Traueranzeigen für Max gefunden. Eine von seiner Familie, eine von der Schule. Noch immer zucke ich zusammen, wenn ich seinen Namen lese, es ist so absurd, so unfassbar. Aber ich habe sie ausgeschnitten, um sie aufzuheben, aber dann habe ich sie plötzlich in tausend kleine Fetzen gerissen und in meinem Zimmer herumgeschleudert. Ich kann doch nicht Max in meinem Order mit den Todesanzeigen abheften, vielleicht noch mit Fotos von dem edlen Kranz dazu, den sein Vater mit der Kreditkarte bezahlt hat, wahrscheinlich aus der Portokasse seiner dämlichen Firma, ich habe nicht hingesehen, ob der Chef ihm eine Quittung ausgehändigt hat wie ich damals, an dem Nachmittag, als Max und ich uns kennengelernt haben. Das geht alles nicht, Max darf nicht tot sein, es war so viel Leben in ihm, trotz seiner Sehnsucht nach ewigem Frieden, die hatte er doch nur, weil ... warum hat er das nur getan?

Meinetwegen. Ich hätte ihn nicht fallen lassen dürfen. Nicht ausgerechnet dann, als er mich am dringendsten gebraucht hat. Ich könnte nur noch heulen.

Die Zeitungen habe ich noch mal gekauft und abermals die Anzeigen ausgeschnitten. Über meiner Kommode hängen sie jetzt, neben ihnen Max' Zeichnung von mir, die ich gerahmt und aufgehängt habe.

30. Juni

Die Tage ohne Max reihen sich endlos aneinander. Ich funktioniere nur noch, gehe meiner Arbeit nach, esse, schlafe, wenn ich kann. Manchmal kommt Paula vorbei. Er fehlt mir so unglaublich.

2. Juli

Morgen ist Max' Beerdigung. Wir machen alles, der Chef, Adrian und ich. Bringen die Kränze und Gestecke zur Kapelle und bauen alles auf, zusammen mit den Bestattern. Der Chef hat mich gefragt, ob ich das überhaupt aushalte. Aber ich will es. Wenigstens das will ich für Max noch tun.

2. Juli, abends

Max' Beerdigung war wunderschön. Die Kapelle war voller junger Menschen, er hätte sich sicher gewundert, wenn er gesehen hätte, wie beliebt er war und wie viele ihn noch dieses eine Mal begleiten wollten. Ich habe mich ganz im Hintergrund gehalten und meine Aufgaben erfüllt, dazwischen konnte ich alles beobachten. Seine Mutter war völlig fertig, aber ich habe auch seine Schwester Natalie gesehen, darüber bin ich sehr froh. Sie sieht genauso aus, wie ich sie mir vorgestellt habe. Der Pfarrer hat versucht, über Max' liebenswerte Eigenschaften zu sprechen, Zuversicht und Hoffnung trotz aller Trauer zu vermitteln, sprach davon, dass Gottes Liebe den Tod überwunden habe und auch unsere Liebe zu Max stärker sei als der Schmerz um den Verlust. Ich halte mich fest an seinen Worten. Meine Liebe zeigen, das kann ich immer noch, selbst jetzt. Ich höre nicht auf damit. Wie ein Kind versuche ich zu glauben, dass er es sieht.

Ganz am Ende des Trauerzuges bin ich gegangen und fühlte mich doch eins mit den anderen, die Max das letzte Geleit gegeben haben. Als alle weg waren und das Grab zugeschaufelt war, haben der Chef und ich die Kränze und Blumen darauf verteilt. Ich habe ihm gesagt, dass ich in den nächsten Tagen die Aufgabe übernehmen möchte, mich weiter um das Grab zu kümmern. Er hat nur genickt. So kann ich Max in den nächsten Wochen jeden Tag nahe sein, werde welke Blumen entfernen, harken, die noch frischen Blüten immer wieder so hinlegen, dass alles frisch und lebendig aussieht.

Gleich morgen werde ich wieder hingehen. Das hat etwas Tröstliches. Ich muss ihn noch nicht gehen lassen.

4. September

Acht Wochen sind vergangen, seit Max gestorben ist. An manchen Tagen erscheint mir der Schmerz übermächtig, dann wieder überwiegt die Schönheit der Erinnerungen an unsere kurze gemeinsame Zeit. Die Dankbarkeit, dass ich ihn kennenlernen und lieben durfte. Mit seinem Bild von mir, das er gezeichnet hat, spricht er noch immer zu mir, und ich antworte mit der Gestaltung seines Grabes.

Die Kränze sind längst abgeräumt, die Gestecke vom Tag der Beerdigung verwelkt, aber ich versuche, seiner künstlerischen Ader gerecht zu werden, indem ich auch sein Grab auf immer neue, kreative Art bepflanze. Ich will, dass es lebendig bleibt, immer wieder einem Wandel unterzogen wird, so wie sich Max' Leben hätte wandeln und immer wieder verändern sollen. Max' Grab soll ein Garten sein, keine bloße ewige Ruhestätte. Mit Pflanzen und Blumen in verschiedenen Höhen versuche ich das Auf und Ab des Lebens darzustellen, die

Farbpalette der Blüten sollen es in all seiner Vielfalt wiedergeben. Oft wünsche ich mir, er könnte sie sehen und riechen, die Blumenpracht, könnte die Sonne und den Wind auf seinem Gesicht spüren, das Gras unter den Füßen. Das sind die Momente, in denen ich traurig werde und ihn am meisten vermisse.

Seine Angehörigen kommen oft zum Friedhof. Dann halte ich mich immer hinter einer alten Eiche verborgen und beobachte sie von Weitem. Jeder auf seine Art hält stumme Zwiesprache mit Max. Natalie, die fast immer mit ihrem Freund erscheint, bringt immer irgendetwas mit, das sie auf den Grabstein legt, redet leise mit Max, manchmal schimpft sie und stampft zornig mit dem Fuß auf den Boden. Sein Vater steht nur da, das Gesicht schmerzverzerrt und die Arme vor der Brust verschränkt, manchmal schüttelt er kaum merklich den Kopf. Die Mutter betet viel, noch immer weint sie oft, doch wenn sie wieder geht, strafft sie ihre Schultern und hält ihren Körper aufrecht, den Blick nach vorn gerichtet. Viel schwerer fällt dies dem Jungen, der Paul sein muss. Noch immer geht er an Krücken, und obwohl ihn jeder Schritt zu schmerzen scheint, ist er derjenige, der am häufigsten kommt, haltlos wirkt, irritiert, verzweifelt. Ich überlege, ihn einmal anzusprechen. Auch Brückner war neulich da, mit seiner Frau. Sie sind lange geblieben, haben leise miteinander geredet, die Augen auf das Grab gerichtet. Wer fehlt, ist Annika. Vielleicht ist sie weggezogen.

Bald kommt der Herbst. Ich werde das Grab winterfest machen, danach wird weniger daran zu tun sein, auch wenn ich Max hier weiterhin so oft besuchen werde, wie es geht. Irgendwann wird es der Schnee zudecken, bis der neue Frühling erwacht und die Jahresuhr sich weiterdreht. Ende Dezember ist immer nur für kurze Zeit.

Auch für mich soll es nicht immer Ende Dezember bleiben. Max hat an mir meinen Lebenshunger geliebt, und ich weiß, er würde wollen, dass ich weiterlebe und eines Tages wieder glücklich bin. Ich weiß noch nicht wie, aber im Frühjahr will ich mir etwas überlegen. Mir einen Job als Tischlerin suchen, dazu hätte ich Lust. Mit meiner Mutter sprechen, ihr sagen, warum ich damals so früh von zu Hause ausgezogen bin. Mich aussöhnen mit ihr oder mich von ihr lösen, je nachdem, wie sie reagiert; wenigstens ich, wenn Max das schon mit seinem Vater nicht mehr tun konnte. Vielleicht hätte das auch ihm Mut gemacht.

Neulich ist mir aufgefallen, dass ich kein einziges Foto von Max habe, nicht einmal auf dem Handy, weil meines so ein einfaches ohne Kamera ist. Mir war das nie wichtig. Die Erinnerung an seine Augen, sein Gesicht wird also irgendwann verblassen, ohne dass ich es verhindern kann.

Aber immer und immer, für alle Zeiten, werde ich dieses besondere Geschenk, das ich bekommen habe, in meinem Herzen bewahren. Meine Zeit mit Max.

Ich bin so dankbar, dass ich dich hatte, Max, und ich verspreche, ich werde dich mitnehmen.

Mitnehmen ins Leben.

Maximilian. Der Größte

Ich starte den Motor,

»Fahr vorsichtig«, warnt mich Natalie,

Angst in ihrer Stimme wie eine Vorahnung, ganz besonnen parke ich aus und fahre los, ruhig und auch innerlich gelassen.

Nach ein paar Hundert Metern blicke ich in den Rückspiegel, wo Paul und Annika noch immer nebeneinander sitzen, nicht mehr so dicht, sie blicken in verschiedene Richtungen. Vielleicht halten sie sich an den Händen.

Ich greife das Lenkrad fester und biege in die Landstraße ein.

Ein Wagen mit Fernlicht kommt mir entgegen und blendet mich, schrilles Lachen dringt aus den heruntergekurbelten Fenstern des anderen Autos zu mir herüber, ein Arm mit dem durchsichtigen Stoff eines Flatterkleides wedelt im Freien. Der Fahrer beschleunigt und verschwindet im Dunkel der Nacht.

»Du hattest recht, Paul«, sage ich, lasse meine Stimme bewusst ein wenig schärfer, zorniger klingen als sie es von mir gewohnt sind. »Ihr beide passt besser zusammen. Lassen wir es dabei.«

»Max…« Annikas Protest klingt schwach, halbherzig.

»Ist schon gut«, beruhige ich sie. »Du weißt es doch auch. Sonst wär das hier eben nicht passiert.«

Das Schweigen im Auto ist angespannt, ich spüre, dass Natalie mich beobachtet. Sie muss sich keine Sorgen machen. Der Kampf um Annika zwischen Paul und mir ist ausgestanden, dann schaffe ich auch den Rest.

»Pass auf, die Kurve!«, japst meine Schwester, weil ich einen Wimpernschlag lang nicht auf die Straße geachtet habe.

Es ist nicht so, dass ich gar nichts fühle. Was jetzt in mir vorgeht, ist nur nicht das, was alle von mir erwarten.

»Hab keine Angst«, sage ich. »Ich hab alles im Griff.« Besonnen und sicher steuere ich den Wagen nach rechts, hinter der Kurve bringe ich ihn rasch wieder in die Spur, jetzt fährt er fast von allein. Wir sind bald zu Hause.

Der Vollmond steht wie eine Leuchte über uns, unwillkürlich muss ich an Delia denken. Jetzt mit ihr irgendwo im Gras liegen und nach oben schauen. Das will ich. Bestimmt ist der Mond morgen noch genauso schön. Wer ist schon dieser ölige Typ, der neulich bei ihr in der Gärtnerei war, er kann mir gar nichts. Ich rufe sie einfach an, gleich nach dem Frühstück.

Dann denke ich an Bollschweiler und meinen Vater, wie sie mit strengem, bestimmendem Ton »Maximilian« zu mir sagen, geknüpft an Forderungen. Mein Vorname bedeutet »Der Größte«, ein Name voller Erwartungen. Wenn ich der Größte sein soll, will ich es auf meine Art sein. Meine Malsachen im Karton wieder auspacken, die Internetauktion ist noch nicht abgelaufen, noch kann ich sie stoppen. *Der Größte* lässt sich nicht ausgerechnet das verbieten, was ihm wichtig ist. Wenn ich weiter nachgebe, werde ich noch kleiner, als die beiden mich machen. Ich will das nicht mehr, dazu habe ich viel zu viel vor. Zusagen in der Roy-Lichtenstein-Schule. Papa aushalten, die Hände in die Hüften gestemmt. Bollschweiler auf Wiedersehen sagen, ihm ins Gesicht lachen. Was ist schon ein Jahr, wenn ich dafür kreativ sein kann. Gleich morgen beginnt meine Zukunft, und dieses Mal hält mich niemand davon ab, sie anzupacken.

Vor mir rennt ein Wildschwein auf die Straße, ich trete auf die Bremse. Gerade noch rechtzeitig.

»Super reagiert«, japsen sie alle drei.

»Danke«, antworte ich, bin jetzt der mit dem Siegerlächeln.

Nein, wird mein Vater sagen.

Doch.

Musik

WHAM! (GEORGE MICHAEL)
»Careless Whisper« aus dem Album: »Make It Big«
Label: Sony Music

Tokio Hotel
»Automatisch« aus dem Album: »Humanoid«
Label: Stunner Records (Universal)

Ludwig van Beethoven
»Für Elise« (1810)

HIM
»Join Me (In Death)« aus dem Album: »Razorblade Romance«
Label: Gun Supers (Sony Music)

The Beatles
»Till there was you« aus dem Album: »With The Beatles«
Label: Parlophone

Scott Joplin
»Maple Leaf Rag« (1899)

Annett Lousian
»Ende Dezember« aus dem Album: »Teilzeithippie«
Label: Smd 105m (Sony Music)

Christine Fehér
Ausgeloggt

ca. 180 Seiten, ISBN 978-3-570-30740-3

Als Annas Freund ihr eröffnet, dass er nach Neuseeland will, ist sie am Boden zerstört. Wie soll sie ein ganzes Jahr ohne ihn überstehen? Anna ist frustriert, zieht sich zurück und verbringt immer mehr Zeit vor dem Computer. In einem Chatroom findet sie neue »Freunde«, mit denen sie exzessiv chattet. Unter ihnen auch Marco, der ähnliche Probleme hat wie sie. Familie und Freunde zeigen sich verständnislos, distanzieren sich zunehmend von Anna – sie merkt es nicht. Ein erstes Treffen mit Marco bringt die große Ernüchterung. Plötzlich wird ihr bewusst, wie sehr ihr das wirkliche Leben fehlt. Doch da ist es fast schon zu spät ...

www.cbt-jugendbuch.de

Christine Fehér
Jeder Schritt von dir

192 Seiten   ISBN 978-3-570-30416-7

Als Alexandra Arved kennenlernt, ist mit einem Schlag alles anders: Ein kurzer Blick, eine flüchtige Berührung und Alexandra weiß – sie sind füreinander bestimmt! Dass ihr Traummann bereits eine Freundin hat und ihre Gefühle keineswegs erwidert, stört sie dabei wenig. Sie bombardiert ihn mit SMS, Anrufen und verfolgt jeden seiner Schritte. Als sie auch noch behauptet von Arved schwanger zu sein, nimmt die Katastrophe ihren Lauf ...

www.cbt-jugendbuch.de

Christine Fehér
Elfte Woche

208 Seiten   ISBN 978-3-570-30390-0

Partys, Jungs und Sex – das interessiert die sportbegeisterte Carolin wenig. Aber dann verliebt sie sich in Vincent und es passiert: Sie wird schwanger. Carolin ist fassungslos. Sie taumelt zwischen Abwehr, Angst und zärtlichen Gefühlen für das Baby und bekommt den Widerstand ihrer Umgebung zu spüren. Doch letztlich muss Carolin die Entscheidung treffen: Ist sie mit fünfzehn bereit, Mutter zu werden?

www.cbt-jugendbuch.de

Christine Fehér
Vincent, 17, Vater

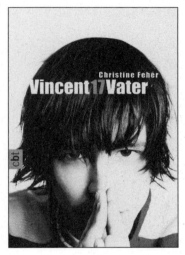

200 Seiten, ISBN 978-3-570-30658-1

Vincent ist wie vor den Kopf geschlagen: Nina ist schwanger von ihm. Und sie weiß, dass sie das Kind auf jeden Fall bekommen will. Er dagegen weiß nicht einmal, ob sie seine Freundin ist oder doch nur die Ex-Freundin ...
Alle denkbaren Gefühle wirbeln im Schleudergang durcheinander. Mitentscheiden darf er nicht. Also muss Vincent sich darauf vorbereiten, Vater zu werden – ob er will oder nicht.

www.cbt-jugendbuch.de

Christine Fehér
Straßenblues

192 Seiten   ISBN 978-3-570-30401-3

Maxi ist vierzehn und keiner darf ihr was sagen, ihre Mutter nicht und schon gar nicht Eberhard, der neue Mann, der mit rabiaten Mitteln versucht, Maxi »umzuerziehen« – während die Mutter wegsieht. Maxi weiß schließlich nur noch einen Ausweg: abhauen, auf die Straße, zu Ronny, der sie versteht und den sie liebt. Aber auf der Straße gibt es nichts.
Weder die große Freiheit, noch die große Liebe.

www.cbt-jugendbuch.de